KB169348

오늘날, 왜 프레네 실천교육학에 주목하는가

프레네
실천교육학

오늘날, 왜 프레네 실천교육학에 주목하는가

프레네
실천교육학

초판 1쇄 인쇄 2020년 9월 18일
초판 1쇄 발행 2020년 9월 29일

지은이 정훈
펴낸이 김승희
펴낸곳 도서출판 살림터

기획 정광일
편집 조현주
북디자인 꼬리별

인쇄·제본 (주)신화프린팅
종이 월드페이퍼(주)

주소 서울시 양천구 목동동로 293, 22층 2215-1호
전화 02-3141-6553
팩스 02-3141-6555
출판등록 2008년 3월 18일 제313-1990-12호
이메일 gwang80@hanmail.net
블로그 http://blog.naver.com/dkffk1020

ISBN 979-11-5930-158-2 93370

이 도서의 국립중앙도서관 출판예정도서목록(CIP)은 서지정보유통지원시스템 홈페이지(http://seoji.
nl.go.kr)와 국가자료종합목록 구축시스템(http://kolis-net.nl.go.kr)에서 이용하실 수 있습니다.
(CIP제어번호: CIP2020039818)

오늘날, 왜 프레네 실천교육학에 주목하는가

프레네 실천교육학

정훈 지음

머리말

    셀레스탱 프레네Célestin Freinet: 1896~1966는 아동의 자발성과 협동에 기초한 교육으로 20세기 초중반까지 프랑스 초등학교 개혁을 이끈 교육실천가이자 사상가이다. 오늘날 그가 실천하고 이론화한 교육은 '프레네 실천교육학Pédagogie Freinet'으로, 그것을 따르는 학교 운동은 '현대학교Ecole Moderne' 운동으로 불리며, 슈타이너-발도르프 교육(학), 몬테소리 교육(학)과 함께 유럽에서 교육개혁의 대표 모델로 실천된다. 특히 프레네 실천교육학은 특정한 계층을 대상으로 한 사립학교보다 공립학교에서의 실천을 중시한다는 점에서 일반 민중의 교육을 지향한다. 그것은 혁신학교 담론이 유행하면서 우리 공립학교 교사들의 관심을 불러오기도 했다. 그가 민주주의와 협동을 중시하면서도 개인의 자발성과 학습 리듬에 기초한 교육의 가능성을 찾아내고 실천한 점, 삶과 소통하는 교육실천의 중요성을 강조한 점은 최근의 혁신학교들이 중시하는 가치들이다. 프레네 실천교육학이 대표하는 '자유 글쓰기', '학교 신문(학급 문집) 만들기', '학교 간 통신교류', '전체회의', '나들이(산책 수업)', '주간 학습활동 계획', '자가수정카드', '학습활동총서' 같은 여러 기술과 도구들은 우리 학교현장에서 당연해 보이지만 쉽게 실천되지 않거나 형식적인 실천에 머물러 온 것들이다. 프레네 실천교육학은 이러한 관례적 실천이 어떤 점에서 아이들의 성장과 발달에 의미가 있는지를 제시해 줄 수 있을 것이다. 또한 그러한 실천들이 생명력을 갖도록 하는 데 일말의 도움을 줄 수 있을 것이다.

이 책의 모태는 프레네의 일 개념과 학교교육론을 주제로 한 학위논문과 거기에 후속 연구 성과를 보태 2009년 출판했던 『자발성과 협력의 프레네 교육학』이다. 책을 통해 학위논문에서 누락되거나 잘못된 인용 표기, 부정확한 문장, 오역 같은 미진하고 오류가 있는 부분을 최대한 수정하고 보완하려 했으나 여전히 오류들이 있었다. 무엇보다 번역투 문장과 비문들이 프레네에 대한 올바른 이해를 방해했다. 이 점이 계속 필자의 부담으로 남아 있었다. 책이 절판되면서 이를 보완해야 한다는 생각을 하면서도 실천으로 옮기는 데 꽤 오랜 시간이 걸렸다. 그럼에도 여전히 부족한 점이 있다면 부지런하지 못한 필자의 배움 탓이 클 것이다. 독자들의 질정과 양해를 바란다.

이 책은 크게 세 부분으로 나뉜다.

1부는 프레네의 삶과 실천교육학의 이론 토대로 구성했다. 프레네의 역동적 삶을 되돌아보며 그의 실천교육학을 형성하는 데 영향을 미친 개인·사회·시대적 조건이 무엇인지를 살폈다. 그리고 프레네 실천교육학의 이론 토대를 '생명vie'과 '일travail' 개념에 초점을 맞춰 살폈다.

2부는 프레네 학교교육의 실천이론과 실제를 중심으로 구성했다. 프레네가 그 시대 학교의 어떤 점을 문제 삼았고, 그 학교들과 다른 교육을 실천하기 위해 기초한 실천이론이 무엇인지를 교육 목적, 아동관, 지성형성론, 교수학습이론, 훈육론, 학교 운영 순으로 나눠 살폈다. 이어서 프레네 학교의 구체적 실제로 교육 공간 조직과 일의 도구와 기술을 살폈다. 그리고 프레네 학교에서 교사 역할이 어떠해야 하는지를 다뤘다.

3부는 그의 실천교육학이 갖는 현대적 의미로 구성했다. 그의 실천교육학과 실천에 우리가 여전히 주목할 수 있는 이유를 놀이-일, 자유 글쓰기, 비판적 문해교육, 배움 욕구, 자율적 주체성, 학교협동체, 시민교육 측면에서 살폈다. 자유 글쓰기, 인쇄출판작업, 학교 간 통신교류 같은 핵심 기술에 담긴 현재적 의미를 다방면에서 구명하려다 보니 핵심 기술에 관한 설명이 반복되기도 했다. 그것이 어떤 다방면의 의미가 있는지를 중심으로 읽어 주면 감사하겠다.

필자의 전공이 서양교육사상과 철학이다 보니 교육사상이나 실천이론 측면에서 프레네 실천교육학의 의미를 밝히는 데 좀 더 치중한 면이 있었다. 주로 그의 원전 분석에 기초하다 보니 최근의 프레네 실천교육학이 어떤 형태로 나타나고 있는지에 대해서는 구체적으로 제시하지 못했다. 그의 실천교육학에 담긴 '실천성'을 많이 살려 내지 못한 셈이다. 프레네가 남긴 기술과 도구의 풍부한 실천 사례나 교실에서 바로 써먹을 수 있는 실천 매뉴얼을 원하는 독자들에게는 이 책이 적합하지 않을 수도 있다는 생각이다.

그러나 이 책은 프레네가 몸소 실천하고 정리한 실천교육학을 그의 목소리에 기초해 전반적으로 이해하고 싶은 독자들에게 도움을 줄 수 있을 듯하다. 교육실천가로서 프레네의 면모뿐만 아니라 교육사상가로서의 면모를 이해하고 싶은 독자들에게도 이 책은 일말의 도움이 될 수 있을 것이다. 오늘날 전인적 제 능력을 길러 주는 교육실천이 어떻게 가능할 수 있는지를 사유하고 싶은 독자들에게도 도움이 되면 좋겠다. 인간의 전인적 제 능력을 길러 주는 것과 시장 논리 속에서 산업계가 요청하는 효율적 노동인력을 길러야 한다는 두 가지 과제가 여전히 대립하는 상황에서 말이다.

1부, 2부의 내용 중 교사론을 제외한 부분은 기존 『자발성과 협력의 프레네 교육학』의 내용에 기초해 많은 부분을 수정 보완했다. 3부의 내용은 이미 발표된 다음의 논문들에 기초했다.

8장 정훈(2012). 「프레네의 교사론」. 『교육문제연구』 42, 97-121.

9장 정훈(2008). 「교육적 놀이의 범주화를 위한 시도: 프레네 '놀이-일' 개념으로」. 『교육과학연구』 39(1), 1-17.

10장 정훈(2012). 「프레네 자유 글쓰기의 교육적 의미」. 『교육과학연구』 43(3), 1-25.

11장 정훈(2015). 「프레네와 프레이리에 기초한 비판적 문해교육 방법론」. 『한국
교육학연구』 21(2), 279-301.

12장 정훈(2011). 「배움 욕구 회복을 위한 학교교육론으로 프레네 교육론의 의
미」. 『한국교육학연구』 17(1), 32-56.

13장 정훈(2013). 「자율적 주체성 형성을 위한 장으로서 교실 공간의 가능성:
가타리 이론과 프레네 실천의 만남」. 『교육철학』 49, 293-320.

14장 정훈(2007). 「셀레스탱 프레네 학교 협동체의 교육원리: 협력과 민주주
의」. 『교육철학』(현 교육철학연구) 38, 207-227.

15장 정훈(2006). 「셀레스탱 프레네의 시민교육론」. 『교육문제연구』 24, 25-48.

마지막으로 이 책이 나올 수 있게 도움을 주신 분들께 감사를 드린다. 프레네 실천교육학에 대한 섣부른 연구를 가능하게 해 주시고, 교육(학)적 영감에 큰 영향을 주신 송순재 선생님과 황성원 선생님, 교육에 대한 비판적 안목의 중요성을 깨닫게 해 주신 고병헌 선생님과 심성보 선생님, 완성된 학위논문이 될 수 있게 도움 주신 한용진 선생님, 무엇보다 설익은 필자를 가까이에서 지도하면서 학문적 격려와 충고를 아끼지 않으시는 강선보 선생님께 머리 숙여 감사드린다. 책을 예쁘게 펴내 준 살림터에도 깊이 감사드린다. 공부하는 막내의 모습을 좋아하시는 부모님께 이 책이 작은 기쁨이 되면 좋겠다.

2020년 9월
정훈

1장

왜 프레네 실천교육학에 주목하는가

우리 사회에서 학령기 아동의 거의 대다수는 제도 학교에서 시간을 보낸다. 전 세계적으로 우리 공교육이 보이는 성과가 그리 나쁘지 않음에도 불구하고 여전히 많은 사람들은 우리 제도 학교가 여러 문제를 안고 있다고 비판하면서 이를 개혁해야 한다고 주장한다. 1990년대 이후 한국 사회에 나타난 학교 개혁 논의의 흐름은 크게 두 가지로 나눠 볼 수 있겠다. 하나는 1995년 5·31 교육개혁안을 계기로 본격화된 시장원리에 기초한 개혁 흐름이다. 다른 하나는 1990년대 중반 이후 경쟁과 효율의 가치에 기초한 현 문명의 주류 가치와 제도 학교의 문제를 비판하며 하나의 교육(학) 담론으로 등장한 '대안교육'의 흐름이다. 이와 유사하게 2010년 전후로 진보 교육감 등장과 함께 '혁신학교(또는 혁신교육)' 담론과 실천도 유행하고 있다. 그것은 기존 공교육제도 내에서 제도 학교를 혁신하는 데 목적이 있다는 점에서 주로 제도 밖 교육을 모색하는 대안교육과 차별성이 있다. 그러나 초창기 대안교육 주창자들은 공교육제도 내에서의 대안적인 교육도 대안교육의 한 범주로 들었다. 혁신학교가 제도 학교의 혁신(또는 공교육 내에서의 대안)을 목적으로 한다는 점을 감안하면 우리는 그 또한 대안교육 범주로 묶어 논의할 수 있을 것이다.

시장논리에 기초한 교육개혁 주창자들은 그동안 우리 교육이 권위주의적 관치로 인해 비효율적으로 운영돼 왔다는 점을 문제 삼는다. 그것이 교육에서의 '자율성'과 '다양성', '선택'의 가치를 고려하지 않고 교육의 수월성 추구를 어렵게 해 왔다는 것이다. 그러면서 그들은 시장원리를 교육(개혁)에 적용해 교육에서의 자율성과 다양성, 선택의 가치, 수월성을 높일 수 있다고 주장한다. 그렇지만 시장원리에 기초한 개혁은 우리보다 앞서 교육 시장화 정책을 시도했던 나라들에서 이미 여러 비판을 받아 왔다.

첫째, 시장원리에 기초한 개혁은 공립학교의 위상을 개인, 소비자, 국가 경제 정책이라는 좁은 의미의 관심을 추구하는 시장경제 용어로 재정립했다. 공립학교를 공공 자산으로 보던 기존 관점을 바꾸고 수월성의 이름으로 평등 문제를 다른 관심사로 돌리고 학교의 사회·정치적 역할을 시장논리와 이념 속에 종속하기 시작했다.Giroux, 1999: 72 공립학교(제도 학교)가 대중이 통제하는 기관으로 유지돼야 한다는 생각이 점차 약화되었다. 교육 의제에서 민주주의를 위한 시민교육이 제외되기 시작했고, 교육 기관에서 민주주의 가치를 유지하는 일도 갈수록 어려워졌다.Engel, 2000: 22

둘째 교육 시장화 정책은 교육 내용의 표준화, 표준화 시험의 잦은 시행, 시험 결과에 기초해 학교와 교사를 비교하고 책무성을 묻는 시스템을 구축하는 것으로 학교를 성취 결과 중심 모델로 고착시킨다는 비판을 불러왔다. 그것은 기존의 입시 위주 교육에 더해져 시험 위주 교육, 점수에 따른 획일적 평가, 시험 스트레스 문제를 더 심화시킬 듯하다. 또한 시장화는 공립학교의 관료주의적 기본 틀을 개선하기보다는 일종의 '평가적 국가'의 역할을 하며 표준화 시험 결과에 기초한 성과지수와 그것을 토대로 한 감사監査와 책무성의 문화를 조성함으로써 여전히 관료주의적 통제를 통해 학교와 교사의 자율성을 위축시키는 문제를 안고 있다. 서구 신자유주의가 신보수주의와 결합한 것이 특징이듯 시장화 정책 속에서도 국정교과서 도입 같은 지난 발전국가의 유산인 중앙집권적인 관료적 통제와 통치 차원에서 진행되는 국민 만들기 같은 일들이 최근 몇 년간 한국 사회에서 벌어지기도 했다. 이상의 이유로 시장화와는 다른 방향에서 우리 학교교육을 혁신하는 방법을 찾는 작업이 필요하며, 그러한 작업에 영감을 줄 수 있는 다양한 선도적 사례들을 살펴보는 작업은 여전히 필요할 듯하다.

예컨대 민주적 공동체로서의 학교를 재구축하는 것으로 개혁의 방향을 삼으면서도, 그 속에서 시장주의자들이 선점한 자율성과 다양성, 선택의 문제를 해결하는 방안을 중요하게 탐색할 필요가 있어 보인다. 그것은 교육에서의 자율성과 다양성, 선택의 긍정적 의미를 되살리면서도, 그것이 개인의 사적 이익이나 계층 간 불평등으로 이어지지 않고, 공공성과 민주적 가치를 보존하고 강화시키는 길을 탐색하는 일이다.

대안교육의 이름으로 전개된 개혁의 흐름이 어떠한지에 대해서는 시각의 차이가 다소 존재한다. 그러나 대체로 그것은 자본주의적 삶의 구조가 파생시킨 물질적 가치와 경쟁 이데올로기에 기초한 교육, 대학입시로 수렴되는 경쟁 교육, 그리고 권위주의 통치의 잔재인 비민주적이고 국가주의적인 교육에 대한 불만에서 등장했다. 현재 학교 '혁신'을 이야기하는 사람들의 문제의식도 여기서 크게 벗어나지 않는다. 그들은 기존 학교의 '입시 위주 교육과 그에 따른 좁은 의미의 학력에 얽매인 교육 목표', '경직된 교육과정', '관료적 학교 운영 체제' 등을 문제 삼는다.^{송순재, 2017: 27 재인용} 교육에 접근하는 방식에 한정하면 이들은 대체로 서구식 '전통 교육'의 오랜 실천을 혁신하고자 한다. 서구식 전통 교육에서 아동은 원죄로 인해 타락한 존재나 지식으로 채워야 하는 빈 그릇으로 인식된다. 교육은 "외부로부터의 형성"으로 이해되고, 교과서와 교사 중심, 기계적 학습과 엄격한 규율과 처벌을 특징으로 한다. 전통 교육 방식은 아이들의 실제 삶뿐만 아니라 그들의 내적 잠재력과 관심을 무시해 왔다는 비판을 꾸준히 받아 왔다. 따라서 대안교육의 주창자들은 우리 교육을 협동(또는 협력)과 공동체, 민주주의, 생태 가치에 기초한 교육과 전통 교육의 방식과 다른 형태의 교육을 모색해 왔다. 혁신학교 패러다임도 이와 크게 다르지 않다. 그것은 "인간다운 교육, 행복한 아이들, 자유와 자발성, 협력과 공생, 민주시민, 생태적 위기에 봉착한 인류 세대를 제대로 담보해 낼 수 있는 학교"를 핵심으로 한다.^{송순}

재, 2017: 39 교육 접근 방식과 관련해 그들은 대체로 아동의 필요나 흥미, 욕구, 삶에서 출발하는 교육을 지향하고자 한다.

그것은 20세기 초 신교육의 주장처럼 아이들이 스스로의 필요, 스스로의 흥미, 스스로의 욕구에 따라 자신의 활동을 선택해 취하게 하는 형태로 나타났다.나가오 토미지 외, 1985: 125 교사 역할은 무질서하고 혼돈된 상태가 오지 않게 하고, 아이들이 산만한 활동을 스스로 가지런히 할 수 있게 돕는 데 있었다. 이러한 생각 이면에는 아이들의 필요와 흥미, 욕구에서 출발하는 교육이 아이들의 심리학적 발달에 적합하고, 과학적인 근거가 충분하다는 전제가 중요하게 놓여 있다.Ibid.

그렇지만 이 흐름도 몇 가지 비판을 불러왔다. 첫째 20세기 초 신교육 시대의 활동 학교들은 아동의 주된 욕구나 성향을 놀이로 파악했다는 점에서 비판받았다. 놀이에 기초한 교육이 아이들을 쉽고 재미있는 것에만 집중하게 만들어 그들이 더 이상 힘들고 어려운 일을 중요하게 생각하지 않게 만들었다는 이유에서였다. 청소년들이 모든 것을 놀이 삼아 한다면 그것은 삶에 대한 그릇된 상을 그리게 하는 잘못된 수단일 수 있다.Spranger, 1997: 123 이에 현재의 대안교육이나 혁신교육이 일 대신 놀이에 기초한 교육에 집중한다면 그들 역시 유사한 비판에 놓일 수 있을 것이다. 둘째, 교사에서 아이들로 주도권이 넘어갈 수 있어 그들의 변덕이 학교교육을 좌우할 수 있다는 비판이다. 그들에게 자유를 보장하거나 그들의 자발성을 신뢰하는 것이 결국에는 학교의 무질서와 혼란만을 가져올 것이라는 비판도 함께 따라왔다. 이는 아이들의 필요와 흥미, 욕구에서 출발하는 교육이 가장 많이 받는 비판 중 하나였다. 아이들이 무언가 분주하게 하고는 있지만 그 중심 활동인 놀이가 학습으로 이어지지 않아 그들의 학력 저하를 불러왔다는 비판도 대표적이었다. 셋째, 20세기 초 신교육운동 당시 미국의 진보적 학교들은 주로 엘리트 교육을 목표로 하고, 사립학교를 중심으로 특정 계층에게만 확산되었다는 비판을 받았다. 또한 자본주의 경제가 불러오는 불평등을 극복하지 못하고, 다수의 노동자 계층 및 이민자 계층의 요구에 부응하지 못했다는 비판을 받았다.양은주, 2006: 163 이는 제도 학교에 대한 대안 모색이 그 실천에 담긴 유의미함과 별개로 자칫 소수에게만 혜택이 돌아가게 할 위험이 있다는 점을 생각하게 한다. 그런 면에서 제도 학교가 지닌 문제를 제도 학교 '안'에서의 혁신을 통해 극복하려는 최근의 혁신학교 실험은 나름의 의미가 있다. 이에 우리가 서구 신교육 전통이나 대안교육이나 혁신학교 흐름 속에서 우리 (학교)교육을 변화시키기 위해서는 이상 제시한 몇 가지 비판에 대응하면서 한층 더 튼튼한 이론 토대를 다질 필요가 있다. 아울러 아동의 필요와 흥미, 욕구가 무엇이고, 그것을 충족하는 활동이 놀이인지 일인지, 놀이와 일은 구분된 활동인지, 일이든 놀이든 아동의 필요와 흥미, 욕구를 충족하는 활동을 학교에서 구체적으로 어떻게 조직할 수 있는지, 그리고 거기에서 출발하는 교육이 지성과 규율 형성 등 전통주의자들이 중요하게 여기는 교육의 요소들을 제대로 고려하고 있는지 등의 질문에 답하려는 노력이 필요해 보인다.

이에 더해 하그리브스와 셜리Hargreaves & Shirley, 2009: 248의 표현을 빌리면 우리는 현재 전 지구적 상호 연관성이 경제적, 정치적, 문화적으로 더욱 증대하는 세계에 살고 있다. 두 사람은 현재의 통제되지 않은 시장이 우리를 탐욕과 변덕의 노예로 전락시키고 있으며, 일제고사로 대표되는 표준화 작업이 다양성을 이해하고 그에 대처할 수 있는 우리의 능력을 약화시키고 있다고 말한다. 그러면서 21세기를 사는 우리에게 혁신성과 창조성의 필요성이 점점 더 증가되고 있으며, 국내외 이웃과의 상호작용과 상호의존이 더욱 필요해짐을 역설한다. 이 점에서 우리의 세계관을 수정하고 세계 속의 우리 자신을 재발견하기 위해서라도 지금까지 우리가 걸어온 학교교육의 길과 결별하고 두 사람이 말하는 '학교교육 제4의 길' 같은 새로운 교육의 방향을 고민할 필요가 있다.

이상의 간략한 검토를 통해 우리는 (학교)교육과 관련하여 오늘날 요청되는 과제를 다음과 같이 정리해 볼 수 있겠다.

첫째, 민주적 공동체로서의 학교를 재구축하는 것으로 개혁의 방향을 설정하면서도, 그 안에서 개인의 욕구와 관심을 충족하는 자율적이고 다양한 교육의 가능성을 찾는 일이다. 또한 공동체와 협동의 가치를 중시하면서도 개인의 리듬에 따르는 교육의 가능성을 찾는 일이다.

둘째, 20세기 초 신교육 실천가들이 아이들의 필요와 흥미, 욕구에서 출발하는 교육으로 그들의 배움 욕구를 되살리려 했던 바처럼, 상실해 가는 아이들의 배움 욕구를 되살리는 방법을 모색하는 일이다.

셋째, 아동의 필요와 흥미, 욕구가 무엇이고, 그것을 충족하는 활동이 일인지 놀이인지, 그런 점에서 놀이와 일은 구분된 활동인지, 일이든 놀이든 필요와 흥미, 욕구를 충족하는 활동은 학교에서 구체적으로 어떻게 조직할 수 있는지, 그리고 거기에서 출발하는 교육이 아이들의 지성과 규율 형성 등 전통주의자가 중요하게 생각하는 교육의 요소들을 어떻게 간과하지 않게 할 것인지 등의 문제를 해명하는 일이다.

넷째, 특정한 사립학교에서만이 아니라 일반 공립학교에서 실천 가능한 교육의 원형이 무엇인지를 탐색하는 일이다.

다섯째, 인공지능시대 같은 미래 사회를 향한 전망 속에서 '학교교육 제4의 길'처럼 거기에 걸맞은 교육과정, 수업, 학생 평가 방법, 학교 운영의 방향이 어떠해야 하는지를 고민하는 일이다.

이 책은 이러한 문제의식에서 셀레스탱 프레네Célestin Freinet, 1896-1966의 교육사상과 실천을 살펴보았다. 그는 20세기 초중반 프랑스에서 활동한 초등학교 교사이면서 교육사상가이자 실천가였다. 그는 오늘날 '몬테소리 교육(학)Pédagogie Montessori', '슈타이너-발도르프 교육(학)Pédagogie Steiner-Waldorf'과 쌍을 이루는 독자적 교육 모델로 '프레네 실천교육학Pédagogie[1] Freinet'으로 불리는 교육 유산을 남겼다. 그는 협동과 민주주의 교육을 주장하면서도 개인의 욕구와 재능 그리고 자신의 리듬에 따른 교육이 어떻게 가능할 수 있는지에 대한 하나의 모범을 제시했던 인물로 평가받는다. 오늘날 프레네 실천교육학은 특정한 계층이나 종파적 이념의 구현을 위한 사립학교에서가 아니라 주로 일반 공립학교에서 많이 실천되고 있다. 이는 프레네 실천교육학의 영향력이 상대적으로 넓을 수 있음을 말한다. 페이로 니Peyronie, 2000: 225-226는 프랑스 국내외적으로 프레네 실천교육학이 미친 영향력을 다음의 세 가지 차원에서 설명한다.

첫째, 프랑스 국내에서 그의 실천교육학을 활용하는 교사들 수가 비록 몇천 명에 불과하지만[2], 그들이 협력 조직인 현대학교협회L'Institut coopératif de l'École Moderne: ICEM를 결성하고 있다는 점이다.

---

1) 프랑스어 pédagogie는 "교육 행위의 사실(faits)과 방법(procédures)을 연구하는 학문(과학)을 지칭한다"(La Borderie, 1998: 86). pédagogie는 위대한(grand) 교사(pédagogue)의 자질을 뜻하기도 하는데, "위대한 교사는 pédagogie의 이론가이지 원래 집행자가 아니다"(Ibid.). 뒤르켐은 pédagogie를 éducation과 구분하면서 그것이 행동이 아니라 이론이라고 말한다 (Durkheim, 2005: 69). 이에 Pédagogie Montessori나 Pédagogie Steiner-Waldorf를 몬테소리 교육학이나 슈타이너-발도르프 교육학으로 번역해 온 전례에 따라 필자도 Pédagogie Freinet를 프레네 교육학이나 프레네 교육(이)론으로 번역해 왔다. 그러나 전자의 번역어는 그들의 pédagogie가 엄격한 '학문'(science)으로서의 교육학 체계를 가지고 있는가라는 점과 뒤르켐처럼 교육학(science de l'éducation)과 pédagogie를 구분하는 입장에서 보면 적합하지 않을 수 있다. 이론이라는 후자의 번역어도 pédagogie에 담긴 실천이론의 의미를 담아내지 못한다는 점에서 또한 적합하지 않을 수 있다. 뒤르켐은 pédagogie에 대해 행동을 지도하는(이끄는) 실천이론으로 부를 것을 제안하면서, pédagogie를 의학이론이나 정치이론, 전략이론과 동일한 종류의 실천이론이라고 규정한 바 있다(Durkheim, 2005: 79). 이와 유사하게 프레네도 초등교사에게 pédagogie가 "교실 구성원인 아이들의 최적의 (지식)교육과 (덕)교육을 위해 교실(classe)을 지도하는(안내하는) 학문이다"(Freinet, 1980: 12)라고 정의하면서 그것이 교실에서의 교육실천을 지도하고 안내하는 학문임을 밝히고 있다. 또한 pédagogie가 위대한 교사의 자질을 뜻하기도 하는 것처럼, 박찬영(2017: 60)은 그 용어가 "현장의 교사 실천에 뿌리를 두고 있다"면서 그것을 "교사의 이론과 실천의 변증법에 기초한 실천이론"으로 봐야 한다고 주장한다. 이에 pédagogie에 대한 기존 번역어가 pédagogie의 고유한 의미, 특히 교사들의 실천(성)과 그것을 이론화하는 변증법적 과정을 담아내지 못한다는 점에서 Pédagogie Freinet를 원어 그대로 페다고지 프레네(또는 프레네 페다고지)로 부르기도 한다(박찬영, 2017; 김세희, 2013). 필자는 이러한 의견에 동의하면서, '교사의 교육실천에서 출발하는 학문'이자 '교실과 학교에서의 교육실천을 안내하는 학문'을 지향한다는 의미에서 pédagogie를 잠정적으로 '실천교육학'으로 옮겼다.

2) 10년 전 자료이긴 하지만 프랑스에서 학교 전체를 대략 프레네식으로 운영한다고 밝힌 학교는 약 십여 곳이 있고, 밝히지 않고 프레네식 교육실천을 하는 학교는 백여 곳이 있다. 또한 적극적으로 프레네 교육운동을 하는 교사의 수는 대략 오류천 명이고, 그중 많은 교사들은 프레네식 교육을 따르지 않는 교사들과 협력해서 일하고 있다(Francomme & Even & 성장학교 별 엮음, 2006: 41).

둘째 전 세계 사십여 곳의 나라들에 '현대 학교' 그룹이 실재하며 생명력을 유지하고 있다는 점이다. 이는 그 영향력이 밖으로 확장되었다는 점을 말한다.

셋째, 프레네 실천교육학이 표준적인 학교 형태에서 매우 뒤처진 학급을 위한 '방책'이나 교육 행위를 다르게 하고 싶어 하는 교사들을 위한 방책으로 기능을 다하고 있다는 점이다. 이는 프레네 실천교육학의 영향력이 여전히 지속적이고 강력하다는 점을 말한다. 기존 제도 학교에서의 교육과 다른 교육을 모색하려는 사람들에게 그 다름이 어떻게 가능한지를 사유하게 하는 좋은 재료가 된다는 점에서 프레네 실천교육학은 오늘날 여전히 주목받고 있다. 예컨대 현대학교협회는 자신들의 홍보 팸플릿에서 프레네 실천교육학이 다음과 같이 우리 교실의 생활을 변화시키고, 우리의 가르치는 역할을 달리하게 도울 수 있다고 공표해 놓았다.

① 각 아동은 자신의 리듬에 따라 배운다.
② 학생들은 그룹에서 자신의 힘으로 지식을 발견한다.
③ 이상의 과정은 생동감이 있고, 세상(삶)과 연결되어 있다.
④ 우리 학생들은 배움의 틀 속에서 다른 아이들뿐 아니라 어른들과의 관계 속에 존재한다.

독일 대안학교(또는 혁신학교)로 소개되는 헬레네 랑에 학교는 다음과 같은 바람에서 프레네 실천의 일부를 학교교육에 도입했다.

우리는 먼저 학생들이 책상에 앉아 종이와 연필로 하는 공부, 모두 똑같은 시간에 똑같은 것을 배우는 공부, 문제지와 프로젝터로 하는 공부에서 벗어나기를 바랐다.Becker et al., 1997: 33

그 학교는 또한 '실생활과 밀접히 관련될 수 있고, 더 진지하면서 즐거울 수 있고, 학교생활이 더 다채롭고 신나고, 교사와 교사, 교사와 학생, 학교와 학부모가 서로 더 인간적이고 개방적이며 신뢰하는 관계를 맺고, 학생이 정치적 목적에 이용되지 않고, 시급한 현실 문제에 간섭할 수 있고, 규정을 강요하지 않고 교과과정과 실생활을 연관시키면서 상상력과 용기를 발휘할 수 있는 교육, 스스로 '만들고', 능동적으로 '행동하고,' 중요한 문제에서 자신의 역할을 '표현'하는 방식으로 교육하기를 원한다.Becker et al., 1997: 11-12 헬레네 랑에 학교에서 프레네 실천교육학은 발도르프 실천교육학 등과 함께 이 목적 달성을 위한 한 방편으로 적용되었다.

핀란드 스트룀베리 초등학교의 혁신 사례를 소개하러 한국을 방문했던 이 학교 교장은 학교가 지향하는 질문 네 개를 소개한 바 있다. 그것은 "우리는 어떻게 유의미한 방식으로 삶과 교육과정을 연결시킬 수 있을까? 학생들은 학습의 과정에서 어떻게 능동적일 수 있을까? 학교는 어떻게 민주적인 공간이 될 수 있을까? 학생들을 어떻게 능동적, 평화적, 비판적, 민주적 성인으로 성장하게 할 수 있을까?"였다. 이 학교는 이에 대한 대답의 일부를 프레네 실천교육학에서 찾으면서 그것을 학교 운영의 철학으로 삼았다.

이처럼 프레네 실천교육학은 기존 전통 방식의 교육과 달리하고 싶은 사람들에게, 또는 기존 교육을 혁신하고자 하는 사람들에게 하나의 참조 모델이 되어 왔다. 이들과 유사한 방식으로 우리 기존 (학교)교육을 달리 변화(혁신)시키고자 하는 사람들에게 그것이 어떻게 가능할 수 있는지를 사유하는 데 이 책 각 장의 내용들이 일말의 도움이 되었으면 하는 바람이다.

1부

프레네 실천교육학의 형성

2장
프레네의 삶과 교육실천 전개

1. 농촌

1896년 10월 15일 프레네는 니스Nice와 이탈리아 국경에 인접한 시골 마을 가르Gars, Maritime Alps에서 태어났다. 그는 정서적으로든 지적으로든 자신이 성장했던 주변 환경의 위치에서 계급을 바라보고 싶어 했다. 그리고 늘 그 위치를 대변하는 교사이고자 했다.Freinet, 1980: 16 이에 알프스 고지에서 농부들과 함께 성장한 배경은 훗날 프레네가 교육에 관한 구체적인 생각을 형성하는 데 큰 영향을 미쳤다. 특히 그는 자신이 경험한 창조적이고 유용한 노동, 인간과 자연에 대한 세심한 관찰, 협동, 차이 존중, 양식[3], 공동체 정신, 사회정의의 가치를 자주 회상하곤 했다. 그것은 그에게 계속해서 남아 있던 어린 시절의 소중한 가치였다. 어린 시절의 가치를 회상하면서 그는 학교가 행복하고 낙천적인 아동을 길러 내는 터전이어야 한다고 생각했다.Clandfield & Sivell, 1990: 1

『일을 통한 교육L'éducation du travail』과 『마티외의 격언Les Dits de Mathieu』은 프레네가 알프스 고지 농촌에서 지낸 삶의 경험을 고스란히 반영한 대표 저작이다. 두 책에서 그는 농부이자 시인이며 철학자인 마티외로 등장

---

3) 양식(良識)은 프랑스어 'bon sens'의 번역어이다. 양식은 대체로 '올바른 이해, 공평한 판단, 올바른 판단'을 뜻한다. 양식은 프레네가 교육실천의 근거로 삼는 것으로, 그의 교육에서 중요한 용어이다.

한다. 마티외의 입을 빌려 프레네는 양식良識에 기초한 교육실천의 가능성
을 제시했다. '양식에 기초한 현대 실천교육학'이라는 부제가 말해 주듯
『마티외의 격언』은 오용되는 과학 대신 마을 현자가 보여 주는 양식을 교
육실천의 근거로 제시했다. 한편으로 그것은 겸손하고 노련한 양치기와 정
원사, 목축업자 같은 마을 현자의 경험을 대수롭지 않게 여겼던 당시 풍토
에 대한 반발이었다. 다른 한편으로 그것은 명성 있는 저술가나 학자 그리
고 행정가가 진리로 천명했던 기존(전통) 학교의 길만을 정답으로 따랐던
풍토를 향한 반발이었다. 당시 대다수 학교는 아동의 자연스러운 성향과
욕구를 거스르는 명령을 부과했다. 회초리를 들거나 잔소리를 해서라도 아
동을 길들이고 그를 강한 인격과 정신을 지닌 사람으로 형성하는 것이 특
징이었다.Freinet, 1994b: 106 이 목적을 달성하기 위해 기존(전통) 학교는 삶 속
에 존재하는 복잡하고 강렬한 측면을 전문가의 의견에 따라 기호와 단어,
시스템으로 대체했다. 학교에서 삶을 분리했던 전문가의 모습을 보면서 프
레네는 절망을 느꼈다. 이에 당대의 전문가가 천명해 온 철학과 교육 개념
보다 더 나은 개념의 원형 토대를 그는 찾고자 했다. 프레네는 그 토대를
자신이 마을에서 경험한 현자들의 학교를 다시 시작하는 데서 찾았다. 그
는 현자들의 말에 귀 기울이고 그들의 리듬과 삶의 의미 그리고 그들이 실
천하는 교육을 받아들였다.Freinet, 1994a: 28 프레네는 그 원형 토대를 분명히
밝히고 그것을 확산시키고자 마음먹었다. 현자들이 보여 준 양식은 민중의
삶 속에서 형성된 일종의 삶의 지혜였다.

민중 속에서 그들이 어린 동물을 어떻게 돌보고 조련하는지 지켜보
세요. 바로 그 모습에서 우리는 유감스럽지만 우리가 천천히 다시 되
돌아오는 중요한 교육원리의 기원을 찾을 수 있어요….Freinet, 1994b: 105

마을 현자가 동물을 대하면서 보여 준 양식의 모습을 프레네는 양치기

와 양떼 이미지로 묘사했다. 양떼를 다루면서 노련한 양치기가 보여 준 방식에 따라 프레네는 아동을 다루고 싶어 했다. 양을 제멋대로 풀어 두면서도 노련한 양치기는 양이 떼 지어 산 정상을 향해 매일 힘차게 올라간다는 사실을 안다. 일면 무질서해 보이지만 목적지를 향해 힘차게 올라가는 양떼 모습에서 프레네는 동물의 본성뿐 아니라 우리 인간의 본성을 보았다. 이에 자연스럽게 정상(목적지)에 오르려는 아동의 자연스러운 성향을 자꾸 지우려는 교육의 모습은 그에게 문제가 있었다.Sivell, 1990: xiv 양치기, 정원사, 양봉가가 보여 주는 양식을 관찰하면서 프레네는 양식에 소박하지만 매우 다양하고 섬세한 예측과 규범이 존재한다는 것을 찾아냈다. 양식은 보편과 효력을 갖춘 법칙과 전형으로 우리 인간이 아직까지 정립하지 못한 일종의 예지였다.Freinet, 1994b: 198 양식은 실험실에서 검증의 과정을 거친 과학이기보다 프레네가 오랜 시간 걸쳐 검토한 관찰과 경험에 근거한다. 그는 양식이 우리를 잘못 인도하는 통계학보다 참된 심리학의 근거로 더 적합하다고 생각했다. 양식에 근거한 추론을 교사들이 거칠 때 비로소 교육이 삶을 향한다고 그는 생각했다. '삶을 관통하고 삶을 향하며 일을 통해서 이뤄지는 교육'이라는 그의 핵심 명제는 알프스 고지 농촌에서 그가 관찰한 양식과 밀접히 관련된다.

　과학의 문화와 양식의 문화라는 두 문화를 이야기하면서 프레네는 실험실 과학이론과 전문가 의견에 기댄 과학주의를 비판했다. 그는 특히 자신이 사이비 과학자들이라 부르는 과학자들을 비판했다. 그들은 여전히 복잡한 신비에 싸인 세계 앞에서 겸손했던 과학자들과 달리 우리의 삶을 실험관에 국한하고 보편적 조화를 파괴하고, 드러낸 진리의 한 단편을 진리라 믿고, 자신의 발견을 성급히 일반화하면서 과거를 업신여기는 우월감에 빠져 있었다.Freinet, 1994a: 70 양식에 주목한 프레네의 입장은 과학에 대한 부정이라기보다는 과학(특히 실증과학)의 이름으로 또는 전문가의 이름으로 그간 평가 절하해 온 양식에 주목한 것으로 보인다. 오늘날 과학이론(또는 학문)으로서 교육학을 정립하려는 시도를 우리가 부정할 필요는 분명 없다. 다만 실증과학의 언어로 포착하기 힘든 소중한 가치가 예컨대 노련한 교사나 현자들이 지닌 양식 속에 존재하며 우리가 그러한 지혜에 주목할 필요가 있다는 점을 그는 말한다.

2. 전쟁

1912년 프레네는 초등교사양성대학에 입학했다. 그러나 1914년 1차 세계대전 발발로 인해 그는 교사 양성 과정을 제대로 끝마치지 못했다. 징집에 앞서 프레네는 생 세제르St-Cézaire, Maritime Alps의 초등학교에서 그 임무를 대신했다. 1915년 4월 군은 그를 장교 후보생으로 징집했다. 1917년 4월 스와송Soissons, Aisne과 가까운 슈맹 데 담Chemin des Dames 전투에서 그는 부상을 심하게 당했다. 호흡기관에 문제가 생기면서 당시 교사들이 하던 아주 권위적이고 지배적인 방식으로는 더 이상 교직을 수행할 수 없었다. 호흡기를 크게 다치지 않았더라면 자신 역시 전통 방식의 교사들이 보이는 권위적인 행태를 그대로 답습했을 것이라고 그는 고백한 바 있다. 그 정도로 당시 그가 입은 부상은 인생의 큰 전환점이 되었다.

1920년 1차 세계대전이 끝나고 복직했을 당시, 저는 교실에서 몇 분 이상 계속 말하기도 벅찼어요. 그 정도로 쇠약했고 숨도 가빴어요. 저는 폐를 다친 "부상당한 영웅"일 뿐이었어요. 제대로 호흡하기가 매우 힘들었어요. 그럼에도 어쩌면 어떤 다른 교육 방법을 사용해서라도 저는 제가 좋아하는 일을 남들처럼 하고 있었을지 몰라요. 그러나 귀 기울이지 않고 이해하지 못하는 아이들을 상대로 수업을 해야 했어요. 그들의 졸린 눈이 그렇다는 것을 보여 줘요. 혼란스럽고 무질서한 교실을 바로잡기 위해 저는 기존(전통) 방식으로 꾸지람하며 수업을 중단해야 했어요.

- 귀 좀 기울여라!
- 다리로 걸상 좀 툭툭 치지 마라.
- 방금 내가 했던 말을 따라 해라.

바로 거기에… 제약된 교실 환경에서 벗어날 길 없다는 생각에 고통이 몰려왔어요. 물에 빠진 사람이 가라앉지 않으려고 발버둥 치는 것처럼, 저는 살아남기 위한 수단을 찾아야만 했어요. 그것은 제게 생사가 걸린 문제였어요.

대다수 제 동료들처럼 호통을 쳐서 아이들이 절대복종하게 하거나 성질낼 만큼 저는 호흡기 상태가 좋지 않았어요. 호흡하는 데 문제가 없었으면, 지금의 제 기술(프레네 테크닉)을 사용할 수 있었어도 아마 저는 기존 방식을 고수했을 듯해요. 저는 아주 서둘러서 제 실험을 끝마쳤을지 몰라요. 그래서 우리 기존(전통) 학교가 제일의 도구로 사용하는 헛되이 떠드는 짓을 계속하고 있었을지도 모르죠.^{Freinet, 1980: 16}

호흡장애라는 신체 조건은 교사의 직무 조건을 개선하고 새로운 교수 방법을 모색하는 일에 그가 나서게 된 중요한 계기였다. 호흡하는 게 불편했던 자신의 신체적 제약에 굴복하는 대신 그는 자신에게 적합한 가르치는 기술과 새로운 해결책을 찾아야 했다.

전쟁터에서 겪은 잔혹과 고통, 참호에서 맞은 비참함 역시 교육에 관한 프레네의 생각을 다듬는 데 중요한 영향을 끼쳤다. 아동을 비인간적인 전쟁터로 또다시 몰아넣지 않기 위해서는 개인과 시민 측면 모두에서 권리 의식을 갖춘 시민으로 아동을 교육하는 일이 무엇보다 중요하다는 사실을

그는 깨달았다.Lee & Sivell, 2000: 63

3. 신교육

1) 전개

전통 방식에 기댄 20세기 초의 학교를 개혁해야 한다고 생각했던 프레네는 당시 진행 중이던 신교육Education Nouvelle을 중요하게 참고했다. 신교육의 기원을 찾는 작업은 대체로 루소로 거슬러 올라간다.[4] 1762년 루소가 간행한『에밀』을 클라파레드는 '교육에 있어 진정한 코페르니쿠스적 혁명'이라고 불렀다. 아동기를 단지 성인기를 준비하는 시기로 보는 것이 서구 전통 교육의 기본 원칙이었다. 교사는 아동을 성인기로 준비하게 하고 그 것을 재촉하는 전적인 권력을 가진 존재로 이해됐다.『에밀』출간은 이러한 생각을 바꿔 놓은 하나의 전환점이었다. 신교육의 기본 원칙은 전통 교육과 정반대였다. 아동은 성인과 마찬가지로 행동할 권리가 있는 존재로 이해되기 시작했다.Mialaret, 1995: 72 재인용 '구old' 교육이 수동적 학교학습에 목적이 있었다면 '신new' 교육은 인간을 행위자이자 창조자로 다루는 데 목적이 있었다.Oelkers, 1997: 715

자신에 선행했던 교육자 모두가 아동기 자체를 가치 없는 것으로 보았다고 루소는 생각했다. 아동은 단지 성인기를 준비하는 데 집중해야 하는 존재였다. 이와 달리 루소는 아동기에 대한 새로운 견해를 제시했다. 루소에게 아동기는 그 자체로 가치가 있는, 즉 긍정적인 가치를 지닌 시기이다. 성인기를 향해 아동을 안내하거나 재촉하는 대신 '소극적인' 역할을 취하는게 아동기를 다루는 교사의 역할이었다. 아동기 교육의 새 길을 열었다는

---

4) 이하 신교육에 관한 설명은 주로 Mialaret(1995: 72-74)를 참고하였다.

점에서 루소는 '새로운' 형태의 첫 번째 교육자로 평가되었다. 당시의 신교육을 우리가 더 이상 루소 사상으로 환원할 수 없는 점은 분명하다. 그렇지만 루소는 교사가 품어야 하는 아동을 대하는 새로운 이미지를 제시했다. 그것은 당시 신교육의 기본 입장을 대표했다. 루소의 영향력은 교육사상에만 한정되지 않았다. 1850년대부터 루소의 사상은 현실에 실제 적용되기 시작했다. 예컨대 1858년 톨스토이는 야스나야 폴라나Yasnaia-Poliana에 직접 학교를 설립했고, 스웨덴의 엘렌 케이Ellen Key는 6년 동안 64판을 찍은 『아동의 세기』를 출간했다.

1847년 프랑스에서는 유치원이 설립되었다. 유치원은 카르팡티에Pape-Carpentier가 이끌고 이후 케르고마르Pauline Kergomard가 확장했던 운동의 결과였다. 1904년 몬테소리는 로마에 어린이의 집Casa dei Bambini을 열었고, 1907년 드크롤리는 브뤼셀 근방에 에콜 드 에르미타주Ecole de l'Ermitage를 열었다. 같은 해인 1907년 케르셴슈타이너Georg Kerschensteiner는 뮌헨에서 노작학교를 실천하였다. 노작학교는 수작업을 모든 교과뿐 아니라 청소년이 지닌 직업 관심과 밀접히 연결했다. 1920년경 프랑스의 쿠지네는 그룹학습 방법을 발전시켰다. 그룹학습은 친근감에 따라 아동을 그룹으로 묶어 학습하게 하는 체제였다. 1928년 프로피Barthélemy Profit, 1867~1947는 학교협동조합coopératives scolaires 운동을 시작했다. 미국에서는 듀이의 '행함으로써 배운다'는 교육원리에 기초한 교육 실험과 위네트카 학교 실험, 돌턴 계획, 그리고 아동의 활동을 개별화하는 모든 노력이 전개되었다.Mialaret, 1995: 72-74

이처럼 20세기로의 이행기에 프랑스를 비롯한 유럽 전역과 북미 지역에서 다양한 종류의 교육개혁 운동이 일어났다. 이 교육개혁 운동을 프랑스를 비롯한 인접국에서는 신교육으로, 독일에서는 개혁교육으로, 영미 지역에서는 진보주의 교육으로 달리 불렀다. 그러나 이 운동들 모두는 사실 여러 면에서 국제적으로 서로 연결된 운동이었다. 뢰어스Röhrs, 1995: 15는 페터

젠Peter Petersen의 예나 플랜Jena Plan이 이를 입증하는 좋은 예라고 설명한다. 페터젠은 신교육연맹의 구성원이었고, 자신의 새로운 교육이론과 실천을 파크허스트Helen Parkhurst의 '돌턴 플랜'과 워시번Carlton Washburne의 '위네트카 플랜'의 이름을 따 '예나 플랜'으로 명명했다. 그는 국제 수준에서 다양하게 전개된 실천을 생산적으로 종합했다. 실제로 듀이John Dewey, 킬패트릭William Heard Kilpatrick, 페리에르, 워시번, 드크롤리, 파크허스트의 이론과 실천에서 페터젠은 핵심 요소를 추출했다. 신교육자들의 이러한 실천에 기초해 프레네는 자신의 독창성 있는 이론과 실천을 정립했다.

국제 수준에서 개별로 진행되던 신교육의 여러 흐름은 1921년 8월 6일 칼레Calais에서 국제신교육연맹을 창립한 것을 계기로 서로 협력하는 교류의 장을 열었다. 칼레 회의에서 채택된 일곱 가지 신교육의 핵심 원리는 신교육이 지향하는 기본 입장을 잘 제시했다.

① 모든 교육의 본질 목적은 아동이 자신의 삶 속에서 정신의 최고 상태를 원하고 그것을 성취하도록 준비하게 하는 데 있다. 따라서 그 목적은 교육자의 견해에 개의치 않고 아동 안에 존재하는 정신의 힘을 보존하고 증가하게 하는 데 있다.

② 교육은 아동이 지닌 개별성을 존중해야 한다. 개별성은 오직 아동 안에 존재하는 정신의 힘을 자유롭게 이끄는 훈련discipline을 통해 발달할 수 있다.

③ 어른은, 그리고 일반적으로 말해 삶을 배우는 일은 아동의 흥미에 따라야 한다. 흥미는 아동 안에서 자발적으로 생기는 흥미이다. 아동은 수공적·지적·미적·사회적 활동 같은 다양한 활동을 하면서 흥미를 발산한다.

④ 각 연령은 그 연령에 맞는 자체 특성이 있다. 따라서 개인과 공동의 규율은 교사와 협력하는 가운데 아동 스스로 조직해야 한

다. 아동은 개별성과 사회적 책임감 모두를 강화해야 한다.

⑤ 교육에서 이기적인 경쟁은 사라져야 하며 협동으로 대체되어야 한다. 그것은 전체적으로 공동체를 돕는 데 자신의 개별성이 기여하도록 아동을 교육하는 일이다.

⑥ 신교육연맹은 수업과 교육 모두에서 남녀공학을 공통으로 요구한다. 그 요구는 두 성 모두를 동일하게 다뤄야 한다고 강요하지 않는다. 그것은 서로에게 도움이 되게 남녀 아동이 자유롭게 영향력을 주고받게 하는 협력collaboration을 함축한다.

⑦ 신교육은 자신과 가장 밀접한 곳에서(일반적으로 자신이 속한 국가와 인류를 의미한다) 자신의 의무를 다하는 미래 시민이 되도록 아동이 준비하게 만든다. 이와 더불어 신교육은 아동 자신이 지닌 인간의 존엄을 의식하게 돕는다.

Mialaret, 1995: 74-75

2) 비판적 수용

프레네는 기존(전통) 학교를 비판하는 용어로 스콜라적 방식la scolastique이나 스콜라주의le scolastisme라는 용어를 자주 사용했다. 스콜라주의는 삶과 유리되고 아동의 욕구를 반영하지 않으면서 추상 이론과 언어 설명에 몰두했던 기존(전통) 학교 행태를 비판하기 위해 사용한 일종의 포괄어였다. 장기간 병원에 입원하면 생기는 입원성장애hospitalism처럼, 교육이 삶과 유리된 채 피상적으로만 진행되는 학교에서 스콜라주의라는 일종의 학교병病이 발생한다. 프레네는 스콜라주의에 물든 학교의 부정적인 모습을 다음과 같이 묘사했다. "기존(전통) 학교는 교사의 능숙한 언변과 권위주의 형태의 주형틀에 아동을 의존하게 만든다. 아동은 목적도 생산성도 없는 학습활동을 강요받는다. 삶과 동떨어진 추상 지식이 제시되고 경험은 언어적 설명으로 대체된다. 아동은 조작 가능한 대상으로 취급받는다. 아동은 특별히 마련된 학교 환경에 고립되어 삶의 목적과 의미를 상실한다. 학습하는 과정에 아동은 제대로 적응하지 못한다.”정훈, 2011a: 41 삶과 유리된 학교 환경에서 아동은 잘 짜여 제공되는 지적 음식만을 받아먹는다. 학교는 소화하기 힘든 음식을 아동에게 제공하고, 그 결과 아동은 지적 음식을 거부하는 식욕부진에 빠진다. 아동은 삶에 제대로 적응하지 못하고 아동의 개별성은 위축된다. 이는 결국 아동이 학교 문화에 반감을 갖게 만든다.Freinet, 1994b: 177

스콜라주의에 물든 기존(전통) 교육과 다른 새 교육을 찾기 위해 프레네는 대다수 탐구자가 수행했던 탐구 방법을 따랐다. 전쟁 때문에 교사양성대학을 제대로 끝마치지 못했기 때문에, 그는 혼자 힘으로 새로운 교육 탐색에 나섰다. 독학에 가까운 탐색 과정은 그가 훗날 교육실천과 삶(생명)의 기술의 중심으로 삼은 실험적 모색을 발전시킨 계기가 되었다. 프레네는 몬테소리와 루소, 그리고 페스탈로치의 문헌을 중요하게 읽었으며, 그들 사이에 어떤 놀라운 유사성이 있다는 점을 알아챘다. 그리고 신교육의 대표 학자였던 페리에르의 『활동 학교Ecole active』와 『활동 학교의 실제Pratique de l'Ecole active』를 읽으며 자신이 하려는 시도의 방향을 정립할 수 있었다. 여러 사상가의 책을 읽는 것에만 머물지 않고 프레네는 대안 실험을 전개한 여러 학교를 방문하고 관계자와 교류했다.

예컨대 1922년 그는 알토나Altona와 함부르크Hambourg의 생활협동체학교를, 1925년에는 소련U.R.S.S.의 학교를 탐방했다. 자유주의libertaires 학교로 알려진 독일 함부르크 학교는 ‘아동으로부터’를 하나의 표어로 삼았다. 그 학교는 ‘아동을 아동으로부터 발견한다’라는 아동이 지닌 독자적 세계의 가치를 인정했다. 함부르크 학교가 혁명에 가까운 교육혁신을 불러왔다는 점은 인정했으나 프레네는 그 학교에서 실천되는 교수 방법을 좋아하지 않았다. 교사단체와 함께한 소련 탐방을 계기로 프레네는 아동 교육에서 생산노동의 문제, 학교에서 실천되는 실제 노동(일)의 의미 문제 그리고 학교 벽신문과 돌턴 계획 같은 몇 가지 원칙과 기술을 찾아내 그것을 근본적으로 성찰하기 시작했다.Peyronie, 2000: 214 1923년 그는 페리에르와 보베, 클라파레드와 쿠지네, 쿠에Emile Coué에 이르는 당대의 대大교육가가 서로 만나 교류했던 몽트뢰 국제신교육연맹회의[5]에도 참가했다.Freinet, 1980: 16-17

이처럼 프레네는 신교육운동에서 발원한 새로운 (학교)교육 실험에 관심을 두고 탐색하는 과정을 거쳤다. 그렇지만 다음의 두 가지 차원에서 그는 신교육의 흐름에 불만이 있었다.

첫 번째 불만은 신교육 실천이 특별한 조건을 갖춘 학교에서만 가능하고 실천으로 옮기기 어려운 이론 수준에 머물렀다는 점이다. 자신이 칭송했던 사상가의 지원과 정신적 도움을 받을 수 없는 교실로 혼자 되돌아왔을 때 프레네는 어떤 절망을 느꼈다. 자신이 읽고 경청했던 어떤 이론도 자신의 시골 학교로 옮겨 올 수 없었기 때문이었다. 프레네가 가치 있다고 본 실천 사례는 적은 학생 수, 선발된 많은 우수 교사가 있는 독일과 스위스의 일부 새로운 학교에서만 가능해 보였다. 그것은 그가 절대 다가설 수 없는 조건이었다.Freinet, 1980: 16 어떤 교리를 따르는 대신 그는 자신의 학급에서 할 수 있는 실천을 창조하고 민중의 아동이 있는 학급에서 그 실천을 현실로 만들고 싶어 했다. 그러나 당시 신교육이 보여 준 실천은 그가 처한 조건에 적합하지 않았다.Peyronie, 2000: 215 당시 신교육 사상과 이론이 구체적 실천으로 이어지지 못한 채 왜곡되고 자취를 감춘 현실도 신교육을 향한 그의 비판에 한몫했다. 예컨대 당시 몬테소리는 자신의 우위를 확고

---

5) 1923년 몽트뢰에서 열린 회의에는 370여 명이 참가했으며, 회의의 주제는 '창조적 서비스를 위한 교육(Education for Creative Service)'이었다. 개막 연설은 페리에르의 활동 학교에 관한 내용이었으며, 달크로즈(Jaque-Dalcroze)는 제네바 학교에서 온 아이들 집단과 함께 오이리트미(Eurhythmic)를 시연했다. 교육에서 무의식에 따라 움직이는 부분이 주된 논의였다. 보두앵(M. Charles Baudouin)은 아동기의 기억을 논의했으며, 쿠에는 자기암시(auto-suggestion)의 힘에 관해 논의했다. 회의의 마지막 날에는 융(Carl Jung)이 심리학적 유형이론을 설명하고, 교사에게 있어 분석 심리학의 가치를 이야기했다. 교사들은 그것을 통해 스스로를 어떻게 다스려야 하는지를 배울 수 있었다(Boyd & Rawson, 1965: 77-78).

히 했고, 드크롤리는 전체적 조망globalisme이라는 요소를 소개했고, 보베, 페리에르, 클라파레드 등은 제네바에서 학파를 형성하고 연구 활동을 전개했다. 미국에서는 돌턴 계획이, 독일 함부르크 학교는 자치self-government의 경험을 시도했으며, 비엔Vienne(프랑스 중서부의 주)은 소련과 함께 새로운 교육의 전위에 서 있었다. 그런데 어느 순간 그 실천들은 갑자기 자취를 감추기 시작했다. 몬테소리 방법은 과학적인 자기 규준 속에서 요지부동의 고정된 교구만을 고집하면서 그 세기가 요구하는 필요성에 더 이상 부응하지 못했다. 전체적 조망이라는 드크롤리 방법은 형식화된 학교에서 왜곡됐고, 제네바 학파는 페리에르가 물러난 뒤 혁신에 유리하지 않은 사회 분위기에서 시련을 겪다 끝내 해체되었다. 미국은 교육과 도덕 측면에서 위험해 보였던 신교육의 자유주의 경향을 과장하고 변질시켰다. 독일의 교육은 균형을 잃었고, 오직 소련만이 민중의 교양 수준에 맞는 고양을 불러오는 사회 원칙에 맞춰 전진했을 뿐이라고 프레네는 결론 내렸다. 몬테소리와 드크롤리는 의사였고, 스위스의 심리학자들은 사상가였으며, 듀이는 철학자였다는 말로 프레네는 신교육에 내재한 실천상의 결함을 지적했다. 그들이 이론가이자 사상가로서 자신의 꿈을 현실로 옮기는 데 성공하지 못했고, 그것을 다른 전문가의 몫으로 넘겼다는 데 문제가 있었다는 것이다. 예컨대 듀이 같은 사상가는 교육실천의 도구와 기술을 구체적으로 마련하지 못했기 때문에 자신이 구상한 이론에 기반해 많은 학교를 변화시키지 못했다고 그는 지적했다. 학교 변화의 실패는 결국 풍부한 사상과 무능력한 (실천)기술 사이의 골을 계속해서 더 깊게 만들었다.Freinet, 1980: 13

이에 신교육과의 차별화를 꾀하며 프레네는 자신의 조건에 걸맞은 교육 대안 모색에 나섰다. 그는 독창성 있는 실천 기술을 창조하는 길에 나섰다. 신교육과 활동적(능동적) 방법에 제기된 비판으로 생긴 새로운 교육에 대한 공백(기)을 그는 자신이 '현대 학교Ecole Moderne'로 명명한 '프레네 실천 교육학'을 통해 메우려 했다. 그는 자신이 전개한 정합적 실천이 민중 학교

같은 혁신을 불러오는 심리·철학·사회적 토대로서 프랑스뿐 아니라 전 세계적으로 전도유망한 교육 공식이 될 것이라고 기대했다. '현대 학교'의 '프레네 실천교육학'이 위대한 교육사상가의 풍부한 이론을 실제 현실에서 구현하게 할 것이라고 그는 확신했다.Freinet, 1980: 9-10 실제로 위대한 이론이 구현될 수 있게 하는 실천 가능한 여러 도구와 기술을 프레네는 창조했고, 실제로 그 도구와 기술은 오늘날까지 프레네에 주목하게 만드는 주된 이유가 되고 있다.

두 번째 불만은 당시의 사회정치적 환경에서 신교육이 보여 주었던 정치적 순진함이었다. 프레네는 자본주의의 영향력이 강화된다 해도 사회 체제가 가장 진보된 민중의 힘으로 지탱된다면 그 체제가 결코 위협받지 않을 것이라고 생각했다. 학교 역시 사회에 유리하게 작동할 수 있다고 생각했다. 반면 국제신교육연맹은 민중의 힘이 약화된 자본주의 체제에서 여전히 민중의 학교를 평화롭게 운영할 수 있다고 믿었다. 국제신교육연맹이 지닌 이러한 믿음에서 그는 어떤 위험을 감지했다. 그는 신교육 원리가 권위주의적이고 압제적인 현실 사회의 요구와 어떻게 맞부딪칠 수 있는지를 간파했다. 실제로 신교육의 진보는 정지됐다. 1차 세계대전 이후 등장한 파시스트 국가들은 단호한 방법으로 자국의 학교들이 국가의 보조에 맞추게 강제했다. 프랑스의 학교도 예외가 아니었다. 노동자 삶의 비참함, 학교 유지 및 건설 비용 대폭 삭감, 파렴치한 계급의 과잉, 그리고 전위에 선 교사들에게 자행되는 노골적인 공격을 보면서 프레네는 그것을 파시즘의 전조라고 판단했다. 이러한 상황에서 민중의 학교를 운영하는 일은 거의 불가능해 보였다. 정치 상황을 바라보는 상이한 인식은 유럽에서 진행된 신교육 실천과 프레네를 구분하는 중요한 차이였다.Freinet, 1969a; 1990b: 130-131 이후 유럽의 대다수 신학교는 특정 계층을 위한 학교로 변질되었다. 그러나 프레네는 민중을 위한 교육이라는 목표를 계속 견지하고 그 목표 달성을 위해 필요한 사회정치적 조건을 갖추는 데 관심을 두었다. 교육 대상을 누구로 삼아야 하는지의 문제는 오늘날까지 신교육에 기초한 학교와 프레네 학교를 구분하는 하나의 준거이다.Peyronie, 2000: 218 프레네는 주로 사상과 이론의 단계에 멈춰 서고 학교를 둘러싼 사회정치적 조건에 무감각했던 신교육의 한계를 인식하면서 자신의 교육을 신교육과 구분하기 위해 '현대 학교'라고 달리 명명하며 독자적인 운동의 길을 걸었다.

"꽃에서 꿀을 따 자신의 벌꿀을 만드는 꿀벌을 좋아했다"는 몽테뉴의 표현을 프레네는 자주 사용했다. 이 말이 드러내 주듯 그의 교육 전반에는 앞서 언급한 신교육 사상가뿐 아니라 기존(전통) 교육에 대항했던 많은 사람들의 중요한 영향력이 스며들어 있다. 그는 왕성한 지적 욕구로 다른 교육가에게서 아이디어를 끌어왔고, 그들이 제공하는 '꿀'을 땄으며, 그들의 아이디어를 추출해 그것을 자신의 아이디어로 변형했다.Acker, 2000: 21 예컨대 19세기에 로뱅Paul Robin은 아동이 행한 자유 글쓰기를 출판하는 인쇄 출판작업을 이미 활용했고, 폴란드의 코르착Janus Korczak은 교육 도구로 학교 신문을 활용했었다. 드크롤리와 클라파레드의 연구물에서 프레네는 협동학습에 관한 영감을 얻었으며, 클라파레드의 기능 심리학과 피아제의 발생 심리학에서 실험적 모색에 관한 아이디어를 다듬었다. 주간 학습활동 계획은 미국인 교사 파크허스트Helen Parkhust가 시작한 돌턴 계획과, 자가 수정카드는 워시번Carl Washburns이 개척한 위네트카 방법Winnetka-method 과 밀접한 관련이 있었다.Schlemminger, 1997 [6)]

3) 새로운 교육 실험

프레네는 1920년 전쟁터에서 되돌아왔다. 그는 그라스Grasse, Maritime

---

6) 애커(Acker, 2000; 2007)는 그 밖에 폴 로뱅이 상피 고아원에서 한 교육 실험, 영국 샌더슨 (William Sanderson)의 과학적 방법, 뷔송(Ferdinand Buisson)의 교육학 사전, 얀 리카르트 (Jan Ligthart)의 어린 시절의 기억을 담은 책, 타고르(Rabindranath Tagore)의 샨티니케탄 (Shantiniketan) 실험학교 사례가 프레네 실천교육학 형성에 영향을 주었다고 설명한다. 이들과 프레네의 연관성은 이어지는 장들에서 해당 내용을 다룰 때 언급하였다.

Alps에 인접한 작은 마을 바쉬르루Bar-Sur-Loup, Maritime-Alps에서 교사생활을 다시 시작했다. 바쉬르루에서 그가 펼친 실천은 마을공동체에서 상당한 진가를 인정받았다. 프레네는 교육에 힘쓰는 일과 별개로 지역 생산물을 판매하는 마을 협동조합 설립을 돕기도 했다. 협동조합을 조직해 본 경험은 이후 그가 학교를 일종의 협동체로 구성하게 한 중요한 계기가 되었다. 학교를 방문하는 장학관이 그의 혁신을 때로는 미심쩍은 눈으로 바라보기도 했지만, 당시 그의 실천은 거의 반대에 부딪치지 않았다.Sivell, 1990: xi 1924년 6월 프레네는 작은 인쇄기 하나를 구입했다. 인쇄기는 그의 실천에 큰 전환점이 되었다. 인쇄기를 가지고 그는 학생들과 함께 각색한 달팽이 경주에 관한 '자유 글쓰기' 작품을 그들과 인쇄했다. 이때부터 그는 학교인쇄출판작업, 학교(학급) 신문 같은 새로운 교육원리와 방법을 차례로 도입했다.

1926년 6월 브르타뉴 지방에 위치한 트레겡 생 필리베르Trégunc-St-Philibert의 다니엘Ren é Daniel 교사도 인쇄기를 구입했다. 다니엘은 그것을 계기로 프레네와 정기적인 학교 간 통신교류를 처음으로 시작했다. 그해 10월 프랑스 남부에서 생활하는 프레네 학생과 프랑스 북부에서 생활하는 다니엘 학생 사이에서 이뤄진 학교 간 통신교류 실험이 시작되었다. 학교 간 교류는 협동과 협력이 학생과 학생, 교사와 학생, 교사와 학부모, 학생과 공동체 사이에서 다각적으로 이뤄져야 한다는 프레네의 입장이 반영된 실천이었다. 1923년 발표된 프랑스 교육부의 공식 지침[7]은 활동적(능동적)이고 학생 중심의 방법에 우호적이었다. 프레네가 교육혁신을 실천하는 데 그 지침은 큰 도움을 주었다. 1928년 6월 프레네는 학교 간 통신교류의 핵심 구성원 여섯 명과 함께 공립학교교사협동조합La Coopérative

---

7) 지침의 핵심 내용은 "구체적인 대상으로 모든 수업을 시작하고 추상적인 것을 피해라," "활동적(능동적) 방법을 활용해라," "아동이 '자치'를 실천할 수 있는 상황을 찾아라," "수업 프로그램의 일부에 공동체로 떠나는 정례적인 학급 나들이를 짜 넣어라"였다(Lee & Sivell, 2000: 102-103).

de L'Enseignement Laïc: C.E.L.[8]을 창립했다. 이 협동조합은 소식지를 간행하고 워크숍을 지원했으며, 점차 그 수가 늘어났던 학습 자료와 도구를 원가로 제공하는 역할을 담당했다. 일례로 자체 교육회보(「학교인쇄출판작업 L'Imprimerie á l'école」)와 아동이 만든 학교(학급) 신문(「다발La Gerbe」), 그리고 8mm 영화(Pathé-Baby)를 제작하고 보급하는 일을 도맡았다.Acker, 2000; Clandfield & Sivell, 1990; 황성원, 2003c 등 프레네는 자신이 고안한 새로운 도구나 기술에 일종의 '특허권'을 부여하며 독점하지 않았다. 그는 동료 교사와 협동하며 함께 자료를 준비하고 생각과 정보를 교환할 때, 자신이 하고자 하는 실천을 더욱 쉽게 진행할 수 있다고 생각했다. 이 때문에 그는 교육운동의 시초부터 협동에 기초한 교육운동의 길을 택했다.

제가 학급인쇄출판작업을 생각했을 때, 오늘날 우리가 기꺼이 행하는 바처럼 저는 혁신에 대한 특허권을 부여하고, 몬테소리 여사가 했던 바처럼 새로운 방법의 토대인 교구에 특허권을 부여했을지 몰라요. 그러나 그렇게 했더라면, 저는 그 출발부터 제 동료와의 접촉을 끊었어야 했을 거예요.

저는 망설이지 않고 아주 다른 경로를 택했어요. 발견한 비밀을 몰래 간직하려 애쓰지 않았어요. 대신 저는 심사숙고 끝에 그것을 협동(협조)의 도가니 속에 집어넣었어요. 당시 우리 개척자의 수는 많지 않았지만, (…) 우리는 학생들이 쓴 글쓰기 작품을 모아 학급 문집을 간행하는 작은 협동을 이미 조직하고 있었어요. (…) 이때 이미 우리는 개인주의라는 무익한 잘못된 순환을 깨뜨렸는지 몰라요. 우리는 협동에 기초한 교육운동의 토대를 쌓아 올렸어요.Freinet, 1980: 16

---

8) 원문 그대로 번역하면 '세속화(비종교) 교육 협동조합'이다. 세속화가 근대 공교육을 대표하는 하나의 단어인 만큼 여기서는 프레네 문헌을 영역한 시벨(Lee & Sivell, 2000: 65)의 번역어에 따라 공립학교교사협동조합(Public School Teachers' Cooperative)으로 번역한다. 카니(Carnie, 2003: 104)도 이와 유사하게 "Public Educator's Cooperative"로 번역한다.

교사들 사이의 협력 조직인 공립학교교사협동조합은 1947년 현대학교협회L'Institut coopératif de l'École Moderne: I.C.E.M.로 다시 명명되었다. 명칭 변경은 2차 세계대전의 파괴에서 되돌아와 교육체제를 현대화하려는 싸움의 최전선에 프레네가 서 있다는 점을 외부 세계에 알리기 위해 이뤄졌다. 이 조직은 오늘날에도 여전히 그 실천을 이어 오고 있다.[9] 1957년에는 국제 조직인 국제현대학교운동연맹Fédération Internationale des Mouvements d'Ecole Moderne: FIMEM이 결성되었다. 국제현대학교운동연맹은 중앙에서 통제하는 통일 조직으로 설계되지 않았다는 데 중요한 의미가 있다. 두 단체는 이전 공립학교교사협동조합과 마찬가지로 학습활동총서Bibliothèque de travail: BT와 현재 프레네 기술을 따르는 학교에서 활용되는 출판물을 간행하고 보급한다. 또한 도구에 관한 정보를 공유하게 하는 역할을 한다. 그렇지만 두 단체의 운영 방식은 획일적이지 않다. 프레네 자신은 두 단체를 결성하는 데 아주 큰 공헌을 했다. 그러나 두 단체 모두 그를 신격화하지 않았다. 프레네의 아이디어를 맹목적으로 받아들이지 않았다. 대신 그것은 언제나 검증되었고 완성되었으며 효과적인 '기술'이 되도록 개선되었다. 따라서 모든 것을 통제하는 단일한 '방법'을 명령하지 않았다. 개인의 주도성을 짓밟는 고압적인 조직을 그는 언제나 경계했다. 프레네 운동이 프레네에게 많은 빚을 지고 있는 건 사실이다. 그러나 그 운동은 자신이 하는 실천에 프레네의 이름을 거의 앞세우지 않았다. '현대학교협회', '현대학교운동' 또는 거의 대부분 '현대 학교'라는 말을 사용해 온 것이 이를 증명한다.Clandfield & Sivell, 1990: 5 그러나 최근 그의 교육 실천이론은 집약적으로 '프레네 실천

---

9) 현대학교협회는 현재 프랑스 낭트에 본부를 두고 있다. 인근 유럽 국가인 벨기에(1937), 네덜란드(1950), 이탈리아(1951), 스위스(1952), 포르투갈(1966), 독일(1976), 스페인(1977), 스웨덴(1977), 오스트리아(1992) 또한 국가별 지부를 두고 있다. 현대학교협회는 매년 지역별로 교사들이 소단위 세미나를 열거나 2년마다 전체회의를 개최한다. 전체회의는 모든 교사를 대상으로 하며, 연구 세미나는 주로 프레네 실천교육학의 적용과 실천에 관한 주제를 다룬다. 프랑스를 비롯하여 서유럽 국가에서는 비교적 활발하게 프레네 실천교육학에 관한 연구와 정보 교환이 이루어지고 있다(황성원, 2007: 564).

교육학'으로 더 자주 불린다.

자신의 교육혁신을 공유하기 위해 프레네가 국제 학술대회를 개최했던 사실도 중요한 공헌이었다. 첫 학술대회를 그는 물랭Moulins에서 개최했다. 프레네는 학술대회를 매년 부활절 기간에 개최했지만, 2차 세계대전 기간 에는 중단할 수밖에 없었다. 전쟁 이후 첫 학술대회를 그는 1947년 4월 디종Dijon에서 개최했다. 프레네는 언제나 학술대회에 참석했지만, 1966년 페르피냥Perpignan에서 열린 학술대회는 건강이 악화되어 참석하지 못했다. 프랑스의 교사와 프레네 운동의 교육자 그리고 일본, 바르셀로나, 폴란드, 러시아, 벨기에 등등 전 세계에서 참석한 교사와 교육자들은 이 모임을 통해 카리스마가 아주 강했던 프레네의 연설을 듣고 서로 교제했다. 프레네의 매력적인 인품은 모임을 아주 진지하게 만들었다. 모임을 계기로 모든 참석자는 프레네 운동의 목적과 의미를 다시금 가다듬었다.Acker, 2000: 5-6[10] 학술대회와 별개로 자신의 실천을 전파하기 위해 프레네는 바쁜 일정을 쪼개 쉴 없이 강연을 다녔다.

대체로 토요일과 일요일에만 저는 학교에서 벗어날 수 있었어요. 따라서 저는 토요일 저녁에 강연 하나, 일요일 아침에 강연 하나, 일요일 오후에 강연 하나, 일요일 저녁에 강연 하나를 할 수 있었어요. 출장 일정을 적절하게만 조율한다면, 저는 몇 곳의 다른 지방을 오가며 강연 서너 개를 완벽히 수행할 수 있었을지 몰라요.Bens-Freinet, 1994: 110

강연에서 학술대회로 이동하면서 제 아버지는 계속 출장을 다녔어요. 회합을 요청하는 동료가 있으면 아버지는 프랑스 어디든 종횡으

---

10) 국제 학술대회 전통을 계승해 1980년부터 국제현대학교운동연맹(FIMEM)은 프레네 교육자를 위한 국제 모임(Rencontre Internationale Des Educateurs Freinet: RIDEF)을 2년마다 개최하고 있다.

로 누비고 다녔어요. 지칠 줄 모르는 정열로 아버지는 우리가 말馬을
이끌고 갈 수 있고 그 말이 기꺼이 물을 들이켤 맑은 샘물을 향하는
힘들지만 흥미진진한 여행에 자신의 청중이 눈뜨고 자신을 뒤따르기
를 권했어요.Bens-Freinet, 1994: 11

4. 상업주의와 과학주의

19세기의 향상된 외적 생활이 인간의 내적 생활을 위협하는 현실은
20세기 초의 주된 문제였다. 당시는 전문화·기술공학·경제 발전과 인간의
전체적 삶이 서로 긴장관계를 이뤘던 시기였다. 교육에 만연된 주지주의와
기계적 진행에 대한 투쟁, 교육이나 수업의 분열과 피상화, 젊은이를 물질
지배적인 성인세계로 내모는 것, 전수되어 온 권위주의적 교수 방식에 대
한 거부가 교육 영역에서 일어났다.Reble, 1975: 344, 351-35 20세기 초중반 자
본주의가 불러온 상업주의와 과학의 오용이 교육에 미친 영향을 프레네는
특히 비판했다.

첫째, 오직 상품성을 높이기 위해 겉치레에 치중했던 사람들의 행태
를 묘사하면서 프레네는 자본주의 사회가 불러온 상업주의를 문제 삼았
다.Freinet, 1994a: 143-14 토대를 깊이 파 돌담을 쌓지 않고 근사한 모양의 벽
돌을 무작정 쌓아 올리거나, 균열을 가리기 위해 치장하고 질 떨어진 재료
를 단지 그럴듯하게 보이게 만드는 유감스러운 변형을 널리 행하는 게 그
의 눈에 비친 당시 사람들의 모습이었다. 모조품이 도처에서 순수한 재료
를 대체하고, 형식이 정신을 죽이고 기계적인 것이 삶을 죽인다고 그는 당
시 현상을 묘사했다. 그 풍경은 이기적인 사람을 관대히 대하면서 인간의
희망을 희생하게 만드는 상업주의의 사치가 불러온 결함으로 이해되었다.
특권자가 주로 전유하는 사치와 안락의 상품을 되도록 많은 사람에게 확

대하는 게 진보로 여겨졌다는 것이다. 자본주의 경제의 필연적 산물인 선별된 동작과 표준화된 노동으로 인해 우리가 정신과 교제하는 길이 끊겨 사고가 마비되고 있다는 점을 그는 또한 지적했다. 이에 인간 형성에 큰 영향을 미치는 참된 노동(일)의 가치를 교육현장에서 되살려 상업주의에 물든 교육을 변형하는 일이 프레네의 중요한 과제가 되었다.

둘째, 자본주의 영향력 아래서 과학이 오용되는 모습을 보면서 프레네는 그것이 과학에만 국한되지 않고 교육에도 심각한 폐해를 입힐 수 있다는 점을 지적했다.Freinet, 1994a: 47-50 자신의 책에서 프레네는 과학이 오용되는 대표 사례 몇 가지를 묘사했다. 예컨대 자연 재앙에 대응하고 더 많은 과일을 수확하기 위해 화학비료를 사용하고, 소가 더 많은 우유를 생산하게 소를 병실 같은 우리에 가둔 채 기계장치로 우유를 짜고 화학물질이 가미된 사료를 먹이는 것이 당시 사람들의 모습이었다. 마찬가지로 전깃불을 밝힌 현대식 양계장에서 닭이 신속히 알을 낳도록 사람들은 재촉하고 있었다. 그것은 과일이나 소, 닭이 자연스럽게 성장하지 못하게 가로막는 일이었다. 그것은 수명을 단축시키고 인간의 영양과 행복, 그리고 건강에 심각한 영향을 미칠지 모르는 행위였다. 이는 방향 설정을 잘못한 것이자 인간의 지적 노력을 잘못 사용해 한 사회를 무질서와 재앙으로 몰아갈지 모른다고 프레네는 생각했다. 자연스러운 성장 과정을 과학 기술로 왜곡하는 오류를 지적하면서 그는 그 오류가 단지 의학과 농업, 영양학의 영역에만 국한되지 않는다고 생각했다. 그것은 생산성을 위해 인간의 자연스러운 성장을 희생시키는 교육을 정당화할 수 있다. 과학의 잘못된 사용이 우리의 문화와 교육실천에도 동일하게 스며 있다는 사실을 그는 강하게 문제 삼았다. 인간을 생명 없는 기계처럼 다루는 당시 과학자가 보이는 태도도 비판의 대상이었다. 당시 의사들이 보였던 태도를 대표 사례로 묘사하면서 그는 기존(전통) 교육이 아동을 생명 없는 기계처럼 다룬다고 강하게 비판했다.Freinet, 1994a: 31, 55-57

당시 의사들은 우리 (인간)기계장치의 모든 부속품의 명칭을 오랫동안 연구해 왔고, 신체 내부를 들여다보는 놀라운 장치를 가지고 있었다. 그러나 자신의 손가락 아래 놓인 인간의 몸이 살아 있다고 그들이 전혀 느끼지 못한다고 프레네는 생각했다. 의사는 인간의 신체를 뼈와 근육, 신경조직으로 구성된 수동적이고 죽은 집합체로 대하고 치료했다. 인간을 기계처럼 대하는 당시 의사들이 보여 준 태도는 의학에만 국한되지 않고 교육에도 영향을 미쳤다. 교사 역시 인간 존재를 생기 없고 수동적인 주체로 다뤘다. 프레네의 이러한 문제의식은 당시의 생기론vitalisme에 기초한 인간 이해로 이어졌다.

데카르트 이후 생명 현상을 물질적 기계론으로 설명하는 경향이 강했다. 당시의 생기론자들은 거기에 정면으로 도전했다. 생기론자들은 생명체가 자신의 삶을 항상 동일하게 유지하기 위해 생명원리의 특별한 지배를 받는다고 보았다. 생명원리는 생명체의 내부에서 각 기관의 기능을 하게 만들고, 기관들의 조화를 유지하게 하는 힘이다.황수영, 2003: 69 개별 인간 존재가 성장하고 스스로를 지키고 향상에 확실히 도달하려면 프레네는 자기 내부에서 나오는 활력dynamisme에 기초해 실천을 조직해야 한다고 생각했다. 생명원리가 생명체를 본래 상태로 되돌리는 역할을 한다는 생기론자의 입장처럼황수영, 2003: 69, 신체와 정신을 지닌 인간이 자신에게 본질적인 조화를 자연스럽고 중단 없이 다시 세우려 한다고 프레네는 생각했다. 방어와 보충compensation, 창조라는 불가사의한 체제가 인간에 존재하지만, 당시의 과학과 교육(학)이 인간에 내재한 불가사의한 측면을 제대로 보지 못했다고 프레네는 평가했다. 이러한 문제의식에서 인간의 불가사의한 체제를 활용하고, 인간이 지닌 생리적, 정신적, 생명적인 모든 복잡성 속에서 인간의 문제를 대하는 방식으로 우리가 과학을 대해야 한다고 프레네는 결론 내렸다.

5. 정치적 사건

1차 세계대전과 2차 세계대전 사이에 많은 프랑스 지식인이 그랬던 바처럼 프레네는 아나코-생디칼리스트[11] 교사 연합에 가입하고 프랑스 공산당의 한 정파에서 활동했다. 이때부터 정치참여와 사회혁명의 과정에서 교육이 하는 역할에 관한 공적 논의에 그는 본격 뛰어들었다. 교사 생활 초기부터 그는 프롤레타리아 사상에 빠지고 마르크스-레닌의 좌파 정치사상을 받아들였다. 또한 1917년 러시아 혁명 이후 마카렌코Anton S. Makarenko 교육사상에 심취했다. 마카렌코는 교육에 관해서뿐만 아니라 부적응 청소년의 재적응에 관해 연구하고 많은 글을 남겼다.Acker, 2000: 3 1928년 프레네는 생폴Saint-Paul-de-Vence, Maritime-Alps의 초등학교 교사로 발령받았다. 거기서 학교 간 교류를 포함한 다양한 주제의 글을 그는 발표했다. 1930년에 이르러 프레네 운동은 250여 명의 구성원을 거느린 운동으로 성장했다. 1932년에서 1934년까지 프레네는 혁신적인 교수 방법을 둘러싼 비판과 공산주의 성향에 반대하는 선동가, 정치가, 공무원이 제기하는 많은 비판에 시달렸다. 공립학교교사협동조합이 반反자본주의적 성격의 단편 영화 〈가격과 이윤Prix et Profit〉 상영을 지원한 직후 '생폴 사건'으로 불리는 유명한 사건이 터졌다. 니스에서 열린 국제신교육연맹회의[12]에 참가한 백여 명이

---

11) 프랑스 노동운동의 독특한 전통인 아나코-생디칼리슴은 19세기 말 프랑스 사회주의자 펠루티에(Fernand Pelloutier)가 최초로 체계적으로 이론화했다. 아나코-생디칼리스트는 근대화된 산업에 근거한 조직인 노동조합을 혁명의 주체로 보면서, 그 (노동조합)조직이 직접 행동을 통해서 자본주의 체제를 전복시키고 대중을 해방시킨다는 입장을 견지하였다. 해방된 이후의 사회에서 국가는 소멸되며, 대신 조합이 사회 기본 축이 되고 그 조합들의 연합체가 국가를 대체하는 사회가 된다. 아나코-생디칼리스트는 기존의 자본주의를 전복하기 위한 유력한 수단으로 총파업을 생각했으며, 그들에게 총파업은 작업 중지라는 기본 의미를 넘어서서 기존의 지배도구로서의 국가권력의 파괴라는 확장된 의미를 가졌다(한형식, 2010: 154).

12) 1932년 프랑스 남부 니스에서 열렸으며 영국과 미국, 독일 등지에서 1,800여 명이 참가했다. 회의 주제는 '교육과 변화하는 사회'였으며, 당시 국제 상황의 반영으로 교육이 세계 평화를 유지하는 데 모종의 역할을 수행할 수 있다는 점이 함께 숙고되었다(Boyd & Rawson, 1965: 92-93).

생폴 학교에 다녀간 뒤 사건이 발생했다. 생폴의 악명 높은 보수주의자 일파가 프레네를 몰아내기 위해 음모를 꾸몄고, 그는 희생양이 되었다. 생폴 사건은 국가 차원의 반향을 일으키기도 했으나 행정당국은 프레네를 저버렸다. 당파적 입장에 치우쳤던 장학사들은 프레네를 희생양 삼아 전근을 강요했다. 프레네 운동 역사에서 연달아 일어난 수많은 갈등을 예고했다는 점에서 생폴 사건은 상징적인 사건이었다. 프레네를 따르는 교사와 악명 높은 지역 인사나 적대적인 장학사 사이에서 이후에도 갈등이 나타났고 생폴 사건은 그러한 갈등을 예고하는 하나의 참조점이었다. 그의 말처럼 실천을 변형하는 일은 고통스러운 불편의 위험을 우리가 언제나 감수하게 만든다.^{Peyronie, 2000: 216; Acker, 2000}

> 교육에 대립하는 반응이 나타나는 것은 사회·정치적 반응이며, 그 역시 우리가 고려해야 하는 불변법칙이다. 왜냐하면 그러한 대립을 우리는 피할 수 없거니와 우리 스스로 그것을 수정할 수 없기 때문이다.^{Freinet, 1994b: 412}

생폴 사건이 불러온 갈등으로 인해 1934년 프레네는 결국 생폴의 공교육체제에서 쫓겨났다. 1935년 인근 지역 방스Vence, Maritime Alps에서 그는 프레네 학교L'Ecole Freinet[13]라고 명명한 새 학교를 열었다. 프레네 학교는 프레네의 딸과 이웃의 아이들뿐 아니라, 파리 지역에서 사회적 어려움을 겪는 아이들, 일 년 뒤 스페인 전쟁을 피해 온 고아들을 받아들였다. 주간 학습활동 계획, 공동생활을 조정하고 갈등을 관리하는 전체회의, 벽신문, 자가수정카드, 그리고 자연스러운 읽기 방법 같은 새로운 기술을 프레네는 여기서 창안하고 실천했다.^{Peyronie, 2000: 217; 황성원, 2003c: 336} 1931년부터 발

---

13) 프랑스 교육 당국은 이 학교를 1964년에 실험학교로, 1991년에 공립학교로 지정했다.

간하기 시작한 새로운 학습활동총서도 이곳에서 풍성해졌다. 또한 채식주의 다이어트, 과일 섭취, 아침에 냉수 목욕하기, 일광욕, 사우나, 매달 기생충약 먹기를 방스 학교에서 실천했다. 프레네의 부인 엘리즈의 헌신과 함께 이러한 실천은 아이들을 질병으로부터 보호했다.Bens-Freinet, 1994: 111 그러나 다음의 풍경이 말해 주듯 방스 학교의 운영은 그 시작이 평탄치 않았다. 프레네는 아주 힘겹게 자신의 실천을 이어 가야 했었다.

　물론, 우리는 교사였어요. 그러나 우리는 무엇보다 친절한 대부업자를 찾아다녀야 했어요. 인부와 도급업자들에게 임금을 지불하느라 저는 거의 파산 직전까지 몰렸어요. 이 때문에 전 직접 뛰어들어 곡괭이를 잡고 초석을 다지고 쇄석기에 돌을 집어넣고 기계를 돌리고 트럭을 몰아야 했어요. 하물며 석공의 역할도 해야 했어요. 건설을 끝마쳤을 때 첫 학생들이 기숙하게 되었고 우리는 그들이 널빤지를 켜 진열장을 만들고, 페인트칠과 덧칠하는 것을 볼 수 있었어요. 그 뒤 날이 쌀쌀하고 비 내리는 가을이 왔고, 우리는 서둘러 문과 창문을 설치하고, 벽을 완성하고, 인근 주변의 경사를 완만하게 만들었어요. 우리는 아무것도 갖추지 못한 학교로 출발했어요. 가끔씩 손에 쥘 수 있는 무엇이든 이용해 우리는 모든 것을 창조하고 조직해야 했어요.Bens-Freinet, 1994: 108

파시즘 체제가 등장하면서 유럽은 다시 전쟁의 소용돌이에 휘말렸다. 몇 년 뒤 전쟁에서 벗어날 수 있었지만 역설적이게도 프랑스 정부는 좌파 활동가를 구속했다. 페탱Maréchal Pétain의 비시 정권은 프레네를 정치 선동가로 낙인찍고 1940년 3월 쉬브롱 노동수용소에 그를 수감했다. 1941년 10월 프레네는 건강이 악화된 채 풀려났지만 가택 연금 상태에 처했다. 이 와중에도 1944년 그는 레지스탕스 운동에 결합했다. 2차 세계대전 동안 방스의 프레네 학교는 침략당하고 약탈당했으며, 1946년 말 다시 문을 열었다. 전쟁의 시기는 한편으로는 그에게 불행이었지만 다른 한편으로는 자신이 저널에 발표했던 여러 글과 각종 회의에서 행했던 연설문, 그리고 자신이 진행했던 세미나 내용을 책으로 확장할 수 있었던 축복의 시기였다. 이 시기 동안 주요 저작인『일을 통한 교육L'Éducation du Travail』,『프랑스 현대 학교L'École Moderne Française』,『감각심리학에 관한 에세Essai de Psychologie Sensible』,『마티외의 격언Les Dits de Mathieu』을 그는 집필하고 엮어 냈다.Acker, 2000: 4; 황성원, 2003c: 336

교사 생활을 하면서 프레네는 많은 글을 남겼다. 열악한 학급 규모와 적절한 교육 자료의 부족, 동의 없이 교사를 이 학교에서 저 학교로 전근 보내거나 근거 없이 계약을 종료하는 일, 시대에 뒤떨어진 지침을 교사가 따르도록 강제하는 일, 그리고 열악한 노동조건 같은 당대의 교육과 사회 문제에도 그는 아주 강하게 발언하고 참여했다.Acker, 2000: 6 그것은 교사의 직무 조건과 관련된 현안이기도 했지만, 다른 무엇보다 그 문제가 아동 교육에 영향을 미칠 수 있는 요인이기 때문에 그는 특별히 관심을 두었다. 그러나 1952년에서 1954년 사이 프랑스 공산당PCF의 일원이던 코뉘오Georges Cogniot와 스니데르스Georges Snyders는 프레네에게 신랄한 비판을 가했다. 프레네 실천교육학이 시대에 뒤떨어진 농촌의 이상에 기초한 학교 개념을 조장하고, 교사 역할을 중시하지 않고, 내용보다 과정을 더 중시하며, 아동의 자발적 행동이 갖는 중요성을 과장했다는 비판이었다. 그것이 부르주아적 개인주의 원리를 강화한다는 게 두 사람 비판의 주된 이유였다. 이 일로 인해 프레네와 프랑스 공산당 사이는 크게 갈라졌다.Acker, 2000: 12

오늘날 프레네 운동의 정치 성향은 크게 두 입장으로 나뉜다. 하나는 더욱 민주적인 사회로 변형하는 데 최우선권을 두는 정치 성향 집단politiques이다. 다른 하나는 교실을 더욱 아동 중심적이고 민주적으로 만드는 데 집중해야 한다는 교육 성향 집단pédagogues이다. 그러나 모든 교사가 가난과 편견 문제 해결을 위해 사회·정치적 활동가여야 한다는 프레네의 주장에 두 집단은 모두 공감을 표한다. 이는 무엇보다 아동을 위해서 그러하다. 가난과 편견이 아동 삶에 영향을 미칠 수 있기 때문이다.Lee, 1994b: 24 프레네의 삶은 1966년 10월 방스에서 숨을 거두고 고향인 가르에 묻히는 것으로 끝을 맺었다.

알프스 고지 농촌에서 보낸 삶의 경험에서 양식이, 전쟁터에서 입은 폐 부상에서 아동중심교육이, 신교육과 새로운 학교 탐방에서 기존(전통) 교육과의 결별과 새로운 교육 구상이, 당시 문명이 교육에 미친 영향력을 비판하는 데서 일과 생기론에 기초한 인간 이해가 싹텄다는 것을 프레네가 살아온 삶의 여정은 보여 주었다. 교육을 향한 프레네의 생각과 실천은 자신이 살아온 삶의 산물이었다. 자신이 처한 시대를 살며 다음과 같은 방향으로 프레네는 자신의 교육을 정립하고 실천하고자 했다.

① 개인의 창조적 힘에 최대한 호소하는 협동에 기초한 일 공동체 학교
② 개인의 욕구에 더욱 잘 부합하고 개인이 지닌 생명의 힘의 가능성을 강화하는 교육실천
③ 삶 속에서 이뤄지고 삶을 통해 이뤄지는 교육
④ 개인이 어떤 교의나 지침의 명령을 기다리지 않고 스스로 방향을 설정하는 날카로운 비판의식을 소유한 자유 존재로 성장하게 하는 교육

Freinet, 1969a

①, ②를 위해 개인에 내재한 창조적·능동적 힘을 지속시키고 그 힘을 최대한 실현하기 위해 언제나 전진하려는 아동의 본성을 프레네는 교육의 출발점으로 삼았다.3장 참조 그리고 아동에 내재한 생명의 힘을 발현하게 하

는 학교 환경 구축.[6장 참조]과 그 환경에서 생동감 있고 완성된 교육을 가능하게 하는 실질적인 일의 도구와 기술을 그는 창조했다.[7장 참조] 일travail은 목적과 동기가 있는 능동적 학습활동으로 아동 활동을 생성하는 심리 특성이자 생명원리였다. 이에 힘이라 부르는 생명의 잠재력을 최대한 외부로 발현하게 하는 교육활동 토대로 그는 협동에 기초한 일을 중요시했다.[4장 참조] ③의 '삶 속에서 이뤄지고 삶을 통해 이뤄지는 교육'을 위해 스콜라주의에 찌든 기존(전통) 교육을 프레네는 비판했다. 대신 아동이 자기 생명의 방향에 따라 생명의 힘을 발현하게 하는 교육을 그는 구상했다. 세상과 통해 있는 공간으로 교실을 확장하기 위해 그는 나들이(현장학습) 같은 교육기술을 도입·실천했다. ④에서 말하는 자유 존재는 개인에 내재한 생명적 힘의 가능성에 주목한 교육과 일과 삶에 기초한 교육의 필연적 산물일 수 있다. 자유 존재 양성을 위해 아동 스스로 삶을 설계하고 지식을 탐구하게 하는 주간 학습활동 계획이나 실험적 모색 같은 탐구 방법을 프레네는 중요한 교육실천으로 도입하고 실천했다.

3장
이론 토대(1): 생명

『감각심리학에 관한 에세*Essai de Psychologie Sensible*』와 『일을 통한 교육 *L'éducation du travail*』은 프레네를 대표하는 두 이론서이다.Freinet, 1977: 5 생명 vie과 인간에 관해 프레네가 내린 정의는 그의 교육 개념과 밀접히 관련된 다. 『감각심리학에 관한 에세』는 이를 분명히 제시한다는 점에서 중요한 문헌이다. 이 책은 특히 『일을 통한 교육』에서 다루는 일의 기술에 대한 확실한 이론 토대를 제공할 뿐만 아니라 학교 밖에서(예컨대 가정에서)의 아동 행동과 아동 발달을 이해하는 데 도움을 준다.Freinet, 1994a: 325 이 책을 전거로 생명과 인간에 관한 프레네의 설명을 살펴보자.

1. 생명

프레네가 말하는 생명은 "생명이 있고(법칙 1)[14], 생명은 상태가 아니라 생성이다(법칙 2)"라는 법칙으로 대표된다. "생명이 있다"Freinet, 1994a: 335 라는 첫 번째 법칙은 모든 인간 존재가 이용하는 '생명의 잠재력potentiel de vie'이 있다는, 즉 생명의 잠재력이 근본적으로 내재해 있다는 말이 다.Freinet, 1994a: 329, 335 생명이 생성이라는 것은 탄생하고, 성장하고 번식하

---

14) 『감각심리학에 관한 에세』에서 프레네는 생명의 특징을 24가지 법칙으로 정리했다.

고, 쇠퇴하고, 소멸하는 운동 속에서 프레네가 생명을 이해한다는 점을 말한다. 이에 생명의 기원이나 목적을 우리는 미리 판단할 수 없다. 프레네는 생명을 계속해서 움직이고 이동하지만 아직까지 중력 법칙을 따르지 않은, 즉 하강을 기다리는 급류에 비유했다. 중력법칙이 작용하면서 생명은 지속적인 운동을 시작한다. 무한성으로 이해되는 생명(또는 생명의 잠재력)은 인간 능력pouvoir을 끊임없이 고양하게 만드는 '측정할 수 없는 막대한 장' 이다. 그러나 무한한 잠재력을 '초월적 신성神性이나 하느님의 계시가 흘러 내리는 것으로 프레네는 보지 않았다.Freinet, 1994a: 329; Beattie, 2002: 189 교육을 포함한 적절한 행위에 따라 '생명의 잠재력'은 축소되거나 향상될 소지가 있었다. 이에 생명의 잠재력을 보존하고 향상시키는 교육을 프레네는 목표로 삼았다.Freinet, 1994a: 336 또한 생명의 생성을 활성화시키는 것을 프레네는 당시의 심리학이 해야 할 가장 중요한 역할로 삼았다.Freinet, 1994a: 339

'생명'이라는 용어 선택은 당시의 교육(학)과 심리학을 지배하는 이미지가 지나치게 기계론적이었다는 프레네의 강한 문제의식을 반영한다. 아동은 기계가 아니라 총체적 개인이며, 단기적으로(장기적인 발달인 성장과 반대 의미에서) 아동이 어떻게 반응할 것인지를 예측하는 게 거의 불가능하다고 그는 생각했다. 이상의 내용은 아동을 서술하기 위한 전문용어의 출처로 그가 물리학이나 공학보다 생물학을 더 적합하다고 생각했다는 점을 말해 준다.Beattie, 2002: 191 총체적 개인으로 우리가 여러 다양한 힘과 요인, 자극, 그리고 개인들과 상호작용하는 바처럼, 프레네가 사용하는 용어인 생명은 복잡성, 예측 불가능성, 그리고 아동 행동과 발달의 활력을 함축한다. 요컨대 프레네에게 생명(생명의 잠재력)은 도달 가능한 최고 경지 the ultimate, '측정 불가능', 분열의 반대로서 통합을 뜻하는 약칭으로 사용되었다.Beattie, 2002: 190-191

소용돌이치고 들끓는 운동 속에 있는 총체적 존재whole beings로 프레네는 아동을 바라보길 원했다. 생명 개념에 근거해 아동은 "강바닥을 휩쓸고 가고 그것이 지나간 뒤 더욱 잔잔해지는 급류"에 비유됐다. 그리고 교실 안에서만이 아니라 삶의 전 과정을 통틀어 아동의 발달을 보길 원했다.Beattie, 2002: 190 그러나 기존 학문의 틀은 가만히 못 있고, 탐구하려는 아동의 활력에 민감하지 않은 게 문제였다. 기존 학문은 아동을 요소나 사물의 한 단면처럼 쪼개 총체적 존재로 보지 못하게 했다.Beattie, 2002: 187 총체적 존재라는 인간 특성을 프레네는 다음과 같이 설명했다.

첫째, 총체적 생명 존재인 우리는 생명의 정상적인 순환을 관통하는 본성 그 자체의 힘puissance으로 움직이고, 자신의 운명을 실현시키려는 성향이 있다. 프랑스어 '힘puissance'은 행위를 산출할 수 있는 역량, 활동력, 외부로 드러나지 않는 잠재적인 것까지를 포함하는 개념이다.Schifres, 1994: 174 프레네가 사용하는 '힘puissance' 개념도 이와 다르지 않다. 프레네는 힘을 '생명의 최대 잠재력potentiel maximum de vie', 생명의 최대 잠재력을 실현하는 동력을 언급하는 용어로 사용한다.Freinet, 1994a: 329 둘째, 우리는 우리 존재의 정상적인 상승을 향한 생명의 과정을 실현시키려고 한다. 합리적 행동을 임의로 분리하지 않고 생명의 순환틀 속에서 우리는 힘이라 부르는 생명의 최대 잠재력을 동원한다. 시간이 지나면 씨앗이 싹을 틔우고 피조물이 알을 깨고 나오게 하는 활력인 '생명의 약동élan vital'이 작동하는 것이다.Freinet, 1994a: 329 셋째, 역동적인 생명의 과정이 진행하는 방향에 따라 자신을 실현하면서 우리는 우리의 자연발생적인 순환에 따라 생활하고, 지속하고, 관통하기 위해 내부와 외부의 환경 변화에 반응한다. 환경 변화에 반응하며 우리는 우리에게 반드시 필요한 균형을 회복하기 위해 서로 대립하는 힘들 사이에서 끊임없이 실험을 전개한다. 거기서 균형을 회복함으로써 우리는 우리의 조화harmonie를 이끌어 내게 된다.

생명에 기초한 프레네의 인간 이해는 19세기 말 20세기 초에 나타났던 생철학적 경향과 연결된다. 생철학자들은 자연과학으로 인간의 '삶' 전체를 포착하는 것이 가능한지 의문을 제기했다. 그들은 "삶에는 과학의 분석적·법칙적 방법으로는 포착할 수 없는 부분이 있을 것"이라고 주장했다.Deux, 2008: 32 인간을 기계처럼 대하며 인간 생명에 내재한 불가사의한 측면을 외면했던 당시 의사들을 향한 프레네의 비판이 생철학의 주장과 관련된 대표적인 예였다. 특히 본성 그 자체의 힘으로 움직이는 존재이자, 힘이라 부르는 생명의 최대 잠재력을 동원하는 존재라는 인간 이해는 당시 유행하던 '힘에의 의지'와 '생명의 약동' 개념을 떠올리게 한다. 생명의 과정을 우리 존재의 정상적인 상승을 향한 과정으로 보는 프레네의 입장은 "생명체(특히 신체를 가지는 생물)가 반드시 가지고 있는 '자기 확대의 본성'"이자, "'보다 강력해지기를 원하고', '생장하기를 원하는' 근원적 힘"으로 설명되는 니체의 '힘에의 의지' 개념다케다 세이지, 2001: 206, 209과 맞닿아 있다. 개인 안에서의 창조적이고 능동적인 능력뿐 아니라 생명체 내부에서 진화를 이끄는 폭발적 추동력으로 모든 생명체에 공통적인 '생명의 약동'을 프레네는 분명 강조했다. 피조물의 약동을 설명하기 위해 '힘'이나 '생명의 최대 잠재력' 같은 용어 역시 프레네는 사용했다. 이는 베르그송을 직접 언급하지는 않았지만 프레네가 '잠재-현실화'라는 다이너미즘에 주목했던 베르그송Deux, 2008: 30의 생명의 약동 개념에 주목하고 있었다는 점을 추정하게 하는 대목이다.[15] 당시의 생명의 약동 개념은 프레네뿐 아니라 페리에르와 같은 교육가들이 활동적(또는 능동적) 아동관에 기초를 두고 활동(또는 능동) 학교를 건설하는 데도 중요한 이론 토대가 되었다.

---

15) 베르그송은 작은 원형질 덩어리인 원초적 생물 속에 무한정의 힘과 다양한 가능성이 미분화된 상태로 내재돼 있다고 보았다. 이로부터 에너지를 축적하는 경향은 식물로, 에너지를 활동력으로 변환하는 또 다른 경향은 동물로 현실화된다고 그는 이해했다. 그는 원시 생명 속에는 이러한 가능성의 도가니(잠재적 전체성)가 현실화의 방향으로 나가기 위해 대기하고 있고, 이런 무한정의 힘과 경향 사이에 불균형이 발생하고, 하나의 생명체에서 두 측면의 양립이 불가능할 때, 생명의 내부에 폭발력이 생긴다고 보았다. 이처럼 생명은 그 폭발력에 의해 보다 완전한 생명을 향해 도약하고, 그는 이런 불균형에 기인한 폭발과 도약을 '생명의 약동'이라고 불렀다. 이런 폭발과 물질로부터의 저항에 의해 생물은 다양하게 진화하며, 생명은 단지 하나의 목적과 방향을 향해서 직선으로 나가는 것이 아니며 여러 방향으로 단속적인 진화를 한다. 이 때문에 생명이 어떤 모습으로 변하게 될 것인지를 우리가 예견하는 것은 불가능하게 된다(Deux, 2008: 29-30).

2. 모색

프레네는 생명 존재 인간의 가장 중요한 특성 중 하나를 모색tâtonnement 으로 보았다. 모색 속에서 생명이 분명해진다고 프레네는 말한다. 일상용어 로 모색은 암중모색, 즉 우리가 앞을 못 보거나 눈가리개를 하고 있을 때 앞으로 나아가기 위해 하는 '손으로 더듬어 찾는 행위'를 뜻한다. 여기서 강조점은 어둠 자체에 있지 않다. 강조점은 발을 헛디디고 실수하더라도 우리가 모색하며 앞으로 계속 나아가는 데 있다.Beattie, 2002: 192[16] 우리 인 간은 발달하면서 다음과 같은 모색의 과정을 거친다고 프레네는 말한다.

프레네에 따르면 우리는 기계적 모색에서 지적인 모색의 순서로 이동한 다. 생명 초기에 우리는 신체적이고 생리적인 수단으로 머리를 쓰지 않는 다. 정신적인 내용물이 가득 차 있지도 않다. 따라서 이 단계에서 행하는 모색은 어린 아이가 배고플 때 빠는 동작을 하는 것처럼 반사(즉각 반응) 에 의존한다. 프레네는 이를 자기 생명의 힘을 따르는 개인과 환경 사이에 서 벌어지는 '기계적 모색'이라고 불렀다.Freinet, 1994a: 356 기계적 단계에 머 물러 있는 아동은 "애완용 강아지나 고양이", "자기 본성의 일부와 전혀 상관없는 행위를 반복하는 데 길들여진 순전한 자동 장치"Freinet, 1994a: 318 에 불과하다. 이후 모색하면서 맛본 성공 경험은 그 경험을 기계적으로 복 제하려는 경향을 띠게 된다. 성공 행위는 자기 반복을 자동으로 불러오고, 다른 사람의 도움을 받아 성공한 행위도 우리가 그것을 우리의 기능적 과 정 속에 새겨 두면 동일한 반복을 자동으로 불러온다. 이러한 행위의 모방 은 우리가 성공했던 모색한 경험의 모든 특성을 갖는다. 어떤 힘이 호명하 는 것처럼 창조와 생명 규칙으로 변경하기 위해 그렇게 한다.Freinet, 1994a:

---

16) 모색은 '시행착오'로 번역되기도 하는데 프레네는 이에 반대했다. 인간 존재를 기계나 암흑상
    자로 보면서 학습을 주로 자극과 반응의 문제로 보는 행동주의자나 스키너식 가정에 그는 분명
    반대했다. 그는 학습자를 지적인 선택을 계속 행하는 총체적 개인으로 이해했다(Beattie, 2002:
    192).

373, 379 거듭된 성공 경험은 유기체의 자동 반응으로 굳어지고 프레네는 그 것을 생명 규칙으로 불렀다.김세희, 2013: 117 "초기 모색과 생명 규칙은 견고하 게 얽혀 있으면서 생명의 진화 속에서 다음 과정으로 이어지는 통로가 된 다."김세희, 2013: 118

기계적 모색에 뒤따라 지성의 첫 번째 사다리인 '경험의 침투성la perméabilité à l'expérience'이 이어진다. 경험의 침투성은 "경험을 통해 얻은 교훈을 특별히 간직하는 능력이자 모색이 배타적으로 기계적인 것이 되 지 않도록 조정하는 능력"Freinet, 1994a: 372이다. 이를 통해 우리는 프레네 가 '지적인 모색'이라 부르는 단계에 들어선다. 모색의 교훈을 우리가 신속 하고 정확하게 활용하는지 여부에 따라 우리 지성의 수준은 측정될 수 있 다.Freinet, 1994a: 373 지나간 경험을 이후 행위에 반영하면서 즉, 지적인 모색 으로 이동하면서 우리는 경험에서 습득한 것을 통합할 수 있게 된다. 프레 네가 경험의 침투성으로 정의한 지성 그 자체를 프레네는 살아 있는 모든 존재에 공통적인 특성으로 보았다. 종種과 개체에 따라 리듬과 정도의 차 이만 있다면서 말이다. 우리 인간은 우리의 신체기관, 유전, 우리가 겪은 환경, 우리 경험의 성과가 세대에 걸쳐 흔적을 남겨 온 생명 규칙으로 결집 되는 모색의 무한성을 불러온다. 이 때문에 우리가 동물을 능가할 수 있다 고 프레네는 말한다. 우리 인간은 수많은 앎과 행위의 문제에 관한 새로운 해결을 언제나 탐구하는 영원히 만족하지 않는 존재로 여겨졌다. 끊임없 이 증식하는 다수의 욕구를 충족하기 위해 우리가 행하는 모색의 다수성 multiplicité으로 우리는 인간성의 단계를 측정할 수 있다. 무한한 모색을 거 치며 개인은 새로운 관계를 창조하고, 기술의 진보에 기여하는 도구를 창 조하게 된다.Freinet, 1994a: 399

애커Acker, 2007: 84는 프레네의 모색 개념이 테야르 드 샤르댕Teilhard de Chardin의 '진화' 개념과 연결된다고 평가했다. 프레네의 주요 철학적 참조 대상이 마르크스가 아니라 테야르에 가깝다는 것을 『감각심리학에 관한 에세』가 말해 준다는 것이다. 그 책 전체 내용이 테야르의 우주 비전과 상당히 가까운 생명철학을 나타낸다는 평가이다. 이에 완전한 영적spiritual 상태를 향한 연속적인 진화 과정 속에 우리 인간성이 존재하고Acker, 2007: 84, 생명체가 출현하기 전 지구를 뒤덮은 "생명권" 안에 인간 의식의 예비체가 존재했고, 따라서 모든 생명체에 천부적 유대성이 있으며 구조적으로나 발생적으로 살아 있는 것들이 "의식의 상승"으로 규정되는 진보의 선을 따른다는 생각, 인간화 과정이 본능으로부터 사고로, 또는 동물성으로부터 문명사회 가능성으로 비약한다는Hughes, 1968: 279-280 테야르의 생각이 프레네의 생각과 공유된다고 우리는 평가할 수 있다. 특히 테야르가 운동 중인 생명 형태의 특징으로 언급하는 모색의 기술은 우리가 모색하는 경험(실험적 모색)을 해 나가고 모색 속에서 우리의 삶이 더욱 분명해진다는 프레네의 생각과 맞닿아 있다.

(…) '더듬기(모색-필자)' 기술은 팽창 중에 있는 무리에게 뺄 수 없는 무기이다. 눈먼 공상과 어떤 목적을 향한 진군이 야릇하게 결합된 것, 그것이 더듬기다. 더듬기는 '우연'이 아니다. 오히려 '방향 있는 우연'이다. 모든 걸 해 보기 위해 모든 걸 채운다. 모든 걸 찾기 위해 모든 걸 해 본다. 팽창할수록 더욱 커지고 더욱 귀해지는 이 행동 방식이야말로 자연이 넘침을 통해 찾는 것 아닐까?Teilhard de Chardin, 1955: 111

3. 생명 단계와 교육체제

정상적인 생명의 노선에서 우리는 암중모색하는 탐험의 시기, 정돈의 시기, 일의 시기라는 세 단계를 거친다.Freinet, 1994a: 519-521 앞의 두 단계에서는 생리적 건강과 조화를 보장하는 것이 무엇보다 중요하다. 최적의 조건에서 암중모색하는 경험을 연습할 수 있게 우리는 가장 풍요로운 환경을 가능한 한 조직하는 게 필요하다. 7세가 되면서 아동은 자기 인격 personalité의 정돈을 끝마치고 외부 세계에 반향을 불러일으키기 시작한다. 아동은 일을 통해 그것을 한다. 실제 일인 '일-놀이'와 그것을 할 수 없는 경우에 하는 '놀이-일'[17]을 하면서 아동은 인격과 지성, 정신현상 전반을 진정으로 구성한다.Freinet, 1994a: 586 아동 활동의 진화에 맞춰 프레네는 다음의 세 단계로 교육체제를 계획할 수 있다고 제안했다.Freinet, 1994b: 29

① 암중모색하는 탐험 단계에 상응하는 학령기 이전 시기
② 정돈의 단계를 위한 아동 보육시설, 유아원
③ 일의 단계를 위한 유치원, 초등학교

이 모든 단계에서 자기 힘에의 욕구를 있는 그대로 보존하고 충족하기 위해 아동이 어려움에서 승리를 거둘 수 있게 학교가 도와주어야 한다고 프레네는 말한다. 생명의 상승 속에서 우리 개인이 장애물과 맞부딪치는 건 필연이다.Freinet, 1994a: 384-385 우리 "생명에는 더 높이 뛰어오르고, 최상의 상태라는 걸 보여 주고, 자신에게 고유한 힘에의 의식을 지배하고 자제하게 하는 장애물이 존재한다"Freinet, 1994a: 383. 우리가 상처받지 않고 이 장애물을 잘 극복하면 장애물은 우리에게 힘과 승리에 대한 의식을 고양시키는 자극제가 된다.

격랑이 있는 생명의 복잡성과 대면하기 위해 우리는 불가능해 보이는 일도 수행해야 한다. 우리가 도달할 목적을 향한 분명한 비전을 갖고 그 격랑을 언제나 그리고 가능한 한 앞장서서 헤쳐 나가게 하는 일은 생명 과정

---

17) '일-놀이'와 '놀이-일'은 4장에서 자세히 살펴보았다.

의 이상적인 해결이다.Freinet, 1994a: 448 이에 프레네는 '방편-울타리recours-barrières'를 하나의 해결책으로 제안했다. 자기 자신의 고유한 가능성을 측정하거나 단련할 뿐 아니라 자기 힘의 잠재력을 강화할 수 있는 (의지할 수 있는) 방편은 주위 환경에 다가서는 데 도움이 된다. 방편과 함께 울타리, 그리고 더 자주는 그 둘이 결합된 혼합체 '방편-울타리recours-barrières'가 더 큰 도움이 된다고 프레네는 보았다. 가정·사회·자연·개인과 관련된 환경에 마련된 '방편-울타리' 속에서 우리가 환경과 마주 대하고 모색할 수 있다는 것이다.Freinet, 1994a: 422 '방편-울타리'는 경주마를 제약하고 자극하는 레일 같은 것으로 기획되었다. 그것은 제약이나 장애물 또는 울타리가 반드시 지원이나 이정표로 작용하게 하는 환경을 뜻한다. 학습자의 경로에 장애가 너무 없으면 효과적인 학습이 발생하지 않을지 모른다. 이 때문에 장애물이 필요하다. 장애물로 인해 학습자는 모색을 한다. 다른 한편 장애물이 너무나 높으면, 아동은 낙담할 수 있다. 마찬가지로 장애물을 질서 있게 배치할 수 있다. 경주마를 위해 레일을 설치하는 것처럼 이정표나 안내서 역할로 제공하는 장애물이 있을 수 있다. 한편으로 가능한 한 멀리 떨어진 제약이나 장애물 또는 '울타리'를, 다른 한편으로 '지원'이나 '이정표'를 학교 환경에 배치하는 일이 교사의 임무이다. '방편-울타리'를 아동이 충분하고 다양하게 자주 접할 수 있게 한다면 아동이 되풀이하는 모색이 그 자신의 '생명 기술'을 생성하는 데 도움이 된다고 프레네는 생각했다.Beattie, 2002: 193 그러나 학교가 이에 무능할 수 있고 우리가 가정이나 사회, 그리고 개인과 관련된 '방편-울타리'의 위치를 잘못 설정해 이를 어렵게 할 수 있다. 아동이 처할지 모를 어려운 문제를 상당히 자주 해결하도록 돕는 걸 프레네는 교육이 해야 할 하나의 과제로 삼았다.

우리 운명을 실현하고 우리 힘의 생명 욕구 충족을 돕기 위해 프레네는 자신이 '역동적 생명의 개관profil vital dynamique'이라고 명명한 것을 또 다른 해결책으로 제안했다. 생명의 개관은 아동을 알 수 있는 다차원적 항목을 작성해 일상적인 관찰을 통해 채워 가는 방식으로 기획된 것이었다.김세희, 2013: 54 생명의 개관에 근거해 프레네는 아이들이 더욱 조화롭고 더욱 유용한 삶을 실현하도록 장애물을 이겨 내게 효과적으로 도우려 했다.Freinet, 1994a: 586-587 프레네는 생명의 과정을 실현하는 데 다음의 두 수단이 무엇보다 중요하다고 보았다.Freinet, 1994a: 587

- 인격이 실제적(물질적) 또는 이상적(정신적)으로 표출되는 일(기능적인 '일-놀이'), 인격은 잠깐이라도 실현(표현)되는 게 언제나 이득이다.
- 본질적이고 영속적인 일생의 목적을 향한 최고의 고양이자, 생명의 위대한 힘과 일체가 되는 보다 진화된 표현인, 예술

이는 개인의 인격과 생명의 힘이 일과 예술을 거쳐 표출되고 고양된다는 것을 말한다. 프레네가 일과 예술을 중심으로 교육과정을 구성한 근거를 우리는 바로 여기서 찾을 수 있겠다.

생명에 기초한 프레네의 인간 이해는 결국 다음과 같은 교육 구상을 도출하는 것으로 이어졌다.Freinet, 1994b: 19

① 개인의 건강과 약동, 개인 안에서 창조적·능동적 능력의 지속 그리고 아동 본성의 일부인 최대한으로 힘을 실현시키기 위해 언제나 앞으로 나아가려는 가능성을 강조한다.
② 그것을 위한 교육환경을 풍성히 잘 갖춘다.
③ 이 환경에서 자연스럽고 생기 있으며 완성된 교육을 가능하게 하는 일의 도구와 기술을 마련한다.

4. 생명의 왜곡

정상적인 생명의 과정에서 아동은 탐색과 모색을 거쳐 발견에 이른다. 이 과정을 통해 발달하지 못하면, 아동은 생명 규칙 대신 '사이비 생명 규칙règles de vie ersatz'을 발달시키게 된다. 생명(체)의 불균형에서 파생되는 성적性的 콤플렉스, 신경증이나 성적 자위가 사이비 생명 규칙의 대표 사례이다. 인간은 생명의 힘을 정상적으로 재충전하면서 힘에의 의식을 끌어낸다. 이에 생명의 힘을 쇠하게 만드는 것은 열등감과 무능감이라는 깊은 고통을 아동에게 불러일으킨다.Freinet, 1994a: 335-336 모든 교육의 목적이 생명의 힘을 보충하고 증대시키는 데 있다는 프레네의 생각은 바로 여기서 비롯한다. 생명의 활동이자 힘의 잠재력을 재충전하게 기능하는 '일-놀이'로 프레네는 사이비 생명 규칙을 치료할 수 있다고 보았다.Freinet, 1994a: 481 실제 일인 '일-놀이'나 그것을 할 수 없는 경우 하는 대체 활동인 '놀이-일'은 개인의 본질적인 욕구를 충족하는 자연스러운 과정으로 일종의 교정자 역할을 한다. 가정과 학교가 '일-놀이'의 기회를 마련하는 데 성공하는지 여부에 따라 아동은 힘을 획득하고, 자기 생명의 격랑 속에서 약동과 조화로 나설 수 있게 된다.Freinet, 1994a: 524

4장
이론 토대(2): 일

『일을 통한 교육』은 인간의 '일 애호愛好, amour de travail/love of work' 본성과 일 개념을 체계적으로 다룬 저서이다. 일에 기초한 학교 실제와 그렇게 변형된 학교가 주는 교육적 함의를 체계적으로 논의했다는 점에서도 그 책은 중요하다. 프레네는 '일 애호'를 모든 인간 활동을 생성하는 근본적인 심리 특성이자 생명원리로 설명한다. 일은 또한 개인의 인격과 생명의 힘이 표출되고 고양되게 하는 주된 수단이다. 프레네는 자유롭게 일하는 아동을 기르는 것을 주요 목적으로 삼았으며, 아동의 일하기를 가능하게 하는 여러 일의 도구와 기술을 실제 창안했다.Mialaret, 1985a: 1972

이에 일보다 놀이를 앞세우면서 일의 중요성을 간과했던 20세기 초 신교육자들에 프레네는 비판적이었다. 신교육자들은 일이 우리 '힘'의 탁월한 생식력을 일깨우고 자양분을 주고 자극한다는 사실을 망각하고 일의 가치를 낮게 평가했다.Freinet, 1994a: 235 일이 주는 창조적이고 형성적인 능력을 다수의 신교육자들이 제대로 이해하지 못했다는 말이다. 그들은 놀이를 일보다 더 중요하게 생각하는 풍토를 조성했다.

당시 신교육자들이 일의 중요성을 간과했던 원인은 다음의 세 측면에 있었다. 첫 번째 원인은 당시의 문명이 일을 일종의 저주로 보게 만든 데 있었다. 두 번째 원인은 아동의 놀이 욕구를 일 욕구보다 본질로 파악한 데 있었다. 세 번째 원인은 일과 놀이를 서로 종류가 다른 대립적인 활동 영역으로 파악한 데 있었다. 『일을 통한 교육』에 의거해 일에 대한 그의 생각을 구체적으로 살펴보자.

1. 정의

신교육자들은 놀이가 아동에게 자연스럽고, 놀이가 아동의 흥미를 이끌어 내기 때문에 그것이 아동을 열중하게 만든다고 생각했다. 아동이 지닌 매우 강력하고 역동적인 놀이 욕구를 충족하고, 놀이 욕망에 아동을 집중하게 만드는 교육을 그들은 주요 목적으로 삼았다.Freinet, 1994a: 232 놀이가 모든 교육의 토대라는 생각은 일이 놀이보다 더 무능하다는 생각을 암묵적으로 받아들이게 했다. 점차 아동은 일하기를 꺼리게 됐고, 놀이는 아동이 (교육) 목적에 이르게 하는 가장 효과 있고 무해한 자극제로 인식됐다.

이러한 풍토가 일에 대한 그릇된 이해에서 비롯됐다고 프레네는 지적했다. 물질과 정신능력의 창조자로 일을 더 이상 보지 않는 게 문제였다. 당시 문명은 일이 개인과 사회의 균형을 맞추는 창조자이자 행복의 핵심 요인이라는 데 의심을 품게 만들었다.Freinet, 1994a: 234 일은 일종의 저주와 같았다.

> 아동은 일이 곧 저주라고 결론 내릴지 몰라요. 일은 우리 손을 더럽히는 연장이자 삶을 좀먹는 온상이에요. 그것은 수치감을 느끼게 하는 노예 상태에 우리를 처하게 해요.
> 단지 놀이만이 우리를 (정신적으로나 육체적으로) 성숙하게 하고 자유롭게 할 수 있어요.Freinet, 1994b: 127

프레네는 이를 바로잡으려 했다. 일을 잘못 사용한 대가가 만든 일에 대한 그릇된 이해가 그러한 풍토를 조성했다고 보았기 때문이다. 우리의 힘을 가장 많이 소진하게 만드는 저주가 일 그 자체에서 비롯되지 않는다고 프레네는 보았다. 일이 잘못 사용되면 그것은 빈곤, 무익한 고통, 부정의, 예상치 않은 고통을 불러온다. 이것이 일을 저주하게 만든 주범이었다. 일 자체가 본래 저주를 불러오는 게 아니라 물질주의와 착취, 고통에 기댄 사회가 일을 그렇게 만들었다. 이에 일이 수반할지 모를 피곤과 고통을 행복의 반대 개념이나 저주가 아니라, 행복에 필요한 선결조건으로 이해해야 한다고 프레네는 주장했다. 일에 대한 이러한 시각은 노동착취와 노동 소외를 향한 비판이 한창이던 당대의 흐름을 반영한다. 그는 소외된 노동을 거부하고 본질적으로 자유로운 생산노동에 동의했다.Peyronie, 2000: 221 노동의 외화에 관한 다음과 같은 마르크스의 설명이 이러한 일 개념을 이해하는 데 도움이 될 듯하다.

> 노동이 노동자에게 외적이라는 것, 다시 말해서 노동이 노동자의 본질에 속하지 않는다는 것, 그런 까닭에 노동자가 자신의 노동 속에서 스스로를 긍정하지 않고 부정하며, 행복을 느끼지 않고 불행을 느끼며, 자유롭고 육체적이며 정신적인 에너지를 발전시키는 것이 아니라 그의 육체를 소모시키고 그의 정신을 황폐화시킨다는 것, 그런 까닭에 노동자는 노동의 외부에서야 비로소 자기 곁에 있다고 느끼고, 노동 안에서는 자기 바깥에 있다고 느낀다. 노동하지 않을 때에는 그의 집에 있는 것처럼 편안하고, 노동할 때에는 편안하지 않다. 그런 까닭에 그의 노동은 자발적인 것이 아니라, 강요된, 강제노동이다. 그런 까닭에 노동은 어떤 욕구의 만족이 아니라 노동 바깥에 있는 욕구를 만족시키기 위한 수단일 뿐이다. 그 노동의 낯설음은 어떠한 물질적인 혹은 그 밖의 강제도 존재하지 않게 되자마자 노동이 마치 페스트처럼 기피된다는 것에서 뚜렷하게 나타난다.Marx, 1981: 89-90

아이들이 학교에서 하는 일(학습활동) 역시 자신을 위해서가 아니라 다른 누군가를 위해 하는 것이라면 그것은 소외된 어떤 것, 저주 같은 것일 수 있다. 즉 "인간이 스스로를 외화하는 노동은 자기희생의 노동, 자기를 고통스럽게 하는 노동이다"Marx, 1981: 90.

프레네는 민중이 행해 온 일 속에 저주와는 다른 성질의 일이 있다는 점에 주목했다. 그는 민중들의 일이 그들의 유일한 피난처이자 그들의 힘을 보존하고 그들의 사회적 유용성과 관련해 존엄과 확신을 지니게 한다고 이해했다.Freinet, 1994a: 155-157 프레네는 교육 영역에서 우리가 되살려야 할 일을 저주가 아니라 동기와 목적이 있고 만족감을 주는 기능이자 활동이라고 정의했다. 여기서 일은 통속적인 소일거리occupation나 누군가 강요하기 때문에 완수하는 임무besogne, 또는 어떤 조건에 따라 일정 시간 안에 해내야 하는 과업tâche과 구분된다.Freinet, 1994a: 235 일은 개인의 자연스러운 욕구를 충족하고, 그 자체로 만족감을 주는 신체 활동이나 정신 활동이다. 프레네는 서로 다른 '야채 껍질 벗기기' 상황을 사례로 들면서 어떤 게 그러한 성질의 일인지를 설명했다. 하나는 동기와 목적 없이 처벌을 피하기 위해 최소한의 자기활동만 하는 군대에서 하는 '야채 껍질 벗기기'이다. 그것은 프레네가 의미하는 일이 아니다. 다른 하나는 사랑하는 약혼자를 위해 하는 '야채 껍질 벗기기'이다. 그것은 프레네가 말하는 일로 동기를 강하게 부여하고, 생기가 있으며, 통합적 성격이 있는 활동이다. 똑같아 보이는 '야채 껍질 벗기기'라도 거기에 동기와 목적, 생기가 있는지 여부에 따라, 그리고 깨달음을 주거나 생식력이 있는지 여부에 따라 일의 성질은 달라진다. 동기와 목적 없이 군대에서 하는 '야채 껍질 벗기기'는 일종의 고역이며, 약혼자를 위해 하는 '야채 껍질 벗기기'는 프레네가 지향하는 개인을 해방시키는 일이 된다.Freinet, 1994b: 252 요컨대 우리가 상정한 신체 활동이나 지적 활동이 우리의 자연스러운 욕구를 충족하고 그 결과 만족감이 생기면 그게 바로 프레네가 말하는 일이다. 반면 주어진 일이 우리의 욕구와 상관없이 강제되어 완수해야 하는 거라면 그것은 일과 구분된 임무나 과업, 고역이 된다.

프레네에게 일은 구성적이고 목적지향적인 활동이다. 그 개념은 또한 숙련이 요구되고 창조적이며 만족감이 있는 노력을 포함한다. 진정한 일은 우리를 때로 피곤하게 하고 고통스럽게 하더라도, 고역과 달리 일하는 사람에게 관대한 도덕적 성품을 제공하는 활동이다.Lee & Sivell, 2000: 56[18]

서머힐 학교를 세운 닐Neill은 3~8세의 그곳 아이들이 시멘트를 개거나, 모래를 실어 나르는 일은 열심히 하지만, 8~9세에서 19~20세에 이르기까지는 따분한 육체노동에는 관심을 보이지 않는다고 말한 바 있다. 건전한 문명세계에서라면 최소한 18세에 이르기까지는 아이들에게 일을 하게 요구하지 않아야 한다는 게 닐의 생각이었다.Neill, 1960: 75-76 일과 그와 유사한 활동을 구분하는 프레네의 준거로 판단하면 아동이 육체노동을 싫어하는 것은 놀이 욕구가 일 욕구보다 더 강해서도, 연령이나 육체노동 자체의 문제도 아닐지 모른다. 육체노동 자체가 아니라 주어진 육체노동이 따분하고 강제하는 '군대에서 야채 껍질 벗기는 일'의 성질을 갖는 데 기피의 원인이 있을 수 있기 때문이다. 육체노동이 아동의 욕구를 충족하는 '약혼자를 위해 야채 껍질 벗기는 일'의 성질을 갖게 된다면 상황은 얼마든지 달라질 수 있을 것이다. 오늘날 학교에서 아이들에게 제공하는 일(학습활동)도 마찬가지 문제이다. 학교에서 아이들에게 동일한 일을 제공하더라도, 그것이 어떤 상황에서 행해지고 어떤 성질을 띠느냐에 따라 그것은 프레네가 말하는 일일 수도, 아니면 과업이나 고역일 수도 있다.

이에 프레네는 동기와 목적이 있고 만족감을 주는 일을 학교 활동의 핵심으로 삼았다. 그것은 아이들에게 깨달음을 주고 성장과 앎에 대한 갈증

---

18) 프랑스어 'travail'는 work나 labor 모두 번역이 가능하다. 일에 대한 프레네의 설명은 'travail'가 목적이 행위 밖에 있는 'labor'가 아니라 그 자체에 목적이 있는 자신이 좋아서 하는 행동인 'work'를 뜻한다는 걸 말해 준다.

을 유발하며 행복의 원천이 어디 있는지를 말해 주는 일이기도 했다.Freinet, 1994b: 252 이에 자꾸만 새로운 활동을 만들어 내려 하기보다 우리가 관례적으로 아이들에게 제공해 온 학습활동이 프레네가 의미하는 일의 성질을 갖도록 활동의 조건을 재조직하는 게 필요하다. 이에 자유 글쓰기, 인쇄출판작업 같은 익숙해 보이는 그의 다양한 일의 기술과 도구가 어떤 조건에서 실행되는지 유심히 살펴볼 필요가 있을 것이다.

2. 일 욕구

20세기 초 신교육자들은 놀이 욕구가 일 욕구보다 더 본질적이라고 대체로 인식했다. 그들은 일보다 더 우선적인 교육원리로 놀이를 채택했다. 예컨대 드크롤리는 학교가 삶과 밀접히 관련되어야 한다고 보면서, 학생이 '행하면서 배운다'는 점을 중요하게 생각했다. 드크롤리는 아동을 행동하게 만드는 동인이 무엇인지를 찾으려 했다. 그는 개인의 성향이자 어린 시절을 특징짓는 욕구인 놀이 욕구에서 그 동인을 찾았다. 놀이는 아동이 자신의 삶과 충분히 관계하고 정신활동을 자극하는 데 가치가 있었다. 아동이 학교생활에서 삶의 현실로 나아가는 데 놀이가 다리 역할을 한다고 드크롤리는 생각했다.Claparède, 1976: xxix

클라파레드를 비롯한 스위스 루소 연구소 구성원들 역시 놀이를 아동 본성의 본질 성향으로 보았다. 그들은 놀이에 기초한 활동(능동) 학교 l'école active를 주창했다. 그들은 아동이 놀이에 몰두하고 놀이하도록 격려받을 때 대체로 자리에 조용히 머무른다고 주장했다. 또한 심리학에 기초해 놀이가 의미 있는 학습 성과로 이어져 그 결과 도덕적·정신적 의미가 형성된다는 주장을 펼쳤다. 그러나 놀이를 우선시하는 당시 풍토에 프레네는 반대했다. 그는 놀이를 앞세우는 풍토가 일이 아동에게 더 본질적이라는 점을 간과하게 만들고 삶에서 일을 분리한다고 비판했다. 교육에 일을 적용하는 것을 유감스러워하는 당시 풍토를 그는 강하게 문제 삼았다. 놀이 욕구를 앞세우는 풍토에 대항해 그는 일 욕구의 우선성을 주장했다. "가장 이른 나이에서부터 삶에 생기를 주고, 가정과 공동체의 일상 영역에서 건강하고 역동적인 만족감을 주는 최고의 효소는 놀이가 아니라 일이다."Freinet, 1994a: 146 이를 입증하기 위해 그는 두 가지 차원의 근거를 제시했다.

첫 번째 근거는 '일 애호'가 인간의 근본적인 심리 특성이라는 심리학적 확증이다. 프레네는 일 애호를 인간 '생명의 주요 성향'으로 이해했다. 그것은 프로이트의 성적 리비도처럼 모든 인간 활동의 '동력'이자, 생명원리를 구성하는 에너지를 제공하는 본질 충동pulsion이다.Piaton, 1974: 152: Peyronie, 1999: 99: Peyronie, 2000: 222

제가 제기하는 주장이 틀렸다면, 심리학적 차원에서 증명하려는 저의 의도는 주목받지 못했을지 몰라요.: 아동은 천성적으로 놀이 욕구가 없어요.; 단지 일 욕구만 있어요. 달리 말하면 생명의 잠재력을 개인 활동과 사회 활동 모두에 사용하는 유기체의 필연nécessité organique이 있을 뿐이에요. 그것은 아동의 가능성에 따른 큰 폭의 반응을 전적으로 포함하고 나타내려는 목적이 있어요. 즉 피곤과 휴식, 흥분과 평온, 마음의 동요와 진정, 두려움과 안심, 위험과 승리가 그거예요. 일은 특히 아동의 나이에서 가장 긴급한 하나의 정신 성향을 보전해야 해요. 실력 이상의 힘을 발휘하고, 다른 사람을 능가하고, 작든 크든 승리를 거두고, 어떤 사람이든 어떤 것이든 지배하고자 하는 영원한 욕망인 힘에의 의식 말이에요.Freinet, 1994a: 157

생명의 잠재력인 '힘'에의 의식을 발현하고자 하는(또는 생명의 잠재력을 사용하고자 하는) 일 욕구를 프레네는 인간 유기체의 필연으로 설명한다. 이 점에서 프레네 당시의 철학적 생기론은 일을 교육실천의 토대로 삼았던 프레네의 생각을 정당화하는 주된 이론적 근거였다.Peyronie, 2000: 222

일 욕구 우선성을 뒷받침하는 두 번째 근거로 프레네는 엄밀한 과학적 증거 대신 자신의 경험과 관찰을 제시했다. 우리가 어린 시절로 되돌아가 그 당시 경험했던 일들을 회상해 보면, 거기서 우리의 일 본성을 찾을 수 있다는 게 그가 제시한 근거의 핵심이다. 이에 프레네는 어린 시절 놀이보다 우리를 더 열중하게 만들고, 포기할 수 없게 만들 만큼 마음을 사로잡았던 어떤 종류의 일이 없었는지를 우리에게 물었다.Freinet, 1994a: 152-153

예컨대 어린 시절 겨울에 눈 쌓인 길을 치웠던 일, 아버지와 함께 담장을 고쳐 세웠던 일, 낫으로 벤 사료용 풀을 펼쳐 널었던 일, 밀을 거둬들였던 일, 미카엘 축제 때 되돌아오는 양을 돌봤던 일들을 떠올려 보자는 것이다. 그는 그 일들이 비록 춥고, 어렵고, 오래 걸리는 일이었지만, 분명 어린아이들에게 기쁨과 만족감을 주는 일이었을 거라고 확신했다. 이를 입증하는 사례로 프레네는 한 아버지가 어린 아들을 어른처럼 대하며 자신과 함께 담장 고쳐 세우는 일을 하자고 권하는 장면을 소개했다. 아버지는 어린아들에게 어른인 자신과 똑같은 수고를 해야 하고 똑같은 책임을 져야 하며 똑같은 만족을 느낄 거라고 말한 뒤 그와 함께 일을 시작했다. 어린 아들은 아버지와 함께 자신이 할 수 있는 한 최선을 다해 담장을 고쳐 세운다. 그에게 그 일은 어른이 담장을 고쳐 세우는 것보다 더 힘에 부쳤을지 모른다. 완성도가 더 떨어졌을지도 모른다. 그러나 그가 한 일은 자신의 '힘'을 상징하는 것으로 그에게 몇 날 몇 해 동안 남아 있게 된다. 그 아이는 어른처럼 일한 것에 뿌듯함을 느낀다. 자신을 열중하게 만드는 일에 아동이 사로잡히게 되면, 그가 놀고 싶은 생각을 하루 종일 전혀 하지 않았다는 걸 깨닫는다고 프레네는 말한다. 이러한 사례에 기초해 프레네는 아이들이 열중하게 하는 일 욕구를 우선 잘 충족하게 하면 그들이 놀이의 필요성을 거의 느끼지 않을 거라고 확신했다.

경험과 관찰에 의거한 프레네의 정당화 논리는 동시대 인물이던 몬테소리에게도 발견된다. 몬테소리 역시 선험적 판단 대신 실험과 관찰에 의거해 일 우선성을 주장했다. 몬테소리는 조화로운 인격으로 성장하고 발달하고자 하는 본성의 무의식적인 갈망을 충족하는 게 일이라고 보았다. 이에 근거해 그녀 역시 아동이 일을 더 좋아한다고 주장했다.Standing, 1962: 345 [19] 이에 자신의 방법이 놀이의 방법이라고 말하는 사람들은 자신을 오해한 결과라고 그녀는 생각했다. 몬테소리는 인간에게 자연스러운 게 일이고 인간이 일을 통해 자기 자신을 구축한다는 점을 그 사람들이 이해하지 못했다고 강하게 비판했다. "아동이 일을 향하려는 성향은 생명의 본능이고, 아동은 일을 통해 자신의 인격을 조직한다"Standing, 1962: 345 재인용라는 게 몬테소리의 분명한 생각이었다. 몬테소리는 자신의 동료가 화려하고 값비싼 여러 인형과 인형의 집을 아동이 편히 가지고 놀게 방에 비치해 놓은 것을 보았다. 그녀는 아이들이 그것에 잠시만 관심을 보였을 뿐 그것을 선택하지 않고 방을 나선 장면을 보고 놀란 바 있다. 그들은 스스로 나서서 그 장난감을 결코 선택하지 않았다. 이 관찰을 통해 그녀는 "아동이 놀이보다 일을 더 좋아한다"는 확증을 제시했다.Standing, 1962: 43 이 명제는 그녀에게 가장 혁명적인 발견 중 하나였다. 놀이와 가상으로 꾸며 놓은 것에 아동이 사로잡히는 걸 몬테소리는 부적절한 현실에서 도피하는 '일탈'로 보았다. 몬테소리는 자신의 욕구에 상응하는 현실 세계에서 아동이 올바른 종류의 일을 할 기회를 박탈당한 채 어른이 만들어 놓은 세상을 대체로 살아간다고 보았다. 학교에서조차 아동은 자신의 일을 선택하지 못했다. 우리가 일할 수 있는 자유로운 존재로 아동을 고려하지 않고 마음속에 놀이의 자유만을 고려해 왔다고 몬테소리는 지적했다. 몬테소리는 우리

---

19) 일에 대한 몬테소리의 논의는 주로 Standing(1962)의 해석을 참고했다.

가 올바른 종류의 환경을 제공하면 아동이 자유 선택에 따라 올바른 종류의 일을 하면서 놀이보다 일을, 가상으로 꾸며진 것보다 현실을 더 좋아한다고 생각했다. 일과 놀이 중 아동이 무엇을 더 선호하는가는 결국 준비된 환경(또는 아동이 뜻밖의 재능을 드러낸다는 의미에서 '계발적' 환경)에 달려 있었다.Standing, 1962: 346 프레네와 마찬가지로 몬테소리에게 일은 아동의 전 인격이 관여하는 활동이자 인격을 구성하는 활동이었다. 일은 자기표현의 형태였고 일하면서 아동은 그에 따르는 기쁨을 맛본다. 놀이는 아동 본성의 일부만을 충족하는 활동이며, 더 깊이 진행되고 존재 전체에 만족을 주는 것은 바로 일이다.Standing, 1962: 175

이러한 성질의 일은 놀이가 전용하는 주요 특성인 쾌감만을 주는 일과 다르다. 그것은 우리가 고통스러워하거나 지루해하지 않고 단지 웃고 노래하고 휴식 중에 하는 일과도 다르다. 프레네나 몬테소리가 말하는 일은 아동의 많은 부분을 피곤하게 하고 그들을 근심하게 하고 때로는 고통스럽게 하는 삶(생명)에 필히 따라오는 전부를 받아들이게 한다. 그것이 두 사람이 말하는 인간의 참된 일이다. 참된 일을 경험하면 아동은 전혀 놀고 싶어 하지 않는다. 아동은 충족했고 피곤함을 느낀다. 놀이가 더 이상 휴식으로 뒤따라오지 않는다. 아동은 근육이 피곤하다고 느끼지만 아동의 정신이 평온함으로 가득 차 있기에 그러하다. 이에 당시 여러 심리학자가 놀이를 휴식으로 생각하고 일하고 난 뒤에 놀이가 필요하다고 생각한 것은 커다란 잘못이었다.Freinet, 1994a: 154-155 아동이 하는 일은 그 자체로 "자연스럽고 동기부여하고 소진해 버리게 하는 활동"이다.Freinet, 1994b: 398

프레네의 일 해석에 우리가 동의한다면 놀이는 단지 일이 충분하지 않거나 그것이 제공되지 않을 때 일 대신 행하는 대용물이자 보충물이다. 우리는 단지 일할 수 없을 때나 우리를 소진해 버리게 하는 활동인 일이 충분하지 않을 때 놀이에 빠져든다.Freinet, 1994a: 151

일과 놀이를 둘러싼 개념 사이에는 일종의 우선권 문제가 있어요. 내가 증명했다고 믿는 게 바로 그거예요. 말하자면 … 아동 최초의 고유한 욕구에 응답하는 본질적이고 자연적인 기능이 일(-필자 강조)이라고 우리가 인정하면, 놀이는 교육하는 과정에서 최초 계획으로 끌어올릴 만한 자격이 없는 보조적이고 부차적인 활동으로 여겨질 수밖에 없어요.Freinet, 1994a: 168)

프레네는 아동의 욕구를 고려하고 그것에서 출발하는 교육을 주장했다. 그것은 당대의 여러 신교육자와 동일한 주장이었다. 그러나 일 욕구를 더 본질로 본 프레네는 놀이나 단순 활동 대신 일을 학교에서 행하는 근본 활동으로 설정했다. 그것이 놀이를 본질 욕구로 파악했던 드크롤리를 비롯한 신교육자와 그의 중요한 차이였다. "어린 시절에 놀이가 인간의 가장 순수하고 가장 정신적인 활동이며, 동시에 전체로서의 인간 삶의 전형이다"라고 말한 프뢰벨과 몬테소리가 실질적인 분기점을 형성했던 사실Standing, 1962: 345과 유사한 대목이다.

3. 일과 놀이의 통합

20세기 초 신교육자들은 일과 놀이를 완전히 대립하는 두 축으로 분리했다. 인간의 삶과 행동에서 일은 노력, 희생, 고생을 요구하는 것이었고, 놀이는 흥분과 즐거움으로 채워지는 것이었다.Freinet, 1990b: 105 일과 놀이를 분리하는 가운데 일은 폭압으로 여겨졌다. 때문에 일은 아동에게 부적절하고 아동에게 필요한 사회 활동으로 요청되지 않았다. 놀이가 아동에게 고유하다고 여기면서 아동은 놀이 영역에 점점 더 놓여졌다.Freinet, 1994a: 167-168

일과 놀이가 다르다는 생각을 당연시하고, 일과 놀이를 분리하는 데 당시의 학교들이 기여하고 정당화하는 모습을 프레네는 안타까워했다. 당시의 심리학자와 교육학자들이 일 개념에 관심 두지 않으면서 놀이 본능을 증명하는 데만 몰두했던 사실도 불만이었다.

프레네는 우리가 일과 놀이를 제대로 이해하지 못해 이러한 경향이 나타났다고 진단했다. 일과 놀이에 대한 몰이해를 바로잡기 위해 그는 일과 놀이가 원리상 대립하지 않고 서로가 서로의 요소를 포함한다는 명제를 제시했다. 이를 입증하기 위해 그는 아동이 하는 기능적 놀이를 예로 들었다. 그는 기능적 놀이가 일과 근본적으로 다르지 않게 일의 요소를 포함한다는 논리를 제시했다.

조상 대대로 변전해 온 가장 깊은 곳에 뿌리내리고, … 본질적으로 삶을 준비하도록 남아 있는 놀이, 아동과 어른의 개인 욕구와 사회 욕구 차원에서 실행하는, 말하자면 "기능적"인 놀이가 있어요. … 어린 인간의 경우와 마찬가지로 어린 동물에게 본질적인 이 놀이는 결국 일이에요. 바로 아동의 일이지요. 그러나 우리는 그 목적을 언제나 파악하지 못했어요. 우리는 그것을 … 전혀 알아채지 못해 왔어요. 이 일-놀이는 아동에게 일종의 폭발이자 해방이에요. Freinet, 1994a: 149

고양이는 생쥐 잡는 동작을 모방하면서 놀아요.; 강아지처럼 어린 양의 관절을 살짝 자꾸만 깨무는 걸 고양이는 전혀 즐기지 않아요. 고양이는 자신이 하는 활동의 목적을 생각하지 않아요.; 고양이는 모방할 수밖에 없어요. 마찬가지로 아동도 어른 활동을 모방해요. 말하자면 아동은 활동의 궁극적 목적 속에서 그것을 모방해요. 어른의 주제를 선택하더라도, 아동은 자신이 할 수 있는 실행 규칙에 그것을 적응하려고 애써요. 사회적 틀 속에서 해내기 벅찬 일을 아동은 자신과 밀접한 환경 속에서 실현시키려고 애쓰지요. 이때 우리는 기능적이고 심원한 일을 식별하게 했던 본질 특성이 놀이에 제공되는 연관성을 보아요.

그것은 사람들이 자주 믿는 바와 달리 놀이의 주요 동력이 일의 주요 동력과 마찬가지로 즐거움도 심지어 기쁨도 아니란 걸 말해 줘요. 현재 통용되는 놀이 개념은 여기서 살짝 벗어나 있어요. 어쨌든 아동 놀이, 조상 대대로 이어져 온 놀이, 우리 종에 고유한 놀이는 … 아주 자주 우리를 엄숙하고, 심각하고, 때로는 우수에 젖게 만들어요. 놀이가 언제나 웃음을 터트리는 건 아니에요. 세찬 감정 동요, 고통, 충격, 승리에 기여하기 위한 극단의 긴장을 더 자주 수반하지요.

일과 동일한 놀이는 무엇보다 우리 힘의 척도인 생명과 활동에서 오는 욕구들을 충족해요.^{Freinet, 1994a: 157}

이처럼 놀이, 특히 어린 시절에 하는 놀이는 원리상 일과 대립되지 않는다. 놀이가 곧 일이며 그 놀이에는 일의 본질 특성이 들어 있다. 일과 놀이가 서로의 요소를 포함한다는 것을 좀 더 분명히 하기 위해 프레네는 '일-놀이travail-jeu'와 '놀이-일jeux-travaux'이라는 조합어를 만들었다. 두 종류의 활동이 우리가 학교에서 제공해야 하는 근본 활동이라면서 말이다.

1) 일-놀이

인간 본성에 일과 놀이가 동시에 존재한다는 걸 명확히 하기 위해 프레네는 우리가 '일-놀이'라는 이상적 활동을 실현해야 한다고 말했다.^{Freinet, 1994a: 167} 일-놀이는 놀이의 요소가 포함된 실제 일을 뜻했다.

일은 우리가 설명하고 이해하는 어떤 게 아니에요. 그것은 우리 몸에 새겨지는 필연이자, 바로 충족되기를 원하는 기능이에요. 일은 근육을 사용하고 내적으로 일치하는 관계를 정립하지요. 그것은 각성과 강화에 이르게 하는 도정이에요.Freinet, 1994a: 247

학교가 일-놀이를 우선적으로 고려해야 한다고 생각하면서 프레네는 학교에서 제공해야 하는 일-놀이 특성을 다음과 같이 정리했다.Freinet, 1994a: 252-253

첫째, 아동에게 요구되는 동작, 아동이 상정하는 노력, 아동에게 몰려오는 피곤, 아동이 실행하는 리듬에 보조를 맞추기 위해 일-놀이는 아동의 눈높이에 맞춘다.

둘째, 일-놀이는 과로가 아니라 자연스럽게 피곤을 느끼게 해 욕구를 달래는 충족이다. 그것은 감각과 지성을 비롯한 각종 근육을 정상적이고 조화롭게 사용하는 활동이다.

셋째, 일-놀이는 아동 개인의 본질 성향을 충족하는 활동이다. 높이 올라서고자 하는 욕구, 물질적·지적·정신적으로 풍요롭고자 하는 욕구, 삶을 향한 힘겨운 싸움에서 승리하기 위해 자신의 힘을 끊임없이 증강하려는 욕구, 이상기후에 맞서서 먹고 생활하고 스스로를 보호하려는 욕구, 자연세계와 동물 그리고 다른 인간에 맞서 스스로를 방어하려는 욕구, 종의 영속성을 굳건히 하기 위해 가정, 부족, 국가 같은 집단을 이루려는 욕구가 아동 개인의 본질 성향에 속한다.

넷째, 초등학교 수준에서 말하는 일-놀이는 기술 분야의 직업훈련이 절대 아니다. 직업세계에 근접해 있는 청소년 교육에서는 그것이 직업훈련을 의미할 수도 있을 것이다. 그렇지만 직업훈련은 일-놀이가 고려하는 대상이 아니다. 아동이 능동적으로 일하도록 하는 게 중요하다. 아동은 일-놀이에 계속 빠져들어야 한다. 일-놀이가 흔적을 남기도록 아동은 몸과 근육, 자신의 습관과 사고 속에 일의 필연과 고귀함을 새겨 넣어야 한다.

다섯째, 자급자족해야 한다는 학교 목적 아래서 일-놀이 교육은 필요한 물품을 아이들이 최대한 생산하게 하고, 학교 운영비를 줄이고, 아이들 활동이 실리를 추구하게 이끌 수 있다. 그것은 일-놀이에 꼭 필요한 핵심 특성을 잃어버리게 할 수 있다. 일-놀이로 유용한 물품을 생산하고, 일-놀이로 학교와 주변 환경에 물질적인 도움을 주는 건 좋을 일일 수 있다. 그렇지만 그것이 교육 조직에 반드시 필요한 조건이어서는 안 된다.[20]

그러나 아동이 이상의 특성이 있는 실제 일-놀이를 언제나 할 수 있는 게 아니라는 데 문제가 있다고 프레네는 보았다. 일-놀이를 할 수 없을 때 아동은 일-놀이와 유사한 활동을 찾으려고 한다는 점에 프레네는 주목했다. 가장 적절한 상황에서 아동은 실제 일인 일-놀이와 대면하겠지만, 실제 일을 할 수 없는 경우에 아동은 프레네가 '놀이-일'이라 부르는 활동과 대면하게 된다.Freinet, 1994a: 192

우리의 교육 실행을 지배하는 중대한 법칙: 본질적인 교육을 향한 관심은 가능한 한 가정에서, 그리고 학교와 학교 주변에서 실현하도록 해야 해요. 학교는 자신의 리듬에 따라 진화하고 자신의 욕구를 충족하게 하는 진정으로 아동의 눈높이에 맞추는 세계예요. 거기서 아동은 자기 존재의 자연적이고 기능적인 열망을 최대한 충족하는 일-놀이에 참여할 수 있어요.

일-놀이를 충분히 실현할 수 있게 격려하는 조건인 호의적인 환경과 조직을 우리가 당장 부여받지 않았다면, 우리는 하나의 대용물이자 파생물인 놀이-일로 불충분함에 미리 대비해야 해요.Freinet, 1994a: 231

---

20) 일-놀이의 네 번째, 다섯 번째 특성은 일-놀이가 지향하는 교육이 기존 노작교육이 지향하는 목적과 크게 다르지 않다는 것을 말해 주는 대목이다. 노작교육은 대체로 생산물의 경제적 가치로부터 자유롭고, 유용성보다 사회적 통찰력과 문화적 체험을 심어 주고, 아동의 기본 욕구를 만족시켜 주는 걸 목적으로 삼아 왔다(김정환, 1995: 119). 이 점에서 노작교육은 사회에서의 노동교육이나 직업기술을 목적으로 하는 직업교육과 구분돼 왔다.

이처럼 실제 일인 일-놀이를 할 수 없는 경우 아동은 놀이-일을 조직해 일의 불충분함에 대비하려 한다. 놀이-일은 가상으로 꾸며진 건물놀이나 농장놀이, 소꿉놀이 같은 많은 놀이를 포함할 수 있다. 그것들 모두는 아동이 손쉽게 다가서게 하는 형태로 실제 일(일-놀이)이 지닌 핵심 특성과 긍정적인 특성의 일부를 공유한다.Lee & Sivell, 2000: 56 그렇다 하더라도 학교 생활을 제대로 조직하기 위해서는 아동이 지닌 일-놀이 욕구를 우선 중요하게 고려해야 한다. 일-놀이를 할 수 없는 경우에만 속성상 어른이 실현한 것을 꾸미거나 모방한 놀이-일 욕구를 고려해야 한다는 게 프레네의 생각이었다.Freinet, 1994a: 190

2) 놀이-일

'놀이-일'은 일이 가진 거의 모든 특성을 지니며 개인을 자신의 탁월한 존엄 상태로 끌어올리는 활동이다.Freinet, 1994a: 190 놀이-일은 실제 일을 그대로 베낀 것이다. 실제 일을 할 수 없는 경우 아동은 놀이-일을 탐색하고 찾는다.

일-놀이에 전념하지도, 실제로 건설하지도, 진짜 밀을 수확하지도, 살아 있는 가축을 돌보지도, 콸콸 흐르는 물을 따라 걷지도, 불의 마법적인 힘에 현혹될 수도 없는 아동이 있어요. 언제 어디서나 아동은 처음에는 일의 본질적인 요소를 지닌 활동을 본능적으로 탐색하고 찾아요. 그러나 그것은 자신의 욕구와 정신, 자기 생명의 리듬이 적용된 놀라운 베끼기예요. 그 베끼기가 너무 잘 이루어지고 너무 흔해서 우리는 우리에게 고유한 활동(일 -필자)의 이미지와 그것을 더 이상 분간할 수 없어요. 이 놀라운 성공을 우리는 놀이('놀이-일'-필자)라 불러요.Freinet, 1994a: 170

놀이-일은 개인의 원초적 욕구를 충족하고, 심리 에너지와 정신의 잠재력을 해방시켜 그것이 원활히 흐르게 한다는 데서 일과 동일하다. 기쁨만이 놀이-일의 성질이 아니다. 피곤과 걱정, 두려움과 놀람, 발견과 귀중한 경험을 수반하려는 일의 성질을 놀이-일은 공유한다.Freinet, 1994a: 174

놀이-일은 일과 마찬가지로 아동이 지닌 가장 강력한 자연적 욕구를 충족한다. 지성, 본성과의 깊은 통합, 신체적 가능성과 정신적 가능성에 적응하기, 힘, 창조, 지배에 대한 의식, 기술상의 효과 바로 확인하기, 가정과 사회 측면에서 확실한 유용성, 고통과 피곤, 괴로움을 비롯한 폭넓은 범위의 정서가 놀이-일이 충족하는 자연적 욕구이다.Freinet, 1994a: 167 아동의 다른 기능적 욕구 충족이 불러오는 결과와 이 욕구 충족이 불러오는 결과는 동일하다. 그것은 가장 유익한 쾌감, 안녕, 충만감을 제공하며 그 자체로 충분하다. 따라서 놀이-일은 아동이 지닌 고유한 욕구를 아주 잘 충족한다. 일-놀이와 마찬가지로 놀이-일은 아동 생명의 활력을 실행하게 하는 본능 활동이다.Freinet, 1994a: 196 욕구 충족 관점에서 일(일-놀이 또는 놀이-일)이 주는 의미는 다음과 같은 듀이의 생각에서도 유사하게 드러난 사실이다.

듀이는 아동의 자연적 충동을 대화 또는 의사소통의 흥미, 탐구 또는 사물 발견에 대한 흥미, 사물의 제작 혹은 구성의 흥미, 예술적 표현에 대한 흥미 넷으로 보았다.Dewey, 1990: 47 교실수업의 경험과 관련해 이 네 가지 흥미를 활용하는 신체 활동을 할 수 있게 기회를 주면, 그는 학교에 다니는 게 기쁨이고, 학습은 더욱 쉬워지며 학생의 행동을 관리하는 부담도 줄어들 거라고 분명히 말했다.Dewey, 1916: 307

페이로니Peyronie, 1999: 98-99는 착취와 소외를 몰아낸 노동(일)이라는 사회주의를 향한 열망, 철학적·심리학적 생기론, 민중 계층이나 노동자 계층의 가치에 기초한 일이라는 계급 에토스가 프레네 일 개념에 서로 뒤섞여 있다고 평가했다. 소외된 노동이 일에 대한 오해를 불러왔다고 지적하면서 자유로운 생산노동의 관점에서 일을 정의하고, 욕구 충족 관점에서 일을 생명의 본능 활동으로 파악했다는 이상의 서술이 그의 평가를 대변한다.

2부

프레네 실천교육학의 실제

5장
학교교육 실천이론

1. 전통 학교 비판

프레네는 1946~1954년에 걸쳐 잡지 〈교육자L'Éducateur〉에 연재하던 글을 모아 『마티외의 격언Les Dits de Mathieu』이라는 단행본을 펴낸 바 있다. 이 책에서 그는 여러 비유적·시적 표현을 사용해 당대의 전통 학교를 비판했다. 프레네의 표현을 빌려 그가 어떤 학교교육을 문제 삼았는지를 살펴보자. 그가 어떤 학교를 지향하고자 했는지는 이러한 비판을 통해 분명히 드러날 수 있을 것이다.

1) 목마르지 않은 말(馬)

프레네는 그 당시 학교교육을 '목마르지 않은 말의 교육'에 비유했다.Freinet, 1994b: 113-115 그것은 목마르지 않은 대상에게 물 마시기를 강요하던 당시의 교육 행태를 비꼰 것이다. 말이 물을 마시러 달려들지 않는 건 물통 속의 물이 흙탕물이기 때문도 깨끗한 물이기 때문도 아닐 수 있다. 말이 단지 목이 마르지 않았기 때문이다. 말 비유를 통해 프레네는 교육에서 끊임없이 발생하는 문제가 실상 '교육 내용'과 크게 상관없다는 점을 말하고 싶어 했다. 물통 속의 물을 아무리 갈아 주더라도(즉 교육 내용을 아무리 바꾸더라도) 말이 목말라하지 않으면 아무런 소용이 없기 때문이다.

이에 프레네는 어떻게 하면 말이 고삐를 끊고 알파파가 있는 들판이나 물통을 향해 달려가게 할 수 있을지를 고민했다. 왜 학생들은 배움을 향한 목마름을 느끼지 못하는지가 그의 핵심 문제였다. 지식에 목말라하지 않고 학습활동에 참여하고 싶은 마음이 전혀 없는 학생들을 가르치는 일은 마치 귀를 틀어막고 있는 학생들에게 말하는 것과 별반 다르지 않다고 프레네는 생각했다. 이 상황에서 교사들이 할 수 있는 일은 고작 가장 능숙한 언변으로 '학생들의 귀를 채우려는' 쓸모없는 노력뿐이었다. 교사는 달콤한 말로 학생들을 어르고 달래며 그들이 교사가 원하는 대로 행동하기를 기대하는 것 외에 별다른 수가 없었다. 아니면 벌칙을 부과하는 게 할 수 있는 전부였다. 이 모든 노력에도 불구하고 결국 학생들이 지식에 계속 목말라하지 않을 것이라고 프레네는 결론 내렸다. 교사가 부리는 고집과 가부장적 권위가 오히려 학생들이 지적인 음식을 거부하게 만들 것이라는 게 그 이유였다. 이에 학생들이 지적인 음식에 목말라하고 그것을 향해 달려가는 '알파파와 물통을 향해 질주하는 말의 교육'으로 전환하는 일은 프레네의 시급한 과제였다.

2) 불모의 계곡

프레네는 지식을 향한 학생들의 목마름과 열망을 충족하지 못하는 당시 학교를 불모의 계곡에 비유했다.Freinet, 1994b: 144-145 불모의 계곡 같은 학교에서 학생들의 균형은 깨진다. 프레네는 이 상황을 다음과 같이 묘사했다. 학생들은 침착하지 못한 채 마음을 졸이거나 돌아다니고 사소한 문제로 말다툼을 일삼는다. 그들은 자신이 원하는 삶을 꿈꾸거나 학교 밖에서 누리는 자유를 동경하면서 시간만 죽인다. 교사는 침묵과 규율을 강제하는 데 많은 시간을 허비한다. 이 상황에서 학생들이 선택할 수 있는 건 죽은 체하며 지내는 방법뿐이다. 죽은 체하기는 모든 창조물이 자신을 제약하는 권위나 위협하는 위험에 대항해 자신을 방어할 때 하는 자연스러운 반응이었다. 프레네는 그것이 학생들의 비참한 수동성을 말해 준다는 점에서 문제가 있다고 보았다.

3) 설명 학교

프레네는 삶과 경험을 배제하고 언어적 설명에 의존한 당시 학교의 지배적 특징을 수다 학교 또는 설명 학교로 비유했다.Freinet, 1994b: 174 그는 헛된 말이 넘쳐흐르는 수업, 인간다운 감정과 깊이 있는 이해를 가로막는 지겨운 학습과 수업, 진리와 삶을 흉내 내는 데 바쁜 언어 설명에 주의하기를 원했다. 삶뿐 아니라 경험과의 연관성 없이 '설명해라, 합리적이어라, 기억을 실행하고 강화하고 회상하라!'는 구호가 강조될 수 있다. 그러나 프레네에게 그것은 튼튼한 토대 없이 돌을 하나하나 쌓아 올린 무너지기 쉬운 담장과 같았다. 그는 그러한 허약한 담장을 신뢰할 수 없었다.Freinet, 1994b: 175-176 설명 학교의 특성은 교회당 학교라는 비유에서 더 잘 드러났다. 설명 학교는 교사의 강의를 종교적 '설교'처럼 받아들이고 교과서를 '성서'처럼 숭배하는 학교 모습을 비유한 것이다. 교회당 학교에서 학생들은 자신의 진정한 삶과 완전히 동떨어진 생활을 하고 몇 가지 의식을 행한 뒤 발끝으로 조심스럽게 교실로 들어간다. 프레네는 이런 형식화된 학교에서 학생들이 삶을 준비하는 데 전혀 몰두할 수 없을 거라고 생각했다. 교회당 학교가 추구했던 진정하고 궁극적인 교육 목적은 추상 지식과 지적 교양, 그리고 개념과 단어 숭배였다.Freinet, 1994b: 169

설명 학교에서 학생들은 교사가 전하는 독단적이고 추상적인 가르침을 단순히 수납하는 존재로 머물렀다.Freinet, 1994a: 282 다음과 같은 프레네의 묘사가 말해 주듯 수납자로 대우받는 학생들은 자신 스스로 아무것도 할 수 없는 존재로 길러진다는 데 문제가 있었다. 교사는 자신의 나무 그늘 아래에, 자신의 도달 범위 내에, 자신이 선별해 학생들을 위해 건네준 과일에, 그리고 교과서가 잘 분류해 놓은 범위 내에 학생들을 안전하게 내려

놓는다. 이에 불행히도 학생들은 바구니에 담긴 체리를 제외하곤 결코 그
것을 먹지도 나뭇가지에 달린 체리를 자신이 원하는 대로 따지 못한다. 그
들은 거기서 오는 활기찬 기쁨을 전혀 맛보지 못한다. 진짜 삶의 나무에
서 지식을 채우지 못하고 이의를 제기하기 위한 반응조차 하지 못한다. 프
레네가 보기에 그것은 아동과 어른 모두를 불행하게 만드는 일이었다.Freinet,
1994b: 125 학교는 호기심 있고 에너지 넘치는 아이들, 즉 천진난만하고 대담
하게 세상과 직면하는 아이들을 받아들인다. 설명 학교는 그들을 교사 자
신의 생산틀에 들이붓는다는 점이 문제였다.Freinet, 1994b: 127 결국 학생들
스스로 자신의 학습을 조직하는 능력을 길러 주는 대신 그들을 설명에 기
댄 가르침의 수납자로 만든다는 데 설명 학교는 문제가 있었다.

4) 연미복 교육

권위주의와 규율에 기댄 1900년대식 전통 교육을 프레네는 연미복 교육
에 비유했다.Freinet, 1994b: 135 그것은 권위를 내세우기 위한 상징으로 연미
복을 즐겨 입던 교사 모습을 빗댄 것이었다. 그는 학생들이 어떤 논평이나
비판 없이 입을 벌리고 앉아 매일 교사가 하는 설명을 받아먹는 장면을
권위주의 교육의 한 예로 제시했다. 교사들은 학생이 반항하지 않고 자신
의 명령에 순종하기를 원했다.Freinet, 1994b: 135 권위주의적인 교사-학생 관
계 속에서 학생들은 순종적이고 수동적인 자세로 자신의 책상 앞에 구속
되었다.

교실은 외부 세계를 동경하면서 시간을 죽이는 장소로 여겨졌다.Freinet,
1994b: 140 프레네는 그것이 학생들의 목소리와 생각, 정서적 힘을 억누르게
하는 주요 원인이라고 생각했다. 이에 그는 학생들이 말할 수 있는 기회를
제공하고 위험스러워 보일지라도 자신의 생각을 펼치고 정서적 힘을 분출
할 수 있는 교육을 구상했다.

권위주의적 학교 모습은 병영 학교라는 그의 비유에서도 잘 드러났다.

병영에서 우리는 평소 생활하는 모습과 사뭇 다르게 행동하곤 한다. 예컨대 병영 학교에서 학생들은 당시 병사들처럼 상급자를 속이고, 사역을 교묘히 피하거나 최대한 줄이려고 하고, 날짜를 세면서 시간을 죽이는 데만 관심을 쏟는다.Freinet, 1994b: 171 무의미하게 시간을 죽이기 위해 행하는 자갈 옮기기나 야채 껍질 벗기기 같은 형식화된 작업이 병영 학교에서 행해지는 전형적인 학습활동이다. 프레네는 병영 학교라는 말로 당시 군대에서 행해지던 시간 때우기식 작업처럼 목적도 생산성도 없는 무의미하고 형식화된 학습에 학생들이 의례적으로 참여하는 모습을 비판했다. 학생들이 학습과정에서 보이는 실패를 자주 지적하고, 질서와 규율을 유지해야 한다는 강박을 보이고, 성과를 빨리 가져와야 한다는 성급한 기대를 보이는 것이 학교를 병영처럼 만드는 주된 원인이었다.Freinet, 1994b: 128-129

5) 온실 학교

학생들을 조작 가능한 대상으로 취급하던 학교 풍토를 프레네는 온실 학교에 비유했다.Freinet, 1994b: 172 온실 학교는 농부가 들판의 추위와 비바람 속에서 제철 과일을 경작하는 것처럼 학생들을 교육하지 않는다. 대신 온실 학교는 인위적인 강제로 과일이 너무 일찍 열매 맺게 하는 방식처럼 학생들을 교육한다. 온실 학교는 학생들을 인위적으로 조작 가능한 대상이나 실험 대상으로 취급하는 일종의 실험실 같은 학교였다. 프레네는 조급증에 빠져 아동의 자연스러운 성장을 거스르며 재촉하기에 바빴던 학교 모습을 온실에 빗대어 비판했다. 이는 또한 어른의 인위적인 틀 속에서 얼마든지 조작 가능한 대상으로 학생들 취급할 수 있다는 생각을 문제 삼은 것이었다.

6) 장미(삶의 목적)의 상실

건강한 육체를 위한 빵과 지식이나 기술 습득 같은 정신의 빵만이 아동에게 필요할 수 있다. 여기에 더해 프레네는 아동이 살아가는 데 장미가 꼭 필요하다고 주장했다. 여기서 장미는 삶에 의미와 목적을 제공하는 일종의 울림을 뜻했다. 이에 학교에서 아동은 자신의 삶에 의미와 목적을 제공하는 어떤 울림을 찾아낼 수 있는 기회를 제공받아야 한다. 아동은 자신에게 귀를 기울이는 누군가와 함께 이야기하고 자신의 학습 성과를 읽거나 경청하는 누군가를 위해 글을 쓸 수 있어야 한다. 아동은 자신 안에 있는 고상하고 비상한 모든 것을 표현하는 무언가를 만들 수 있어야 한다. 아동이 빵과 지식으로 이미 자양분을 공급받았다면, 이제 아동은 자신의 삶의 목적과 의미를 구성하는 많은 것들을 삶을 위해 제공받아야 한다.Freinet, 1994b: 187 그러나 삶과 경험을 반영하지 않던 당시 학교에서 아이들이 자신의 삶의 의미와 목적을 찾는 건 쉽지 않았다. 이는 그들을 무기력하게 만든 또 하나의 주요 원인이었다.

기존 전통 학교를 향한 이상의 비판을 프레네는 '스콜라주의'라는 한 단어로 집약했다.Freinet, 1994b: 177 요컨대 스콜라주의는 교사의 능숙한 언변과 권위주의적인 주형틀에 아동을 의존하게 만들고, 목적도 생산성도 없는 학습활동을 아동에게 강제하고, 삶과 동떨어진 추상 지식을 제공하고 경험을 언어적 설명으로 대체하고, 아동을 온실 작물처럼 조작 가능한 대상으로 취급했던 당시의 교육 행태를 비판하는 일종의 포괄어였다. 스콜라주의라는 특수 환경에 아이들을 고립시켜 그들이 학습과 삶에 제대로 적응하지 못하도록 했던 것을 프레네는 당시 학교의 가장 큰 문제로 진단했다.[21]

프랑스 전통 학교를 스콜라주의라는 포괄적 용어로 비판했던 프레네의 입장은 서구 교육사에서 전통 교육에 비판을 제기해 왔던 진보주의 교육이론의 전통에 그가 서 있다는 점을 말해 준다. 진보주의 교육이론은 다음과 같은 서구 전통 교육의 전제를 비판하는 데서 공통으로 출발한다.Darling & Nordenbo, 2003: 295-300 첫째, 사회에서 아동이 적절히 제 기능을 다하도록 아동의 (정신)능력과 기능이 지닌 최고 가능성을 적시에 이용할 수 있게 하는 데 전통 교육의 목적이 있다. 이는 좋은 기억력으로부터 가능하다. 이에 기계적으로 외우고 있는 것이 지금 당장 이해하기 힘든 내용이라 해도 일단 가능한 한 많이 암기해 둬야 한다. 그래야만 아동의 이성은 유용한 지식으로 가득 찬 어떤 창고를 찾아내 자신이 필요할 때 그것을 인출할 수 있다. 둘째, 어린 아동이 이해할 수 없는 소리에 관심을 두지 않는 것은 당연하다. 때문에 아동은 왜 그런지에 대한 이해 없이 우선 많은 것을 배우게 강요받아야 한다. 따라서 교사와 학교 체제는 학습과정에 참여를 유도하는 체벌을 포함한 필요한 수단을 적용하고 정당화한다. 아동이 이러한 학습과정에 참여하기를 거부하는 것은 가르치는 기술에서 규율과 통제가 왜 피할 수 없는 요소인지를 분명히 말해 준다. 이에 아동을 가르치는 것은 학습을 위해 아동의 자발적인 동기를 찾아내는 문제가 아니라, 필요한 외적인 동기를 제공해서 아동이 자신이 원하는 것을 참으면서 공부하게 하는 데 있다. 셋째, 교사의 중개를 통해 (어떤)교훈이 받아들여지기 때문에 교사가 중심을 이룬다. 교실은 교사가 어떤 지배적인 지위를 차지하고, 권위적으로 통치할 수 있게 설계된다. 학생들의 책상은 가지런히 배치되어 그들 모두가 교사를 향하게 하고, 교사 권위의 상징으로 교단을 설치해 놓는다. 학생들 사이의 상호작용은 교실을 산만하게 한다는 이유로

---

21) 리(Lee, 1994a: 83-84)는 이상의 비판이 현재까지도 지적 교육 전통이 강한 프랑스 교육을 향한 비판으로 이어질 수 있다고 말한다. 그는 인지 학습과 보편 지식 전수 강조, 많은 학습량으로 대표되는 대다수 프랑스 학교의 특성을 다음과 같이 기술했다. 첫째, 학교는 놀이의 장이 아니라 힘든 학업의 장소이다. 둘째, 교실의 물리적 환경은 빈약하거나 간소하다. 셋째, 교육과정은 분리된 학문 교과로 나뉘어 있다. 넷째, 읽기, 쓰기, 셈하기가 특히 강조된다. 다섯째, 높은 수준의 성취가 기대되고 높은 표준이 강요된다. 여섯째, 경쟁을 유도하는 환경이 승자와 패자를 나눈다. 일곱째, 교사는 정보를 나눠 주고 학생의 과업을 평가한다. 대다수 학생 활동은 반복학습과 암송, 암기, 분석과 쓰기로 진행된다. 제한적이고 종속된 역할만 학부모가 하도록 규정된다. 이러한 프랑스 전통 교육 방식과 달리 자신의 교실 생활을 변화시키고 가르치는 역할을 이와 달리하고 싶은 교사들이 현재 프레네 실천교육학에 관심을 보인다.

권고되지 않는다. 넷째, 아동은 능동적 참여 대신, 이미 구축된 지식을 받아들여야 한다. 교사가 받아들인 지식을 요청할 때 아동은 성공적으로 암기했다는 증거로 말이나 글로 재생하는 것이 기대된다. 다섯째, "교과"에 포함된 지식의 타당성을 검토하고 아동의 관심사에 주의를 기울이는 대신, 아동이 관심을 두어야 한다고 믿는 교과 교육과정에 전념하게 해야 한다. 전통 교육이 터한 이상의 전제를 향한 불만이 서구 교육에서 진보주의 교육이론의 발달을 자극해 왔다.

전통주의와 진보주의는 서구 교육이론에서 오랫동안 쟁점을 형성해 왔다. 교육을 "외부로부터의 형성"으로 보는지 아니면 "내부로부터의 계발"로 보는지에 따라 학교는 전통주의 교육과 진보주의 교육이라는 상반된 모습으로 나타났다. 전자에 따르면 교육은 개인 밖에 이미 확립되어 있는 사회적 가치와 표준을 기초로 하는 것이고, 후자에 따르면 교육은 천부적으로 타고난 재능을 기초로 하는 것이다. 교육이론의 역사는 교육을 보는 이러한 두 가지 정반대되는 입장 사이의 대립으로 특징지을 수 있다.Dewey, 1938: 93-94 전통 교육이론은 내재적 가치에 근거를 둔 것으로 그 자체로 가치 있다고 생각하는 고전적 교과 탐구를 통해 합리적인 마음을 계발한다는 자유교양교육liberal education의 접근과 사회적 유용성이나 쓸모에 근거를 둔 공리주의적utilitarian 접근을 대체로 취해 왔다. 그러나 전통 교육의 두 접근 모두는 교육을 아동 "안으로 집어넣어야 하는" 어떤 것으로 바라본다는 데 공통점이 있다.Lloyd, 1976: 91-92 진보주의 교육이론은 "교과보다 아동, 논리력보다 직관, 지력보다 정서, (사회적)표준보다 아동 행복, 일제 수업보다 개인별 또는 그룹별 수업, 감독자보다 친구, 억압적인 환경보다 편안하고 자유로운 환경, 기계적인 암기보다 행하는 것으로 배운다는 원리"Lloyd, 1976: 89를 지향해 왔다. 교육을 바라보는 이러한 관점 차이는 종교에서의 근본주의 대 자유주의, 정치에서의 보수당 대 노동당의 대립과 마찬가지로, 교육에도 전통주의 대 진보주의 같은 서로 대립하는 측면이 존재해 왔음을 의미한다.^{Lloyd, 1976: 89} 20세기 초 프랑스 전통 학교에 대한 프레네의 불만을 우리는 이러한 이론틀에서 바라볼 수 있을 것이다.

2. 교육 목적

"진보와 자유, 평화로운 사회를 자각하는 능동적으로 일하는 인간 이자 미래의 인간으로 아동을 형성하자."^{Freinet, 1980: 144}

프네네는 경쟁에서의 승리나 물질적 가치 같은 당시 학교들이 지향하는 도구적 목적을 문제 삼았다. 그는 교육의 중요한 두 당사자인 학부모와 사회가 이해타산을 따지는 자본가처럼 생각하는 데 실망했다. "내 상품은 잘 팔릴까, 나는 그 물건을 충분히 비싼 값으로 아주 많이 팔 수 있을까, 내 회사에 상당한 이익을 가져오도록 일반경비를 줄이고 허리띠를 졸라맬수 있을까" 같은 이기적이고 부차적인 질문이 그들의 주된 관심사였다. 당시 학부모들은 아동의 인격을 깊이 형성하거나 살찌우는 데도 별 관심이 없었다. 그들은 자신의 자녀가 시험을 잘 치러 선망하는 지위를 얻거나 그에 유리한 학교에 입학하는 데 관심이 있었다. 그들의 관심사는 자신의 자녀가 행정기관에서 중요 자리를 차지하는 데 유리한 교육을 학교가 제공하는지 여부였다. 사회도 어떤 포용력이나 관대함을 더 이상 보여 주지 않았다. 이에 당시 사람들은 계속해서 근심에 사로잡혀 있었다. 그들은 십 년이나 이십 년 뒤에 나타날 자신의 미래를 생각할 여유조차 없었다. 이러한 성찰 속에서 그는 다음 두 측면에서 자신의 학교가 지향하는 목적을 제시했다.

프레네는 아동 생명체가 지닌 건강과 약동, 그 안에 내재된 창조적이고 능동적인 능력의 지속 그리고 최대한으로 힘을 실현시키려는 아동 본성을 무엇보다 강조했다. 이에 프레네 학교는 아동이 자신의 인격을 최대한 발달하게 하는 데 첫 번째 교육 목적이 있었다. 프레네는 인격 발달이 특히 합리적 공동체 안에서 이뤄져야 한다는 점을 강조했다. "아동은 자신이 봉사하고, 자신을 섬기는 합리적인 공동체 품안에서 자신의 인격을 최대한 발달시켜야 한다."Freinet, 1994b: 17 프레네는 인간이 개인 측면에서뿐 아니라 사회 측면에서도 효과적으로 일하고, 행동하고, 생활할 수 있어야 온전히 발달할 수 있다고 보았다. 이에 인격의 최대 발달이라는 그의 목적은 집단에서 생활하는 법을 배우고 조 안에서나 집단에서 함께 생활하고 일하는 과정 속에서 이뤄져야 한다. Freinet, 1994b: 409

프레네 학교의 두 번째 교육 목적은 아동을 미래 세상에서 자기 운명을 다하는 전인으로 기르는 데 있었다. "아동을 미래의 인간이자 도덕적·사회적 인간으로 형성하자. 자신의 권리와 의무를 자각해 그것을 마주 대하는 데 충분히 용감한 일하는 인간으로 아동을 형성하자. 지성을 갖춘 아동이자 인간으로, 탐구자, 창조자, 작가, 수학자, 예술가로 아동을 형성하자."Freinet, 1994b: 409

이 교육 목적에 따라 교육받고 자랄 때 그는 아이들이 나중에 조화롭고 평등한 사회 실현을 위해 효과적으로 일하는 인간의 존엄과 힘으로 고양될 수 있다고 보았다.Freinet, 1994b: 17-18 자신의 학교를 통해 그는 합리적이고 효율적이며 인간다운 교육을 되살리고, 일하는 학교공동체에서 아이들이 최대한의 힘으로 자신의 운명을 실현해 나가기를 원했다.

자신이 몸담고 있는 사회적 맥락에서 전인을 교육해야 한다는 요청은 진보주의 교육이론의 중심 요소이다. 따라서 진보주의 교육이론은 전통적인 지식 위주의 교육을 보충하기 위해 사회·정서·예술적인 교육을 매우 강조한다.Röhrs, 1995: 12 진보주의 교육이론은 아동이 특별한 욕구, 강함과 약함이 있는 복잡한 개인(즉 신체적, 정서적, 지적, 영성적)이라는 생각에 기초를 둔다.Norris, 2004: 18 진보주의 교육이론가에게 "교육 목적은 아동 본성의 모든 측면을 펼치게 하는 데 있으며, 따라서 교육은 아동이 전인으로 발달하게 하는 것이다"Darling & Nordenbo, 2003: 305. 지성을 갖춘 아동이자 인간으로, 탐구자, 창조자, 작가, 수학자, 예술가로 아동을 형성하려는 프레네 학교의 목적은 진보주의 교육이론이 강조해 온 전인교육의 맥락에서 이해할 수 있다.

3. 아동관

"어린 시절은 가득 채워야 하는 포대자루가 아니라 넉넉히 충전된 전지와 같아요."

"인간은 언제나 어려운 문제를 구명하려고 해요. 끊임없이 능가하고, 사태의 이유를 알고, 문제를 제시하고, 거기서 해결을 찾으려 하는 게 인간 본성이에요. 이러한 성향은 자연스러운 거예요. 단지 죽은 교육만이 아동이 지닌 타고난 가능성 모두를 아주 없앨지 몰라요."

반세기 넘게 아동학이 많이 발전했지만 우리가 아직 아동의 심리·정신적 본능, 아동의 성향과 가능성, 자질과 약동을 충분히 다 아는 건 불가능하다고 프레네는 고백했다. 이에 우리가 아동 개인에 대해 이러쿵저러쿵 말하는 것은 불필요해 보인다. 이에 아이들이 의도하는 바에 따라 그들의 형성을 돕고, 적성과 기호, 욕구에 따라 아이들이 자신이 나아갈 도정을 스스로 준비할 수 있도록 돕는 시설과 기술을 제공하는 데 만족하면 된다고 프레네는 말한다.Freinet, 1994b: 18-19 이러한 이유에서 프레네는 아동의 발달을 돕는 학교 시설과 거기서 실천할 수 있는 여러 교육 도구와 기술을 창안하는 일에 무엇보다 전념했다. 그렇다 하더라도 프레네는 저서 곳곳에서 자신이 아동을 어떻게 이해하고 있는지를 제시했다. 특히 그가 말년에 자신의 교육을 적용하는 데 필요한 다양한 기술을 안내하기 위해 펴낸『실천교육학의 불변법칙*Invariants Pédagogiques*』[1964, 1994b: 382-411]에는 아동을 바라보고 대하는 그의 입장이 잘 나타나 있다. 이를 토대로 우리는 그가 학교에서 아동을 어떻게 바라보고 대했는지를 살펴볼 수 있다.

첫째, 아동과 성인 사이에는 본성의 차이가 없고 단지 정도의 차이만 존재한다. 그는 이를 "아동의 본성과 우리(성인-필자)의 본성이 같다"라는 첫 번째 불변법칙으로 분명히 했다. 이를 설명하기 위해 프레네는 아동을 아직 성장을 끝마치지 않은 나무에 비유했다. 그에게 아동은 자신의 성장을 미처 끝마치지 않은 나무에 불과하지만, 스스로 영양분을 정확히 섭취하고, 자라고, 자신을 지키는 성장한 나무와 같다. 아동은 신체기관이 허약하고, 많은 걸 알지 못할뿐더러 경험도 미천할 수 있다. 그렇지만 아동은 자기 생명의 막대한 잠재력에서 나오는 서로 다른 리듬으로, 성인과 마찬가지로 정확히 영양분을 섭취하고, 느끼고, 견디고, 탐색하고, 스스로를 지키는 존재이다. 요컨대 그는 성인과 정확히 동일한 원리에 따라 행동하고 반응하며, 살아가는 존재로 아동을 이해했다.

둘째, 아동보다 몸집이 더 크다는 이유로 교사가 아동 위에 군림하려는 것은 잘못이다. 자신이 남보다 몸집이 더 크면 거의 모든 사람이 본능적으로 남들 위에 존재한다는 느낌을 갖는다는 사실을 그는 두 번째 불변법칙에서 서술했다. 교사가 키가 크다는 이유로 자신 아래에 존재하는 아동을 더 열등한 존재로 여겼던 당시 경향을 문제 삼았던 것이다. 더군다나 당시 교사들은 몸집이 아동보다 더 크다는 데 만족하지 않고, 더 높은 곳에서 아동을 내려다보기 위해 교단에 올라서고자 했다. 자신의 권위와 우위를 확실히 점하고 아동을 감시하고 규율을 잡기 위해서였다. 그러나 그의 말처럼 몸집이 더 크다는 것이 반드시 그렇지 않은 사람들 위에 존재한다는 것을 의미해서는 안 된다. 이에 교사가 자신보다 몸집이 작은 어린아이들을 지배하려는 욕구를 버려야 한다고 프레네는 말한다. 그것은 "우리가 존엄 속에서 단지 교육할 수 있고, 아동을 존중하는 것이 학교 혁신의 최우선 조건 중 하나"이기 때문이다. 존엄과 존중 속에서 아동 역시 우리 교사를 존중할 수 있다(불변법칙 28).

셋째, 우리의 몸 상태에 따라 우리의 행동이 달라지는 것처럼 아동의 행동도 자신이 처한 몸 상태나 상황에 따라 달라진다는 것을 교사는 이해해야 한다. 이는 "학교에서 아동의 행동이 생리적인 상태, 신체기관의 상태, 체질적인 상태에 의해 결정된다"는 세 번째 불변법칙에 잘 서술돼 있다. 나쁜 짓을 하거나 비난받을 만한 태도를 보인 아동을 두고 우리는 인정머리 없이 아동의 행동이 고의나 악의에 의한 거라고 판단할 수 있다. 프레네는 이를 문제 삼으면서 아동이 왜 그런 행동을 할 수 밖에 없었는지를 우리가 먼저 물어야 한다고 말한다. "우리는 두통이나 치통 복통에 시달릴 때, 아니면 배가 고플 때, 정신과 육체의 피로를 느끼며 일할 때, 더 힘센 상대와 겨룰 때, 관심을 둔 계획에서 실패할 때 무기력에 빠질 수 있다." 마찬가지로 아동도 아주 단순한 존재일 수 있다는 것이다. 이에 아동의 잘못된 행동 앞에서 교사는 아동의 건강이나 균형에 문제가 생긴 것은 아닌지, 아동이 어려운 환경에 처한 것은 아닌지 그 원인을 먼저 물어야 한다.

넷째, 우리와 마찬가지로 아동도 권위적 형태로 위에서 강요되는 명령을 좋아하지 않는다. 이는 다음과 같은 불변법칙에 잘 드러나 있다. "누구나, 즉 성인과 마찬가지로 아동도 권위적인 명령을 좋아하지 않는다(불변법칙 4)." "일렬로 정렬하게 만드는 명령 같은 외부에서 부과하는 명령에 수동적으로 복종하는 것을 좋아하지 않는다(불변법칙 5)." "성인이든 아동이든 어떤 일을 강제로 하도록 강요받는 것을 좋아하지 않는다. 그러한 강제는 우리를 무기력하게 만든다(불변법칙 6)." 이와 달리 "아동은 설령 그 선택이 자신에게 유리하지 않더라도 자신의 일을 선택하고 싶어 한다(불변법

7)."아동은 스스로 참여하는 것을 가로막으면서 헛되이 쳇바퀴 돌게 하거나 로봇처럼 행동하게 하는 일을 싫어한다(불변법칙 8)." 이에 강제하는 명령을 줄이고 선택의 기회를 늘리는 것이 우리가 아동의 일에 동기를 부여하는 방법일 수 있다(불변법칙 9).

다섯째, 아동은 학교 문을 나서면 쓸모없게 여겨지는 스콜라주의에 찌든 교육 이상을 원한다(불변법칙 10-1). 스콜라주의는 학교 밖에서는 별 효력을 발휘하지 못하고 학교 안에서만 통용되는 일과 삶의 규칙을 말한다. 프레네는 아동에게 제공하는 일이 스콜라주의적인지 아닌지 여부를 다음의 질문으로부터 확인할 수 있다고 말한다. "내가 이 일을 하도록 책임을 맡는다면, 나는 기꺼이 그리고 효율적으로 그 일을 할까?", "내가 이 아동의 입장이라면, 나는 더 열정적이고 온 힘을 기울여 그 일을 할까?", "원하기만 하면 교실 문을 열고 나가도 되는 자유를 완전히 보장받는다면, 나는 내 일을 하면서 계속 남아 있을까 아니면 다른 일을 하러 달아날까?"

여섯째, 아동은 실패를 두려워하고 성공을 원한다. 이는 아동이 학교에서 실패를 자주 경험하면 아동의 생기와 열정이 억제되고 파괴된다는 불변법칙(10-2)에 잘 명시돼 있다. 전통 학교에서 사용하는 대다수 교육 방식이 성공의 기회보다 실패에 기초해 있다는 점을 프네네는 문제 삼았다.

일곱째, 아동은 놀이보다 일을 더 좋아한다. 프레네는 이를 "아동에게 자연스러운 건 놀이가 아니라 일이다"라는 불변법칙(10-3)으로 분명히 했다. 그는 아동의 자연스러운 일 욕구를 충족하는 일의 도구와 기술을 창조하고 실험하고 확산하는 데 몰두했다. 우리 교실을 전면적으로 변형하는 일의 도구와 기술을 창조했다는 사실에서 그는 독창성을 인정받았다.

여덟째, 아동은 왕처럼 군림하는 존재가 아니다. 왕처럼 군림하는 아동은 이론이나 사회적 측면 모두에서 그 실체가 없다. 프레네에게 아동은 언제나 학급 집단에 속하는 아동이며, 교실 문턱을 넘어 사회문화 공동체에 속하는 사회적 주체로서의 아동이다.Peyronie, 2000: 223

그는 아동중심교육이 간과할지 모를 사회적 요소를 중요하게 생각했다. 아동의 욕구는 사회의 욕구와 연결되어야 하고, 아동은 우리 교사의 도움으로 자신의 인격을 스스로 구축하는 존재여야 했다.Freinet, 1994b: 18 이는 인간 발달이 사회적 맥락에서만 발생한다고 확언하며 개인주의를 거부했던 듀이의 아동관에서도 발견된 사실이다. "우리는 다른 사람과 서로 관계를 맺고 상호작용한다는 측면에서 인간일 수 있다"Engel, 2000: 52라는 점을 프레네 아동관은 반영한다.

아동관과 관련해 "아이들이 선천적으로 게으르고 믿을 수 없는 존재"인지, 아니면 "건전함과 행복함에 자연적으로 끌리고 학습과 성취에 대한 욕구를 타고난 존재"인지Mercogliano, 2004: 73-74는 하나의 쟁점을 형성해 왔다. 전통 교육에서 교사는 지식을 소유하고 있는 사람이고, 아동은 대체로 무지하고 지식을 넘겨받아야 하는 생각 없는 존재로 여겨진다. 아동은 그 자신의 특성이 거의 없는 존재이다. 아동이 무엇으로 존재하는지보다 오히려 그가 무엇이 될 것인지가 강조된다. 아동이 학교에 반감을 갖고 배우려 하지 않는 것은 단지 그가 어리석기 때문이다.Lloyd, 1976: 91-92 반면 진보주의 교육이론은 "아동의 마음을 지식의 수용자나 원죄로 인해 타락한 무언가로 파악하는 견해"Lloyd, 1976: 92를 비판하며 아동의 본성을 매우 긍정적으로 파악한다. 아이들은 비록 전적으로 덕이 있는 존재가 아니라 해도, 악의가 적다는 것이다. 그리고 아이들은 자신의 주변 세계의 의미를 이해하고 싶은 어떤 본능적인 욕망이 있는 타고난 학습자로 인식된다. 더욱이 그들은 훌륭한 방식으로 발달하게 이미 프로그램되어 있다.Darling & Nordenbo, 2003: 302 정신생물학psychobiology의 연구 성과에 기초를 두고 지식과 배움의 욕구가 미리 배선되어 있다는hardwired 최근의 주장Mercogliano, 1998: 135, 224-228이 진보주의 교육이론의 긍정적 아동관과 그에 기초한 교육을 정당화하는 과학적 논증으로 사용되기도 한다.

프레네의 아동관은 아동이 타고난 호기심과 발견에 의해 학습할 수 있다는 진보주의 교육이론의 긍정적 아동관을 공유한다. 그러나 그가 아동을 일 욕구를 지닌 존재로 파악한 점, 아동 형성에서 사회적 측면과 교사 역할의 중요성을 강조한 점은 여타의 진보주의 교육가들과 구분되는 점이다. 그는 "신교육운동에서 종종 주장하듯 아동을 지식과 도덕의 유일한 원천으로 보지는 않고, 교사와 아동 간의 상호작용을 불가결한 일로 보았다" _{송순재, 2003}. 이는 "아동은 우리(교사들- 필자)의 도움으로 자신의 인격을 스스로 구축한다"^{Freinet, 1994b: 18}라는 그의 대표 명제로도 뒷받침할 수 있다. 또한 아동을 학급집단에 속하는 아동이자, 사회적으로나 문화적으로 공동체에 속하는 아동으로 파악하는 점은^{Peyronie, 2000: 223} 고립된 개인주의적 아동관이라는 긍정적 아동관에 종종 제기되는 비판에서 벗어날 수 있게 한다.

4. 지성 형성론

"꽃에서 꿀을 따 자신의 벌꿀을 만드는 꿀벌을 좋아한다."
"쇠를 버리는 것으로 대장장이가 된다."

지성 형성에 관한 프레네의 생각은 '지식을 내 것으로 재창조하는 능력'과 '삶을 통해 형성되는 지식'이라는 두 명제로 집약할 수 있다. 그는 또한 지성 형성이 언제나 계획된 프로그램에 따라 순차적으로 진행된다는 당시 주류 교육학의 입장과도 의견을 달리했다. 그가 『일을 통한 교육 』에서 상세히 밝힌 지성 형성에 대한 입장을 살펴보자.

1) 지식을 내 것으로 재창조하는 능력

우선 지성 형성을 축적의 문제로 환원하는 당시 풍토에 프레네는 이의를 제기했다. 그는 당시 전통주의자들이 우리가 어떤 일에 착수하기 전에 먼저 '가르쳐야 한다/배워야 한다'[22]는 강박에 사로잡혀 있었다고 지적한다. 당시 도덕가들도 "삶을 지배하기 위해 가르쳐라/배워라"라는 말을 자주 던졌다. 20세기 초 전통 학교 역시 '가르쳐야 한다/배워야 한다'는 걱정에 사로잡혀 있었다고 프레네는 진단했다.Freinet, 1994a: 234 그러나 단편 지식만을 무질서하게 축적하고 그것을 실제로 활용하지 못하는 것은 프레네가 말하는 참된 지성이 아니다. '교양culture'[23]이라는 단어는 내용이나 형식이 아니라 발달이자 형성을 뜻했고, '교양된'이라는 단어도 상태를 뜻했다. 교양은 (지식의)소유가 아닐뿐더러 교과 내용을 자본가처럼 축적하는 것은 진정한 교양인의 모습이 아니었다.Freinet, 1920: 89

다음으로 프레네는 전통주의자가 강조했던 (지식)축적이 방향성이나 목적 없이 맹목적으로 이뤄지는 행태를 문제 삼았다. 그는 잘못된 지식 축적 방식을 건축물을 부실하게 쌓아 올리는 과정에 비유했다. 그의 비유를 요약해 살펴보자. 당시 교사들은 교실에서 오직 지적이고 언어적인 원자재(교육 내용)만을 축적하게 했다. 그들은 원자재를 속성에 따라 범주로 묶어 구분하고 분명히 하는 데 전념했다. 원자재를 구성하고 설명하는 방법을 개선하는 데도 전념했다. 건축물이 균형을 이루기 위해서는 원자재가 확실하고 효능을 발휘해야 하기 때문에 원자재를 축적하는 것이 쓸모없고 수고스러운 일만은 아니다. 그러나 우리는 건설하고 있는 건축물과 관련해서만 그 원자재가 쓸모 있다는 사실을 기억할 필요가 있다. 건축물의 미와 조화를 고려하지 않으면서 원자재를 무질서하게 축적하고 배치하며 건성

---

22) 프랑스어 'apprendre'는 '배우다'와 '가르치다'의 의미 모두를 담고 있다. 여기서는 이중의 의미로 해석 가능하다는 판단하에 두 의미 모두를 표기했다.

23) 프레네가 독일어 'Bildung'을 'culture'로 번역해 사용했다는 점에서(Freinet, 1920: 89), 'culture'를 교양으로 번역했다.

으로 쌓아 올리는 것은 가능할 수 있다. 그러나 그것은 우리에게 그저 완성했다는 환상을 제공할 뿐이다. 부실공사로 생긴 결함 때문에 모든 단계에서 무질서와 불균형, 위험과 피로, 힘의 손실이 발생할 수 있다. 프레네는 유감스럽지만 아동의 지성을 형성시키는 우리 모습이 이러한 무너지기 쉬운 건축물의 형상을 닮았다고 비판했다. 이에 그는 원자재(교육 내용)가 무엇인지를 알고 건설현장에서 원자재를 덜 축적하는 게 중요하다고 주장했다.

프레네의 말처럼 우리가 최대한 많은 것을 축적하고 있는 것이 지성의 본질이 아닐 수 있다. 시간 손실과 쓸데없는 피곤 없이 우리가 필요할 때 수레든 자동차든 이동할 수 있는 수단을 취하는 능력이 더 중요할지 모른다. 또한 우리와 가장 가까운 저장소에 필수품을 끌어모으는 능력, 우리가 필요할 때 필요한 내용을 끌어올 수 있는 능력이 더 중요할 수 있다.Freinet, 1994a: 236-237 즉 "가득 채워진 가죽부대보다 차라리 바르게 잘 만들어진 머리와 능숙한 손"Freinet, 1994b: 19을 형성하는 게 프레네 지성 형성론의 핵심이다. 그것은 지식을 맹목적으로 축적하는 것이 아니라, 다음과 같이 필요한 지식을 끌어와 내 것으로 재창조하는 능력을 길러 주는 일이다.

꿀벌이 따 모은 꽃꿀은 본래 맛이 좋아요. 그렇지만 그것이 쉽게 썩고 쓸모없는 꽃꿀로 남아 있다면, 꿀벌에게 귀중한 건 뭘까요? 꿀벌이 꽃꿀을 자기 안에 간직하면서 그것을 자기 것으로 만든 다음 거기서 자기 존재의 속성을 갖는 분비물을 끌어낸다면, 그 순간 꽃꿀은 귀한 것이 되지요. 이제 그것은 더 이상 꽃꿀이 아니에요. 그것은 바로 벌꿀이에요!Freinet, 1994a: 235

이 대목은 몽테뉴의 다음과 같은 구절을 차용한 것으로 보인다. 프레네는 라블레, 루소와 함께 몽테뉴를 자기 사상의 원류로 자주 언급했다.

> 꿀벌들은 여기저기 꽃에서 꿀을 가져옵니다마는, 다음에는 그것을 자기들 것인 꿀로 만듭니다. 그것은 사향초 꿀도 박하 꿀도 아닙니다. 이렇게 다른 데서 따온 것으로 그는 배운 것들을 변형시켜서 자기 것인 작품을, 바로 자기의 판단을 만들 일입니다. 그의 교육, 노력과 공부의 목표는 이렇게 자기 것으로 만드는 데 있습니다.^{Montaigne, 1583:} ²⁰⁷

우리 본성에는 우리를 둘러싼 세계를 알고 싶은 욕구가 있고, 꿀벌이 꽃에서 꿀을 따 모아 자신의 벌꿀로 만드는 방식처럼 지식을 탐구하게 해야 한다는 것이 프레네의 생각이었다. 우리가 과거로부터 지식을 습득하고 경험을 전수 받아 그것을 소유하고 있을 순 있겠지만 그것을 내 것으로 구성하고 내 본능의 속성으로 만들지 못하면 그 지식과 경험은 단지 내 안에 잠복해 있는 하나의 자산에 불과하다고 프레네는 말한다.^{Freinet, 1994a: 235} 이에 따 모은 재료를 내적으로 (재)구성해 벌꿀로 변형하는 작업이 반드시 필요하다. 꿀벌이 꽃꿀을 자신의 벌꿀로 재창조하는 것처럼 우리가 따 모은 지식을 내 것으로 만들 수 있을 때 비로소 그것은 우리가 확실히 학습했다는 사실을 말해 준다는 것이다.

그러면 우리는 어떤 과정을 거쳐 습득한 지식을 내 것으로 만들 수 있을까. 프레네는 지식을 삶의 역동적 순환으로 끌어들이는 과정을 통해, 즉 삶의 경험을 통해 행하는 일 속에서 그것이 가능하다고 말한다. 프레네의 표현을 빌리면 꽃에서 따 모은 재료들은 노화와 쇠퇴 그리고 죽음 같은 정지상태에서 쉽게 정착되지 않는다. 프레네는 안마당에 벽돌 더미를 무질서하게 쌓는 방식처럼 우리가 더 이상 재료를 쌓아서는 안 된다고 말한다. 대신 우리는 그 재료들을 개인과 사회적 삶의 역동적인 순환 속으로 바로 끌고 들어와야 한다.Freinet, 1994a: 237 삶의 경험을 통해 일(학습활동)하면서 지식을 내 것으로 만드는 능력을 기르는 가운데 참된 지성이 형성될 수 있다는 말이다.Freinet, 1994a: 236 지성은 축적한 자산이 아니다. 프레네에게 지성은 행동의 잠재능력virtualité d'action, 삶의 강렬도intensité de vie, 우리의 인간적인 개념 어느 것으로도 측정할 수 없는 어떤 반응하는 힘(반응력) une puissance de réaction이다. 너무 무감각하고 폐쇄적인 단어는 그것을 포함할 수 없다. 지성은 "우리 오성entendement 속에서 체로 거르는 과정"으로 형성되지 않는다. 그것은 "모든 것을 삶의 경험에 통과하게 만드는 것"으로 형성된다. 또한 삶의 경험은 단어를 통해서가 아니라 오직 "행하기를 통해서만" 추구되어야 했다. 우리 존재의 본질이자 우리 운명의 동기인 이 행하기를 프레네는 '일'이라고 불렀다.Freinet, 1994a: 236

일, 그것은 여전히 지식의 혼탁한 꽃꿀에 머물러 있는 것을 벌꿀로 만들려는 시도예요. 일이 갖는 신체적, 도덕적, 사회적, 지적인 모든 복합성 속에서 일은 생명 과정에 경험을 동화시키려는 노력이에요. … 그것은 건설을 정교하게 마무리하는 것과 같아요.Freinet, 1994a: 236

이러한 관점에서 프레네는 학교교육의 전체 방향을 일을 통해 이뤄지는 교육으로 변형하고자 했다. 그는 학생들이 일할 수 있는 환경을 창조하고, 그들이 쉽게 접근하고, 생산적이며, 형성적인 일을 할 수 있게 하는 풍부한 교육 기술과 도구를 마련했다. 이에 그의 학교에서 학생들은 원자재와 지식이 필요할 때 그것을 탐구할 수 있는 질서정연한 창고를 마음껏 이용할 수 있었다.Freinet, 1994a: 238 프레네가 자주 인용했던 "쇠를 벼리는 것으로 대장장이가 된다"Freinet, 1994b: 173는 격언처럼 우리는 삶을 통해 일하고 자주 단련하면서 지성을 형성할 수 있다.

2) 삶을 통해 형성되는 지식

프레네는 깔때기에 들이붓는 것처럼 지식을 받아들이게 하는 당시 관행을 문제 삼았다.[24] 그것은 참된 지성을 형성하는 방법이 아니었다. 우리는 암기가 앎의 본질 수단이고, 좋은 기억을 유지하기 위해선 끊임없이 암기력을 훈련해야 한다고 결론 내릴 수 있다. 스콜라주의에 근거한 믿음과 달리 프레네는 기억이 암기 훈련으로 연마될 수 있는 게 아니란 점을 분명히 했다. 몽테뉴의 말처럼 그에게 "암기된 지식은 지식이 아니었다". 기계적으로 자꾸 기억해 내게 하는 것이 오히려 기억을 혹사하고 고갈하게 만들 수 있다는 이유에서였다.Freinet, 1994b: 400 프레네는 우리가 추억할 수 있는 건 환경과 느낌, 감정을 통해서이지 기억력 때문이 아니라고 말한다. 자신의 기억에 정확성을 부여하고 양피지에 쓴 글씨처럼 지울 수 없게 만드는 것이 바로 삶이라는 것이다.Freinet, 1994a: 155 때문에 우리는 삶 속으로 깊이 파고들고, 교육을 삶과 연결하고, 단어에 삶에서 나오는 광채를 입히고, 지식을 일의 즐거움과 관심과 통합하는 과정이 필요하다.Freinet, 1994a: 158 결단코 "지성은 개인 생명의 여러 요소와 상관없이 외부와 차단되어 작용하는 특별한 능력인 스콜라주의 같은 것이 아니었다"Freinet, 1994b: 400.

프레네가 말하는 참된 기억력은 "우리에게 필요한 지식을 우리가 필요한 순간에 바로 포착할 수 있는 능력"을 뜻했다.Freinet, 1994a: 238 그는 기억이 암기로 지속될 수 없고, 오직 일의 맥락 안에서 지속할 수 있다고 결론내렸다. 일은 정확한 기억을 끄집어내고 일정 범위의 내용을 기억하게 만드는 중요한 수단이었다. 생명활동인 일을 하면서 우리가 추억을 가장 잘 보존할 수 있다는 것이다.Freinet, 1994a: 238 프레네는 이를 입증하기 위한 근거로 자신의 경험을 끌어들였다. 그는 우리가 추억하는 것이 무엇인지를 진심으로 검토해 보자고 제안했다. 그러면 우리를 열광하게 만들었던 지배적

---

24) 이는 몽테뉴가 한 다음의 표현을 차용한 것이다. "우리 선생님들은 마치 깔때기에 물을 부어 넣듯 줄곧 우리 귀에 대고 소리칩니다"(Montaigne, 1583: 205).

인 추억이 결국 '일-놀이'나 '놀이-일'과 연결돼 있다는 점을 우리가 확인할 수 있다는 것이다. 일하면서 몸에 새겨진 기억이 오래도록 기억될 수 있다는 점을 그는 말하고 있다. 단순한 경험적 주장이지만 그는 이를 자신 주장의 근거로 삼았다. "습득과 관련해 학교에서 많이 강조하는 암기력은 실험적인 모색에 통합되고, 진정으로 삶에 기여할 때만 효력이 있고 의미가 있다(불변법칙 12)."

이에 올바른 지성 형성을 위해 우리는 아동을 '가득 채워야 하는 포대자루'나 '말 많은 수다쟁이'가 아니라 '헤집고 찾아다니는 일하는 아동'으로 대해야 한다.Freinet, 1994b: 159 그것은 자신의 일을 넘나들고, 자신의 일을 하면서 그 안에서 성찰하고 판단하고 느끼고 사랑할 수 있는 기회를 아이들에게 제공하는 것이다.

3) 비약으로 형성되는 지성

드크롤리, 몬테소리, 도트랭Robert Dottrens, 이타르J-M. Itard, 세캥P. Seguin은 학습 지체 아동을 위한 특수교육을 실시하고 특수교육을 위한 교구를 고안했다. 프레네는 그들의 특수교육과 교구에서 기능적인 흥미의 필요성과 각 아동이 자신의 걸음으로 더 잘 걸을 수 있게 하는 개별화 교육의 가치를 배웠다. 그렇지만 프레네는 자신과 그들 사이에 중요한 차이가 있다고 밝혔다. 이는 그가 그들 주장의 근저에 놓인 다음과 같은 세 가지 위험성을 지적한 데서 드러난다.Freinet, 1994b: 159-160

1. 특수교육은 이해와 습득, 행동의 길에서 우리가 신중하게 한 걸음씩 올라가라고 가르쳐요. 그것은 계단을 네 칸씩 올라가려는 개인이 있다는 사실을 망각해요. 마찬가지로 도약 한 번으로 정상에 도달하려는 개인이 있다는 사실을 망각해요. 그것은 개인을 제자리걸음하게 해 아주 무기력하게 만드는 것이자 개인을 쇠약하게 만들어요.

2. 특수교육은 구체적인 교육과 실험뿐 아니라 프로그램 속에 계획된 자료와 놀이를 활용해요. 향상시킨다는 명목으로 우리는 비약과 대담한 시도를 제약해 버려요. 그것은 어떤 진정한 퇴행일 수 있어요.
3. 드크롤리 박사는 하나하나씩 조금씩 이뤄지는 정확한 관찰의 필요성을 활용해요. … 그러나 그것은 어떤 불가사의한 의미와 가능성에 따라 때로는 … 그와 다른 방식으로 관찰하는 여타의 관찰들을 무시해요. 즉 섬광처럼 이뤄지는 관찰, 많은 시간 지도를 받아 가며 관찰해야 발견할 수 있는 것을 눈 깜짝할 사이에 발견하는 관찰을 완전히 무시해요.Freinet, 1994b: 160

이는 단계적 교육 절차를 따르고 처방된 실험 자료와 놀이를 활용한 결과만이 언제나 지성을 말하는 건 아니라는 점을 말한다. 우리가 비약적 지성 형성의 가능성에도 주목할 필요가 있음을 프레네는 말하고 있다. 진정한 개별화 교육과 아동 이해를 위해서라도 비약과 대담함, 섬광 같은 관찰이나 사고의 가능성을 우리가 고려할 필요가 있다는 것이다. 다음과 같은 토마스의 사례는 이를 고려하는 것이 왜 필요한지를 말해 준다.

토마스는 초등학교졸업자격시험을 치렀어요. 자신의 학교와 집, 그리고 들판에서, 토마스는 계산의 명수였어요. 교사가 문제를 적는 동안 토마스는 어째서 그런지 우리가 알 새도 없이 즉각 해답을 찾아요.
시험을 치르는 어느 날 토마스는 자신에게 주어진 문제를 이렇게 섬광이 지나가듯 풀었어요. 그런데 시험 감독관인 세심한 교사는 토마스의 답안지에 관심이 생겼어요. 교사는 논증의 중간 단계가 생략되고 시작점과 도착점만 있다는 것을 발견했어요. 결론에 이르는 과정을 분명하고 상세히 설명하지 않고 이렇게 영감에 의해 문제를 풀 수 있다는 점을 그 교사는 생각조차 할 수 없었어요.

관대한 감독관은 토마스가 자신의 계산을 다시 살펴보도록 그에게 언질을 주었어요. 토마스는 단계마다 멈추려고 애쓰면서 다시 시작했어요. … 그는 혼동되었어요. … 그는 초등학교졸업자격시험에서 낭패를 봤어요.Freinet, 1994b: 160-161

이와 유사한 사례로 프레네는 또한 다음과 같은 예를 소개했다.Freinet, 1994b: 161-162

단어와 구절을 구성하는 요소를 결코 공부하지 않고도 우리는 읽기를 배울 수 있다. 복잡하게 뒤얽힌 어떤 문제가 단계적으로 인도하는 교과서와 다른 방식으로 해결될 수 있다. 예술을 준비하는 관례적 경로를 뒤따르지 않고도 아동은 감동스러운 그림을 그릴 수 있다. 문법과 철자, 단일한 운율 규칙을 알기 전에 우리는 아동의 시적 감각에 놀랄 수 있다. 우리가 이것이 사실이라는 점을 입증할 수 있다면 프레네는 지성과 교양 형성을 위한 다른 경로가 실재한다는 점을 증명하는 것이라고 말했다. 그것은 분명 기존 학교가 가르치고 뒤따라야 한다고 강요해 왔던 경로와 구별된다. 요컨대 프레네는 아동이 자기 자신의 고유한 문화에 매혹되고, 자신이 창조하고 배우고 풍성해지고자 원할 때 비논리적인 우연적이고 비약적인 지성 형성이 가능할 수 있음을 우리에게 말한다. 이는 잘 짜인 프로그램과 처방된 방식에 의존하지 않더라도 개인에 따라 비논리적이거나 우연적인 경로의 지성 형성이 가능할 수 있다는 사실을 우리가 이해할 필요가 있음을 말해 준다.

최근 신경의학이 가져온 성과는 일하는 가운데 지성이 형성된다는 프레네의 지성 형성론을 뒷받침하는 근거로 활용될 수 있다. 신경과학자들은 인간의 정신 능력 또는 인식 능력은 단순히 신경, 반사, 뇌의 스위치회로, 뇌 용량과 뇌의 시냅스 같은 것보다 훨씬 더 폭넓은 신체적 바탕 위에서 길러지며, 손이 일종의 '인지 발달의 초점'과 같다는 연구 결과를 제시하고 있다. 이러한 주장은 학교교육과정에 손으로 하는 운동적, 신체적 활동이 다시 포함되어야 함을 우리에게 말해 준다.Rittelmeyer, 2006: 195 또한 생생하고, 가치를 평가하고 판단이 따르는 지각을 할 수 있게 만드는 것도 신체 전체의 반향과 관련된다. 따라서 감각 형성은 판단력 형성의 전제인 동시에 그 기관을 형성하게 된다. 이는 운동 기술과 아동 연극과 수공활동, 예술 행위 등을 통해 몸통과 팔다리를 활성화하는 것이 판단 구성과 인지 능력에서 꼭 필요한 전제가 된다는 것을 다시 한 번 일러 준다.Ibid., 198 이에 수공활동들은 이러한 신체(몸)와 '손'의 중요성을 일깨워 주고, 아이들의 정신 발달을 돕는다는 점에서 중요한 의미를 가질 수 있다. 이에 지성 형성과 관련해 우리는 '손과 머리가 통일되어 있다'는, 즉 '손과 머리를 하나로 보는 시각'의 측면에서 몸의 일부인 손이 갖는 중요성에 주목할 수 있겠다.Sennett, 2008: 287

5. 학습론

1) 실험적인 모색

프레네는 모색을 인간이 지닌 가장 중요한 특성 중 하나로 보았다. 이에 모색은 프레네 학교의 학습원리를 구성하는 첫 번째 원리였다. 프레네 당시 전통 학교는 실험적인 모색의 방법을 사용하지 않았다. 대신 교사의 설명을 통해서 습득이 이뤄지는 방식을 택했다. 아동의 경험은 설명한 내용을 예증할 때만 필요한 일종의 보완책이었다. 그러나 예증을 통해 뒷받침되는 설명이 피상과 형식에 기댄 학습만을 가져올 뿐이라고 프레네는 평가했다. 그것은 개인 삶이나 자신이 속한 환경에 깊게 뿌리내릴 수 없는 방식이었다. 삶과 환경에 뿌리내리지 못하는 학습은 단지 안다라는 순간적인 착각만을 가져다준다고 프레네는 생각했다.Freinet, 1994b 이에 프레네는 실험적인 모색을 학습의 첫 번째 원리로 삼았다. 그것은 피상적 낱말 습득에서 벗어나 아동을 지적이고 유능한 탐구자로 기르기 위해서였다. 그가 열한 번째 불변법칙에서 밝힌 바처럼, "습득의 통상적인 방식은 (기존)학교에서 행하는 근본 과정인 관찰과 설명, 예증이 아니라, 자연적이고 보편적인 방식인 실험적인 모색"이었다.Freinet, 1994b: 399

실험적인 모색으로 이뤄지는 학습은 교과서 지침에 따라 교사가 진행하는 수업이 아니더라도 가능할 수 있다. 우리는 아동이 스스로 행하고, 실험하고, 조사하고, 읽고, 참고자료를 선택하고 분류하면서 시작하도록 일을 조직할 수 있다. 그러면 아이들에게 호기심이 생기고, 그들이 우리를 난처하게 만드는 질문을 던진다고 프레네는 말한다. 프레네는 이를 "경험에 기초한(또는 귀납적 방식의) 수업"이라고 불렀다.Freinet, 1994b 이에 아동이 스스로 행동하고 실험하기에 앞서 규칙과 법칙을 공부하는 것은 그에게 앞뒤가 뒤바뀐 꼴이었다. "습득은 사람들이 믿는 바처럼 규칙과 법칙을 공부하는 것으로 형성되지 않는다. 그것은 경험을 통해 형성된다. 국어, 예술, 수학, 과학 같은 과목에서 규칙과 법칙을 먼저 공부하는 것은 소 앞에 쟁기를 놓는 것과 같다(불변법칙 13)." 그는 규칙과 법칙을 우리 경험의 산물로 보았다. 이에 우리가 경험을 배제하고 끊임없이 설명하기만을 고집하는 것은 효력 없는 공식만을 전해 주는 일이었다. 이에 학습의 시초에 우리는 풍부하고 친절한 도움을 주는 환경에서 아동이 실험적인 모색을 하도록 도와야 한다. 프레네의 비유를 빌리면 이 환경 조성은 아동이 자신의 벌꿀을 만들도록 향기 나는 꽃들을 제공하는 일이다. 개인이 자신의 경험을 지워지지 않는 생명의 기술로 변형한 다음에야 규칙과 법칙 공부가 가능하다는 게 프레네의 생각이었다.Freinet, 1969b: 18-20 이는 "자연적인 발달과정을 올바르게 존중해 주는 교육은 반드시 행함으로써 학습하는 그러한 사례에서 출발"하고, "교육과정의 초기 단계는 몸과 손을 움직여서 실지로 일을 해 보는 것으로 구성되어야 한다"라는 듀이의 말에서도 발견된 사실이다.Dewey, 1916: 292-293 실험적인 모색은 최근 다음과 같은 경험의 절차에 따라 진행된다.Bizieau, 1996: 4

① 관찰한다. 매일 개인이나 그룹 안에서 발견되는 문제 상황을 점검한다.
② 어떤 과목에서든지 실험을 반복할 수 있는 상황을 만들어 준다. 그리고 실수를 받아들인다.
③ "방법"을 습득할 수 있는 상황을 만들어 준다. 가설을 세우고, 지속적인 모색을 통해 기준을 다양하게 변화시키면서 관찰과 비평을 반복하고, 결론을 끌어낸다.

특히 방법 습득을 가능하게 하는 구체적인 절차를 그림으로 나타내면 다음과 같다.Bizieau, 1996: 12

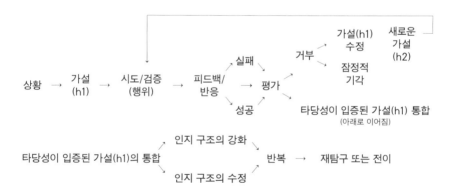

실험적인 모색으로 학습하는 것은 아동의 복합 지능을 기르는 중요한 원리이기도 했다. 프레네는 당시 전통 학교가 생생한 현실과 상관없이 암기된 낱말과 관념의 중개로 작동하는 추상 형태의 지능만을 연마시킨다고 지적했다(불변법칙 15). 이와 달리 우리가 실험적인 모색으로 다음과 같

은 복합 형태의 지능을 형성할 수 있다고 그는 주장했다. 그것은 우리가 환경을 변형하고 지배하기 위해 환경에 영향력을 가하는 손(신체) 지능, 예술 지능, 양식을 발달시키는 감성 지능, 과학 탐구자와 상업 및 산업 관련 거장의 천부적 소질을 형성시키는 사변 지능, 행동하는 인간과 대중 운동가를 형성하는 정치 사회적 지능을 말한다. 이처럼 지능은 복잡하게 뒤얽혀 있는 개인의 가장 탁월한 가능성이 발현되는 것으로 이해할 수 있다.

실험적인 모색에 기초한 학습원리는 프레네와 동시대 인물이었던 피아제와 클라파레드 이론과 관련이 있었다. 첫 번째는 피아제의 발생적 인식론과의 관련성이다. 피아제는 발생적 인식론의 과제가 지식이 성장하고 발달하는 기제와 저급 지식이 고급 지식으로 이행하는 경로를 밝히는 데 있다고 보았다. 그는 지식의 근원과 관련해 선천설이나 백지상태로 태어난다는 경험론 모두를 비판했다. 그는 지능이나 지식이 개인과 환경간의 상호작용에 의해 부단히 쇄신되고 제공된다고 보았다.장상호, 1999: 16, 18 이는 조성된 환경 속에서 부단히 모색하는 과정을 거치며 성장하게 한다는 프레네의 생각과 공유되는 대목이다. 피아제는 또한 능동적(활동적) 방법이 전통 방식을 대체해야 한다고 제안했다. 여기서 핵심은 학습자 자신의 활동과 거기서 비롯하는 그 나름의 창조, 즉 계속적이고 창조적인 활동이었다. 학습자가 습득해야 하는 지적 능력이나 지식은 궁극적으로 학습자 자신의 활동에 의해서만 학습될 수 있었다. 어느 누가 그것을 대행할 수 있는 게 아니었다.장상호, 1999: 56-57 이는 능동적인 실험적 모색을 학습의 출발점으로 삼았던 프레네 입장과 공유되는 대목이다.

두 번째로 페이로니Peyronie, 2000: 119는 실험적인 모색이 클라파레드의 기능 심리학의 영향을 받았다고 평가했다. 클라파레드는 의식의 기능을 강조하면서 그 기능을 환경에 적응하는 것으로 보았다. 클라파레드는 인간을 '제 기능을 다하는' 어떤 존재로 이해했다. 또한 교육이 인간이 제 기능을 다하도록 하는 방식에 걸맞아야 하고, 교육이 제 기능과 일치할 때 원활히 이뤄질 수 있다고 이해했다. 이는 우리가 어떤 쓰임새로 존재하는지를 묻는 것이자, 우리가 왜 존재하는지를 질문하는 것이었다. 기능 심리학은 교육에 관한 클라파레드 사상의 중심 실타래이자 그의 인간학을 이해하는 열쇠였다. 클라파레드는 아동을 포함한 모든 생명체에 그 자신의 고유한 추동력이 있다고 보았다. 교육은 이 추동력이 발현되는 아동의 성장 과정이자 점진적인 적응 과정으로 이해되었다. 따라서 학교는 강의실이 아니라 능동적(활동적) 실험실이 되어야 했다. 이는 제네바 루소연구소 동료였던 페리에르와 보베가 공식화한 '능동(활동) 학교'의 원리뿐 아니라 프레네가 말하는 일을 통한 학교를 떠올리게 한다고 평가된다.Hameline, 1994b: 165-166 또한 클라파레드는 모든 적응이 모색과 성공적인 조정adjustmentes에 의해 처리된다고 가정하면서 시행착오라 불리는 교육을 제안했다. 이러한 모색의 강조는 프레네 생각과 일정 부분 겹치는 부분이다. 그렇지만 그가 활동의 중심에 놀이를 배치했던 것은 일을 더 근본으로 생각했던 프레네와 구분되는 지점이었다.

2) 자연스러운 방법

페이로니Peyronie, 2000: 220는 자연스러운 방법을 실험적인 모색을 보충하는 개념으로 이해했다. 자연스러운 방법에서 용어 '자연스러운naturelle'은 교과서에 기초한 관례적 방법에 전적으로 의존하는 교수 방법과 정반대라는 의미로 쓰인다.Bruliard & Schlemminger, 2000: 130 자연스러운 방법에 따르면 아동은 기계적이고 통제된 방식이 아니라 자연스러운 (발달)흐름에 따라 학습한다. 프레네는 딸 발루에트Baloulette가 전통 학교에서 사용하는 방법에 의지하지 않고 따라야 한다는 압력 없이도, 자신이 자연스러운 방법으로 부르는 방법에 따라 학습한 과정을 기록했다. 그는 발루에트가 읽기와 쓰기 능력을 습득했던 성장 과정과 학습 과정을 관찰 기록으로 남겼다.[25]

예컨대 유년기에 발루에트는 연필과 크레용을 가지고 놀면서, 선과 형상을 자유롭게 그리는 것에서 상을 그려내는 그림으로 점차 발전하는 모습을 보여 줬다. 이후 어떤 사실을 접한 뒤 발루에트는 그에 관한 자세한 이야기나 설명을 구성하는 줄거리가 있는 그림을 그리는 것으로 점차 자연스럽게 발전하는 모습을 보여 줬다. 이 같은 단계가 성공적으로 이뤄질 때 프레네는 그리기 과정에서 글쓰기 동작이 자연스럽게 나오고, 자율적인 그리기와 글쓰기의 발달이 차례로 이어진다고 보았다.Freinet, 1990b: 55 프레네의 이러한 설명은 페스탈로치의 자연스러운 방법에 비견할 만하다. 페스탈로치는 기계적인 형식 대신 "교육 원칙을 자연의 진행과정과 일치시키는 일이 절실히 요구된다는 점을 통찰"해야 한다고 하면서, 읽기는 말하기에 종속되어, 소리에서 단어, 단어에서 언어로 진행되어야 하고, 쓰기는 그리기에 종속되고 그리기는 측정에 종속되어, 측정에서 그리기, 그리기에서 쓰기로 나아가야 한다고 말한 바 있다.Pestalozzi, 김정환·이재준 옮김, 1991

  자연스러운 방법은 탐구기반학습으로 이해되기도 한다. 시벨Sivell, 2000: 44은 자연스러운 방법의 핵심이 독립적이면서 개별화된 탐구기반학습에 있다고 평가했다. 그는 학습이 '근접발달영역' 안에서 효과적으로 이뤄진다는 비고츠키의 독창적인 생각과 프레네의 탐구기반학습이 매우 유사하다고 결론 내렸다. 탐구기반학습이라는 자연스러운 방법의 핵심은 그 방법이 특정 교과에 국한되지 않게 했다. 그것은 과학적인 탐구와 관찰, 실험 영역에서도 실시되었다. 탐구기반학습이라는 용어가 말해 주듯 자연스러운 방법은 교사의 지시로 이뤄지는 학습 방법이 아니다. 그것은 일종의 비지시적인 학습 방법이다. 그것은 아동이 실수하는 것을 용인하고 실수를 통해 배우는 것을 중시한다. 그러나 자연스러운 방법은 협동학습에서 교사의 적절한 역할을 필요로 했다. 그는 분명한 목적이나 목표가 없는 학습의 옹호

---

25) 이 기록은 Delachaux et Niestlé에서 펴낸 『자연스러운 방법 1권: 언어학습』(*Méthode Naturelle vol. 1: L'Apprntissage de la langue*, 1968), 『자연스러운 방법 2권: 그리기학습』(*Méthode Naturelle vol. 2: L'Apprntissage du dessin*, 1969), 그것을 재수록한 Freinet(1994b)에서 살펴볼 수 있다.

자가 아니었다.Freinet, 1990b: 77-78 교사나 또래와의 상호작용이(또는 그들의 매개가) 발달의 결정적인 요인이라는 비고츠키 생각과 유사한 대목이라 하겠다.

드크롤리의 전체적 조망globalisme 방법도 자연스러운 방법의 한 측면으로 이해된다. 드크롤리에 따르면 아동은 분석에 종속되지 않고 전체적으로 조망하려고 한다.Dubreucq, 1994: 254 아동 사고 속에 내재된 전체적 조망은 모든 측면의 주제와 자연스럽게 상호작용하면서 교육 영역으로 옮겨진다. 드크롤리처럼 프레네는 아동이 전체에서 부분으로 진행할 때 가장 자연스럽게 배운다고 생각했다. 예컨대 쓰기와 인쇄출판작업에서 아동은 전체적인 생각으로 시작한다. 그러면서 점차 구체성을 띠게 '이야기, 문장, 단어, 낱소리글자' 순으로 나아간다. 프레네는 전체적 조망 방법론을 교실에서 실천했다.Temple et al., 1994: 87 전체적 조망 원리를 내세웠지만 프레네는 모든 '분석'과 '전체 구성 요소'를 배제하지 않았다. 분석이 전체적 조망 없이 충족할 수 없는 것과 마찬가지로 전체적 조망도 분석 없이 충족할 수 없기 때문이다. 프레네는 전체와 분석이라는 두 과정에 지속적인 관심을 두었다.Freinet, 1994b: 334

3) 자유표현

실험적인 모색 원리와 마찬가지로 자유표현 원리는 인간 심리의 행동 원리이자 생명의 표출 같은 종의 진화 원리, 그리고 교육과 학습의 원리였다.Peyronie, 2000: 220 자유표현, 특히 예술 표현의 충동은 새의 지저귐이나 곤충 날개의 윙윙거리는 소리처럼 어떤 미묘한 본능 충동으로 설명된다.Freinet, 1994a: 302 프레네 부인 엘리즈Élise Freinet의 말을 빌리면 "아동이야말로 일관성 있고, 강력한 리얼리즘 예술가이다. 주관과 객관의 피안에 있고 … 자기 드라마의 주인공이 될 만큼 풍부한 내면을 가지고 있다. 알기 쉽게 드라마를 표현할 능력도 역시 갖추고 있다"Baillet, 1995: 106 재인용. 이에

'자유표현' 원리는 아동이 자신의 여러 일의 도구와 기술로 저마다 자유표현 욕구에 따라 자유롭게 일하는 것을 말한다.Freinet, 1935: 103 즉 그것은 각 개인이 자신의 느낌과 감정, 인상과 의심을 표현하게 하는 것이다.

프레네 학교에서 자유표현은 여러 형태로 실행되었다. 구두로 표현하고 싶은 욕구는 말하기로, 문자로 표현하고 싶은 욕구는 자유 글쓰기 같은 쓰기로 충족할 수 있게 했다. 이미지와 소리로 표현하고 싶은 욕구는 미술과 음악으로, 몸동작과 예술적으로 창조하고 싶은 욕구는 연극과 점토작업 같은 여러 수작업을 통해 충족할 수 있게 했다. 특히 말로 표현하기 어려운 것을 그래픽 같은 것으로 표현하도록 하는 기회를 제공하기도 했다. 그것은 아동에게 "시각적 즐거움, 작업하는 즐거움, 그리고 성취한 작업에 대한 인정에서 오는 즐거움"Baillet, 1995: 109을 가져다준다. 자유표현은 "어떤 경우에도 규칙이나 이론을 출발점으로 삼지 않았다. 그것이 필연적으로 아이들을 위축시키는 결과를 낳기 때문이다"Baillet, 1995: 116 재인용. 아동의 욕구, 감정, 소원을 반영하는 자유표현은 또한 교과 내용을 아동의 흥미와 접목시켜 언어와 문장력을 발달시키고 과학적 태도, 역사의식, 도덕성을 길러준다.황성원, 2010 재인용 이처럼 자유표현은 아동의 동기 유발을 불러온다는 점에서 성공적인 학습의 중요한 원리였다. "자발적인 표현은 개성을 활짝 펼치게 해 주며 다양한 지식을 습득하는 기회를 확장한다."E. Freinet, 황성원 2010: 78 재인용 자유표현은 아동이 자신의 정체성을 발견하고 발달하게 하는 데 도움을 준다는 데도 의미가 있다.Lee & Sivell, 2000: 54 아동은 가능한 여러 가지 종류의 자유표현을 실행하면서 자신의 개인적인 표현 욕구에 가장 접근하는 것이 무엇인지를 발견할 수 있었다.Baillet, 1995: 191 요컨대 자유표현은 "생각을 창조하며, 자신을 발견하고 자신의 입장을 세우고 자신을 알고 자신을 해방시키며 자신을 창조하는 힘을 습득하게 하고, 소통을 통하여 또 다른 자기 자신을 향해 길을 열어 주며, 세상을 발견하고 지식을 건설할 수 있도록" 한다는 데 중요한 의미가 있다.서울특별시교육청, 2008: 69

자유표현에서도 교사의 역할은 중요하게 강조되었다. 아동의 표현 의지
는 때때로 쉽게 무너질 수 있기 때문이다. 이에 교사는 배려 있게 경청하
고 수용하는 노력이 필요하다. 교사는 아동의 정교한 표현이 이루어질 수
있게 격려하고, 학급과 가정, 주변 환경으로 한정되거나 확대된 소통의 조
건을 적절하게 정돈해 주어야 한다.Peyronie, 2000: 220-221 자유표현에서 교사
역할은 단지 아동의 관찰자에 머물거나 아동을 그냥 내버려 두는 데 있지
않다.

4) 협동[26]

실험적인 모색과 자연스러운 방법, 자유표현은 기본적으로 아동의 자발
적 행동에 기초해 있다. 이는 아동중심교육이 개인주의의 한계를 보여 왔
다는 기존 비판에서 프레네 역시 자유롭지 않을 거라는 생각을 불러올지
모른다. 그렇지만 프레네는 성공적인 학습을 위한 조건으로 개인의 자발성
못지않게 협동을 강조했다. 협동의 강조는 "아동은 개인을 순종하게 만드
는 양떼처럼 존재하는 일을 좋아하지 않는다. 아동은 협동적인 공동체 한
가운데서 하는 개별적인 일이나 조별로 하는 일을 좋아한다(불변법칙 21)"
는 아동 이해에 근거한다. 프레네는 개별적인 일을 강조하긴 했지만 협동

---

26) 'coopération/cooperation'의 번역어로, 이 단어는 프레네 실천교육학을 대표하는 하나의 핵
   심어이다. 콜린스 코빌드 어법사전(2004: 137-138)에 따르면 cooperate는 "사람들이 서로 돕
   다", "자신에게 도움을 청한 사람을 돕다"는 의미로 사용된다(예: 공동선을 위해 인간이 서로
   cooperate할 수 있다, 편집자들은 협조cooperate하기로 동의했다). 반면 프레네가 특히 성인과
   의 관계에서 종종 사용하는 단어인 collaboration/collaborate는 "사람들이 무언가를 만들기
   위해 함께 일하다"는 의미로 사용된다(예: 두 작가가 책을 저술하기 위해 collaborate할 수 있
   다). 코빌드 사전 한국어판은 전자를 '협동하다'로 후자를 '협력하다'로 옮겼다. 그러나 우리 표
   준국어대사전이 협동하다를 "서로 마음과 힘을 하나로 합한다"로, 협력하다를 "힘을 합하여 서
   로 돕는다"로 풀이해 놓고 있는 점을 고려하면, cooperation의 번역어는 협동보다는 협력이 더
   적합해 보인다. 그러나 보리국어사전(2018: 1485)이 협동을 "여럿이 힘을 합쳐 서로 돕는 것"으
   로도 풀이하고 있는 것처럼, 이 책에서는 보리국어사전의 풀이에 따라 cooperation을 협동으로
   collaboration을 협력으로 번역했다. 이어지는 장들의 내용에서 확인할 수 있겠지만 프레네에게
   cooperation은 예컨대 능력이 앞선 학생과 뒤처진 학생이 서로 도우며cooperate 학습한다는
   의미뿐 아니라 인쇄출판활동 같은 공동작업collaboration이나 교사와 학생, 교사와 학생과 지역
   사회 구성원들이 서로 도우며 함께 일한다collaborate는 의미 모두와 관련이 있다.

하며 일하는 것을 더 강조했다. 학급에서 이뤄지는 학습은 아동의 여러 활동을 조정하고 제기되는 문제를 논의하기 위해 각 조들이 정례적으로 모이는 것을 토대로 삼았다.Carnie, 2003: 104

협동은 '협동생활의 원리'와 '개별학습의 원리'로 나눠 볼 수 있다. 협동생활은 학급에서 하는 일(학습활동)을 조직하고 일을 수행하고 성취도를 평가하고 학급과 학교에서 공동생활을 조정하는 것과 관련 있다. 개별학습은 아동이 자신의 리듬에 따라 적절한 탐구활동을 조직하고 이끌 때 아동의 형성을 돕는 일이 가능하다는 점과 관련 있다. 프레네는 이 두 원리가 언제나 짝을 이루게 했다. 그가 개발했던 개별학습 기술과 도구는 협동생활의 원리에 따라 언제나 협동 집단에서 소통하고 교제하며 실천되도록 했다.Peyronie, 2000: 224 예컨대 학생 주도 학습은 동료와 협동하는 일을 통해 완성된다. 협동작업 안에서 모든 아동의 능력은 서로 보완된다. 어려움에 처한 아동은 자신이 그것을 할 수 없다는 의사를 표시하고, 교사의 도움 없이, 다른 학생에게 도움을 요청할 수 있다. 이렇게 서로 돕는 과정 모두가 학습에 포함된다.Francomme & Even & 성장학교 별 엮음, 2006: 103 학생들이 서로 도움을 주고받기 쉬운 조건을 마련하기 위해 오늘날 프레네 학교는 혼합연령mixed-age 학급을 선호하기도 한다.Ibid., 33 이는 자신의 책과 자신의 과제, 자신의 학습에 몰두하는 개별적인 일만을 강조했던 전통 방식과 분명 다른 접근이었다.Freinet, 1946 협동을 강조하면서 개인의 개별학습을 보장하고, 개별학습을 보장하면서 그것을 협동과 공동체의 틀 안에서 언제나 조망하게 했던 점은 프레네 교육실천의 중요한 특징이었다. 그것은 개인 가치와 공동체 가치를 동시에 존중하는 것이었다.

프레네 학교에서 일(학습활동)이 조 안에서나 협동그룹에서 실행되기는 하지만 구성원들이 언제나 동일한 일을 하는 건 아니다. 교사가 학생들을 아무리 집단이나 반班으로 분류한다 해도, 그들이 그 안에서 결코 동일한 욕구를 갖고 있지 않다고 프레네는 생각했다. 그는 학생들 모두를 동일한 발걸음으로 나아가게 해야 한다는 주장도 비합리적이라고 생각했다. 예컨대 더 빨리 가기를 원하고 실제로 그럴 수도 있지만 더 이상 앞으로 나아가지 못해 신경질 나는 학생들이 한편에 있을 수 있다. 또한 혼자 뒤따라가지 못해 낙담하는 학생들이 또 다른 한편에 있을 수 있다. 이에 살아 있는 공동체 한가운데서 학생들이 자신의 리듬에 따라 일하는 것을 가능하게 하는 가능성을 프레네는 탐구하고 찾아 나섰다. 개인은 공동체에 기여하는 일을 하면서도, 자신의 인격을 최대한으로 보존할 수 있어야 하기 때문이다. 이는 협동학습이나 공동체를 강조하는 학습이 '집단주의'나 '획일주의'로 변질될 위험성을 프레네가 분명히 인식하고 있었다는 사실을 말한다. 프레네는 교육적으로나 인간적으로 이러한 새로운 형태의 협동적인 일이 가장 중요하다고 평가했다.Freinet, 1994b: 406

서구 전통 교육은 경쟁 구조 없이는 아이들이 공부하지 않을 거라는 믿음 속에서 경쟁을 통한 교육의 질적 향상을 중시했다. 반면 진보주의 교육이론은 경쟁의 가치보다는 협동과 협력의 가치를 공통으로 중요하게 생각해 왔다. 후자의 입장은 학생들이 서로 협동하면 더욱 잘 배우게 된다는 것과 협동적인 교실에서 행하는 서로 간의 가르침이 경쟁적이거나 독자적인 학습 방식보다 돕는 사람과 도움을 받는 사람 양쪽 모두에게 실제로 더욱더 이익이 된다는 생각에 근거를 둔다. 『좋은 수업이란 무엇인가』의 저자 마이어Meyer, 2004: 127는 그 책에서 전통적이거나 경쟁 위주의 수업 방법들에 비해 "협동적인 학습 형태가 갖는 확고한 우월성"을 수많은 개별적 연구 결과들이 보여 준다고 밝히고 있다. 이에 진보주의 교육이론은 아이들이 서로 경쟁하게 하거나 따로따로 학습하게 하는 개별화된 학습의 대안으로 협동학습cooperative learning의 실천을 강조한다.Kohn, 1992 현 신자유주의 교육정책의 위세와 맞물려 "경쟁의 조건을 개인 발달을 이끄는 힘으로 보면서 경쟁에 기초를 둔 학습 환경을 조직할 것인지, 아니면 협력

collaboration의 조건을 개인 발달을 이끄는 힘으로 보면서 공동체와 동료애 그리고 평등에 기초를 둔 학습 환경을 조직할 것인지"Bridges & Jonathan, 2003: 134의 문제는 여전히 교육이론에서 중요한 하나의 쟁점을 형성한다.

이와 관련해 프레네는 "아동이 협동적인 공동체 한가운데서 이루어지는 개별적인 일이나 조별로 이뤄지는 일을 좋아한다"고 하면서 분명 그룹에서 하는 일하기와 협동적인 일에 우선권을 두었다. 그렇지만 그는 그룹 속에서 아이들이 자신의 리듬에 따라 일할 수 있고, 자신의 인격을 최대한 보존하게 함으로써 협동의 강조가 집단주의로 이어지는 오류에서 벗어날 수 있는 길을 열었다. 프레네 실천교육학이 경쟁 교육 대신 협동 교육에 여전히 가치를 두고 있다는 사실은 프레네 실천교육학을 실천하는 핀란드 스트룀베리 초등학교의 사례에서 분명히 드러난다. 이 학교에서는 경쟁하는 모습 대신 서로 가르치고 배우는 속에서 보다 충실한 지식을 만들어 가며, 학급이나 그룹으로 학습함으로써 이해력을 한층 더 높이고 지식을 완전히 자기 것으로 만들어 가고 있다.후쿠타 세이지, 2008: 127-128

경쟁 교육에 반대하며 제기된 대표적인 학습 방법으로는 위의 콘이 강조하는 협동학습뿐 아니라 협력학습collaborative learning이 있다. 협동학습의 많은 요소들이 협력적인collaborative 상황에서 사용될 수 있고Panitz, 1999: 10, 둘 모두 "교수자의 권위적 성격과 학습의 주입적 성격을 부정하고 생산적인 대화와 협력을 통해 교육의 새로운 모형을 만들었다는 점에서"정희모, 2006: 99 유사개념으로 사용되기도 한다. 그러나 국내 교육학 연구자들은 둘을 엄격히 구분하자면서 전자를 관례적으로 협동학습으로, 후자를 협력학습으로 번역해 왔다. 파니츠Panitz, 1999: 5에 따르면 협동학습은 "구체적인 목적을 성취하거나 최종 산출물을 개발하기 위해 사람들이 함께 상호작용(교제)하는 것을 돕는 일련의 과정"이다. 그는 또한 협동학습이 더 지시적directive이고, 교사 중심적이며, 주로 소집단에서 각 학생이 구체적 역할을 담당하게 구조화된 접근을 취하고, 사회 구성주의에 기초한 지식 대신 정전으로 여겨지는 전통 지식이나 기초 지식 숙달에 적합하고, 함께 일하는 과정보다 작업의 산출물을 강조한다는 점에서 협력학습과 구분된다고 말한다. 그러나 프레네의 협동학습은 오늘날 협력학습의 특징으로 거론되는 비지시적이고 학생 중심적이며 사회 구성주의에 기초한 지식의 요소들과 관련이 있다. 프레네 교실에서 학생들은 자유 글쓰기 한 것을 공동으로 다듬고 인쇄출판하는 과정에서 소그룹을 나뉘어 각자의 임무를 부여받는다. 그리고 그에 대한 책무를 다하며 공동의 최종 산출물을 얻기 위해 동료와 협동한다. 때로는 교사의 도움을 받아 가며 공동작업에 서로 협력하는collaborate 모습을 보인다. 이는 그의 협동학습을 협력학습의 틀 속에서도 바라보게 한다.

지성 형성과 관련해 지식의 형식에 입문하게 하는 것을 우선시해야 하는지 아니면 우선 경험하고 일하게 해야 하는지는 오랜 논쟁점이었다. 전통 교육가들은 다양한 지식의 형식을 발달시키는 것을 우리 문명의 중심 특징으로 본다. 이러한 다양한 이해의 방식은 우리가 세계의 의미를 이해하게 하는 도구로 작용한다. 그렇지만 학생은 스스로 사고하여 그러한 종류의 이해를 획득할 수 없기 때문에, 충실히 알려진 방식 속에서 사고하는 법을 배워야 한다. 학생은 교육과정을 이수하며 다양하고 충분한 지식의 형식에 익숙해야 하고, 교육과정에 이러한 깊이가 없으면 학생은 균형 있는 정신을 발달시킬 수 없다. 이런 이유에서 전통 교육가들은 지식의 형식에 입문하는 것을 선택적인 것으로 간주하지 않으며, 어느 누구도 교과에 대한 기본적인 이해를 습득하지 않고 학교를 떠나지 말아야 한다는 점을 중요하게 생각한다.Darling & Nordenbo, 2003: 299

그런데 전통 학교에서 이루어지는 지식교육은 학생들에게 어떤 영향력이나 지속성도 주지 못하고, 이해와도 연결하지 못하게 한다는 비판을 꾸준히 받아 왔다. 또한 오늘날 우리 교육의 폐해로 자주 지적하는 것처럼, 우리는 어떤 압력 속에서 시험을 통과할 목적으로 지식교육을 행해 온 측면이 있다. 이러한 형태로 이루어지는 지식교육은 학습자에게 아무런 인상도 주지 못하고, 어른의 입장에서 정의한 고정된 교과의 교육과정으로 인해 학생들이 만족스러운 학습을 할 수 없게 한 측면이 있다.Darling & Nordenbo, 2003: 299-300 또한 대체로 언어적이고 자신의 학습에서 신체적이고 활동적이지 않으며, 처벌을 중심에 둔 방법은 교육으로부터 아동을 소외시켜 왔다.Lloyd, 1976: 92 이러한 문제제기는 전통 학교의 지식교육을 아동의 욕구와 흥미를 고려한 자발적 행위 중심으로 대체해야 더욱 효과적인 학습을 증진시킬 수 있다는 주장을 꾸준히 불러왔다.

예컨대 콘Kohn, 1999; Hayes, 2007: 149-150 재인용 같은 오늘날의 진보주의 교육가들에게, "학습은 발견, 탐색 그리고 호기심이 풍부하게 발견되는 어떤 과정"으로 이해된다. 교사의 역할은 학생들을 학습에 관여하게 하고 그들이 '더욱 심도 깊은 이해'를 얻게 돕는 일이다. 콘은 실수가 학생들이 사고하는 법을 배우는 귀중한 실마리라고 말한다. 이에 더욱 성공적인 학습을 증진시키는 풍토를 조성하기 위해서는 학생들이 실수하는 것을 가능하게 해야 한다. 학생들이 '헛갈려 하고' 심지어 학습의 과정에서 실패를 맛보는 것은 콘에게 정당한 일이다. 콘이 생각하는 핵심은 "학생들이 지식으로 채워지는 그릇이나 주형을 할 수 있는 찰흙이 아니며, 그들이 우리 모두와 마찬가지로 능동적인 의미 구성자이다"라는 데 있다. 교육과정은 부분적으로 학생 흥미에 기초를 두고 형성되어야 하며 아이들은 "그들 자신의 질문에 대한 답"을 찾는 것이 가능해야 한다.Hayes, 2007: 149-150 이는 실험적 모색을 통해 프레네가 강조했던 사항이다.

학습을 위한 근거는 이처럼 "우리가 질문을 생산할 수 있고 우리의 외적인 삶이 요구하는 활동을 수행하도록" 하는 데 있다. 그렇게 하기 위해 학교는 학생들의 "내적 동기화"를 불러오고 학습에서의 즐거움을 창출하는 데 힘써야 한다. 학교의 역할은 학생들이 점차 그들 자신의 목적과 학습의 프레임을 짜는 책임감을 발전시킬 수 있게 돕고, 그들이 궁극적으로 자기 교육의 건축가가 되게 하는 것이다.Hayes, 2007: 150-151 요컨대 진보주의 교육 이론의 주요 관심은 아동 안에서 '자유로운' 혹은 자연스러운 학습을 촉진 하는 데 있다. 여기서 '자유로운' 학습은 가부장적 권위 없이 배우는 것을 의미한다.Oelkers, 1997: 718

삶과 행위(일)를 통한 지성 형성, 실험적인 모색, 자연스러운 방법, 자유 표현에 기초한 학습을 프레네가 강조한 것은 그가 전통 교육 방식과 달리 지성을 형성하고 학습에 대한 자발적 흥미를 불러일으키려 했던 것으로 이해할 수 있다. 이는 우리가 진보주의 교육이론의 맥락에서 그의 지성 형 성과 학습에 대한 생각을 이해할 필요가 있다는 점을 말한다.

6. 훈육론

> "합리적인 규율은 외부에서 부과되지 않는다. 그것은 잘 조직된 일
> 에서 나오는 내적 규율을 통해 형성된다."

아동이든 어른이든 자신의 존엄을 훼손한다고 생각하는 통제와 제재la sanction를 언제나 좋아하지 않는다고 프레네는 불변법칙에서 분명히 서술 했다.Freinet, 1994b: 403-404, 407-408 그는 그것이 특히 대중 앞에서 공개적으로 행사될 때 그렇다고 보았다. 우리는 통제와 처벌이 필요악이라면서 아동 이 통제의 대상일 수밖에 없다고 자주 말한다. 이러한 통념에 대해 프레네 는 "처벌punitions은 언제나 잘못을 가져올 수 있다. 그것은 모두에게 모욕 적이며, 어디서나 바람직한 목적에 결코 이르게 하지 못한다. 처벌은 기껏 해야 부득이한 수단에 불과하다(불변법칙 23)"라고 답했다. 그러나 당시 전 통 학교에서 아동은 원칙상 언제나 잘못을 저지르는 사람으로 취급받았다. 교사는 학생을 칭찬의 대상이기보다 처벌의 대상으로 더 많이 바라보았다.

프레네는 이러한 교사 모습을 언제나 비행을 저지르는 군인을 찾아다니는 헌병에 비유했다. 프레네는 통제와 제재, 처벌에 기초한 당시 학교 풍토가 품위를 떨어뜨리는 것이자 학교 실패의 주요 원인일 수 있다고 지적했다. 이에 프레네는 처벌에 기초한 전통 학교와 다른 방식으로 학급을 조화롭게 만들고, 제재를 쓸모없게 만드는 것을 주요 과제로 삼았다.

그렇다면 제재나 처벌에 기대지 않고도, 우리는 어떤 방식으로 교실 질서를 유지하고 질서 잡힌 아동을 형성할 수 있을까. 프레네는 그것을 '일하면서 싹트는 동료애'와 '협동적인 일을 통해 형성하는 규율'이라는 두 원리로 집약해 제시했다.

1) 일과 동료애

'일-놀이'는 개인의 본원적인 욕구를 정상적인 방식으로 충족하게 한다.Freinet, 1994a: 263 일은 사회 구성원 사이에서 효력을 발휘하는 연결고리이다. 일을 하면서 우리는 생각이나 감정을 함께 나누며 동일한 기능을 수행하고 동일한 의식을 행한다. 그러면서 우리는 동일한 정서와 기쁨을 함께 맛본다. 오래 사용한 기계 부품에 흔적이 남아 있는 것처럼, 진심을 다해 함께 일하면서 우리는 함께했던 활동의 흔적을 우리 잠재의식 속에 새겨 넣는다. 프레네는 그중 하나가 바로 서로를 연결하는 참된 동료애라고 보았다.

> 참된 동료애, 그것은 일하는 가운데 생기는 동료애예요. 가족, 집단, 마을이나 종족 구성원들 사이를 연결하는 가장 튼튼한 수단은 여전히 일이에요.Freinet, 1994a: 263

동료애는 일하는 사람들 모두를 결속하게 만든다. 사람들이 하는 일이 제 기능을 다하게 만드는 '일-놀이'의 특성을 더 많이 가질수록 그들을 더 결속하게 만들 것이라고 프레네는 말한다. 따라서 제 기능을 다하는 데 도움되는 '일-놀이'를 할 수 없는 경우 우리는 동료애 같은 감정에 도달하기 어려워진다. 프레네는 당시 교사들이 바로 이 점을 망각했다고 지적했다. 그로 인해 교사들이 나중에 더 이상 원기 왕성하지 않고 인격 표현도 못하는 학생들 모습에 놀랄지 모른다고 그는 말했다. 또한 그는 교사들이 어린 시절 학생들이 지닌 모든 잠재력을 고양하지 못할뿐더러, 일 공동체 안에서 학생들을 결속하게 만드는 자연스러운 감정도 갖게 하지 못할 것이라고 지적했다. 이러한 사실에 기초하면 외적인 강제수단을 사용해서만 우리가 교실 질서를 유지할 수 있는 것이 아니다. 우리는 제 기능을 다하게 하는 일에 학생들이 열중하고 서로 접촉하게 하면서 자연스럽게 교실 질서를 유지할 수 있다.Freinet, 1994a: 265-266 요컨대 일-놀이를 통해 우리는 진정으로 지적이고 이성적인 아동, 자비심과 동료애가 있고, 좋음과 공정함, 관대함을 갖춘 아동을 형성할 수 있다.Freinet, 1994a: 263-264

최근 세넷Sennett, 2012은 "체화된 사회적 지식"이라는 사회학적 용어를 소개했다. 그는 악기 공방 안에서 이뤄지는 격식 없는 동작이 사람들을 감정적으로 연결하고 묶어 주고, 작업장 자체를 대화적 소통과 비공식적 연합의 장소로 만든다고 밝혔다. 또한 그는 우리가 목표를 공유하고 힘든 일을 함께해 나가는 가운데 여러 가지 차이가 해소되는 모습을 볼 수 있다는 사실을 찾아냈다. 이는 일하는 가운데 동료애 같은 감정이 싹트고 서로를 결속시킨다는 프레네의 생각을 여전히 뒷받침한다.

2) 협동적인 일과 규율 형성

프레네 당시 교사들은 무력감과 침묵 같은 정적인 질서에 익숙해 있었다. 그들은 행동하고 움직이는 가운데 형성되는 조화나 일하면서 체험하는 일체감 같은 역동적인 규율 덕목을 제대로 이해하지 못했다.Freinet, 1994a: 314 이에 학생들은 자신 외부에서 형성되는 규칙에 순종하고 자신의 성향을 억제할 수밖에 없었다. 그들은 공통으로 적용되는 엄격한 법칙을 따라야만 했다. 그들은 일이 주는 즐거움 대신 보상 차원에서 제공되는 놀이에 더 익숙했다.

자신의 성향을 억제하면서 외부 규칙에 순종하게 만드는 경향에 프레네는 반대했다. 그러나 그것이 교실을 무질서하게 내버려 둔다는 것을 의미하는 건 아니다. 그는 "질서와 규율이 교실에 필요하다"는 사실을 분명히 했다.

사람들은 프레네 기술이 무질서한 조직에서 나타나는 결함에 대체로 만족한다고 생각해요. 방종이나 무작정 하는 행동이 자유표현의 동의어라고도 자주 생각해요.

현실은 정반대예요.: 복잡한 교실에선 동시에 여러 기술이 실천돼야 해요. 거기서 교사는 권위를 난폭하게 사용하는 것을 피하려고 노력해요. 교과서와 강의가 본질 수단인 전통 교실에서보다 질서와 규율이 훨씬 더 필요해요.

그러나 복잡한 교실에선 교사들이 침묵과 힘을 번갈아 사용하며 학생들을 감시하는 방식 같은 형식적인 질서가 끼워들 틈이 없어요. 우리는 학생들이 행동하고 일하는 데서 생기는 심오한 질서를 요구해요….

말이 아니라 새로운 일로 향하는 것이 있을 수 있어요. 그건 모든 학급에서 가능해요. 현대 학교의 질서와 규율, 그것은 일을 조직하는 거예요.

생생한 일을 하도록 하는 현대적인 기술을 실천해요. 아이들은 자신에게 적합한 규칙에 따라 일하고 진보하기를 원하기 때문에 스스로 규율을 형성해요. 그때 당신의 교실에 참된 질서가 자리 잡을 수 있어요. Freinet, 1994b: 407

교사의 사랑과 친절에 의존하는 사랑 교육만으로 교실 질서를 유지하고 규율을 형성할 수는 없다. 프레네는 "최고의 미덕인 일을 통해 개인과 사회적인 측면이 서로 조화를 이루게 하는 교육이 필요하다"라는 점을 분명히 했다. 프레네는 일을 통해 다시 살아나는 환경 속에서 우리가 공유하는 삶을 인간적으로 만들기를 권했다. 그것을 통해 그는 각 개인의 나쁜 성향을 억누르고 가장 좋은 성향을 고양하는 조화와 균형에 우리가 그나마 도달할 수 있다고 말했다.Freinet, 1994a: 320 일 편성의 완벽함, 역동적이고 능동적인 학생들의 관심 정도에 따라 우리는 규율 형성을 덜 걱정하게 된다. 학생들이 교실에서 하는 일에 관심 갖게 하는 것으로, 프레네는 교실에서의 창조와 소질 개발이 가능하다고 보았다. 그것은 또한 학생들의 생명 욕구를 충족하고, 교실에서의 조화를 끌어내고 제제를 쓸모없게 만든다.Freinet, 1994b: 408 요컨대 우리가 교실에서 '일'을 제대로 편성하지 않거나 학생들이 열정을 다해 일할 수 있는 어떤 활동을 마련하지 않는다면 무질서와 속임수, 시기와 싸움이 교실에 싹틀 수 있다. 이것이 프레네 훈육론의 핵심이다. 규율 형성은 학생들이 열중할 수 있는 일을 편성하는 것으로 충분했다.

학생들이 매일 자신의 글쓰기 작품을 쓰고 인쇄출판하는 모습을 지켜보세요. 그들이 자신의 교실을 꾸미고, 도자기를 만들고, 자신의 일(학습활동) 계획을 끝마치고, 천을 재단하거나 전기 조립하는 모습을 지켜보세요. 바로 그때, 당신은 규율 개념이 어떻게 그리고 얼마나 그 의미를 변경하는지를 알 수 있을 거예요.Freinet, 1994b: 192

우리는 교사가 어떤 힘을 행사하지 않으면 교실이 무질서할 것이라고 생각할 수 있다. 그러나 살펴본 바처럼 프레네는 교실에서의 활동과 생활을 기능적으로 조직하고, 협동적인 일을 가능하게 하는 것으로 교실 질서를 형성할 수 있다는 점을 제시했다. 요컨대 그는 합리적인 규율이 외부에서 부과되지 않고, 잘 조직된 일에서 나오는 내적 규율을 통해 형성된다는 사실을 우리에게 말해 주었다.Freinet, 1994b: 20

> 어느 정도 잘 조직된 그룹에서 하는 공동생활은 어떤 확실한 규율이 필요하다고 요청해요. 학생들이 만일 그 필요성을 느낀다면 그들은 스스로 그것을 이해하고, 그것을 수용하고, 그것을 실천하고, 그것을 조직해요. 우리가 탐색해야 하는 것은 바로 이러한 규율이에요.Freinet, 1994b: 392-393

학교에서의 질서 유지와 규율을 형성하는 문제와 관련해 보상이나 벌, 제재 같은 외적 통제를 사용해야 하는지, 아니면 당사자인 아동의 자발성을 존중해야 하는지는 오랜 논쟁점이다. 이와 관련해 전통 교육가들은 다음과 같은 전제에 익숙하다.Kohn, 2001: 2-4

첫째, "만약 교사가 학급을 통제하지 않으면, 아마도 무질서하게 될 것이다"라는 전제다. 이는 외적 통제의 필요성을 언급하는 것이고, 외적 통제가 없으면 학생들이 학습을 잘하지 않거나 또는 바람직한 행동을 잘하지 않는다는 말이다.

둘째, "어린이들은 어른들이 자신들에게 기대하는 것이 무엇인지를 정확하게 알아야 할 뿐만 아니라, 그것을 하지 않으면 어떻게 된다는 것도 알아야 한다"라는 전제다. 이는 요구와 설명만으로는 불충분하고, 벌의 위협이 있어야만 기대하는 바가 제대로 될 것임을 암시한다.

셋째, "어린이들이 계속 바르게 행동하기를 원한다면, 어린이가 바르게 행동할 때 정적 강화를 줄 필요가 있다"라는 전제다. 이는 행동주의자들의 주장처럼 올바른 행동은 강화가 없으면 사라진다는 것을 전제한다.

넷째, "도덕적 교육의 본질은 사람들의 충동을 통제하게 도와주기 위해 필요하다"라는 전제다. 이는 우리가 욕망과 이성 사이에서 갈팡질팡하고, 그런 욕망이 근본적으로 이기적이고, 공격적이고, 심술궂으며, 이 욕망이 매우 강력하고, 우리를 압도하기 위해 지속적으로 위협한다는 점을 가정한다.

콘과 같은 오늘날의 진보주의 교육가들은 규율을 바라보는 전통적 교육가들의 이러한 전제를 비판한다. 그러면서 그들은 그 관심을 이기적이거나 공격적이라는 인간 본성에 대한 가정이 아니라, 최적의 기능을 위해 아동이 무엇을 요구하는가에 초점을 맞추어 규율의 문제를 다시 생각할 것을 권하고 있다. 예컨대 자율성, 관계, 역량이라는 인간의 보편적 욕구에 주목하여, 학생들이 우리를 실망시키는 행동을 한다면, 그것은 그들이 욕구하는 것을 충족할 수 없었기 때문으로 파악하라는 것이다.Kohn, 2001: 13-14 아동의 일 욕구를 충족하는 것으로, 그리고 동료들과 함께 일하는 가운데 자연스럽게 싹트는 동료애를 바탕으로 규율을 형성할 수 있다는 프레네의 생각은 분명 전통 교육가들과 다른 규율 형성 방법을 우리에게 제시한다.

7. 민주주의

"학교를 민주적으로 운영하는 것은 어른으로서 교사 역할을 포기하는 것이 결코 아니다. 그것은 늘어나는 책임의 몫을 아이들이 나눠 맡고 그래서 그들이 사회적·개인적 삶을 준비하도록 돕는 일이다."

프레네는 권위주의에 찌든 당시 사회 전반에 만연된 습관을 문제 삼았다.Freinet, 1994b: 408-409, 410-411 그는 권위주의가 몸에 배어 있는 부모와 교사가 당시에 너무 많았다고 지적했다. 예컨대 노동조합 소속이어서 자연스럽게 진보 정당의 지지자이자 열성 당원인 아버지가 있을 수 있다. 그러나 퇴근해 집에 오면 그는 자신이 내린 명령에 어떤 반대도 용납하지 않던 봉건시대 지배자처럼 자주 행동할 수 있다. 노동조합에 대해서나 정치적으로 진보적인 주제를 서로 이야기하는 교사들이 있을 수 있다. 그러나 그들 역시 교실에서는 자신의 권위에 학생들이 말대꾸하는 것을 참지 못할 수 있다. 이에 아이들은 집에서뿐만 아니라 교실에서도 주변으로 밀려나고 어른이 행사하는 권위주의를 거역하지 못한 채 복종하며 지낸다.

프레네는 여기에 심각한 문제가 있을 수 있다는 점을 지적했다. 권위주의 방식의 통치에 길들여진 아이들은 설령 나중에 거기에서 벗어난다 해도 자신을 스스로 제어할 수 없기 때문이다. 그들은 자신 스스로 반성하고 행동하지 못하고, 자신의 활동을 유기적으로 조직하지도 못한다. 그런 방식으로는 민주 시민을 결코 양성할 수 없을 것이다. 이에 학교에서 아이들은 "좋은 성적을 얻는 것뿐만 아니라 동시에 인간적이고 민주적인 사회가 어떻게 기능하는지를 예시적으로 체험하는 것"Meyer, 2004: 85이 매우 중요하다.

이에 프레네는 협동과 민주주의에 기초해 교사를 포함한 학교 구성원 모두가 학교에서의 생활과 일을 운영하도록 했다.Freinet, 1994b: 408-409 여기에는 다음과 같은 그의 굳건한 신념이 작용했다. "학교에서 민주주의를 실천하는 것으로 우리는 미래의 민주주의를 준비할 수 있다. 학교를 권위주의 방식으로 통치하는 것으로 우리는 민주 시민을 양성할 수 없다."Freinet, 1994b: 412 그에 따르면 민주주의는 관대한 태도로 주도권을 행사하는 능동적으로 일하는 시민을 요구한다. 또한 민주주의는 자신의 자유를 소중히 여기면서도 정의를 위해 협동하고 공헌하게 스스로를 제어할 줄 아는 시민을 요구한다.Freinet, 1994b: 186 민주주의가 요구하는 이러한 시민을 그는 학교에서의 민주주의를 통해 준비시킬 수밖에 없다고 보았다. 이에 그는 아이들이 자유롭게 의견을 개진하고 민주적 절차에 따라 결정된 사항에 스스로 책임지게 하는 방식을 배우게 하는 전체회의 같은 기술을 도입하고 실천했다.

학교 운영과 관련해 전통 학교의 학생들은 어떤 역할, 사람들과의 권위적인 관계, 행동 방식으로 수용되어야 하는 규범, 그리고 집단의 행동을 안내하는 가치를 요구받곤 한다. 권위를 수동적으로 수용하는 개인이 종종 좋은 개인으로 여겨진다. 권위적인 방식으로 요구되는 규범과 역할을 따르는 것은 자신의 행위와 신념에 관해 비판적이고 창조적으로 사고하는 것보다 더욱더 바람직한 것으로 여겨진다. 좋은 개인은 순종, 고분고분함, 일치, 경쟁과 수동적인 사람이 되는 것이다.^{Chamberlin, 1994: 163} 그렇지만 권위주의 통치에서 길들여진 아이들은 차후에 이러한 통치에서 혹 벗어난다 해도 스스로를 제어하지 못하고, 스스로 반성하거나 행동하지 못하며, 자기활동을 유기적으로 조직하지 못한다는 데 문제가 있을 수 있다.

진보주의 교육이론은 전통 교육에서 언제나 있어 왔던 이러한 권위주의적 권위 행사와 자기결정권이 있는 아동의 권리 사이의 갈등을 피하기 위해 학교의 모든 부분을 민주적 공동체로 변경하려 해 왔다. 학교에서의 교육과 민주주의의 관계는 20세기 초 영국, 독일, 미국 등지에서 공통적으로 발달한 사항이었다. 학교의 모든 구성원이 학교생활의 공동의 문제를 함께 토론하고 의사결정하기 위해 정기적으로 만나는 전체회의의 실천이 대표적인 사례였다.^{Darling & Nordenbo, 2003: 302} 여기서 우리가 명심해야 할 것은 민주적으로 학교를 운영한다는 것이 결코 어른으로서 교사의 역할을 포기하는 것이 아니라는 점이다. 민주적 학교 운영은 아이들로 하여금 그들의 증대하는 책임의 몫을 나눠 갖게 하고 그렇게 해서 그들이 사회적·개인적 삶을 준비할 수 있게 돕는 일이다.^{Collectif I.C.E.M. Pédagogie Freinet, 1979: 107} 프레네 학교가 민주주의를 지향하는 것은 프레네가 이러한 전통에서 민주적 시민 양성을 매우 중시했었다는 점을 말한다. 프레네뿐만 아니라 대다수 진보주의 교육가들은 "아이들이 학교에서의 민주주의를 통해 미래의 민주주의를 준비할 수 있다"는 명제를 공유한다.

8. 민중 교육

초창기 프레네 학교는 노동자 계층 아이들을 주된 교육 대상으로 삼았다. 프레네는 파리 지역에서 어려움에 처한 아이들뿐 아니라 스페인 전쟁 피난민 아이들 교육에도 특별히 관심을 기울였다. 부인 엘리즈와 함께 그는 『민중 학교를 위하여 *Pour l'école du peuple*』[1946]와 『민중 교육의 탄생 *Naissance d'une pédagogie poupulaire*』[1949]이라는 두 권의 책을 펴냈다. 두 책 제목에 '민중'이 공통으로 사용됐다는 점은 프레네의 관심이 당시 어디에 있었는지를 잘 말해 준다. 민중 교육이라는 프레네의 지향점은 오늘날까지도 계속 이어진다. 오늘날 프레네 교사들은 선별에 기초해 특정 계층 아동을 주된 교육 대상으로 삼는 사립학교를 지향하지 않는다. 대신 그들은 모든 아동을 위한 교육에 헌신하기 위해 공립학교를 지향한다. 프레네 실천교육학을 실천하는 교사들 다수도 공립학교에 종사하는 교사들이다. 프레네는 『프랑스 현대 학교 *L'École Moderne Française*』[1943]에서 "(…) 사회주의가 곧 승리하는 세계를 우리는 기대한다"[Freinet, 1994b: 17]라고 말한 바 있다. 당시 많은 지성인들이 그랬던 것처럼 프레네 역시 머지않아 사회주의가 승리를 거둘 거라고 기대했었다. 페이로니[Peyronie, 2000: 218-219]는 프랑스에서 민중 교육의 정치적 흔적이 1차 세계대전과 2차 세계대전 사이의 시기에 가장 잘 남아 있었다고 평가했다. 그 시기에 교육운동을 전개했던 정치 활동가들은 호전주의를 거부하고 자본주의의 잘못된 사용을 거부해야 한다는 공감대가 있었다. 그러나 전쟁 이후 민중 교육의 지향이 점차 흐릿해졌고, 민중 교육이라는 말도 더 이상 일상 언어의 한 부분을 차지하지 않게 되었다고 페이로니는 지적했다. 그는 사회가 점차 보수적으로 변했지만 프레네가 지향했던 민중 교육 정신은 오늘날까지 계속 이어지고 있다고 평가한다. 페이로니는 다음의 사항을 그 증거로 제시했다.Peyronie, 2000: 219

오늘날 프레네 교육가들은 첫째, 교육 민주화를 위해 교육과 관련된 정치 영역에 자발적으로 가입한다. 둘째, 엘리트주의에 기초한 학교 형태를 재창출하려는 사람들 모두를 진심으로 거부한다. 셋째, 모든 학생들에게 의미 있는 학교를 만들기 위해 스콜라주의와 군대식 방식을 거부한다. 넷째, 지식만큼 방법을 알게 하는 것savoir-faire으로 인도하는 학교 실천을 위해 일에 기초한 교육을 조직한다. 다섯째, 거짓으로 꾸미지 않은 삶 한가운데서 학생들을 형성하는 터전을 조직한다. 교사들이 점차 사회의 신중간 계층으로 고착화되는 추세 속에서도 페이로니는 이러한 증거가 민중 문화의 본질 특성을 학교에 심으려 했던 초창기 목적을 여전히 살아 있게 만든다고 평가했다. 오늘날 현대학교협회 구성원들이 보여 주는 모습도 이러한 민중 교육 정신을 반영한다. 그들은 맹목적 자유시장체제뿐 아니라 사적 이익에만 몰두하는 기업이 지배하는 교육에 비판적이다. 그들은 그것이 현 빈곤의 주요 원인으로 작용하면서 아이들 삶에 깊은 영향을 미치고 있다는 점을 문제 삼는다.Lee & Sivell, 2002: 113-114

오늘날 프레네 학교는 민중 학교를 지향하면서 사회 부정의 같은 현실 사회의 조건에 기본적으로 관심을 둔다. 이는 "민중 학교는 민중의 사회 없이는 존재할 수 없다"는 프레네의 명제를 계승한 것이다. 프레네는 몇 가지 드문 예외적인 경우를 제외하면 학교가 사회 진보의 선두에 서 있던 적이 결코 없었다고 말했다. 지금까지의 경험이 그것을 보여 줬다는 것이다. 그러면서 그는 학교가 실제로 꽃을 피우는 데 가정, 사회, 정치 환경이 매우 직접적인 조건을 형성한다는 점을 분명히 했다. 이는 유감스럽게도 학교가 언제나 사회의 결과를 뒤늦게 뒤따라간다는 사실을 말한다. 프레네는 이 지체를 단축하는 게 자신의 학교가 해야 할 임무라고 보았었다. 그는 새로운 세계(프레네는 머지않아 사회주의가 승리할 거라고 기대했다)에 적합한 교육을 실천하기 위해 우리가 더 이상 기다리지 말아야 한다고 주장했다. 그러면서 그는 자신의 교육이 그 간극을 메울 수 있기를 기대했다.Freinet, 1994b: 21 오늘날 현대학교협회가 여러 해 동안 문화 소외와 청소년 억압에 맞서 싸우는 데 헌신해 왔던 것도 이러한 맥락에서 이해할 수 있다. 이는 낡은 도덕과 문화, 정치 질서를 보존하려는 문화적 폭정과 권위주의에 반대하지 않는다면, 학교 체제에서-그리고 사회의 나머지 부분에서- 어떤 중요한 변화가 일어나지 않을 것이라는 그들의 믿음을 보여준다.Freinet, 1990b: 144

프레네 교육실천이 민중 교육을 지향하는 점은 그의 교육이 비판 교육이론critical pedagogy의 맥락에서 해석될 여지가 있다는 점을 말해 준다. 비판 교육이론의 주요 언표는 '비판의 언어'와 '가능성의 언어'이다. 두 언어 모두는 사회정의를 추구하는 데 본질이 있다. 비판 교육이론가들은 기존의 재생산론자들이 학교가 '자본주의적 생산관계를 재생산하는 도구'와 '지배 이데올로기에 정통성을 부여하는 도구'로 기능해 왔음을 지적하는 비판의 언어는 제공했으나, 학교에서 "대항 헤게모니" 실천 담론의 구성을 불가능한 것으로 보게 해 왔다는 점에서 한계를 지적한다. 그러면서 그들은 학생들을 비판적인 인간으로 형성한다는 차원에서 가능성의 언어를 개발하는 것을 중요한 과제로 삼았다. 따라서 그들은 정의와 해방을 추구할 수 있는 권능을 갖추고, 부정의를 제대로 인식하고 또한 그것을 변화시키려는 운동을 전개할 수 있는 비판적 인간을 길러 내고자 했다. 예컨대 프레이리는 사회적, 정치적, 경제적 모순을 인식하는 법을 배우고, 현실의 억압적 요소들에 맞서 행동할 수 있게 모든 탈출의 특징인 자각의 자세를 심화시키는 '비판적 의식화의 힘'을 발달시키는 것을 중요한 과제로 삼았다.Burbules & Berk, 1999: 50-52

요컨대 비판 교육이론의 목적은 "교육적 저항과 사회정의의 문제를 중요한 것으로 삼고 있는 사람들에게, 열망과 바람, 그리고 진정한 희망을 불러 일으키는 데" 있으며, 비판 교육이론은 세계를 비판적으로 성찰하고 해석할 수 있는 것만으로 충분한 것이 아니며, 한 걸음 더 나아가 우리가 이러한 세계를 변화시킬 수 있는 행위를 할 수 있고, (그것을 위한) 의지를 갖고 있어야 한다는 점을 강조한다.Burbules & Berk, 1999: 51-52 이는 우리가 역사를 하나의 가능성으로 생각하는 것처럼 교육 역시 하나의 가능성으로 인정할 수 있다는 점을 이야기하는 것이다. 즉 교육이 모든 것을 해낼 수는 없지만, 적어도 약간의 것을 성취해 낼 수 있다는 사실을 인정하는 것이다. 따라서 교육자로서 우리가 도전해야 할 과제 중 하나는, 역사적 관점에서 세계의 변화에 기여할 수 있는 것을 찾아내어, 이전 재생산론자들처럼 경직된 자세를 버리고 좀 더 정직하고 좀 더 인간적인 세계를 만들어 가는 것이다. 이는 비판의 언어와 가능성의 언어라는 양면에서, 우리가 "역사의 참여자가 되어 이 세상을 덜 차별적이고 더 민주적이며, 덜 비인간적이고 더 정의로운 세상으로 만드는 데 동참하는 것"이다.Chomsky, 2000: 29 프레네가 어떤 교의나 지침의 명령을 기다리지 않고 스스로 방향을 설정할 수 있는 날카로운 비판의식을 소유한 자유로운 존재로 아이들을 기르고자 했던 점을 이러한 비판 교육이론의 맥락에서 이해할 수 있을 것이다.

비판의 언어와 가능성의 언어라는 양면을 우리는 프레네 교육실천과 오늘날 현대학교협회 구성원들에게서 발견할 수 있다. 프레네는 노동자와 농민을 위한 사회를 건설하기 위해 '학교로부터의 혁명'을 주장했다고 평가된다. 미래의 노동자와 농민을 위한 사회를 위해 현재의 학교를 바꿔야 하고 학교가 모든 사회변동의 출발점이 되어야 한다고 보는 것이다. 즉 프레네가 갈등론적 시각에 머무르지 않고 학교를 통해 사회개혁, 더군다나 혁명을 실현하려는 학교의 능동적인 개혁의 기능을 강조했다는 것이다.황성원, 1997a: 165-166 이처럼 "사회정치적인 성격을 지닌 그의 교육이론은 단순한 학교 내의 개혁이 아닌 학교를 통한 사회개혁으로 학교가 자본주의 체제를 유지하거나 한 특정 사회계급의 이익을 정당화하고 재생산하는 데 기여하는 것이 아니라 민중 교육을 실현해야 한다는 점에서 학교의 생산적 기능을 강조했다"Ibid., 170-171라는 것으로 이해된다. 학교의 재생산 기능에 대한 비판과 학교의 생산적 기능의 강조는 학교를 '지배와 저항이 공존하는 모순된 공간'으로 파악하는 오늘날의 비판적 교육이론가들의 학교 인식과 공통된 부분이다.

그런데 여기서 유념할 점은 이러한 학교의 변화를 통한 사회변화(또는 학교로부터의 혁명)라는 해석이 "민중 학교는 민중의 사회 없이는 존재할 수 없다"라는 그의 명제와 충돌하는 것처럼 보인다는 점이다. 그는 몇 가지 드문 예외가 아니라면 학교가 결코 사회 진보의 선두에 서 있지 않다는 점을 우리에게 보여 주었고, 학교가 언제나 사회(변화)의 결과를 뒤따라간다고 말한다. 그러면서 이 지체를 단축하는 것이 바로 자신의 학교가 갖는 임무라고 주장했다. 실제로 학교가 사회변화의 기구로 봉사해야 한다는 것을 지나치게 낙관이라 생각하면서, 현재의 학교를 변형하는 것으로는 실업과 사회 불평등 같은 문제들이 해소되지 않을 것이라는 프레네 교사들의 주장이 있기도 하다. 1968년에 수정된 현대학교헌장의 세 번째 항목이 언급하는 바처럼 교육은 사회변화에서 필수 불가결한 요소이긴 하지만 단지 하나의 요소일 뿐이며, 학교가 사회를 변화시킬 수 있다고 희망하는 것은 착각이자 위험일 수 있다.Lee & Sivell, 2000: 93 따라서 프레네가 말하는 '학교로부터의 혁명(또는 개혁)'이라는 개념은 학교가 사회변화를 전면에서 이끌어 간다는 의미, 즉 교육이 모든 것을 해낼 수 있다는 의미가 아니라, "역사의 참여자가 되어 이 세상을 덜 차별적이고 더 민주적이며, 덜 비인간적이고 더 정의로운 세상으로 만드는 데 동참"하면서 그 세상에 적합한 교육실천을 통해 양자 간의 간극을 좁히려는 것으로 이해될 필요가 있다.

오늘날 비판 교육이론의 또 하나의 주요 특징은 민주주의의 이상과 시민의 책임감에 주목하는 데 있다. 이들은 민주주의와 교육을 상호의존적인 것으로 파악한다. 이 둘이 서로 상승효과를 내어, 계속해서 서로 간의 이득을 증가시킨다는 것이다. 즉 우리가 더 많이 교육받으면 받을수록 우리는 더욱더 자유와 자율성, 행복의 추구를 증가시키는 방식으로 통치할 수 있게 되고, 우리가 민주주의의 기제를 완성하면 완성할수록 우리는 인간의 능력과 정신을 성장할 수 있게 하는 교육에 더욱더 전념할 수 있게 된다는 것이다. 그렇지만 교육과 민주주의의 역동적 상승효과의 전망이 실현되지 않는 사례는 너무나 자주 있어 왔고, 이러한 실패는 오늘날의 비판적 교육이론 실천에 동기를 부여해 왔다.Fenstermacher & Soltis, 2004: 53-55 이에 비판 교육이론가들은 학교에서의 민주주의와 시민권 회복에 관심을 둔다. 이는 학교에서 민주주의에 대한 신화를 학생들에게 주입시키는 방식이 아니라 민주주의를 몸으로 체험하도록 해 주는 현장이 되게 하는 일에 강조점을 두는 것으로 진행된다.Chomsky, 2001: 54

프레네 실천교육학은 학교에서의 권위주의적인 통치가 결코 민주적인 시민을 양성할 수 없다는 전제 아래, 학교에서의 민주주의를 거쳐 미래의 민주주의를 준비하게 한다. 프레네 학교에서 강조하는 민주주의와 시민 양성은 단지 제도에 대한 지식의 습득과 별도로, 생활의 방식으로서의 민주주의에 대한 실질적인 이해에 바탕을 두고 전개된다. 공동체와 협동을 통한 자유의 강조는 프레네 실천교육학이 오늘날 시민성 발달과 민주주의 혁신에 의미 있는 기여를 한다는 근본 통찰을 우리의 교사들과 학부모들에게 제시할 수 있다.Starkey, 1997

비판 교육이론은 개인의 정체성에 영향을 미치는 사회문화적 요인인 사회계급, 인종, 젠더, 장애, 성적 지향에 매우 민감하며, 그것들에 문제제기하고 학교 안으로 그 주제들을 끌어들인다. 비판 교육이론에서 이러한 요소들은 연구되고, 토론되고, 궁극적으로 그와 관련된 행위를 하도록 하기 위해 교육과정의 직접적인 일부로 만들어진다. 즉 사회정의와 도덕적 좋음의 문제를 교육과정의 핵심으로 만들려고 애쓴다. 비판 교육이론이 추구하고자 하는 더욱 정의롭고 평등한 세계는 인종, 젠더, 사회계급, 장애나 성적 지향에 토대를 두고 차별하지 않는 세상이다.Fenstermacher & Soltis, 2004: 55-56 오늘날 프랑스 사회에서 새로운 문제로 등장하는 인종주의에 프레네 교사들은 주의를 기울이며 이를 주제로 한 수업을 연구하고 긴급한 사회적 이슈에 민감성을 보인다.Lee & Sivell, 2000: 93 예컨대 프랑스에서 이슬람 계통 이민자들의 소요가 벌어졌을 때 프레네 실천교육학을 실천하는 생나제르 자주고교에서는 학생들에게 그 사태에 대한 올바른 정보를 제공하고 그것을 바라보는 분별력을 갖추게 하기 위해 학교 정규 프로그램을 전면 중지하고 토론에 들어가기도 했다. 하루에 걸쳐 학생들은 사태일지를 함께 점검하고 소요를 바라보는 입장, 해야 할 일들에 대한 토론을 벌이기도 했다.Francomme & Even, 성장학교 별 엮음, 2006: 40

이상 살펴본 바처럼 그의 학교교육이론은 학교교육을 학문(또는 이론) 중심으로 이끌어 온 자유교양교육이나 도구적 목적에 봉사하는 공리주의적 성격을 띤 전통 교육이론에 비판적이다. 대신 그것은 전통 교육이론을 비판하면서 등장한 진보주의 교육이론과 사회비판적 성격이 강한 비판 교육이론의 맥락에 위치해 있다. 특히 비판 교육이론에서 중시하는 사회정치적 경향에 우리가 관심을 둔다면 그의 학교교육 실천이론은 교사 중심과 교재 중심, 엄격한 훈육 중심 교육에 대한 반대 담론 이상의 의미로 읽힐 수 있을 것이다.

6장
학교교육 실제(1): 학교 공간과 시설

프레네는 동시대 신교육 이론가들이 자신들의 꿈을 현실로 옮기는 데 성공하지 못했다며 그들이 지닌 실천상의 결함을 지적했다. 그러면서 그는 자신이 실천 측면에서 강점이 있음을 내세웠다. 그의 교육 구상을 다시 한 번 단순화하면, 첫째 아동 개인에 내재한 창조적·능동적 힘을 지속시키고 그 힘을 최대한 실현하기 위해 언제나 전진하려는 아동의 본성을 교육의 출발점으로 삼는다. 둘째, 아동에 내재한 생명의 힘을 발현하게 하는 학교 환경을 구축한다. 셋째, 그 학교 환경에서 생동감 있고 완성된 교육을 가능하게 하는 실질적인 일의 도구와 기술을 창조하는 것이었다. 이에 공간과 시설 재배치를 통해 새로운 학교 환경을 구축하는 일은 그의 교육 실천에서 중요한 한 부분이었다. 그의 학교는 일과 예술로 아동의 생명적 힘을 표출하게 돕기 위해 무엇보다 학교 공간을 새로이 조직하고 활용해야 했다.[27]

교육에서 학교 시설은 학교의 효율성과 밀접하게 관련된다.Freinet, 1980: 60 몬테소리 역시 준비된 환경이라는 말로 "아이들과 청소년들의 발달을 위한 자유롭고 계발적인 공간을 만들어 내는" 일을 교사의 주요한 과제로 보

---

27) 여기서 소개한 교육 공간과 시설은 그의 저서에 소개된 사례에 기초한다. 그러나 프레네 학교의 실제는 시·공간의 조건에 따라 여기서 소개하는 내용과 다소 차이가 있을 수 있다. 오늘날 실천되고 있는 프레네 학교의 실제는 Francomme & Even & 성장학교 별 엮음(2006, 2007), Baillet(1995), 황성원(2003a; 2003c; 1997b), 日本私立教育會館(2000), 후쿠타 세이지(2006) 등을 참고할 수 있다.

았다.Meyer, 2004: 181 이에 교육체제를 효과적으로 개선하는 일은 학교의 공간과 시설을 우리가 얼마나 잘 조직하고 배치하는지 여부에 달려 있다. 프레네는 교사와 학생 간의 수평관계를 위해 교사 권위의 상징인 교단을 제거하는 일부터 시작했다. 그것은 교육 공간의 조직과 배치를 그가 얼마나 중요하게 생각했는지를 보여 주는 상징적인 사례였다. 우리가 우두머리의 시선에서 벗어나 인간과 아동의 시선으로 학생들을 바라보고 교육하는 일은 교단을 뜯어내 학생들과 눈높이를 맞출 수 있을 때 비로소 가능했다.Freinet, 1994b: 388 아동 개인이 자신의 기호와 성향을 충족하는 '일-놀이'에 몰두할 수 있도록 전통 학교의 공간과 시설을 재조직하는 일에 그는 신중히 나섰다.Freinet, 1994a: 283 여기서 우리는 교육 공간과 시설을 재조직하거나 재배치하는 작업이 반드시 그가 첫 번째 출발점으로 삼았던 아동 이해, (학교)교육에 대한 생각과 짝을 이뤄야 한다는 점에 유의해야 한다. 새로운 교육 공간과 시설의 변경은 학교교육이 터하는 교육·심리·인간적인 토대와 언제나 함께 변해야 하기 때문이다. 새로운 공간과 시설을 갖춘다 하더라도, 우리가 권위적인 형태의 전통 학교 개념을 변화시키지 않는다면 그것은 단지 겉포장만 바뀐 것에 불과할 수 있다.Freinet, 1980: 60 1990년대 우리는 열린교육운동을 전개하며 초등학교에서 교실 사이의 벽을 허물고, 교실의 공간 배치를 달리하는 실험을 전개한 바 있다.

오늘날 대다수 사람들은 이 실험이 끝내 성공을 거두지 못했다고 평가한다. 여기에는 여러 원인이 있을 수 있겠지만, 기존 학교교육을 바라보는 관점을 변화시키지 못한 채 단지 공간의 열림만을 추구했던 데 분명 실패의 한 원인이 있었다.

1. 교육 공간 계획

프레네는 학교 공간을 작은 마을 같은 곳으로 계획했다. 건물 중앙에는 마을 광장처럼 용도를 자유롭게 변경할 수 있는 거실 공간이 자리 잡았다. 학생들은 거실에서 자주 모일 수 있었고 서로 접촉할 기회도 더 많이 가질 수 있었다. 거실을 중심으로 펼쳐진 일터교실들[28], 예컨대 자료조사활동을 위한 교실과 실험활동을 위한 교실들로 오가는 도중에 그들이 길목인 거실에서 자주 마주칠 수밖에 없게 공간을 구성한 것이다. 교실 밖 활동을 위해 프레네는 학교 건물 주변에 축사, 텃밭과 과수원, 양봉통, 운동장, 그리고 가능하다면 실개천을 조성했다. 그는 진정하고 근본적인 학교 변화를 위해서는 학교 안팎에서 이러한 공간과 시설을 갖추는 것이 무엇보다 중요하다고 생각했다. 그렇다 해도 그는 학교의 공간과 시설이 모든 학교 수준에서 획일적으로 똑같아야 한다고 주장하진 않았다. 각자 처한 상황에 따라 학교 공간과 시설이 변경될 수 있는 여지를 그는 남겨 놓았다.Freinet, 1994a: 282-283

프레네가 구상했던 학교 공간과 시설의 실제 모습을 [그림 6-1]을 통해 좀 더 보충해 보자.Freinet, 1994a: 288-289 그는 8세 즈음부터 그룹별이나 개인별로 학생들을 분리해 교육하는 게 가능하다고 보면서 그 시기에 적용할 수 있는 학교계획도를 제시했다. 여기서 새로운 것은 앞서 언급한 거실 공간이었다. 거실은 마을의 공공 광장 같은 공간이다. 거실을 중심으로 여러 개의 일터교실이 사방으로 펼쳐져 배치되었다. 각각의 일터교실을 칸막이로 분리했다. 그것은 거실을 중심으로 학생들이 언제든 자신이 원하는 일터교실로 향하게 할 뿐 아니라 각 교실을 드나들면서 거실 중앙에서 서로

---

28) 일터교실이라는 표현은 '작업장', '일터'를 뜻하는 프랑스어 '아틀리에atelier'를 번역한 것이다. 프레네에게 'atelier'는 학생들의 다양한 일 욕구를 충족하기 위해 조직한 구획된 교실을 뜻하기도 하고 '수학 아틀리에'처럼 학습활동 그 자체를 뜻하기도 한다.

자주 만날 수 있게 하기 위해서였다. 거실에는 커다란 유리 창문을 설치해 빛이 잘 들어오고 밖을 내다볼 수 있게 했다. 그리고 거실 공간을 언제든 변형할 수 있는 공간으로 만들어 다양한 용도로 활용하고자 했다. 학교 건물 앞에는 물고기가 노니는 분수, 모래더미, 그리고 가능하다면 실개천이 있는 정원을 배치했다. 학생들은 커다란 거실 창문을 통해 그곳을 내다볼 수 있다. 건물 뒤편에는 축사를 배치했다. 거기서 학생들은 새끼 염소와 비둘기, 토끼 등 지역의 토착 동물들을 돌볼 수 있다. 그리고 그는 개인별 또는 공동으로 책임을 맡는 작은 정원을 학교 건물 사방에 배치했다.

프레네는 두 학급이 있는 학교의 경우에도 동일한 원칙에 따라 공간을 구성할 수 있다고 보았다. 이동식 책상 여러 개를 거실에 배치해 그것을 용도에 따라 다양한 형태로 변형할 수 있게 했다. 또한 칠판과 영화시설, 전축과 라디오를 거실에 설치해 거실이 공동작업을 할 수 있는 공간으로 활용되도록 했다. 서로 마주 보고 위치해 있는 두 교실에는 학생들이 함께 쓰는 한두 개의 공용 공간을 배치했다. 그는 학교 구성원 모두가 공용 공간을 사용할 수 있게 했다. 또한 그는 아주 잘 깨지거나 희귀하고 값이 비싸 학생들이 마음대로 사용하게 내버려 두기 힘든 자료와 도구들인 참고 문헌, 학습활동총서, 실험 도구와 기구, 진귀한 물건, 행정문서들을 보존하는 용도로 공용 공간이 쓰이게 했다.

프레네는 자신이 구상했던 학교 공간이 최대 8학급이 있는 학교로까지 확대될 수 있다고 제안했다. 동일한 공간 구성으로 된 각각의 층이 위아래로 포개져 있는 여러 학급이 있는 학교 건물을 계획할 수 있다고 본 것이다. 예컨대 동일한 공간 구성을 1, 2, 3, 4층으로 포개어 배치하면 층별 2학급씩 최대 8학급을 구성할 수 있다. 프레네는 예술 활동과 전시회, 전체회의를 위해 지하실이나 옥상에 보조시설을 조성할 것을 제안했다. 여러 학급을 갖춘 학교에서도 그는 학교 건물 앞에 화단, 그리고 동물을 돌볼 수 있는 축사가 있는 정원을 학교 건물과 가까운 곳에 조성할 수 있다고 보았다. 정원에서 하는 일과 동물 기르는 일 모두에서 그는 그룹별로 책임지는 일을 배정할 수 있고, 사회와 공동체 차원에서 폭넓게 요구되는 공통된 일의 영역을 만들어 낼 수 있다고 생각했다.

[그림 6-1] 일을 통한 교육을 실천하는 학교계획안(Freinet, 1994a: 288)

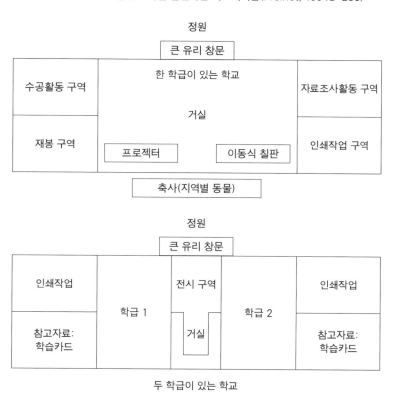

요컨대 프레네가 구상했던 학교는 다음과 같은 학교 안팎의 공간과 시설을 요구했다.

- 시범, 전체회의, 자유연구발표회, 전시, 상영 등의 용도로 변경할 수 있는 공용 거실
- 학교 내부의 특성화 일터교실

• 학교 외부의 특성화 일터교실: 정원, 텃밭, 과수원, 축사

Freinet, 1994a: 305; 1994b: 45

초등학교로 국한했지만 프레네는 저서 『프랑스 현대 학교』에서 학교 내부 공간 구성의 구체적인 실례를 제시했다([그림 6-2]). 프레네 학교 내부는 거실과 목공, 대장일, 인쇄출판작업, 과학실험 등을 할 수 있는 7개의 작은 일터교실로 구성된다.^{Freinet, 1994b: 45} 다음 절에서 소개하는 저학년을 위한 기본적인 일과 상급과정을 위한 사회적이고 지적인 특성화 교실이 이 7개의 일터교실을 구성한다. 이는 학교 공간을 주변 환경의 삶과 통합된 작업장으로 변경하려 했던 프레네의 의도를 보여 준다.^{Freinet, 1994b: 45}

[그림 6-2] 프레네 학교 내부의 교육 공간 조직(Freinet, 1994b: 53)

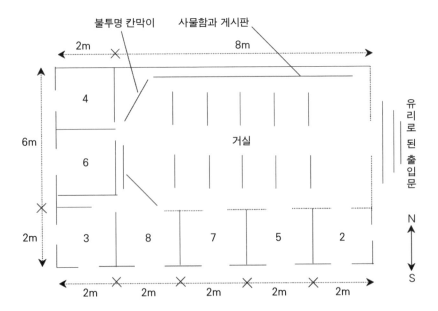

2. 기본적인 일을 위한 특성화 일터교실

프레네는 학생들이 자유롭게 일하는 8개의 특성화 교실을 학교가 갖추기를 제안했다. 그는 특성화 교실을 크게 '기본적인 일을 위한 4개의 일터교실'과 '상급과정의, 사회적이고 지적인 4개의 일터교실'로 구분했다.Freinet, 1994b: 53 전자는 주로 가정이나 농장, 들판이나 상점, 작업장에서 사람들이 생업을 위해 행해 온 일과 관련된 특성화 교실이다. 후자는 사회화를 위한 목적에서나 좀 더 지적인 탐구활동을 위해 행해 온 일과 관련된 특성화 교실이다.

기본적인 일을 위한 특성화 교실은 ① 들일과 동물 기르기를 할 수 있는 일터교실, ② 대장일과 목공을 할 수 있는 일터교실, ③ 실잣기, 베 짜기, 바느질, 요리, 가사를 할 수 있는 일터교실, ④ 건설, 기계 다루기, 물건 거래를 할 수 있는 일터교실로 구성된다. 우리가 놀이보다 일에 좀 더 높은 가치를 둔다면, 프레네는 이를 유치원 단계부터 조직할 수 있다고 제안했다.Freinet, 1994a: 293 이는 농장, 상점, 작업장이 사회의 기반이 되는 세포 조직이자 거기서 하는 일들도 교육의 중심이어야 한다는 프레네 생각을 보여준다. 그는 사람들이 들과 농장, 상점과 작업장에서 행해 온 일들을 효과적으로 실천할 수 있는 공간으로 학교를 탈바꿈하고자 했다.

여기서 우리는 이 일들의 목적이 직업훈련이나 직업준비훈련에 있지 않았다는 데 주목할 필요가 있다. 기본적인 일의 목적은 우리 교양의 건축물을 짓기 위해 확실한 초석을 다지는 데 있었다.Freinet, 1994a: 143 일터교실의 목적은 아이들이 장차 관련 직종에서 효과적으로 일하게 하는 데 있지 않았다. 그곳의 목적은 아이들이 학습하고, 스스로를 살찌우고, 완성하고, 더 높은 곳으로 올라서고, 성장하는 데 있었다.Freinet, 1994a: 294 이런 이유에서 프레네는 4개의 특성화 교실에서 하는 일들을 학교에서 경험하는 첫 번째 단계의 일로 설정했다. 그 일들은 향후 분화하게 될 사고가 잘 진척되도록 초등학교 입학 초기에 해야 하는 핵심 활동이자 우리 삶을 구성하는 본질적인 요소였다. 이에 아이들의 사고가 효과적으로 진척되고 강화될 수 있는 특성화 교실과 시설을 구축해 그들이 마음껏 그곳을 이용할 수 있게 하는 것이 학교 혁신의 중요한 과제였다.Freinet, 1994a: 306-307 아래에 묘사된 장면처럼 초등학교 저학년 아이들은 우리 문명의 토대가 되는 기본적인 일을 하면서 본능적으로 자신의 인간됨의 근거를 구축한다.

> 오랜 심사숙고 끝에 적절한 시설을 구축한 덕분에 그리고 내 생각의 실현을 위해, (…) 어느 날 여학생 교실에서 바느질하고, 베를 짜고, 요리하고, 장사하는 모습을, 남학생 교실에서 건설하고, 톱질하고, 쇠를 단조하고, 못질하고, 나사를 죄고, 관심을 불러일으키고, 기계 등을 조정하고, 모터, 레일, 편심기로 운동을 전달하고, 곡식을 생산하고, 운반하고 창조하는 모습을 볼 수 있다면, 우리는 첫 번째 목적에 도달한 거예요.Freinet, 1994a: 293

프레네 이전 페스탈로치나 마르크스는 노동의 장이 교양과 기술을 익히고 인간 형성을 위한 교육의 장이라 보았다.우메네 사토루, 1990: 358 예컨대 수공업 시대의 페스탈로치는 가족노동을, 마르크스는 대공장을 중요한 교육의 장으로 여긴 바 있다. 프레네가 영향 받았던 마카렌코도 노동(일)을 인간 형성을 위해 아주 중요한 요소로 고려한 대표 인물이었다. 그는 노동 속에서 이뤄지는 공동 책임과 참여를 참된 교육의 본질 단위로 파악했다. 교사-학생이라는 이항식이 아니라 노동(일) 공동체를 교육의 토대로 여겼다.Genis, 2000: 176 기본적인 일을 사회의 기본이 되는 세포 조직으로 여기며 그것을 교육의 중심에 세우고자 했던 프레네의 생각은 이러한 전통의 연장선으로 이해할 수 있을 듯하다. 그는 삶의 근간인 노동의 장에서 행했던 인간 형성의 측면을 학교교육에서 되살리려 했던 것으로 보인다. 그는 이

전 시대의 노동의 장뿐만 아니라 당대의 주요 노동의 장이었던 공장도 중요한 인간교육의 요소로 생각했다. 아이들이 결국 20세기 환경 아래서 생활하고 행동하고 반응할 것이기 때문에 그는 일-놀이나 놀이-일이 당대의 기계 기술을 반영해야 한다고 분명히 밝혔다.Freinet, 1994a: 256

이는 수공업 시대에서 기계공업 시대가 되었으므로 기계노동을 습득하게 하고, 과학에 대한 이해로 근대산업과 관련된 문화를 함양하려 했던 러시아의 블론스키Blonskij와 유사한 생각이었다. 블론스키는 공장에서 하는 사회적이고 생산적인 노동을 학교수업과 밀접하게 연결하려고 했다. 블론스키가 의미했던 노동은 산업 노동이었고, 그는 수공업이나 농사를 소시민적이라고 평가했다.Reble, 1975: 388 그렇지만 블론스키와 달리 프레네는 농사가 소시민적인 가치를 지녔다고 생각하지 않았다. 오히려 그는 자신이 말하는 일 개념의 원형이 농사일에 남아 있다고 파악했다. 이 점은 블론스키와 프레네의 중요한 차이였다. 그렇다 하더라도 그는 당시 노작교육운동의 한 흐름인 사회적인 맥락에서 아동의 생성을 도우려 했던 종합기술교육에 분명 동의하고 있었다.Peyronie, 2000: 221 이러한 사실은 그가 방스 학교를 개교하면서 종합기술교육의 명제를 다음과 같이 분명히 천명한 데서도 드러났다.

> 우리는 종합기술교육을 할 것입니다. 이를테면 각종 사회적인 활동으로 아동을 이끌 것입니다. 토대가 되는 들일(수목재배, 농경, 가사), 목공, 제사공업, 베 짜기, 도기 제조(각종 기계 관련 일)로 아동을 이끌 것입니다. 그리고 지역의 농부, 예술가, 노동자들과 정기적으로 접촉하고 일하도록 이끌 것입니다.Freinet, 1935: 102

학교에서 기본적인 일을 현실화하기 위해서는 그 일을 하는 데 필요한 도구를 사용하는 방법과 각 일터교실을 운영하는 방법이 문제일 수 있다.

교사들이 기본적인 일 모두에 익숙하기 어렵기 때문이다. 교사들이 두 방법에 능숙해지기까지 프레네는 우리가 최소한 두 가지 대안을 선택할 수 있다고 제안했다. 하나는 도구를 사용하는 아이들의 능력을 신뢰하는 것이었다. 그는 아이들이 우리 교사들보다 훨씬 더 과감하게 도구를 사용할 수 있다고 믿었다. 스스로 모색하고 실험하는 가운데 우리가 시범을 보이거나 원하는 모습을 아이들이 성공으로 증명해 보일 수 있다고 그는 믿었다. 다른 하나는 실제로 농사짓거나 가사를 돌보는 학부모, 기술 좋은 장인인 학부모들에게 도움을 요청하는 것이었다. 프레네는 학부모들이 짧은 분량의 실제 수업을 제공할 수 있다고 생각했다.Freinet, 1994a: 293 이는 프레네 학교가 아이들을 신뢰하는 데 기초하고 있을 뿐만 아니라, 지역사회 구성원들을 학교교육 안으로 끌어들이는 데 본질적인 특징이 있었다는 점을 보여준다.

초등학교 저학년부터(가능하면 유치원 단계부터) 기본적인 일을 조직한다는 데서 알 수 있듯 아이들은 성장하면서 기본적인 일에만 만족하지 않는다. 그들은 보다 상급과정(고학년)에 해당하는 사회적이고 지적인 일 욕구를 충족하고 싶어 한다. 이에 프레네는 그것을 위한 특성화 교실을 추가로 조직하는 게 필요하다고 제안했다.

3. 상급과정의, 사회적이고 지적인 일을 위한 특성화 일터교실

1) 탐구와 앎, 자료조사활동 일터교실

프레네에 따르면 우리는 실험, 창조, 자료조사활동을 통해 지식을 획득한다.Freinet, 1994a: 278 실험과 창조는 지식 획득을 위해 우리가 공통으로 해온 활동이다. 그것은 모든 시대에 걸쳐 사람들이 어느 정도 성공적으로 몰두해 온 활동이었다. 프레네는 지식 획득을 위한 중요 수단으로 여기에 자료조사활동을 추가했다. 자료조사활동을 생략한 채 학교에서 지적인 분화로 나아가기가 어렵다고 보았기 때문이다. 프레네에게 아동은 계속해서 자신의 일을 완성하고, 왕성해지는 자신의 욕구를 충족하고 싶은 존재였다. 무엇보다 아동은 언제나 더 빠르고 더 멀리 가기 위해 앎을 향한 욕구가 항시 강한 존재이다. 이에 진을 빼지 않으면서도 더 잘 알고 탐구하고 싶은 아이들의 욕구를 채우며 그들이 앞서 나갈 수 있게 돕는 일이 중요했다.Freinet, 1994a: 295 프레네는 자료조사활동을 위한 공간을 구축하는 것으로 이를 해결하고자 했다. 그의 비유를 빌리면, 그는 앎에 목말라하는 아이들이 자료조사활동 일터교실이라는 맑은 샘에서 그들 스스로 마음껏 물을 들이켜며(자료조사를 하며) 갈증을 해결할 수 있기를 기대했다. 자료조사활동이 원활히 수행되도록 그는 교실 안에 다음과 같은 도구를 마련하고 개발했다.Freinet, 1994a: 307

첫째, 학급용 학습카드(또는 책자)이다. 그것은 학생들이 열중해서 새로운 참고자료를 수집하고, 준비하고, 분류하는 가운데 만들어진다. 학생들은 카드 내용을 언제나 보충하고 갱신할 수 있었다. 학급용 학습카드는 당시 프레네뿐 아니라 다른 교육자들도 활용했던 도구였다. 프레네는 학생들이 직접 조사해 만든 학습카드가 학교에서 핵심 참고자료로 활용되기를 원했다. 이에 그는 간편하게 사용할 수 있는 카드 목록을 만들어 학생들이 필요한 카드를 쉽게 찾을 수 있게 했다.

둘째, 학생용 사전과 백과사전이다. 거기에는 학생들 나이에 적합하지 않은 설명이나 개념, 논증을 위한 장이 포함되어 있지 않다. 대신 연관된 생각을 불러일으키는 풍부한 삽화가 포함되어 있다.

셋째, 학습활동총서(BT로 불리기도 한다)이다. 그것은 학급용 학습카드에 다 담기 어려운 참고자료 내용을 더 깊게 다루는 일종의 백과사전이다. 특히 학습활동총서는 풍부한 시리즈로 계속해서 제작돼 오늘날까지 학생들에게 참고자료로 제공되고 있다.

넷째, 지도, 지구본, 음반, 영상 필름이다.

다섯째, 모든 학급 자료를 총괄하는 색인이다. 총괄 색인 덕분에 학생들은 많은 참고자료들 중에서 자신들이 필요로 하는 자료를 즉시 찾을 수 있다.

2) 실험 일터교실

프레네에 따르면 과학적인 탐구의 기초인 만지고, 못질하고, 맛보고, 실험하는 것은 아동의 자연스러운 성향이다. 그는 아동이 보이는 과학적 탐구 욕구를 충족하고 함양하는 것을 하나의 중요한 과제로 삼았다. 이와 달리 영화나 책 속에 묘사된 장면을 보는 데 아이들이 빠져들게 만드는 것을 그는 문제로 여겼다. 그것이 다른 사람의 경험에 아이들을 아무 생각 없이 기대게 만드는 것이자 그들 자신의 고유한 경험을 사라지게 만드는 것이기 때문이다. 과학적인 탐구를 시도하지 않고 이미 서술된 내용이나 장면에 자꾸 의존하게 만드는 태도는 아이들을 집단정신에 매몰되게 할 뿐 아니라 개인의 인격을 무력하게 만드는 유감스러운 습관을 형성할 뿐이었다. 여기서 벗어나도록 프레네는 아이들이 실험 시설과 기술을 마음껏 사용할 수 있는 실험 특성화 교실을 조직했다. 거기서 아이들은 어른이 제기하는 확실성과 과학적 권위에 맹목적으로 집착하지 않는다. 대신 그들은 자기 스스로 검증하는 가운데 그것을 의심하고 그에 납득하는 태도를 배운다. 검증하고 의심하고 납득하는 과정에 익숙해지면서 아이들은 세상의 비밀에 들어선다. 실험하고 싶은 그들의 욕구도 감소되거나 사라지지 않고 새롭고 강력한 것으로 탈바꿈한다.Freinet, 1994a: 297-298 요컨대 다음과 같은 실험활동을 통해 아이들은 물리학과 자연학 영역에서 제공하는 모든 성과를 맛볼 기회를 얻는다.

… 기술상의 지침이나 방법을 활용해 증명하려 하거나 책에서 습득

하려고 더 이상 하지 말아요. 생물과 무생물로 둘러싸인 자연의 모든 것을 세밀히 검증하고 관찰하는 일에 착수하세요. 그것을 측정하고, 탐색하고, 실험하고, 재구성하세요. 아이들의 집요한 경험은 결국 과학을 재창조할 수 있게 만들어요. 그 결과 아이들은 물리학과 자연학의 모든 영역의 성과를 맛볼 수 있어요.Freinet, 1994a: 308

실험활동이 원활히 진행되도록 프레네는 실험 일터교실이 다음의 시설과 도구들을 구비해 놓기를 제안했다.

- 자연을 총체적으로 관찰하게 하는 경작, 계절마다 하는 다양한 일을 경험하게 하는 시설과 정확한 지침
- 동물과 곤충을 관찰하고 돌보고 보호하기 위한 시설과 지침
- 각종 그림책, 일부는 서고에 보관
- 지방과 지역의 토착 식물군과 동물군(이 영역에서 많은 활동이 있을 수 있음)
- 지방, 지역, 외국의 특산품과 특산 광물을 모아 놓은 자료실
- 현미경
- 근본적이고 기초적인 화학 실험 기구와 제품
- 가능한 작은 모터가 내장된 전기장치와 기계장치

Freinet, 1994a: 308

실험 일터교실에 하는 실험활동이 학교 활동과 당대의 직업준비활동 사이를 연결하는 다리 역할을 할 수 있다는 점에서 프레네는 그 의의를 평가하기도 했다.Freinet, 1994a: 308-309 그에 따르면 실험은 아이들의 관심을 상당히 끌 수 있는 활동일 뿐만 아니라 우리가 주의를 중요하게 기울여야 하는 활동이다. 앞서 언급한 바처럼 실험은 실험하고 싶고 모방하고 싶은 아

이들의 욕구를 충족한다는 점에서 의의가 있는 활동이다. 뿐만 아니라 실험은 과학의 세기가 요구하는 사회적 필연성을 충족할 수 있다는 점에서 의의가 있었다. 이에 실험 일터교실은 아이들이 나이가 들어가면서 중요해지고 더 풍부해지며 사회가 요구하는 것이 다양해짐에 따라 점점 더 다양하게 분화된다. 다만 그는 실험활동의 중요성이 과도하게 강조되는 것은 경계했다. 그는 실험활동이 중요하더라도 그것이 아이들 형성을 돕는 나머지 꼭 필요한 활동들을 희생시키면서까지 과장되지 않기를 원했다.

3) 그래픽 창조와 표현, 의사소통 일터교실

프레네에 따르면 7~8세 이전까지 아이들은 주로 자기 자신의 내부 발달과 성장에만 관심을 쏟는다. 이에 그들은 다름에 관심을 보이지 않으며 자신의 것에만 관심을 둔다. 그러나 7~8세경에 이르면서 아이들의 관심사는 창문 쪽을 향하기 시작한다. 이때부터 그들은 외부 세계와 접촉할 수 있는 아주 많은 자원이 있다는 사실을 깨닫기 시작한다.

아이들은 이제 외부 세계에 반향을 불러일으키고 싶어 한다. 이러한 욕구는 언어와 기호를 첫 번째 소통 수단으로 가정한다. 나이가 더 많은 아이들은 시·공간으로 멀리 떨어진 사람들로 관계를 확장하고 싶어 한다. 이에 그들은 그것을 가능하게 하는 쓰기와 읽기 같은 소통 수단을 가정한다. 그들은 읽고, 쓰고, 인쇄하고, 인쇄된 책에 들어 있는 생각을 이해하고, 멀리 떨어진 친구와 통신교류하기를 원한다. 또한 다른 사람들이 나와 다른 곳에서 실현했던 것이나 과거에 생산했던 것을 알고 싶어 한다. 아이들에게 본유된 이러한 욕망을 충족하기 위해 프레네는 다른 아이들과 소통을 할 수 있는 방법을 고민했다. 또한 그들이 자신의 사고와 느낌, 자신의 꿈과 희망이 무엇인지를 인식하도록 함양하고자 했다. 그 결과 프레네는 인쇄출판작업뿐 아니라 그와 덧붙여 할 수 있는 후속 활동들을 찾아내 실제적인 활동으로 만들어 냈다.Freinet, 1994a: 299-300 그래픽에 기초한 창조와 표현, 의사소통 특성화 교실은 바로 이러한 외부 세계와 소통하고 싶은 욕구를 충족하기 위해 탄생했다. 그는 이 일터교실이 원활히 운영되도록 다음과 같은 시설과 도구를 구비할 것을 제안했다.

- 각종 쓰기와 읽기 자료
- 등사 시설
- 학급인쇄출판작업, 구멍을 뚫어 제본할 수 있는 시설: 학급 인쇄출판작업은 '그래픽 창조와 표현, 의사소통'이 '예술적 창조와 표현, 의사소통'으로 때때로 이어지게 하는 이점이 있다. 그것은 '예술적 창조와 표현, 의사소통 일터교실'에서 하는 데생, 색칠하기, 리놀륨 인각과 나무 인각, 오리기와 붙이기, 제판, 모든 형태의 삽화의 도움을 요구할 수 있다.
- 학습활동총서

Freinet, 1994a: 309

프레네는 특히 등사와 인쇄출판작업이 아이들에게 영원한 매혹과 지속적인 마법으로 작용한다고 의미를 부여했다. '그래픽 창조와 표현, 의사소통 일터교실'에서 일하면서 아이들은 자신의 고유한 느낌과 생각을 표현하고 굳건히 다진다. 그리고 자신의 감정을 밖으로 표출하고, 멀리 떨어진 사람들과의 관계에 들어선다.Freinet, 1994a: 309

4) 예술적 창조와 표현, 의사소통 일터교실

'그래픽 창조와 표현, 의사소통 일터교실'에서 주로 하는 쓰기와 인쇄출판작업에 대해 프레네는 그것이 한 세기에 걸쳐 우리 문명의 진보에 깊은 영향을 준 확실한 소통 수단이었다고 평가했다. 여기에 그는 자신이 예술적이라고 부르는 보다 완전하고 섬세하며 관대한 소통 수단을 7~8세경 아이들이 요구한다는 것을 중요한 특징으로 추가했다.Freinet, 1994a: 30 예컨대, 말하기와 읽기는 억양과 동작을, 쓰기와 인쇄는 이미지와 데생을 소통의 원활함을 위해 추가로 요구한다는 것이다. 프레네는 우리 생각이 우리를 둘러싼 존재에 직접, 그리고 즉각 도달하기 위해 치솟아 오르는 순간과 예술적 소통 수단을 요구하는 것이 관련된다고 말한다. 예술적 수단은 어떤 암어暗語 같은 것으로 관례적인 중개기호가 필요하지 않다고 그는 말한다. 이에 그것은 특히 직관적이고 감각적인 아이들의 인격에 더욱 적합할 수 있다. 어떤 동작이나 어떤 얼굴 표정은 백 마디 말보다 더 많은 것을 여실히 드러낼 수 있다. 프레네는 조형예술과 극예술의 기초를 이루는 동작을 통해 이러한 표현을 함양하고자 했다. 연극과 인형극, 그리고 꼭두각시놀이의 중개로 아이들은 직접적인 소통과 우리 인격을 열정적으로 고양하는 놀라운 수단으로 기능하는 표현에 자신도 모르게 도달한다. 프레네는 또 하나의 표현과 소통 수단으로 말로 표현할 수 없는 것을 연필을 쥐고 표현하게 하는 데생을 함양하고자 했다. 데생은 등사, 인각, 또는 사진 복제 같은 부수적인 기술과 예술로 확장될 수 있다는 점에서 이점이 있는 활동이었다. 그는 말로 표현할 수 없는 것을 표현하는 놀라운 예술적 언어인 연주와 노래 역시 중요한 예술적 표현 요소로 고려했다.Freinet, 1994a: 301 이러한 맥락에서 프레네는 '예술적 창조와 표현, 의사소통' 특성화 교실을 조직해, 아이들이 예술적으로 마음껏 표현하도록 하고 그들을 격려했다. 그는 이 교실이 원활히 운영될 수 있도록 다음과 같은 시설과 도구를 마련하고, 활동을 조직할 것을 제안했다.

- 피아노, 소리굽쇠, 피리, 그리고 특히 전축과 음반 같은 음악기기와 함께하는 노래와 연주
- 춤과 리듬체조(음악과 함께)
- 데생

- 그림
- 인각
- 모형 제작
- 연극, 인형극, 꼭두각시

Freinet, 1994a: 310

이상 간략히 소개한 8개 특성화 교실을 중심으로 프레네는 자신이 모든 인간 활동의 이유이자 목적으로 보는 일('일-놀이' 또는 '놀이-일')을 조직하고 고양하고자 했다.Freinet, 1994a: 311 그는 이렇게 변형된 학교에서 아이들이 개인적·사회적·인간적인 토대인 진정한 일을 하며 미래의 균형 잡힌 인간으로 성장할 수 있다고 생각했다. 거기서 하는 일들은 습득이나 지성 형성, 그리고 교양 형성 측면에서 따라오는 부수적인 활동이 아니었다. 그것은 교육적인 활동을 통합하는 요소였고, 아이들이 지닌 기본 욕구와 상급의 욕구들 모두를 충족하기 위해서 설계된 활동이었다. 아이들은 수공 활동, 정원 가꾸기, 동물과 식물 돌보기, 못질하기, 벽돌 쌓기와 쇠 단조하기 같은 활동에만 만족하지 않는다. 그들은 지적인 앎과 철학적인 교양, 그리고 삶의 도덕 개념에 도달하기 위해, 기본적인 일뿐 아니라 다양한 상급과정의 활동으로 자연스럽게 등정하고 싶은 성향을 지닌 존재이다.Freinet, 1994a: 251, 270-271 프레네가 구상했던 8개 일터교실은 이를 충족하기 위해 기본적인 일에서 상급과정에 해당하는 사회적이고 지적인 일 모두를 포괄하도록 계획되었다는 것을 보여 준다. 학교 환경 구축과 관련해 프레네는 이 같은 활용 가능한 실례를 보여 주는 것으로 자신이 충분한 역할을 했다고 보았다.Freinet, 1994a: 290

8개 일터교실에서 아이들이 경험하는 다양한 일과 관련해 어쩌면 그것이 아이들에게 어떤 혼란만을 가져다줄 것이라는 비판이 제기될 수 있을 것이다. 아이들이 선택할 수 있는 다양한 일들이 그들의 선택을 오히려 어렵게 만들고 그들 자신이 지금 무엇을 하고 있는지 혼란스럽게 만들 수 있다는 이유에서였다. 이에 관한 프레네의 대답은 단순했다. 그는 그런 혼란이 있을 수 있겠지만 아이들 경험의 다양성을 고려하는 것이 더 중요하고, 다양성이 주는 혼란 속에서 결국에는 아이들이 자신의 자리를 찾아갈 수 있을 것이라는 긍정적인 답을 내놓았다.Freinet, 1994a: 311-313 우리가 다양성을 추구하면 거기에는 언제나 복잡함이 있을 수밖에 없고 아이들은 복잡함 속에서 스스로 적응하는 길을 택할 수밖에 없을 것이라는 이유에서였다. 예컨대 학교가 새로 구축한 특성화 교실에 매력을 느끼며 정신을 빼앗긴 아이들이 있을 수 있다. 그들은 흥분 속에서 아직 무엇에 집중할지 결정하지 못한 채 여러 일들을 시험 삼아 해 본다. 어떤 강박에 빠지거나 심각해하지 않으면서 아이들은 이리저리 뛰어다니면서 하나의 특성화 교실에서 다른 특성화 교실로 자유롭게 이동한다. 그리고 교사들은 이러한 참기 힘든 단계를 감내한다. 아이들은 일이 제공하는 의미와 힘에 배어들면서 결국 점차 자신의 기호와 기질, 욕구에 맞춰 하나의 특성화 교실에 정착하게 된다. 이를 예로 들면서 프레네는 다양한 특성화 일터교실에서 다양한 일을 경험하는 가운데 아이들이 다양성 속에서 스스로 자신의 자리를 찾아가기를 기대했다.

특성화 일터교실에서 아이들이 다양한 일 경험을 하게 하는 또 하나의 중요한 목적은 이처럼 아이들이 자신의 적성에 맞는 일을 찾게 하는 데 있었다. 다양성 속에서 자신에게 적합한 일을 찾게 한다는 의도에서 프레네는 흥미 중심centres d'intérêt이라는 말보다 흥미의 복합성complexes d'intérêt이라는 말을 논리적으로 더 우월하게 보았다. 아이들 본원에 내재한 흥미의 복합성에 응답하게 하는 충분한 수단이 없다면, 별수 없이 우리가 지배적인 성향 주변으로 아이들을 집중하게 만드는 데 그칠 것이라고 그는 생각했다. 반면 8개 특성화 교실을 중심으로 설계된 프레네 학교는 다양한 시설과 도구 속에서 복합적으로 얽힌 아이들의 흥미에 동기를 부여하

고 그들이 자신에게 적합한 것을 선택할 수 있게 한다는 데 의미가 있었다.Freinet, 1994b: 67

4. 일 편성의 유의점

이제 남은 문제는 8개 특성화 (일터)교실에서 아이들이 하는 일들을 어떻게 편성할 것인지이다. 그는 연령대에 따라 달리 나타나는 아이들의 요구사항을 일 편성 시 고려하기를 제안했다.Freinet, 1994a: 283-286 저학년 아이들(8세 정도까지)과 중간학년 아이들(8~13세 정도까지), 그리고 고학년 아이들(13세 이상)의 요구사항이 각기 다르기 때문에 일 편성 시 그 점을 고려해야 한다는 것이다. 그의 제안을 좀 더 구체적으로 살펴보자.

첫째, 저학년과 고학년 아이들 모두는 충족하고 싶은 요구사항이 있다. 다만 고학년 아이들은 요구사항을 충족하고 싶더라도 그것을 침착하게 제어할 수 있다. 반면 저학년 아이들은 자신들의 요구사항이 즉시 충족되기를 원한다. 이에 그들의 요구사항이 바로 충족되지 않고 오랜 시간이 걸리는 정원 가꾸기와 동물 기르기 같은 활동은 그들의 주목을 끌기 어려울 수 있다. 예컨대 씨앗이 싹을 틔우고, 동물이 자라기까지는 일정 정도 기다리는 시간이 필요하다. 따라서 자신의 노력이 즉시 확인되고 그 대가가 보상으로 이어지는 일을 저학년 아이들에게 제공해야 한다고 프레네는 제안했다.

둘째, 8~13세 아이들은 점차 자신의 경험에서 오는 결과를 따르고 자기 연령대에 사회가 언제나 필연적으로 부과하는 요구에 따르기 위해 단순한 요구사항을 지배하기 시작한다. 그것은 그들이 진정으로 의식적인 삶을 시작한다는 뜻이다. 아이들은 본능적 요구에 지배되는 시기에서 벗어난다. 그들은 자신이 도달하고자 하는 목적을 시간적으로나 공간적으로 점차 늦

출 수 있다. 그들이 실행하고 싶은 일들도 점점 더 복잡해지고 분화가 이뤄진다. 그렇지만 이 연령대 아이들에게도 가급적 노력의 효과를 바로 확인할 수 있는 일들을 중심으로 일이 편성되기를 프레네는 제안했다.

셋째, 프레네는 13~14세에 이르는 시기를 교육적 전환기인 사춘기로 보면서, 자신의 책에서 일 편성에 관한 구체적인 언급을 생략했다. 그렇지만 결론적으로 그는 아이들 활동으로 우리가 일을 편성할 때 다음의 조건을 반드시 고려할 것을 제안했다.

> 선명하게 가시적인 목적을 추구하는 것, 진척 사항을 쉽게 측정할 수 있는 것, 비교적 독립적으로 실현할 수 있는 것, 어른의 책무를 고려하는 것, 자기가 만족하고 우리 주변 사람들이 승인하는 것.Freinet, 1994a: 153

이상 살펴본 학교 공간 재구조화와 관련해 그것이 그럴듯해 보이지만 비용 면에서 현실 가능성이 있는지라는 질문이 제기될 수 있을 것이다. 프레네는 이를 인식하면서 당시 다음과 같은 답을 내놓은 바 있다. 운영자금과 관련해 그는 이러한 학교 재구조화가 당시 전통 학교보다 훨씬 더 많은 비용을 필요로 하지 않는다고 답했다. 또한 그는 비용을 효율적으로 운용하는 것으로 이러한 문제제기에 대응할 수 있다고 생각했다.Freinet, 1994a: 315 그는 자신이 계획했던 학교가 보잘것없는 시골 학교들이었기 때문에 특히나 많은 비용이 필요하지 않다고 강조했다.Freinet, 1980: 64 그는 값비싼 설비를 요구하지 않았으며 기존 시설을 보존하면서 그것을 재구조화하는 데 목적을 두었다.

> 우리는 현재 학교에 있는 거의 모든 것을 보존할 거예요. 우리는 단지 그곳을 청소하고, 쓸모없는 가지들을 쳐내고, 만족스럽지 못한 부

분을 보강할 거예요. 우리는 결정적으로 낡았거나 시대에 뒤떨어진 것을 교체할 거예요. 학교 메커니즘이 구상하고 있는 의미들 속에서 이 기능이 제대로 발휘될 수 있게 이 모든 것을 실수 없이 다시 짜 맞출 거예요.<small>Freinet, 1994a: 280</small>

이를 고려한다면 그의 학교 개혁은 폐교 위기에 처해 있는 우리의 시골 학교들이나 작은 규모의 학교들에서 우선적으로 참조할 만하다고 볼 수 있을 듯하다.

7장
학교교육 실제(2): 일의 도구와 기술

프레네 학교에서 학생들은 의자에 얌전히 앉아 교사의 설명을 가만히 듣고 있지 않는다. 대신 학생들은 분주히 일하면서(행하면서) 무언가를 배운다. 프레네는 교실을 분주히 일하는 곳으로 깊숙이 변형시키는 데 필요한 여러 일의 도구와 기술을 창조하고, 실험하고, 확산시켰다. 프레네 실천교육학의 독창성과 강점은 이러한 실천 가능한 도구와 기술 측면에서 주로 많이 거론되어 왔다.Freinet, 1994b: 398 그것이 가장 위대한 교육사상가들이 정립해 온 이론들을 실천 가능한 것으로 만들었다는 점에서 그렇다. 그는 자신의 실천이 거둔 성공이 자신에게만 한정되지 않고 수천여 곳의 다른 학교들에서도 가능할 수 있으리라 기대했다.Freinet, 1980: 16 여기서 도구 outil, tool는 프레네가 고안하고 실천했던 온갖 종류의 학습 자료를 포괄하는 용어이다. 그리고 그는 우리가 흔히 '방법méthode'이라고 일컫는 실천을 '기술technique'이라는 용어로 대체했다. 그에 따르면 방법méthode은 그것을 창시한 사람만이 그것을 수정할 권한이 있는 실천이자 누구나 존재하는 방법 그대로 그것을 실천해야 하는 고정된 정형이다. 그는 몬테소리 '방법 Montessori method'을 이러한 정형의 대표적인 예로 들었다. 예컨대 1930년대에 실천되던 몬테소리 방법이 하나의 고정된 정형으로 작용해 오늘날에도 그것을 똑같은 방법으로 실천하게 종용할 수 있다는 것이다. 이와 달리 그는 자신의 실천이 완성된 틀도, 고정된 정형도 아니라는 점을 분명히 했다.

자신의 실천을 하나의 정형으로 밀봉해 불변적인 것으로 만들지 않겠다는 의도에서 그는 방법 대신 기술이라는 용어를 택했다. 따라서 프레네 '기술'이라는 용어 속에는 교사들 각자가 자신이 처한 상황에 맞게 프레네의 실천을 응용해 실천해야 한다는 의도가 담겨 있다. 그는 자신이 오랫동안 실험한 도구와 기술을 교실에서 어려움에 봉착한 교사들에게 제공하고 그들이 자신의 실천을 개선하기 위해 그것을 변형해 사용하기를 원했다. 따라서 예컨대 1940년대에 존재했던 프레네 기술은 1965년대의 교사들이 실천하는 프레네 기술과 상당히 다를 수 있다. 물론 2019년 프레네 교사들이 실천하는 도구나 기술도 그와 다를 수 있다. 그는 기술이라는 용어를 사용함으로써 교사들이 자신의 교육실천을 더욱 풍부하고 수월하게 행할 수 있게 프레네 도구와 기술을 개선하고 변형할 수 있는 여지를 남겨 놓았다.Freinet, 1937: 1980: 36-37

프레네가 실천했던 일의 도구와 기술은 기존(전통) 학교가 갖는 문제점을 해결하기 위해 제기했던 네 가지 질문과 연관해 살필 수 있다. 그 질문은 첫째, 학생들은 학습의 과정에서 어떻게 능동적일 수 있을까? 둘째, 삶과 교육과정을 어떻게 연결할 수 있을까? 셋째, 모든 학생들이 언제나 동일한 방식으로 배우는 것이 아니라면 어떻게 하면 다른 사람들과의 관계 속에서 자기 리듬에 따라 학습하도록 할까? 넷째, 학교를 어떻게 하면 권위주의적 통치의 공간이나 규율훈련 장치로서 기능하게 하지 않고 민주적인 공간이 되게 할 수 있을까이다.

이 질문에 답하기 위해 그는 아이들의 표현과 소통 욕구를 충족하는 자유표현과 소통의 교육, 아이들 학습에 의미를 불러일으키는 삶과 연결된 교육, 협동의 틀 속에서 아이들이 자기 리듬과 선택에 기초해서 배우게 하는 교육, 협동적이고 민주적인 학교 조직과 운영을 가능하게 하는 도구와 기술을 고안하고 실천했다. 이를 전체적인 그림으로 우선 제시하면 다음과 같다.[29]

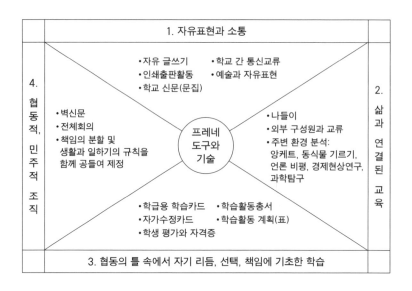

1. 자유표현과 소통의 도구와 기술[30]

아이들의 기본 욕구 중 하나는 소통의 욕구이다. 따라서 자유로운 표현의 기회, 교류와 소통의 기회를 보장해 주는 일Baillet, 1995: 29은 중요하다. 프레네는 우선, 언어와 기호의 소통 수단, 시·공간으로 멀리 떨어진 사람들과의 관계를 확장할 수 있게 하는 쓰기와 읽기 같은 소통 수단을 위해 자유 글쓰기에서 인쇄출판작업, 학급 신문, 학교 간 통신교류로 이어지는 일련의 순환을 대표 기술로 실천했다. 다음으로 그는 예술적 소통의 수단을 위해 자유로운 예술 표현의 기술을 활용했다. 이러한 실천은 오늘날에도 그의 교육을 따르는 많은 교실에서 행해지고 있다.

---

29) 이 그림은 현대학교협회 팸플릿에 소개된 그림을 참고해 재작성한 것으로, 원본의 내용과 차이가 있다.

30) 이 부분은 정훈·권성호(2013: 124-128)에 기초한 것이다.

1) 자유 글쓰기[31]

'자유 글쓰기Le texte libre'는 아이들이 선택한 '자유로운 주제에 대한 글쓰기'이자, 쓰고 싶은 것을 쓰고 싶을 때 쓰는 것이며, 외부로부터의 압력 없이 그들 스스로 독자적인 주도권을 가지고 행하는 글쓰기 작품이다.정훈, 2012 이 점에서 '자유 글쓰기는 고백, (내적 가능성의) 발현, (감정 등의) 폭발, 치료의 특성이 있는 활동'이다.Freinet, 1980: 56 글의 형식과 주제, 평가의 제약에서 해방된 자유 글쓰기는 내면의 개인적인 것을 표현하게 함으로써 내면의 '나'와의 소통을 가능하게 한다. 자유 글쓰기를 통해 학생들은 자신들의 감정을 표현하는 많은 길을 제공받는다.Acker, 2007: 69 글쓰기를 통한 자유표현은 아이들의 개인적 가치와 정체성을 확인하게 한다는 데 의미가 있다.Lee & Sivell, 2000: 53 자유 글쓰기는 그 자체로 끝나는 활동이 아니며 여러 후속 작업으로 활용된다. 우선 각자의 자유 글쓰기 작품은 교실에서 발표되고 전체 아이들은 그 글을 놓고 내용과 문법, 어휘 선택, 구문과 철자의 정확성 등과 관련하여 글 쓴 당사자와 함께 공동의 작업을 거쳐 수정한다.

다음으로 아이들의 자유로운 투표로 선별된 자유 글쓰기 작품은 공동의 '인쇄출판작업'을 거쳐, '학급 신문'으로 만들어진다. 자유 글쓰기 작품들은 인쇄되고 출판되어 지역공동체 구성원들뿐만 아니라 통신교류하는 낯선 지역의 친구들과 주고받으며 관계 맺기로 이어진다. 이에 자유 글쓰기에서 학교 간 통신교류로 이어지는 일련의 순환에는 언제나 자신의 글을 읽어 줄 청중(독자)이 존재한다.Lee & Sivell, 2000: 49 이는 개인의 내적 표현에서 출발하는 자유 글쓰기가 반드시 다른 사람들과 공유되고 소통되는 것으로 활용된다는 점을 말해 준다.정훈, 2012: 17

---

31) 자유 글쓰기에 대한 좀 더 상세한 설명은 정훈(2012)이나 이 책 10장을 참고할 수 있다. 또한 황성원(2010), Baillet(1995)의 연구물을 더 참고할 수 있다.

2) 인쇄출판작업과 학급 신문[32)]

'인쇄출판작업'은 아이들의 자유 글쓰기 결과물을 인쇄기를 가지고 직접 인쇄하고 학급 신문으로 출판하는 공동의 협동작업이다. 등사와 인쇄출판 작업은 아이들에게 영원한 매혹과 지속적인 마법으로 작용한다. 소통이 원활한 교실 공간에서 아이들은 자기 자신의 고유한 느낌과 생각을 표현하고, 자리 잡게 하며, 자신의 감정을 밖으로 표출하고, 멀리 떨어진 사람들과 관계를 맺는다.Freinet, 1994a: 309 인쇄출판작업은 대체로 자유 글쓰기, 그룹에서 편집하기, 활자 조판하기, 삽화 그리기, 종이 준비하기, 활자에 잉크 칠하기, 인쇄하기, 지면 순서 맞추기, 철심 박기 순서로 진행된다.Freinet, 1990b: 29-30

'학급 신문'은 월말에 인쇄작업을 거쳐 특별한 표지 장식과 함께 제본되는 일종의 자유 글쓰기 작품집이자 고학년의 경우에는 실제 신문의 형식을 갖추어 독창적인 형태로 만들어진다. 학급 신문은 일종의 소통 매체로 학급 신문의 교환과 상호 비판을 통하여 인쇄기술과 내용이 개선될 수 있게 하고 새로운 작업 가능성이 발견될 수 있게 하며, 편지 교환이 가능하게 한다.Baillet, 1995: 31 학급 신문은 보통 다음의 다섯 가지 엄격한 규칙에 따라 만들어진다.Freinet; Acker, 2007: 67-68 재인용

첫째, 학급 신문은 잘 인쇄된 문서여야 하며, 이에 참여하는 학생들은 단합된 팀처럼 일해야 한다. 둘째, 인쇄된 텍스트의 행의 끝을 나란히 맞춰야 한다. 셋째, 페이지 번호를 매기는 것이 중요하며, 문자와 줄 간격이 촘촘하지 않게 해야 한다. 또한 예술가의 화폭처럼 자랑스러운 걸작으로 마무리돼야 한다. 넷째, 텍스트는 완전해야 하고 어떤 인쇄상의 실수가 없어야 한다. 교사들은 인쇄작업에 앞서 최종 승인을 한다. 다섯째, 학급 신문에 삽화를 넣어야 한다. 이 삽화는 학생들 자신의 삶과 환경에서 나오

---

32) 이는 학교 규모에 따라 학교 단위로 제작된다면 학교 신문으로, 학급 단위로 제작된다면 학급 신문이나 문집으로 부를 수 있을 것이다.

는 흥미를 반영해야 한다. 또한 학급 신문이 보기에 즐겁고, 내용이 학생들의 독창적인 표현이면서 그들의 삶과 관심을 반영한다면 그것은 부모뿐 아니라 통신교류하는 학생들의 관심을 끌 수 있다. 학급 구성원들 모두가 참여하는 집합 작업으로 제작되는 학급 신문은 반 아이들뿐 아니라 교사들, 학부모들, 지역공동체 구성원들에게, 그리고 '학교 간 통신교류La correspondance interscolaire'를 통해 다른 지역의 학급 구성원들에게 배포된다.

학급 신문 기술은 빠르게 발전해 프랑스 국내뿐 아니라, 이탈리아, 스위스, 벨기에, 네덜란드, 독일, 덴마크, 노르웨이, 스웨덴, 그리스의 일부 학교에서, 그리고 미국, 쿠바, 멕시코, 남아메리카의 여러 나라에서도 프레네의 것과 유사한 학급 신문들이 만들어졌다. 예컨대 멕시코의 한 프레네 실험학교는 아이들의 진정한 삶이 밀접하게 반영되었을 뿐 아니라 멋진 표지로 장식된 삶이 묻어나는 신문을 프레네에게 보내오기도 했다. 학급 신문이 세계를 가로질러 실천되었다는 사실은 프레네 기술이 당시 세계적으로 채택되고 있음을 입증하는 하나의 사례였다.Freinet, 1990b: 31~35

3) 학교 간 통신교류

자신의 학급에서 생산한 텍스트들이 마을에서 잘 읽혔고 학부모들의 평가도 괜찮았지만, 프레네는 여전히 만족스럽지 않았다. 인쇄출판작업의 첫 성공에도 불구하고 어떤 불충분함을 느낀 것이다. 이때 프랑스 북부 생 필리베르 드 트레겅에 거주하는 다니엘Daniel이 프레네와 동일한 인쇄기를 구입해 자유표현 작업에 착수했다. 프레네는 자유 글쓰기 작품을 토대로 문집 25부를 만들어 생 필리베르의 다니엘 학급에 보냈다. 그리고 그는 다니엘로부터 그의 학급에서 인쇄한 문집 25부를 답례로 받았다. 이러한 방식으로 두 학급은 2년 동안 학교 간 통신교류를 전개했고 그것은 처음 시도치고는 매우 성공적이었다.

지금부터 우리는 트레겅의 우리 귀여운 친구들의 삶을 살아요. 우리는 그들이 하는 두더지 사냥이나 놀라운 고기잡이에 대한 생각을 따라 체험해요. 그래서 그쪽 바다가 우리에게 다가오고 바다에 격랑이 부는 날이면 우리는 그 친구들과 함께 두려움에 떨었어요. 우리는 그쪽 친구들에게 우리들에 관해, 오렌지와 올리브 꽃 따는 일에 관해, 카니발 축제에 관해, 향수 제조에 관해 이야기했어요. 그 결과 우리 프로방스 전체는 그렇게 트레겅을 향해 출발할 수 있었어요.^{Freinet,}
^{1980: 23}

이처럼 '학교 간 통신교류'는 각기 다른 학교에 지내면서 서로 쌍을 이루는 학급들이 우편으로 학급 신문뿐 아니라 편지, 지역의 특산물, 선물, 사진, 녹음테이프, 슬라이드 등등을 주고받는 일종의 문화 패키지를 교류하는 작업이었다. 특히, 편지 교환은 타고난 소통 욕구를 고려한 것으로, 학급 아이들에게 참다운 소통의 가능성을 제공한다.^{Baillet, 1995: 31}

학교 간 통신교류는 대중매체가 불러일으키는 '간접적' 이미지에서 벗어나, 아이들이 먼 거리에 있는 공동체의 아이들, 학부모들, 교사들뿐 아니라 자신의 교실과 공동체에서 사람들과 함께 참여하며 소통할 수 있는 상황을 창조한다.^{Sayers, 1994: 86}

학교 간 통신교류를 위해서는 서로 통신교류할 수 있는 자매 학급들을 연결하는 것이 필요하다. 이는 두 가지 방법이 있는데, 하나는 프레네 실천교육학을 실천하는 교사들의 지역별 모임이나 국제회의에서 만난 교사들이 스스로 주선하는 것이다. 다른 하나는 프레네 교사들의 협력조직인 현대학교협회가 모든 학년 수준에서 비슷한 관심이 있는 학급들을 서로 연결시켜 주는 것이다. 또한 현대학교협회는 서로 정기적인 우편물을 주고받는 8~12개 학급으로 구성된 '학급군##'을 형성하는 일련의 자매 학급들을 주선한다. 자매 학급들은 대체로 글쓰기 작품이나 '문화 패키지'를 매일 또는 주마다 교환한다. 반면, 학급군을 구성하는 학급들의 경우는 한 달에 한두 번 교환한다. 요컨대 서로 개별적으로 짝을 이뤄 교류하는 자매 학급들은 개별 학생들 간의 편지 쓰기, 학급과 학급 간의 편지 교환, 공동의 작업, 합동 프로젝트에 기반해 훨씬 더 개별화된 소통 체제를 구축한다. 그리고 학급군을 이루는 학급들 모두는 학생들이 직접 쓴 '자유 글쓰기'와 학급 신문의 형태로 인쇄된 텍스트들을 정기적으로 교환한다. 자매 학급들 사이에서 개별적인 편지 교환을 위해 학생들은 대체로 두 가지 방식으로 연결된다. 하나는 교사들끼리 학생들의 배경과 관심에 따른 세부사항을 기록한 학생 이력에 대한 개요를 교환해 교사들이 학생들을 서로 연결해 주는 방식이다. 다른 하나는 교사의 안내에 따라 학생들이 자매 학급의 학생들에게 자신이 직접 쓴 이력에 대한 개요를 보내 학생들끼리 짝을 이룰 대상을 찾게 하는 방식이다.Ibid., 72-73

학교 간 통신교류를 거치며 아이들의 관심사는 더 이상 개인적인 관심에만 머무르지 않고, 자신의 학급 친구와 교류하는 친구들에게로 확장된다. 이상의 일련의 과정은 다음 설명의 예에서처럼 프레네 교실의 대표적 장면을 구성해 왔다. 이는 특정 교과목 수업 차원에서 일회적으로나 단편적으로 다뤄지지 않고, 학교생활의 일부로 자연스럽게 실천되었다.

한 학교에서 저는 모든 연령의 아이들이, 심지어 가장 어린 나이의 아이들조차 자신이 자유롭게 글쓰기 한 생생한 작품을 만들기 위해 실제 인쇄 특성을 이용하는 것을 보았어요. 그들은 특별히 단순하고, 실제적이며 감당할 수 있고 아이들에 의해 쉽게 다뤄질 수 있는 인쇄기를 사용하여, 아주 정확하게 삶의 책livre de vie이라 부르는 작품집의 페이지들을 인쇄했어요. 이는 우리가 여전히 우리의 학교를 위해 창조해야 하는 실험 설비의 전형이에요. ("삶의 책"의 창조뿐 아니라 인쇄작업은 프레네의 전통을 따르는 학교들의 전형적인 특징이에요.) 그들은 페이지마다 삽화를 추가하고 색채를 가미하는데, 그것들이 실제 학급 신문에 수록되어요. 그리고 학급 신문은 아이들이 만들어 낸 생산물 중 가장 고무적인 것일 뿐 아니라, 프랑스나 다른 나라 학교들에 있는 수천 명의 다른 학생들에게 우송되는 진짜 신문이에요. 그곳에서도 학생들의 모든 학문적·지역적·사회적 작업의 기록이자 정신이며 동기부여원인 비슷한 신문이 제작되고 인쇄되어 보내져요. 여러분은 그런 작업 기술에서 아이들이 보이는 관심을 거의 믿지 못할지도 몰라요. 이런 측면에서 이러한 일련의 과정은 다른 학문적 과제가 활기를 띠도록 해요.Freinet, 1994a: 309

여기서 프레네는 인쇄매체, 우편이라는 통신 수단보다 소통 그 자체를 더 중시한다. 이 때문에, 현재 프레네 교실에서 사용되는 도구와 통신 수단은 테크놀로지의 발달에 따라 대부분 컴퓨터와 복사기, 인터넷, 전자메일로 대체되어 실천된다. 이는 우리가 소통을 위해 소통의 도구를 사용하는 것이지, 소통의 도구가 있기 때문에 소통하는 것이 아니기 때문이다. 만일 테크놀로지를 먼저 채택하고 그다음에 왜 그래야 하는지를 결정한다면 그 프로그램은 실패로 끝날 확률이 높다. 소통이라는 목적이 분명 우선이며 그것을 가능하게 하는 도구(또는 수단)의 채택은 그다음이다. 이에 프레네 교사들은 소통의 목적을 원활히 할 수 있는 이용 가능한 도구들을 계속 활용해 오고 있다.Lee & Kazlauskas, 1995: 19

4) 예술적 자유표현

소통은 언어뿐 아니라 비언어적 상징들에 의해 의미가 전달되는 과정이기도 하다.권성호, 2002: 105 프레네 교실에서는 앞서 살펴본 언어와 인쇄매체를 통한 소통 수단 이외에 예술적 표현의 소통 수단을 중요하게 사용한다. 사람들 사이의 교감이 되는 예술적 표현이나 소통은 새의 지저귐이나 곤충 날개가 윙윙거리는 소리처럼 어떤 미묘한 본능 충동으로 이해된 다.Freinet, 1994a: 302 프레네 학교에서 자유표현은 다음과 같이 삽화, 사진, 악기, 영화, 춤, 연극 등 여러 형태의 예술 작업을 포함한다.

> 프레네 방법은 많은 형태의 자유표현을 포함한다. ⋯ 프레네 학급 에서는 언제나 바로 쓸 수 있는 종이와 물감이 준비되어 있고 아동들 은 언제고 원할 때 쓸 수 있었다. 리놀륨 인쇄와 복사기의 일종인 리 모그라프를 사용하여 학급 신문에 삽화를 넣는다. 어떤 학급에서는, 돈이 많이 들어서 자주는 할 수 없으나 사진을 찍어 확대하고 영화 필름을 만든다. 악기도 사용할 수 있고 자신의 극과 악보를 연주하도 록 부추겨지기도 한다. 춤, 연극과 다양한 소재를 사용한 예술 작업이 프레네 교수법에서 중요한 역할을 한다. 자신의 예술을 창조함으로써 아동들은 문화와 새롭게 관계를 맺게 된다. 아동들은 자신의 작품 상 태를 이해하고 있기 때문에, 학교에서 연극·미술관·박물관을 방문하 여 감상하고, 본 것들을 비평할 수 있다.Castles & Wüstenberg, 1979: 234-235

프레네는 이러한 예술적 자유표현의 목적을 학생들을 예술가로 기르는 데 두지 않고 학생들이 그들 자신의 정체성을 발견하고 발달시키는 데 두 었다.Lee & Sivell, 2000: 54 그는 구두로 표현하고자 하는 욕구는 말하기로, 문 자로 표현하고자 하는 욕구는 자유 글쓰기가 중심 원리인 쓰기로, 이미지 와 소리에 대한 욕구는 미술과 음악으로, 몸동작과 예술적 창조의 욕구는 연극과 점토작업을 비롯한 여러 수공활동으로 표현하게 하는 자유표현 기 술을 발전시켰다.Peyronie, 2000: 220-221 이는 학생들에게 가능하면 여러 가지 종류의 자유표현 기술을 익히게 함으로써 누구나 자신의 개인적인 표현욕 구에 가장 접근하는 기술을 발견하도록 돕기 위해서였다.Baillet, 1995: 191 여 기서 예술을 통한 자유표현은 구두나 문자를 통한 자유표현과 똑같이 중요하다.Lee & Sivell, 2000: 53 예술적 자유표현과 관련된 사항은 다음과 같은 몇 가지 측면에서 좀 더 보충해 볼 수 있다.

첫째, 프레네 실천교육학을 실천하는 학교들은 미술 표현을 위한 작업을 보장하기 위해 회화, 인쇄, 리놀 조각 등을 할 수 있는 작업장이나 코너를 마련해 놓는다. 그곳은 충분한 공간이 주어져 있고, 아이들은 바닥이나 책상 위, 벽 등 원하는 곳에다 종이를 마음껏 펼쳐 놓고 작업을 할 수 있다. 종이와 물감 역시 충분히 준비해 놓는다.Baillet, 1995: 115

둘째, 자유로운 음악을 통해 아이들은 내면적 감정을 해방시키는 표현 가능성으로 즉흥적 노래 부르기, 하고 싶은 말을 음악적인 형태로 전달하기, 발견한 음악적 재료를 스스로 창조적으로 사용하려는 욕구에서 자작곡 만들기를 할 수 있다. 그리고 자유로이 노래 부르기를 1년 정도 하게 되면 악기를 사용하고자 하는 욕구를 가시적으로 나타낸다.Ibid., 118

셋째, 프레네 실천교육학을 실천하는 독일의 까린드 학교의 사례가 보여주듯 연극과 춤 같은 신체표현도 중요한 예술적 표현으로 실천될 수 있다.

각 학급마다 연극 공연을 많이 하는데 그 과정에서 아이들이 직접 쓴 희곡뿐 아니라 유명한 작가의 고전 또는 현대의 희곡이나 이야기들을 아이들이 직접 연출하기도 했다. 그 밖에도 각 학급의 아이들은 일종의 표현 춤을 연습했다. 아이들은 음악에 따라 자신들이 옳다고 혹은 어울린다고 느끼는 대로 달리고, 점프하고, 춤추면서 움직였다.Baillet, 1995: 148

신체표현은 "무언가(걷기, 기기, 뛰기, 던지기, 잡기, 달리기, 공격하기, 방어하기, 춤추기 등과 같은)를 '하는' 몸에서 '말하기 위한' 몸이 되는 것이며, '그냥' 몸이 아닌 무언가를 느끼면서 '존경받는' 몸이 되게 하는" 중요한 기술이다.서울특별시교육청, 2008: 54 프레네 교실에서 학생들은 몸을 활용해 극 표현과 춤 표현을 할 수 있다. 이는 프레네 실천교육학을 실천하는 다음과 같은 한 교사의 말에 잘 반영되어 있다.

몸은 따라서 더 이상 단순히 '하기 위한 것'이 아니라 하나의 특별한 '하기'이다. 달리 말하면, 몸은 말이나 글 없이도 다른 사람들에게 말하도록 도와준다. 그것은 새로운 길을 열어 준다. 자유 글쓰기와 유사하게 연극과 춤은, 프레네 교육에 정의되었듯이, 몸으로 개입하는 것을 필요로 하고 그것을 연마시킨다. 이러한 작업들은 집단적으로 조직되는 자유로운 작업의 특성을 갖는다. 표현의 도구로서의 몸은 따라서 아동과 다른 사람들을 연결해 주기 위한 행위를 능가한다.서울특별시교육청, 2008: 56 재인용

이러한 자유로운 춤과 인형극, 연극 등은 문자나 말로 자신을 전달할 능력이 없어도 자신의 불안, 문제, 기쁨 등을 표현하고 개선할 수 있는 가능성을 제시한다.Baillet, 1995: 150 그리고 "생각을 창조하며, 자신을 발견하고 자신의 입장을 세우고 자신을 알고 자신을 해방시키며 자신을 창조하는 힘을 습득하게 하고, 소통을 통하여 또 다른 자기 자신을 향해 길을 열어 주며, 세상을 발견하고 지식을 건설할 수 있도록"서울특별시교육청, 2008: 69 한다는 데 소통의 수단으로서 중요한 의미가 들어 있다.

2. 삶과 연결된 교육을 위한 도구와 기술

프레네는 삶과 연결된 교육을 위해 쿠와 드 네프(뭐 새로운 것 없니?), 지역의 작업장, 공장, 농장, 자연과 교류하게 하는 나들이(산책 수업), 주변 환경에 대한 앙케트 조사, 과학연구, 경제현상연구 같은 기술을 고안했다. 이

중 쿠와 드 네프는 아이들이 수업시간 전이나 교실에 들어오기 전에 어떤 일을 경험했는지를 함께 이야기 나누는 것이다. 이를 통해 교사는 아이들이 교실에 들어오기 전에 했던 경험을 수업의 출발점이나 수업 내용과 자연스럽게 연결할 수 있다. 특히 현장 견학이나 산책 수업으로 번역되기도 하는 나들이는 지역의 작업장, 공장, 농장, 자연을 이해하고 교류하게 하는 기회를 제공하는 그의 대표 기술 중 하나이다. 나들이를 통해 교실은 고립된 공간이 아니라 학교 밖 세계와 상호 연결되고, 상호의존적이며, 상호작용하는 세계로 인식된다. 이는 지역의 삶과 교류하고 연대하고 교제하게 하는 좋은 기회가 될 뿐 아니라, 배움의 장소를 학교 밖으로 확장한다는 데 의미가 있다.

1) 나들이

프레네 학교에서 교실은 지역공동체로 확장된다. 아이들은 공동체로 나가고 공동체 구성원은 학교로 들어온다. 학교 일과 시간에 아이들은 근처 박물관이나 유적지를 방문하고 연극이나 뮤지컬을 관람한다. 그들은 지역 농장이나 기업을 방문해 그곳이 어떻게 운영되는지를 보고 배운다. 후속 작업으로 아이들은 지역 행정가, 학자, 장인, 예술가, 그리고 기업인들을 인터뷰하고 후속 연구를 진행하기도 한다.[Lee, 1994a: 91] 아이들은 나들이 시간을 주변 경관과 계절, 식물과 동물, 주변 사람들, 직업 생활을 이해하고 그와의 관계를 돈독히 하는 기회로 삼았다. 그러나 학부모나 장학사 입장에서 나들이라는 명칭을 좋게 받아들이지 않을 거라고 프레네는 예상했다. 학부모들이 자녀를 나들이 보내기 위해 학교에 보낸다고 생각하지 않을 것이고, 장학사들 역시 나들이 떠난 아이들을 교실로 불러들이기 위해 그들을 찾아 나서기를 절대 원하지 않을 것이라고 생각했기 때문이다. 그러나 그는 나들이 기술을 일종의 구원으로 여겼다. 나들이에 대한 다음의 묘사 속에서 우리는 그 이유를 찾을 수 있을 듯하다.

프레네 교실의 아이들은 오후 수업시간에 읽기 내용이 적힌 칠판 앞에서 꾸벅꾸벅 졸지 않는다. 대신 그들은 마을 근처의 들판으로 떠난다. 아이들은 따라 하고 싶은 마음이 들게 할 만큼 능숙하고 확신에 찬 몸짓으로 일하는 대장장이, 소목장, 직조공 앞에서 가던 길을 멈춰 선다. 그들은 시골의 다양한 계절 풍경을 관찰한다. 겨울은 장대로 떨어낸 올리브를 거두기 위해 올리브 나무 아래 방수포가 펼쳐지고, 봄은 오렌지 나무에 핀 꽃을 따려고 자진해서 나서는 때이다. 그들은 자기 주변의 꽃이나 곤충, 돌이나 시냇물을 더 이상 스콜라주의에 기댄 방식으로 검토하지 않는다. 그들은 객관화된 방식이 아니라 그들의 자연스러운 감수성으로 자신의 온 존재로 그것들을 느끼고 받아들인다. 이는 자신이 다니는 학교와 자신의 주된 삶의 공간인 지역사회가 결코 동떨어진 공간이 아니라는 인식을 아이들에게 심어준다.Freinet, 1980: 18-19

프레네에게 많은 영향을 준 로뱅의 표현을 빌리자면 이러한 나들이의 모습은 아이들이 자신의 역량에 상응하는 다양한 작업을 경험하며 '나비처럼 날아다니는 활동'이다. 나들이가 주는 이러한 효과는 학교가 삶을 향해 열려 있다는 것을 말해 줄 뿐 아니라 교과서 속에 담긴 이론만이 아니라 주변의 살아 있는 문제들을 연구할 수 있는 기회를 제공한다. 나들이를 통해 교실은 고립된 기관에서 벗어나 실제 사회와 같은 곳이 될 뿐 아니라, 세계와 상호 연결되고, 상호의존적이며, 상호작용하는 공간으로 확장된다.Acker, 2000: 15-16 교실은 세상 속으로 확장되어 아이들이 삶의 공동체에 참여하고, 타인과 타 문화를 더욱 잘 이해할 수 있게 하는 길을 연다는 점에서 "세상의 일부"로 탈바꿈된다.Ibid., 9 나들이에 담긴 또 하나의 의미는 그것이 자유 글쓰기로 이어지게 하는 매개가 된다는 점이다. 나들이를 마치고 교실로 되돌아오면 아이들은 칠판에 '나들이 보고서'를 적는다. 그리

고 그것은 인쇄출판작업과 학급 신문으로, 다시 학교 간 통신교류의 순환
으로 이어진다. 교실의 인쇄기를 통해 나들이 경험이 살아 있는 텍스트로
옮겨질 때 아이들의 심원하고 기능적인 흥미가 발생할 수 있다고 프레네는
보았다.Freinet, 1980: 18-19

2) 외부 구성원과의 교류

삶과 연결된 교육의 또 하나의 예는 지역사회 구성원들을 학교 안으로
자주 끌고 들어오거나 나들이의 경우처럼 아이들을 학교 밖으로 끌고 나
가는 것이다. 교사가 학교에서 텃밭을 가꾸거나 가구를 제작하려고 한다
면 어떻게 하면 될까. 물론 교사가 그 능력을 갖추고 있으면 좋겠지만 모든
교사들이 그럴 수는 없을 것이다. 프레네는 이때 교사들이 지역의 구성원
들에게 도움을 청하면 된다고 말한다. 지역의 농부나 목수를 우리의 교실
로 끌어들이면 된다는 것이다. 그것이 여의치 않으면 아이들을 데리고 농
부나 목수를 찾아가 그들이 하는 작업을 지켜보고 따라 하게 하면 된다.
또한 아이들의 관심사에 따라 할머니나 지역의 요리사, 이민자들을 찾아가
조사연구를 진행하게 할 수도 있다. 이를 통해 프레네는 학교가 사회적 삶
을 향할 수 있다고 보았다.

우리가 정원에서 어떤 다루기 힘든 작업-예컨대 특수작물의 파종,
전지나 접붙이기-을 해야 한다면 우리는 우리를 돕고, 가르치고, 안내
할 지식 있는 농부들에게 물어야 할 것이다. 우리는 그들이 우리에게
어떤 수업을 진행하기보다 그 작업을 어떻게 하는지를 보여 주기를 원
한다. …
우리가 어떤 가구 한 쌍을 만드는 데 어려움을 겪고 있다면, 어느
이른 오후 (마을의) 목수가 우리의 시작을 돕기 위해 학교를 찾아올지
모른다. 다른 시간에는 광주리 만드는 사람, 대장장이, 벽돌공, 세탁공

이 찾아올 것이다.

학교를 향하는 이러한 삶의 흐름과 함께, 우리는 실제 삶을 향하는 학교의 흐름 역시 가질 수 있을 것이다. 우리 학생들이 지닌 복합적 욕구에 따라, 그들은 호텔의 요리사, 난롯가의 할머니나 은둔 중인 식민지 거주자들을 찾아가서 인터뷰할 것이다.

Freinet, 1977: 113

3. 협동의 틀 속에서 자기 리듬에 따르는 학습, 선택과 책임의 학습을 위한 도구와 기술

프레네는 모든 학생들이 동시에 똑같은 학습활동에 몰두해야 한다는 생각에서 벗어나기를 원했다. 그러한 일제식 방식이 권위주의에 기댄 개념이자 아이들 본성에 역행하는 것이기 때문이다. 이에 그는 스스로 선택한 기준에 따라 자신의 학습을 기획하고 비판적으로 평가하는 기회를 제공하는 것이 아이들의 동기를 유발할 수 있다고 생각했다. 이러한 생각은 교사와의 협의하에 자신의 리듬에 따라 학습하는 것을 가능하게 하는 학급용 학습카드, 학습활동총서, 자가수정카드, 주간 학습활동 계획으로 구체화되었다. 이것들 모두는 아이들이 자신에게 주어진 시간을 자율적이고 능동적으로 운용하면서 학습할 수 있는 조건을 형성한다.

1) 학급용 학습카드, 학습활동총서, 자가수정카드

'학급용 학습카드'는 어떤 종류의 참고자료를 공동으로 수집하고 목록으로 만들어 보관하는 체제이다. '학습활동총서'는 아이들이 쓴 자유 글쓰기 작품과 자료 조사한 것을 모아서 엮은 일종의 백과사전이다. 그것은 프레네 실천교육학을 따르는 학급들에서 정기적으로 출판된다. 자가수정카드는 아이들의 개별적인 욕구에 따르는 다양한 과제를 그들이 독립적으로 학습할 수 있게 보조하는 학습 자료이다.Freinet, 1980: 62-63

이 세 가지 도구와 기술은 개별적이고 독립적인 학습을 위해 어떤 순환적인 과정을 거치며 서로 자연스럽게 연결되고 점진적으로 발전하는 데 그 특징이 있다.

첫 번째로, 아이들은 주요 흥미에 따라 어떤 조사활동을 자연스럽게 진행하고, 그들이 조사한 자료는 그 양이 풍부해진다. 그리고 그 풍부해진 자료는 언제나 손쉽게 접할 수 있게 꺼내 보기 쉬운 참고자료집으로 묶여 교실에 비치된다. 그러면 후일 동일한 관심사를 가진 아이들이 그 자료를 계속해서 수정하고 보충하면서 자료 내용을 풍부하게 만든다. 계속해서 갱신할 수 있고 내용을 풍부하게 만드는 '학급용 학습카드'에 대한 생각은 바로 이러한 과정에서 나왔다. 그것은 학습카드들 위에 관련 주제의 내용을 덧붙이고 선별된 자료를 오리고 붙여 만드는 것으로, 기존 교과서와 동일한 자격으로 사용된다.

두 번째로, '학급용 학습카드'의 양이 풍부해지면 그 성과를 엮어 학문적이면서도 교양을 제공하는 알기 쉬운 백과사전인 '학습활동총서'를 만든다. 그것은 학습카드에 다 담을 수 없는 내용을 더욱 깊이 있게 다루는 일종의 완성된 형태의 백과사전이다. 학습활동총서는 알고자 하는 아이들의 갈증을 해결하고, 그들이 역사, 지리학, 생물학 등의 주제를 깊이 연구할 수 있게 흥미진진한 탐구 자료를 제공한다. 그리고 그것은 오늘날까지 계속해서 제작되고 간행되고 있다. 학습활동총서가 만들어지는 발단이 연구자가 아니라 아이들의 교실이라는 점은 프레네 학습활동총서의 가장 중요한 특징이다.

세 번째로, 아이들은 교사로부터 독립해 개별적인 일을 할 수 있다. 그것은 자유 글쓰기와 자가수정카드를 완성하면서 이뤄질 수 있다. 자가수정카드는 아이들이 향상(진전) 정도에 따라 기초적인 내용을 자연스럽고 체계적으로 습득할 수 있게 돕는 도구이다. 예컨대 한 학생이 이번 주에 2차 함수를 공부하고자 계획을 세웠다면 그 학생은 2차 함수를 혼자서 공부하며 자신의 성취를 점검할 수 있다. 그는 2차 함수 문제지 카드 6장과 답지 카드 6장을 가지고 공부할 수 있다. 그것을 다 풀고 스스로 숙지 여부를 점검했다면 이제 그 학생은 2차 함수를 제대로 공부했는지를 최종 점검하기 위해 테스트용 카드 2장을 푸는 것으로 이어진다. 여기서 중요한 것은 테스트용 카드에 실린 문제의 답지를 교사가 가지고 있다는 점이다. 이에 그 학생은 반드시 교사에게 가서 최종 테스트 결과를 점검받아야 한다. 이는 아이들에게 스스로 공부할 수 있는 기회를 주지만 최종 점검의 책임이 교사에게 있다는 점을 말한다.Francomme & Even, 성장학교 별 엮음, 2006: 44-45 이와 같은 방식으로 수학과 문법 자가수정카드를 가지고 아이들은 반복학습에 익숙한 교사로부터 벗어나 자신의 리듬에 따라 그 과목을 공부할 수 있게 된다.

당시 자가수정카드의 일부는 미국의 워시번Carl Washburn이 개별화된 학습 프로젝트로 개발한 위네트카 방법Winnetka Method의 카드를 개작한 것이었다. 워시번은 과학적 정교함으로 개별 아동의 능력에 적합한 기술을 고안하는 데 관심이 있었다. 위네트카 방법은 먼저 성취 단위에 기초를 두고 교육과정을 다시 편성하는 것으로, 각 학생들을 위한 개별적인 목표 수행이 가능할 수 있게 성취 단위를 카드 위에 따로따로 기입하게 했다. 이렇게 해서 각 학생들은 주의 깊게 분석하여 결정된 일련의 단계에 따라 셈하기 같은 과목을 배우게 된다. 그리고 이 단계들 각각은 다음 단계로 넘어가기 전에 완전히 숙달되어야 한다. 두 번째로 학습자는 자가수정카드를 활용해 교실에서 교사가 진행하는 수업이 없더라도, 스스로 공부하고 틀린 것을 스스로 교정하면서 그 성취 목표에 도달할 수 있게 된다. 세 번째로 다양한 종류의 진단 검사를 사용한 결과 학생들이 실수를 했다면 그들은 자동적으로 자가수정카드를 활용해 자신에게 필요한 실천을 참조해 보충

할 수 있게 된다.Boyd & Rawson, 1965: 40 프레네의 자가수정카드는 워시번의
자가수정카드를 훨씬 더 풍부하게 만든 것이었다. 프레네 실천교육학 시초
부터 그는 자가수정카드를 가지고 개별화된 학습을 촉진시키려 했다.Lee &
Sivell, 2000: 66

2) 학습활동(일) 계획

기존(전통) 학교에서 학생들은 교과서와 교육과정, 그리고 시간표로 상징
되는 외부에서 정해진 학습활동 계획에 따라 움직인다. 프레네는 이런 전
통 학교의 융통성 없는 시간 배치와 운용에 갑갑함을 느꼈다. 그는 외부에
서 정해 준 시간 배치와 운용이 학생들에게 적합한 것인지, 외부에서 정한
융통성 없는 시간표에 따라 학생들을 공부하게 하는 게 그들에게 좋은 조
건을 만들어 주는 것이자 그들을 의미 있는 성과로 이끄는 것인지에 의문
을 가졌다. 그는 꽉 짜인 시간표와 교육과정을 뛰어넘어 학생들의 욕구와
흥미, 삶에 근거를 둔 활동이 어떻게 가능할 수 있을지를 고민했다. 그 고
민을 해결하는 데 다음의 두 실천이 큰 영감을 주었다.

하나는 로뱅Paul Robin이 1880년부터 14년 동안 상피Cempuis 고아원에서
한 교육 실험이었다. 로뱅은 하루 3시간씩 '선택하는 일(선택학습)'을 할 수
있는 기회를 아이들에게 주었다. 그것은 아이들이 집에서 보내는 자유 시
간과 같았다. 그 시간 동안 교사는 아이들을 관찰하면서 그들의 취향을 연
구하고 그들을 격려하거나 지도할 수 있었다. 아이들은 그 시간에 학문과
여러 직업 관련 활동을 경험하고 다양한 자신의 취향을 계발할 수 있었다.
그들은 사진이나 그림 그리기, 조각, 음악 같은 자신의 고유한 흥미에 맞는
일을 선택해 완전히 몰입할 수 있었다. 이러한 로뱅의 영향을 받아 프레네
는 주간 학습활동 계획을 통해 아이들에게 선택의 기회를 주려 했다.Acker,
2000: 30

다른 하나는 파크허스트Parkhust가 개별화된 교육을 도모하기 위해 돌

턴시에서 실시했던 돌턴 계획이었다. 돌턴 계획은 다음의 사항에 중점을 두고 실천되었다. 각 교과와 관련해 아이들의 능력차를 고려한 몇 개의 수준별 교육과정을 사전에 준비해 놓는다. 아이들은 학급에 소속되어 있지만 그들 각자는 교사와의 상담을 통해 자신의 수준에 맞춰 주별로 할당된 1개월 분량의 학습 내용을 제공받는다. 그 할당된 분량은 일종의 계약으로 아이들과 교사 모두 책임을 다해 완수해야 하는 것이다. 아이들은 자신의 흥미와 관심, 만족과 불만족을 고려해 자신의 학습계획표를 작성한다. 그들은 그 계획표에 따라 교과별로 지정된 학습실을 출입하면서 담당 교사의 도움을 받아 개별적으로 학습한다. 아이들의 진도는 스스로 표시하는 그래프에 따라 스스로 점검된다. 이는 개별화된 교육이라는 관점과 완전히 일치하는 학습 시스템으로 아동의 흥미와 내재적 동기 혹은 자발적 활동이 그 성공 조건이었다.나가오 토미지 외, 1985: 164-165

프레네의 주간 학습활동 계획은 매주 월요일 아침마다 학생들이 교사와 협의해 함께 한 주 동안의 학습활동을 계획하는 것이다. 그 덕분에 학생들이 학교에서 무엇을 공부해야 하는지가 교사나 전문가 독단으로 미리 정해지지 않는 길이 열렸다. 학생들이 교사들 앞을 분주히 오가며 뭔가를 학습하는 것이 주간 학습활동 계획 덕분에 가능해졌다.Freinet, 1980: 65 프레네 학교에서 학습활동 계획은 연간, 월간, 주간 세 수준으로 수립된다.[33]

제일 먼저 연간 학습활동 계획은 당시 초등학교의 네 과정인 입문, 기초, 중급, 상급의 교육과정지침에 맞춰 수립된다. 다음으로 월간 학습활동 계획은 연간 계획에 맞춰 수립된다. 이 두 학습활동 계획 모두는 교사들이 수립한다. 반면 세 번째 수준에서 수립되는 주간 학습활동 계획은 학생들이 교사와 협의하면서 세운다는 데 중요성이 있다. 그것은 연간, 월간 계획의 틀에 따라 계열성에 맞게 수립된다. 주간 학습활동 계획에 따라 학생들

---

33) 이하 내용은 Freinet(1994b: 63-65)를 참고하여 정리하였다.

은 교사로부터 제안받은 다음과 같은 학급용 학습카드를 활용해 개별적으로 학습을 전개할 수 있었다.

a) 문법 학생들은 우리가 설명하려는 내용을 총괄하는 다수의 학습카드를 완성하면서 교육과정이 부과하는 필수 사항인 문법 형식을 숙달한다. 루이는 15번 학습카드 앞에서 멈춰 선다. 그는 예컨대 15번에서 25번까지의 학습카드 10개를 꺼내 그것을 완성한다.Freinet, 1994b: 63

주간 학습활동 계획 덕분에 학생들은 학습카드를 활용해 자신의 리듬에 따라 공부할 수 있었다. 또한 학습과 관련해 좀 더 앞서 나가고 싶은 욕구를 충족하는 것도 가능했다.Freinet, 1994b: 63 연간, 월간 학습활동 계획의 범위를 벗어나지 않는 선에서 학생들이 특별한 연구를 진행할 수 있게 교사들은 그들에게 필요한 연구 주제를 사전에 준비하기도 한다. 학생들도 개인이나 집단 차원에서 하고 싶은 일(학습활동)을 자율적으로 선택해 그것을 주간 학습활동 계획에 포함시킬 수 있었다.

주간 학습활동 계획이 잘 운용되도록 하기 위해선 교사들이 학습카드 같은 필요한 도구를 잘 준비하는 것이 무엇보다 중요했다. 또한 프레네는 학습활동 계획에 따라 학생들이 제대로 학습할 수 있도록 교사들이 학생들 곁에 확실히 머물며 도움을 제공해야 한다는 점을 강조했다. 요컨대 교사는 학생들이 주간 학습활동 계획을 신중하게 잘 수립하도록 옆에서 함께 그것을 준비해야 할 뿐 아니라 그 계획에 따라 학생들이 자율적으로 학습할 수 있도록 다음의 필요한 도구들을 그들 주변에 잘 구비해 놓아야 했다.

• 산수와 문법 자가수정카드

- 참고자료의 역할을 하는 학습카드
- 색인 사전
- 학습활동총서

Freinet, 1994b: 64

주간 학습활동 계획이 주는 이점을 프레네는 다음과 같이 요약했다. 첫째 학습활동 계획은 아이들이 끝마쳐야 하는 일(학습활동)의 범위를 명확히 설정한다. 해야 하는 일의 범위를 이처럼 명확히 규정하는 것은 학생들을 안심시키고 격려한다는 데 이점이 있다. 둘째 학습활동 계획은 아이들이 긴급히 수행해야 할 필수 항목을 계획에 포함하게 설득함으로써 그들이 긴급히 수행해야 하는 일이 무엇인지를 납득하게 한다. 긴급히 달성해야 하는 목표를 교사와 동료의 도움으로 자신의 학습활동 계획에 포함시키면, 아이들이 그것을 기꺼이 끝마치려 든다는 점에서 이점이 있다. 셋째 아이들은 자신이 짠 학습활동 계획표상의 일정에 따라 확실한 자율성을 보장받을 수 있다. 성취가 앞선 아이들은 주어진 진도보다 항상 더 빨리 나아가기를 원할 수 있는데, 주간 학습활동 계획은 이를 가능하게 한다는 데 이점이 있다. 능가하고 싶은 아이들의 욕구가 분명 그들의 본성에 존재하기 때문이다.

3) 학생 평가와 자격증

평가체제는 대체로 학교의 근본 철학과 일치하는데 이는 프레네 실천교육학에서도 마찬가지다. 개별화된 학습이 가능하기 위해선 아이들에 대한 평가도 개별적으로 이뤄져야 한다. 이에 프레네는 주간 학습활동 계획표에 계획의 달성 여부를 그래프나 색깔로 표기하게 하는 장치를 한편에 마련했다. 이를 통해 개별 학생들은 단일화된 평가체제에 의해 평가받고 석차가 매겨지는 대신 개별적인 학습활동 계획에 따라 개별적인 평가를 받는 것이 가능했다.

또한 프레네는 모색하는 과정에서 이루는 성공이 계속해서 자기 반복을 가져온다는 점과 "모든 개인은 성공하기를 원한다. 실패는 생기와 열정을 억제하고 파괴한다"Freinet, 1994b: 397는 아동 이해에 기초한 평가 기술을 고안했다. 그것은 처벌과 경쟁심이 아닌 아이들의 성공 경험에 토대를 둔 새로운 평가 기술이었다. 그러나 프레네 당시의 교사나 학부모들은 아이들이 학교에서 공부하고 싶어 하지 않는다는 이유로 여전히 점수와 석차 매기기에 집착하는 모습을 보이고 있었다. 그렇지만 프레네는 "점수와 석차를 매기는 것은 언제나 잘못이다"라는 그의 불변법칙을 전제로 그러한 평가가 오류를 불러올 수 있다고 지적했다.

그러한 방식은 객관적이지 않을뿐더러 이해, 창조성, 예술 같은 영역을 평가하는 데 적합한 방식도 아니었다. 사칙 연산 능력 같은 단순한 습득일 때는 점수가 객관적이고 가치가 있을 수 있겠지만, 지능이나 이해, 행동에 담긴 생각까지 고려해야 하는 한층 더 복잡한 일(학습활동)을 측정하는 데는 결함이 있을 수 있다고 본 것이다. 결함이 있는 점수에 기초해 석차를 매기는 것 또한 당연히 어떤 오류로 이어지게 한다는 점에서 문제가 있을 수 있다. 이에 그는 점수를 매기는 일이 중요하다고 생각하는 사람들이 이러한 오류 가능성 때문에 교육에서 최소한의 오류를 가져오는 것만을 측정하는 데 만족하는 우를 범할 수 있다고 생각했다. 예컨대 연산이나 (학문적)문제, 수업 복습 같은 과제들은 용인할 수 있는 점수를 효과적으로 매길 수 있지만, 이해, 지성의 작용, 창조성, 창의력, 예술적, 과학적 측면과 역사의식 등은 점수로 나타내기 어려울 수 있다. 따라서 그는 우리가 점수로 나타내기 어려운 이러한 영역들을 학교에서 최소화하거나 그것을 제거하는 오류를 범할 수 있다고 지적한다.Freinet, 1994b: 404-405 이러한 문제의식에서 프레네는 다음과 같은 방향에서 평가를 개선하고자 했다.

첫째, 아이들에게 일(학습활동)의 의욕과 욕구를 제공하고,

둘째, 협동적이고 사회적인 경쟁을 통해 세속적이지 않은 경쟁심을 유도하며,

셋째, 머지않은 시기에 점수와 석차 매기기의 남용을 대체할 그래프와 자격증 체제에 초점을 맞추는 것이 그것이다.Freinet, 1994b: 405

이를 위한 하나의 방법으로 프레네는 스카우트 운동의 복잡한 '자격증' 체제에서 힌트를 얻어 자격증이라는 평가 기술을 마련했다.[34] 그는 자격증에 기초한 평가 실천을 방스에 위치한 자신의 학교에서 실험했다. 프레네는 당시 다른 학교들에서 자신과 유사한 실천을 하는 모습을 보면서 자신의 평가 방식이 옳다고 확신했다. 그는 아이들의 각기 다른 성향과 적성을 고려해 '필수 자격증'과 '선택 자격증'으로 나눠 그 목록을 제시했다. 전자는 작가, 독서가, 역사가, 지리학자 등과 같은 교과 영역과 관련된 자격증이고, 후자는 등산가, 사냥꾼, 탐험가, 양봉가, 동물사육사 등과 같은 아이들의 다양한 관심 영역과 관련된 자격증이다. 이 자격증을 받기 위해 아이들은 특성화된 여러 일터교실에서 자유 글쓰기와 설문조사, 역사와 과학 연구, 음악과 연극, 인쇄출판작업, 측정을 하고, 텃밭을 가꾸고, 여행 등을 한다. 자격증을 받기 위한 일련의 과정은 대체로 다음과 같이 진행되었다.

11월이 다가오면 아이들은 자격증을 받기 위해 연말에 전시할 작품과 대표작의 출품을 생각한다. 아이들 각자는 자신이 받고자 노력하고 싶은 자격증을 선택한다. 다양한 자격증을 선택할 수 있는 기회를 주는 것은 자신의 욕구에 맞고 자신의 성향이나 적성에 맞는 과제에 아이들이 정착할 수 있게 돕는다. 자격증에서 요구하는 기준을 충족한다고 확신한다면 이제 그들은 자격증을 얻기 위한 자격을 신청할 수 있다. 연말의 공시된 날

---

34) 이하 내용은 Freinet(1980: 132-133)를 참조하여 정리하였다.

에 공식위원회는 아이들이 한 일(학습활동)의 성과를 검토하고 자격을 인정한다. 연말에 공개적으로 열리는 전체회의를 진행하면서 자격증을 위해 수행한 일의 성과물을 모은 전시회가 열리고 학부모들 앞에서 자격증이 수여된다. 프레네 학교의 이러한 경험은 몇 년 동안 수많은 학교로 이어졌고 프레네는 그것이 지닌 의미를 다음과 같이 설명했다.

1. 아이들은 자격증에 열광하며 그것을 최대한 많이 얻기 위해서 그들은 다양한 종류의 자격증 가운데서 최대한 노력할 수 있다.
2. 실패가 없다. 상황이 가장 안 좋은 학생들도 비록 하찮은 것일지라도, 최소 서너 개의 자격증을 받는다. 그들의 명예는 온전히 보존되고 학부모들의 명예도 그러하다. 아이들 모두가 배제되지 않는다.
3. (평가에) 속임수가 개입할 여지가 없다. 이는 말하자면 우리가 이러한 작품과 아이들의 효과적인 일(학습활동)에 근거해 평가하기 때문이다.
4. 여러 차례 치르는 교과시험에 근거해 판단하는데 실수할 위험이 있다. 그에 비해 자격증 체제는 덜 위험하다. 3과목 시험으로 치러지는 C.E.P.(11살에 통과되는 초등학교 졸업시험으로 1962년에 단계적으로 폐지됨-필자)에서 1개의 교과에서 범하는 실수는 전체 시험의 3분의 1에 영향을 미칠 수 있다. 자격증과 관련해 1개의 교과 시험에서 범하는 실수는 단지 시험의 15분의 1이나 20분의 1 정도의 티끌만 한 영향만을 미칠 수 있다.
5. 자격증과 관련된 이러한 실천은 특히 아이들의 진로를 위해 소중하다.Freinet, 1980: 132-133

그러나 학교에서 치르는 시험은 현실적으로 전통적인 방식의 교과시험과 자격증이 서로 혼재돼 있다. 이런 상황에서 아이들이 필수 자격증과 선택 자격증을 취득할 수 있다는 점을 안다면, 프레네는 아이들이 선택 자격증을 얻게 하는 보충 개념으로 교과시험을 인식하게 돼 그들이 더 열심히 공부할 것이라고 기대했다.

"경쟁이 우리로 하여금 최선을 다하게 만들고, 우리가 경쟁하지 않으면 생산적이 될 수 없다"Kohn, 1992: 14는 믿음은 오늘날에도 여전히 굳건하다. 경쟁에 기초한 현 평가 정책에 대해 아이즈너2005는 이판사판식 시험에 의해 길러지는 "측정에 관한 열광"을 문제 삼았다. 그것이 학생을 배려하고 그들을 창조적이고 유용한 사람이자 시민으로 준비시킨다는 학교의 근본 목적을 망각하게 한다는 점에서 그렇다. 나딩스Noddings 역시 우리의 학교가 더욱 폭넓고 중요한 교육의 목적을 무시하면서, 우리가 시험점수 올리는 것에 너무나 초점을 두고 있다는 점에 우려를 표했다.Hayes, 2007: 151-152 두 사람 모두 경쟁 구조를 조성해 교육의 질을 높이려 하기보다 구두시험이나, 논술, 포트폴리오 기록 등을 강조하는 평가 방식의 다양화를 대안으로 제시했다.

『좋은 수업이란 무엇인가』를 쓴 독일의 마이어Meyer, 2004: 179도 "여러 가지 대안적인 형태의 성취도 기록과 성취도 검사를 이용하라"며 개혁지향적 학교들이 개인적인 학습 상황, 학습 진보와 정체에 대해 알려 주는 학습 발전 보고서, 관찰 기록, 포트폴리오 같은 것을 통해 부분적으로 좋은 결과를 얻었다는 점을 밝히고 있다. 이에 평가의 남용을 대체할 자격증이나 그래프 체제로 평가 방식을 대체할 것을 제안하고 실천했던 프레네의 평가 기술은 오늘날에도 여전히 유의미해 보인다. 프레네의 평가관은 평가의 목적을 경쟁체제를 구축하는 데 두지 않았다. 살펴본 바처럼 그는 단일한 기준에 따라 점수와 석차를 매기는 대신 그래프로 개인의 성장을 표기하는 개별화된 평가, 자격증처럼 학습하고자 하는 의욕과 욕구를 불러일으키는 평가로 학교의 평가체제가 개선되어야 한다는 점을 인식하고 있었다.

4. 협동적이고 민주적인 학교 조직과 운영을 위한 도구와 기술

프레네 실천교육학은 학교를 하나의 공동체이자 공동생활의 장으로 여기면서 학교 조직과 운영에 아이들이 참여(또는 관여)할 수 있게 하는 것을 무엇보다 중요하게 생각했다. 그러나 민주적으로 학교를 운영한다는 것이 어른으로서 우리 교사의 역할을 포기하는 것은 아니다. 그것은 아이들에게 사회적 책임의 몫을 나눠 갖게 함으로써 그들을 사회적이고 개인적인 삶을 준비하게 하는 데 있다. 특히 협동에 기초한 학교 운영을 위해 실천했던 벽신문과 전체회의는 이러한 그의 교육을 가능하게 하는 대표 기술로 자주 언급된다.

1) 벽신문[35]

프레네가 실천했던 매주 월요일마다 붙이는 60cm×40cm 크기의 벽신문에는 '나는 비판한다', '나는 칭찬한다', '나는 소망한다', '나는 성취했다'라는 제목으로 된 네 칸의 세로줄이 그어져 있다. 벽신문 옆에는 색연필 한 자루가 달려 있어 아이들은 어느 때나 자신이 말하고 싶은 것을 자유롭게 적을 수 있다. 이 내용을 지우는 행위는 금지되며, 기재한 모든 내용에는 반드시 서명을 해야 한다. 이는 어떤 밀고를 사전에 차단하기 위해 프레네가 설정한 장치였다.

'나는 비판한다'의 예로는 "콩을 따 먹으려고 콩대 몇 개를 쓰러뜨린 지루를 비판해요(모두 다)", "저는 교실 창문을 통해 지나가려는 자노를 비판해요(클로댕)" 등의 내용이, '나는 칭찬한다'의 예로는 "우리는 배구를 할 수 있게 그물을 거는 기둥을 설치한 장-루와 삐에로를 칭찬해요(상급반)", "나는 우리가 나들이 나갔을 때, 어린아이들 전부를 돌본 나를 칭찬해요

---

35) 이하 벽신문과 전체회의의 내용은 Freinet(1960a), Éducation morale et civique, BEM No. 5 를 참고하여 정리하였다.

(로랑 벙)" 등의 내용이, '나는 소망한다'의 예로는 "저는 전시회가 더욱 잘 조직되기를 바라요(베르나르)", "전 더 이상 인쇄작업의 책임자이고 싶지 않아요(장-삐에르)" 등의 내용이, '나는 성취했다'의 예로는 "전 어떤 멋진 곤충 상자를 만들었어요(폴)", "전 장-삐에르와 함께 어떤 멋진 자유연구발 표를 했어요(로랑 벙과 장-뤽)" 등의 내용을 들 수 있다. 그리고 벽신문에 적힌 내용은 매주 토요일 마지막 시간에 열리는 전체회의 때 발표되고 논 의된다.

2) 전체회의

전체회의(또는 학급위원회)는 학교생활에서 아주 큰 부분을 차지하는 중 요한 요소이다. 전체회의는 의장과 서기가 진행하는 공식 절차를 따르며, 학교생활에 필요한 규칙을 제정하기도 한다. 전체회의에서 어른들은 자신 이 담당해야 할 중요한 역할이 분명히 존재한다. 이 때문에 그들은 지정된 열에 자리를 잡고 앉아 있어야 한다. 아이들 모두도 전체회의가 그들을 공 동체에서 자리를 잡게 할 뿐 아니라 학생으로서가 아닌 한 명의 인간으로 서 구성원으로 만드는 특별한 기회가 되기 때문에 전체회의에 적극적으로 참여한다. 전체회의에서 토론하는 가운데 학교생활의 거의 모든 비밀은 노 출되고, 비밀은 적어도 종종 겉으로 드러난다. 이렇게 아이들은 종종 그들 의 비밀을 빼앗긴다. 어른들 역시 여기에 해당될 수 있다. 그들은 무엇보다 자신의 권위를 행사하려는 데 주의하고 아이들과 똑같이 대우받으면서 성 실하게 자신을 변론해야 한다. 이 점은 프레네 학교에서 전체회의가 정상 적으로 운영되기 위해 반드시 필요한 조건이다. 그렇지만 전체회의가 종종 사건의 조사와 공이된 판결문을 만드는 모의 법정처럼 운영되지는 않는다.

전체회의의 회합을 마칠 때 프레네는 어떤 처벌의 목록을 남기지 않게 했다. 대신 그는 전체회의의 도덕적 힘을 믿었다. 그런 도덕적 힘 때문에 그 는 논쟁에 휘말린 당사자가 논란이 되는 죄의 짐을 전체회의를 계기로 내려놓을 수 있다고 생각했다. 전체회의를 계기로 잘못을 저지른 당사자가 자신의 양심을 되찾고 죄의 짐을 벗은 행복한 사람이 될 수 있다고 본 것이다. 전체회의에서 아이들 각자는 자신의 책임과 자신이 한 행동의 결과 앞에 서로 놓이게 된다. 어느 정도 불법적인 책략과 행동은 폭로되고 아이들 각자는 자신이 벌거벗겨진다고 느낄 수도 있다. 프레네는 이러한 깨달음을 얻게 하는 과정을 통해 전체회의가 상당한 도덕적 힘이 미치는 영역이 되도록 남겨 놓고자 했다. 전체회의에서 아이들 각자는 앞으로 불려 나와 격렬하게 자신을 변론하거나, 실제로 궁지에 몰렸음을 느끼기도 한다. 또는 앞으로 불려 나온 아이는 울기 시작하고 자기 내면의 가장 깊은 곳까지 내려가기도 한다. 프레네는 이러한 공개적인 시인是認의 경험이 아이들을 제재하는 것이자 동시에 속죄를 불러오게 하는 것이라고 보았다. 이점에서 그는 누군가를 비판할 때 시인하는 것이 가장 좋은 결말일 수 있다고 생각했다. 프레네에 따르면 전체회의는 심문대에 오른 아이들이 다음 주에 더 나은 행동을 한다고 약속하는 것으로, 그리고 고발했던 아이들이 승리자 같은 표정을 짓지 않는다는 점에서 대체로 비극 없이 끝이 난다.

세 번째로, 전체회의와 연관된 기술로 전체회의를 시작하기에 앞서 진행하는 전시회가 있다. 프레네는 한 주 동안 아이들이 거둔 성과물을 모아 그들에게 일종의 성취감을 맛보게 하는 수단으로 전시회를 활용했다.

> 우리의 학습활동 계획은 사실 아이들과 어른들 모두 완성된 결과물을 보며 기뻐할 수 있는 완성된 작품을 요구한다. … 우리가 그린 그림이 벽면을 채우고, 만일 우리가 가마에서 도자기를 구웠다면 탁자는 도자기들로 가득 차 있을 듯하다. 학부모와 교사들은 자신의 대표작을 보여 주고 싶어 하는 아이들이 가져온 완성된 작품을 자세히 살펴본다. 아이들은 자신의 성공을 자랑스럽게 생각한다. 그들은 완성한 작품이 불완전해 보이면 다음에 더 잘하리라 결심한다.

프레네는 주간 학습활동 계획과 관련해 한편으로는 평균 정도의 성과를 거둔 주가 있을 수 있고, 다른 한편으로는 성과가 좋고 열중했고 풍성하고 전망이 밝았던 주가 있을 수 있다고 보았다. 그러면서 평균 정도의 성과나 그 이하의 성과를 거뒀다면 교사들이 이에 대해 최소한의 책임의 몫을 져야 한다고 주장했다. 이는 교사들로부터 변명을 듣거나 자신들의 불충분함에 정당성을 부여하려는 게 아니다. 그 대신 그들이 앞으로 더 나은 성과를 거두기 위해서 성과가 미진한 이유를 성실하게 검토하도록 하기 위해서이다. 그는 교사들이 한 주 동안 좋은 성과를 거뒀다면 그 경험이 교사들에게 긍정적인 요인으로 작용하고 그들을 한층 더 향상시킬 수 있는 계기가 될 수 있다고 생각했다. 또한 프레네는 개인적인 성공이 공동의 성공과 통합될 수 있도록 했다. 예컨대 다른 사람에게 보여 줄 만큼의 효과적인 작품을 만들지 못한 아이들의 경우 친구들이 완성한 작품에 마치 자신이 효과적으로 참여했던 것처럼 생각하도록 해 친구들의 성과물을 칭찬하도록 했다. 이런 방식으로 매주 열리는 전시회는 프레네 학교에서 곧 진행될 전체회의를 알리는 서막의 역할을 했다. 그것은 학교의 풍토를 긍정적으로 조성하는 데 많은 기여를 했다. 프레네는 전시회를 통해 아이들의 결점을 보완하고 쇠퇴할지 모를 그들의 열정을 되살릴 수 있다고 생각했다. 그 것은 아이들 존재에 내재한 구성적인 측면을 강조하고 오르고 진보하고자 하는 그들의 욕구 충족을 돕는 장치 역할을 했다. 프레네에 따르면 그 결과로 도달하는 정신 상태가 아이들의 도덕성을 형성하는 아주 중요한 요소였다.

프레네의 여러 도구와 기술을 실천하는 것은 다인수 학급의 경우라면 불가능해 보일지도 모르겠다. 실제 프레네는 당시 교사 1인당 학생 수가 35명, 40명 또는 50명인 학급에서 무엇을 할 수 있겠는가라고 반문한 바 있다. 그는 그 조건 속에서는 어떤 방법도 사실상 생산적이지 않고 결국 가장 권위적인 스콜라주의 방식으로 되돌아가게 할 것이라고 생각했다.Freinet, 1980: 64 다인수 학급은 교사와 학생들이 서로 관계 맺게 하기보다 그들을 익명으로 존재하게 하고, 때로는 그들의 인격을 파괴한다는 점에서 문제가 있을 수 있다. 이에 그의 '현대 학교' 운동은 학급 정원을 경감하기 위한 캠페인을 이끌기도 했다. 참고로 그가 외쳤던 당시의 구호는 "학급당 25명"이었다. 여기서 우리는 그의 교육을 실천하는 데 요구되는 적절 인원이 학급당 최대 25명 정도라는 것을 알 수 있다.

이상 5장부터 논의한 학교교육에 대한 프레네의 생각은 다음과 같이 요약할 수 있겠다. 그는 "일을 거치고, 삶을 향하며, 삶을 통해 배우는 학교"를 목적으로 삼았다. 이러한 새로운 학교의 '건축물'을 짓기 위한 토대는 모든 인간의 생명원리인 '일'이어야 하며, 자신의 생명적 가능성과 힘으로 충만한 아이들은 그것을 실현하기 위해 배우고, 정신과 지식을 풍부히 하고, 스스로를 완성하고, 자라고, 성장하기 위해 효율적으로 일하는 것이 필요하다. 학교는 이러한 일을 효율적으로 '조직'하고 그것을 위한 '시설'을 마련해야 한다. 이는 8개의 특성화 일터교실을 구성하고(6장), 그곳에서 여러 일의 기술과 도구를 활용하고 실천하는 것이다(7장). 아이들은 일터교실에서 하는 자발성과 협동에 기초한 일을 주춧돌 삼아 자신의 개인적이고 사회적인 교양의 지붕을 얹는다. 결국 우리는 일이라는 튼튼한 토대를 통해서만 개인적·사회적·인간적인 교육을 완성하는 새로운 학교의 튼튼한 '건축물'을 지을 수 있다.

8장

교사론

프레네 실천교육학에서 '교사 역할La part du maître'은 교사가 수행해야 하는 역할을 지칭하는 것으로, 프레네 실천교육학을 대표하는 하나의 용어이다. 프레네가 제시하는 '교사 역할'은 현장과 동떨어진 추상화된 이론에 기대지 않는다. 그가 말하는 교사 역할은 현장 교사이기도 한 자신의 경험에 기초해 있다는 점에서 좀 더 현실감 있는 이야기를 우리에게 전한다. 농촌의 초등학교 교사라는 실존적 고민에서 나온 실천에 기초를 두고 교사 역할이 제시되었다는 데 남다른 호소력이 있다. 또한 프레네 실천교육학은 우리의 일상적 교실, 그리고 그 교실에서 생활하는 아이들과 교사를 출발점으로 삼았던 역사상 유일한 교육운동이었다는 평가를 받기도 한다.Lee, 1994b: 23 이 점에서 그가 말하는 교사 존재의 특성과 역할을 토대로 '교사란 어떤 존재인가'라는 물음에 답해 보는 것은 나름의 의미가 있을 것이다.

1. 전통적 교사상 비판

교사의 길을 선택했다는 것은 각자가 지키고 싶은 교육적 가치들이 무엇인지를 명확히 하는 것을 뜻한다. 이 교육적 가치에 대해 고민하는 순간이 프레네 교사[36]가 되는 하나의 길이다.Francomme & Even, 성장학교 별 엮음,

2007: 139 이에 당대의 전통적 교사를 바라보는 프레네의 문제의식을 살피는 작업을 통해 프레네 교사들이 지향하는 교사 존재의 특성과 그들이 공유하는 교육적 가치가 무엇인지를 확인해 보자.

첫째, 프레네는 권위주의적 교사상을 거부한다. 프레네 교육에서 교사는 독재자로 군림하지 않는다.Acker, 2000: 9 어른과 마찬가지로 아이들도 권위적으로 명령받는 것을, 외부에서 부과되는 명령에 수동적으로 따르는 것을, 어떤 일을 하도록 강요받는 것을 좋아하지 않기 때문이다.Freinet, 1994b: 391, 392, 393 교단 위에 올라 수업을 진행하고, 과제를 내주고, 교정하고, 내려다보고, 학생들끼리 힌트를 주고받는 것을 허용하지 않으면서 질문을 던지고, 점수를 매기고, 벌을 내리고, 칭찬의 표시나 그림으로 보상을 제공하는 일련의 습성이 프레네의 눈에 비친 권위주의에 기댄 교사의 모습이었다. 그는 이러한 교사들의 모습이 당시의 전체주의 사회 체제를 반영한다고 진단했다.Freinet, 1994b: 176 또한 그것이 경찰과 군인이 통치하는 당시의 권위주의적 사회상을 반영한다고 생각했다. 이와 달리 그는 권위가 어떤 위압적 방식을 통해서가 아니라 일(노동)에 통달한 사람에게서 우리가 느끼는 공감의 결과로 오는 것으로 이해했다.Nowak-Fabrykowski, 1992: 66 프레네가 자주 묘사하는 권위주의적 교사들은 또한 규율을 강화하고 학생들을 일렬로 발맞추어 행진하게 하는 군인을 모델로 삼은 교사들의 모습이었다.Freinet, 1994b: 190 이와 유사하게 그는 교사들이 아이들을 칭찬할 만한 점이 아니라 처벌할 만한 점을 바라보는 경향이 있다면서 그러한 교사들의 모습을 비행을 저지르는 병사를 찾는 헌병에 비유하기도 한다.Freinet, 1994b: 404 프레네가 이처럼 교사들을 병영의 군인들의 모습에 비유한 데는 1차 세계대전에 참전했던 그의 경험이 반영된 것이라 판단된다. 이처럼 교사에 대한 그의

---

36) 여기서 '프레네 교사'라는 용어는 프레네가 자신의 저서들에서 말하는 교사(상)뿐 아니라 오늘날 프레네 실천교육학에 기초하여 자신의 교육실천을 전개하는 교사들 모두를 포괄하여 사용한다.

태도는 "권위적인 명령은 언제나 잘못이며, 그 잘못을 피하는 것이 언제나 유익할 것이다."Freinet, 1994b: 176라는 믿음에서 나왔다. 이는 교사들 몸에 은 연중 배어 있는 권위주의적 습성을 완전히 벗어던질 것을 요구한다.

> 아버지는 노동조합 소속이어서 자연스럽게 진보 정당의 지지자이자 열성 당원이지만, 집으로 돌아오면 매우 자주 봉건시대 지배자들처럼 자기가 내린 명령에 어떤 반대도 용납하지 않을 수 있다. 교사들 역시 사회적으로 노동조합이나 정치적으로 진보적인 주제를 서로 이야기하지만, 교실에서는 자신의 권위에 아이들이 말대꾸하는 것을 참지 못하는 경향이 있을 수 있다. … 그러나 이들은 차후에라도 권위주의적 통치에서 벗어난 아이들이 스스로를 제어하지 못하고 스스로 반성하고 행동하지 못한다는 사실과 자신의 활동을 유기적으로 조직하지도 못한다는 사실에 놀랄 수 있다.Freinet, 1994b: 410-411

이에 프레네뿐 아니라 오늘날의 프레네 교사들은 권위주의적 교사 모습에서 탈피하여 자발적이고 협동적인 방식으로 학생들이 생활하고 학습하도록 하는 교사 역할을 고민한다.

둘째, 프레네는 아동을 조작과 길들임의 대상으로 보는 교사의 시각에 비판적이었다. 그는 교사들이 자신이 정상이라고 판단하는 경로를 따라 오르지 않는 학생들을 언제나 압박한다는 점을 지적한다.Freinet, 1994b: 109 "교육인가 아니면 길들이기인가"라는 소제목의 글에서 프레네는 학생들의 자연적 성향에 반하는 길들이기 교육을 비판한다.Freinet, 1994b: 156-157 길들이기 교육을 비판하기 위해 프레네는 당나귀의 예를 끌어들인다. 우리가 당나귀를 그것이 가고 싶지 않은 방향으로 끌면 끌수록 그 당나귀는 반대 방향으로 더 달아나려고 하며, 몇 발자국 가며 순종한다는 인상을 주다가도 갑자기 자신이 정말로 원하는 방향으로 전속력으로 달아날 수 있다. 이와 마찬가지로 우리 교사들이 요령 없이 완강한 방법으로 학생들을 강제로 끌어당기거나 밀친다면 그들이 폭력적인 방식으로까지 저항할 수 있다는 것이다. 우리가 힘이나 속임수로 학생들을 제압하는 데 성공한다 하더라도 그들은 당나귀들처럼 나중에 전속력으로 달아날 수 있다는 말이다. 이처럼 프레네는 동물 길들이기처럼 우리를 기꺼이 순종하게 만들고, 우리의 자연적인 존엄을 잃어버리게 길들여 온 교사 모습을 거부한다. 길들임의 교육을 거부하는 프레네의 입장은 오늘날의 프레네 교사들에게도 하나의 핵심 명제로 그대로 이어져 오고 있다.

저의 역할은 우리 학생들에게 자발적인 복종과 수동성을 배우지 못하게 하는 데 있습니다. 왜냐하면 중등교육에서 그들 역시 권력과 사상이 자리 잡고 있는 노예적 수동성 안에 이미 길들여져 있기 때문입니다. 그들이 삶을 선택하고 삶을 건설하는 자유로운 존재가 되도록 하기 위하여 조금씩 거기에서 벗어나게 해야만 합니다.Francomme & Even, 성장학교 별 엮음, 2007: 151

이에 프레네뿐 아니라 오늘날의 프레네 교사들은 아동을 길들이기나 조작의 대상으로 보는 시각에서 벗어나 그들의 자연적 성향을 보장하고 그것을 존중하는 교사의 역할이 무엇인지를 고민한다.

셋째, '아동이 설교단상에서 위압적으로 전해지는 수업을 귀담아듣고 싶어 하지 않는다'Freinet, 1994b: 402는 전제 아래 프레네는 설명식 교육에 익숙한 교사 모습에서 벗어나고자 했다. 위압적 설명의 방식은 아이들로 하여금 수업에 복종하게 하기 위해 교사들이 고안했던 인위적 장치에 불과하다고 생각했기 때문이다.Freinet, 1994b: 402 프레네는 말만 많이 하는 사람(수다쟁이)과 행동하는 사람(헤집고 다니는 사람)을 서로 비교하며, 말만 많은 수다쟁이들을 비판한다.Freinet, 1994b: 159 그에게 수다쟁이들의 역할은 일(행동)

하는 것이 아니다. 그들은 안락한 강의실에서 삶과 동떨어진 형식적 논리를 이야기하고 땅을 경작하는 방법을 서술하는 데 그친다. 아니면 갈아엎은 밭고랑이나 가을의 포플러 나뭇잎을 노래한 시들을 찬양하는 데 그친다. 그러나 실제로 그들은 땅을 경작하는 방법은 모른다. 그에게 당시의 교사들은 이처럼 말만 많은 수다쟁이일 뿐 실제로 뭔가를 할 수 있는 능력은 거의 없는 사람들이었다. 그렇다고 그가 모든 설명이나 언어에 기반한 교육을 거부한다고 오해해서는 안 된다. 그는 언제나 '행위(행동)'의 형태를 띠는 하느님의 말씀과 같은 삶을 제공하고 피만큼 따뜻하고 활기를 띠게 하고 우리를 안정시키는 호흡처럼 유익한 말이 있다는 점을 이야기한다. 하느님의 말씀과 같은 그러한 말이 하나의 선물이자 의사소통의 수단이 된다는 것이고, 우리 교사들이 그것을 고려해야 한다는 것이다.Freinet, 1994b: 176 그가 비판하고 거부하는 설명의 교사는 이와 달리 위에서 언급한 수다쟁이들처럼 지나치게 넘쳐흐르는 언어적 표현을 사용하는 헛되이 떠드는 교사들의 모습이다. 요컨대 그는 아이들을 호도하는 진리와 삶을 흉내 내는 헛된 설명에 교사들이 주의하기를 권했다.Freinet, 1994b: 176 이에 우리 교사들은 가능한 한 말을 줄이고 끊임없이 설명하려는 태도를 줄일 필요가 있다.Freinet, 1994b: 405 이 지점에서 프레네뿐 아니라 오늘날의 프레네 교사들은 교사의 설명을 최대한 줄이면서도 아이들이 필요한 내용들을 자발적으로 학습할 수 있게 돕는 장치들을 개발하는 데 중요한 관심을 갖는다.

넷째, 프레네는 '현자로서의 교사'를 대안적인 교사의 모습으로 그리며, 당시 유행하던 통계적·실증과학적인 접근에 비판적이었다. 프레네에게 교사 존재는 자신이 경험했던 마을 현자들의 양식, 그들의 삶의 리듬과 의미, 교육에 배어든 사람이다. 이러한 현자들이 보여 준 양식은 명증한 과학적 개념으로 제시하기 어려운 노련한 양치기, 정원사, 목축업자들이 보여 주는 삶의 지혜이자 통찰이며 예지력이다. 프레네는 식물과 관련하여 성공을 거둔 노련한 정원사나 동물에 대한 이해를 갖춘 목축업자가 동일한 보살핌과 분위기, 따뜻한 돌봄, 공기와 햇볕을 요구한다는 점을 언급하며, 정원사, 목축업자, 교사의 관심사가 서로 다르지 않음을 이야기한다.Freinet, 1994b: 173 예컨대 노련한 양치기는 다양한 길이 있다는 것을 생각할 겨를도 없이 양떼를 외길에 일렬종대로 밀어 넣지 않는다. 그러면서도, 그들은 양떼가 흩어지고 평온하고 만족스럽게 가파르지 않은 여러 경로의 비탈길을 가로지르며 동일한 목적지를 향해 걸어가게 하는 데 어려움이 없다는 점을 보여 준다.Freinet, 1994b: 151 이는 프레네가 지향하는 교사의 모습이 노련한 양치기처럼 채찍이나 강제성을 동원하지 않고서도 학생들이 새로운 길을 개척하며 목적지에 도착하게 안내하는 데 있다는 점을 말한다. 이상의 양식에 기댄 교사의 지혜는 기존(전통) 학교들이 가르치고 따르지 않는 지식과 문화(교양)를 향한 또 다른 경로가 있다는 점을 뜻하는 것이다. 그러나 앞서 언급한 바처럼 프레네는 그러한 경로의 입구에 엉터리 과학자들이 '교사들 출입금지'라는 어떤 큰 경고판을 세워 왔다고 지적한다.Freinet, 1994b: 161 노련한 양치기, 목축업자, 정원사 등등의 훌륭한 일하는 사람들의 눈에서 빛나는 반짝거림이 바로 자유의 양과 교양의 깊이를 갖춘 참된 교사의 모습을 우리에게 입증해 준다는 것이 프레네의 생각이었다.Freinet, 1994b: 194 이에 프레네뿐 아니라 오늘날의 프레네 교사들은 채찍이나 강제성을 동원하지 않더라도 학생들이 스스로의 길을 개척하며 목적지에 도착하게 하는 교사의 역할을 고민한다.

프레네는 이처럼 권위주의적이고, 아동의 자연적 성향 대신 그들을 조작(길들임)의 대상으로 보고, 언어적 설명에 의존하고, 통계적·실증과학적 방법에 의존하던 당시의 전통적 교사 모습을 비판한다. 그러면서 그와 상반되는 비권위주의적이고, 아동의 자연적 성향에 주목하고, 삶의 경험을 중시하고, 마을 현자들의 지혜에 주목하는 교사 존재의 특성을 이야기한다. 이는 교사란 어떤 존재인가라는 고민의 산물이자, 교사의 구체적 역할이 무엇이어야 하는가라는 고민의 출발점이 되었다.

2. 교사의 역할

프레네 실천교육학에서 교사의 역할은 교육의 성공을 결정하는 중요한 요인이다. 그는 "아동은 (우리)교사의 도움으로 자신의 인격을 스스로 구축한다"Freinet, 1994b: 18라는 말로, 교육의 과정에서 교사의 개입과 역할을 분명히 가정했다. 프레네는 앞서 살펴본 네 가지 문제의식에 근거해 다음과 같은 역할이 교사에게 새로이 요구된다고 제시했다.

① 교사의 역할은 개별적이고 협동적인 방식으로 또한 학생들과 협력하는 방식으로, 시설을 조직하고 학교의 공동체적 생활을 끊임없이 완성하는 것이다.
② 교사의 역할은 아이들이 자신의 성향과 생명의 욕구에 최대한 전념할 수 있게 하는 것이다.
③ 교사의 역할은 곤경에 처해 있는 어린 일하는(학습활동을 하는) 아이들을 쓸데없이 질책하지 않고, 경우에 따라 지도하고 효율적으로 돕는 것이다.
④ 결국 교사의 역할은 자신의 학교에서 최고의 권한이 있는 조화로운 일하기(목적과 의미가 있는 학습활동)가 확고히 자리 잡게 하는 것이다.

Freinet, 1994a: 315

이를 조금 풀어서 소개하면, 교사의 역할은 첫째, 학생들과 함께 학교의 공동체적 생활을 계속해서 완성해 가는 협력과 협동의 조직자로서의 역할, 둘째, 학생들이 자신의 자연적 성향과 욕구에 최대한 전념할 수 있게 하는 교육환경 및 도구와 기술 개발자로서의 역할, 셋째, 학생들을 강제하거나 재촉하지 않고 그들의 학습활동을 돕는 조언자이자 안내자로서의 역할,

넷째, 궁극적으로 학생들의 조화로운 학습활동이 확실하게 자리 잡게 하는 것이라 할 수 있다.

이와 유사하게 오늘날의 프레네 연구자인 로이터Reuter, 2007: 26-28도 프레네 교사의 역할을 다음과 같은 목록으로 제시하고 있다. 그것은 첫째, 어른과 아동, 교사와 학생 그리고 학부모 각자가 자신의 자리에서 최대한 존중하고 상호 교류하고 협동하게 하는 것, 둘째, 교사의 역할을 가능하게 하는 교육 자료를 창조하고 계속해서 수정하고 재창조하는 것, 셋째, 학생들의 학습과 안전, 그들의 학습을 돕는 교육 장치들, 구성원들이 함께 공들여 만든 규칙이 보장되도록 책임자(또는 보증인)의 역할을 하는 것, 넷째 학생들의 자발적 학습활동이 가능하도록 돕고 보조하는 것, 다섯째 궁극적으로 교직생활에서 계속해서 직면하게 되는 긴장관계(예컨대 민주적 의사결정과 교사의 권위 행사 사이에서 오는 긴장)를 관리하는 균형자의 역할을 하는 것이다.

이에 우리는 프레네와 오늘날의 연구자인 로이터가 공통으로 강조하는 역할인 협동과 협력의 조직자로서의 역할, 교육환경 구축과 교육 자료 개발자로서의 역할, 안내자로서의 역할을 우선 프레네 교사의 주된 역할로 범주화할 수 있을 것이다. 여기에 사회적 활동가로서의 역할과 연구자로서의 역할을 추가해 우리 교사들이 여전히 주목할 만한 교사 역할은 무엇인지를 살펴볼 수 있을 듯하다.

1) 협동과 협력의 조직자

프레네 교사들은 늘 구성원들 속에 존재하며, 교육활동을 개별적으로 관리하기보다 구성원들과 공동으로 관리하는 방식을 더 선호한다.Peyronie, 2000: 223 이는 학생과 학생, 교사와 학생, 교사와 지역공동체, 교사와 교사 사이의 협동과 협력을 조직하는 교사 역할을 필연적으로 요구한다.

이에 협동과 협력의 조직자로서 첫 번째 교사의 역할은 학생과 학생 간의 협동을 조직하는 것이다. 이는 프레네 실천교육학이 기본적으로 협동의 구조에 기초를 두고 이뤄지기 때문이다. 일례로 그의 실천을 대표하는 자유 글쓰기에서 학급인쇄출판작업, 학교 간 통신교류로 이어지는 창조적 순환 과정은 공동의 글다듬기, 협동하여 인쇄출판하기 등 학생들 간의 협동으로 진행된다. 프레네가 창조하고 실천한 여러 도구와 기술은 자신의 책과 과제와 수업에만 몰두하게 하지 않는다. 그것은 거의 언제나 협동의 조직 속에서 집합적이고 공동체적인 학습활동을 가능하게 한다. 그는 협동을 강조하면서도 그 안에서 개인의 개별적인 학습을 보장하고 개별적인 학습을 보장하면서도 그것을 언제나 협동의 틀 속에서 조망하도록 했다. 이처럼 프레네 실천교육학에서 학생 주도의 학습활동은 동료들과 하는 협동 활동을 통해 완성되는 것이 특징이다.정훈, 2009: 124-125 이에 프레네는 협동과 협력의 구조 속에서 학생들이 자신의 학습활동을 진행할 수 있게 조정자의 역할을 하는 교사 역할을 무엇보다 중요하게 여겼다.

두 번째 교사 역할은 학습활동이 교사와의 협력 아래 진행될 수 있게 학생들과 협력관계를 조직하는 것이다. 이는 아동중심교육에서 자칫 문제시될 수 있는 자유방임적 태도에서 벗어나게 한다. 학생들과의 협력은 특히 한 주 동안의 학습활동을 학생들과 협의해 계획하는 주간 학습활동 계획에서 요구되는 사항이다. 교사는 다양한 인격을 존중하는 태도로 학생들에게 다가서고 그들과 협력하며 학습활동을 이끌어 가야 한다. 학생들과의 협력관계 구축은 의사결정을 공유하는 방법 같은 협동에 기초한 상호작용이 학급을 관리하는 최선의 방법이기 때문에 중요하다.Nowak-Fabrykowski, 1992: 66 교사는 학급 내 긴장이나 갈등 상황을 중재하여 균형을 유지해야 하며황성원, 2010: 122, 교사와 학생 사이의 힘겨루기에서 교사는 학교위원회나 학급위원회 전체회의에서 정한 규칙을 존중할 뿐 아니라 민주적 공동체로서의 학교를 가능하게 하는 교사 역할에 충실해야 한다.황성원, 2010: 189-190

세 번째 교사 역할은 학부모를 비롯한 지역공동체 구성원들과의 협력을 조직하는 것이다. 프레네 실천교육학에서 교실은 지역공동체로 확장된다. 지역공동체 구성원들은 가능한 한 자주 학교 안으로 들어오고 학생들은 학교 밖 지역공동체로 나간다. 학교 일과시간에 학생들은 근처 박물관이나 유적지를 방문하고 연극이나 뮤지컬을 관람한다. 그들은 지역의 농장이나 기업을 방문해 그곳이 어떻게 운영되는지를 견학한다. 이러한 방문을 마치면 종종 지역 행정가, 학자, 장인, 예술가, 그리고 기업인들과의 인터뷰와 후속 연구가 이어지기도 한다.[Lee, 1994a: 91] 이에 프레네 교사들은 학부모를 포함한 지역공동체 구성원들과의 협력을 조직해 교실과 지역공동체 사이의 벽을 허물고 그 구성원들을 학교 안으로 끌어들일 수 있어야 한다.

네 번째 교사 역할은 교사들 간의 협동을 조직하고 협력하는 것이다. 프레네는 날마다 아이들과 교제하고 교실 상황을 가장 잘 아는 교사들 스스로가 교수 자료를 개발해야 한다면서 교사들 간의 협동 조직을 만들었다. 협동 조직을 통해 그는 아이들을 위한 교재를 함께 고안하고 개발하고 검증하면서 그 자료들을 축적·활용·공유하고자 했다. 이는 교사들이 교육의 과정에서 단순한 집행자의 역할에서 벗어나 핵심적인 전문가로서의 역할을 하며 자긍심을 갖게 한다는 점에서 중요하다.[Lee, 1994b: 21-23] 또한 교사들이 자신의 학급에서 프레네 실천교육학을 적용한다 해도 실천 사항에 대한 피드백이나 의견 교류, 비판적 문제제기가 없다면 프레네 교사라 하기 어렵다고 할 만큼[Francomme & Even, 성장학교 별 엮음, 2007: 197-198], 교사들 간의 협동은 프레네 실천교육학에서 필수적이다. 이에 교사들은 경험을 나누고 의견을 전달할 수 있는 동료들과의 협동에 기꺼이 나설 수 있어야 한다.

2) 교육환경 구축과 교육 자료 개발자

프레네 운동에서 다양한 교구를 개발하고 갖추는 것은 프레네 실천교육학의 부차적 측면이 아니다. 프레네 실천교육학의 기반 그 자체이다.Francomme & Even, 성장학교 별 엮음, 2007: 139 그는 자신이 지향하고자 하는 교육을 가능하게 하는 현대적 도구와 기술이 없다면, 자신이 문제 삼았던 당대의 전통적인 교사들이 하는 방법으로 되돌아갈 것이라고 생각했다.Lee, 1994b: 19 교실을 근본적으로 변화시키는 새로운 교육에 관한 사상이나 정신으로 무장했다 하더라도, 교사들이 그 정신을 실현하게 만드는 도구와 기술 같은 무기가 없다면 아무런 소용이 없다고 보았기 때문이다.

> 저는 때때로 다음과 같은 말을 들어요. '자료가 모든 것이 아니에요. 본질적인 것은 정신이며 우리는 도구나 기술 없이도 우리의 교실에서 현대 학교의 정신을 소개할 수 있어요.'
> (그러나) 주의하세요!
> 우리 교육은 전부 도구와 기술에 기반을 두고 있어요. 우리 교실의 환경을 변경하고 그로 인해 우리 자신의 행동을 변화시키는 것이자, 우리 혁신의 존재 이유인 해방과 형성의 정신을 가능하게 만드는 것은 바로 도구와 기술이에요.Freinet; Lee, 1994b: 19에서 재인용

학습활동을 위해 풍부한 도구와 기술을 갖추고 있다는 점은 프레네 실천교육학의 중요한 특징이다. 따라서 자신의 교실에서 필요한 도구와 기술을 개발·제작하고, 뜻 맞는 교사들과 함께 그것을 공유하고 확산시키는 것은 프레네 교사가 담당하는 하나의 주요 역할이다. 이는 교사의 역할이 장인匠人과 같은 실천가이어야 함을 말한다. 교사가 이론가가 아니라 목수, 직조공, 금 세공사 같은 장인들처럼 도구를 창조하고 완성하고, 직업상의 방법과 솜씨를 고안하는 실천가라는 것이다.

> 우리는 이론가들이 아니라 실천가들이에요. 자신의 작업대에서 일하는 장인들처럼 때로는 제한된 이론적 지식으로 우리의 도구를 창조

하고 완성하며 계속해서 그것들(도구들과 기술들)을 … 우리 동료들에게 제공하기 위해 기어이 체계화하고 조직해요. 우리는 직업상의 방법과 솜씨를 고안하는 실천가들이에요.Freinet, 1994b: 57

이에 주간 학습활동 계획, 자가수정카드, 학습활동총서 등등 프레네 교육실천의 대표 도구들은 교사들 자신의 손으로 직접 창조되고 만들어진다.

실천가로서 교사의 또 다른 역할은 체계적인 방식으로 교사들 간의 협동 조직을 만드는 것이다. 그것은 창조력이 부족하고 도구의 혜택을 받기 어려운 동료들에게 필요한 도구들을 제공하기 위해서이다.Freinet, 1994b: 57 그는 그 도구들을 공유하고 확산할 목적에서 프레네 실천교육학을 실천하는 교사들 간의 협력조직인 현대학교협회와 국제현대학교운동연맹FIMEM의 결성을 이끌었다. 교실 개혁을 이끄는 교육운동의 주체가 전문학자나 행정가들이 아니라 현장의 교사들이어야 한다는 점은 교육 자료 개발자로서 교사 역할에 담긴 가장 큰 의미이다.Lee, 1994b: 21-23 학습활동 자료들을 개발하는 것은 이론가의 몫이 아니다. 그것은 날마다 아이들과 교제하고 교실 상황을 가장 잘 알고 있는 현장의 교사들 자신의 몫이어야 한다. 프레네는 이를 자신의 실천으로 몸소 보여 주면서, 교사 자신이 전문학자나 행정가의 주변인이 아닌 교육을 이끄는 핵심 주체로 자리매김하게 했다. 프레네 실천교육학 세미나를 위해 우리나라를 방문했던 프레네 교사의 다음의 말 속에서 우리는 교육 자료 제작자로서의 교사 역할이 갖는 중요성을 다시 한 번 확인할 수 있다.

저의 역할은 학생들이 배움을 스스로 조직할 수 있도록 장치를 조직하는 데 있습니다. 저의 역할은, 제가 있지 않아도 자율성을 향상시키고, 배움의 가능성을 향상시키고, 배움에 대한 문제제기를 스스로 하도록 하는 교구를 잊지 않는 데 있습니다.Francomme & Even, 성장학교 별 엮음, 2007: 151

교사로서의 직업이 허용하는 지적 자존감인 독자적이고 열정적이고 기발한 창조의 활기를 서서히 박탈한다는 점에서 교사용 지도서에 문제를 제기하기도 한다.Kozol, 1981: 84 현장 교사들이 교사용 지도서의 굴레에서 벗어나 주체적으로 자료 개발의 길을 걷고, 그들 자신이 교실 개혁을 이끄는 교육운동의 주체여야 한다고 주장하는 프레네 교사들의 입장은 우리 교사들이 여전히 받아들일 만한 사항이다.

3) 안내자: '방편-울타리' 조성자

프레네 학교에서 교사는 학습 지원자이자 보조자의 역할을 수행한다.황성원, 2010: 122 프레네 교사의 역할은 지식의 권위자가 되는 데 있을 뿐 아니라, 타인을 위한 자원이 되고 자극을 주며 격려하는 데 있다.Francomme & Even, 성장학교 별 엮음, 2007: 152 요컨대 학습활동을 위한 우호적인 환경에 아이들을 머물게 하면서 그들이 끊임없이 성장할 수 있게 돕는 것이 교사가 해야 할 중요한 역할이다.Freinet, 1994b: 155-15 이러한 안내자로서의 교사 역할은 프레네가 말하는 '방편-울타리' 조성자로서의 측면에 초점을 맞춰 살펴볼 수 있다.[37] 이는 아동중심교육을 표방하는 대다수 교사들에게서 종종 목격되는 자유방임적 태도와 그의 교육을 구분하는 핵심이다.

프레네가 조성하고자 했던 이상적인 교육환경은 아이들이 자신의 가능성을 실현할 수 있도록 의지할 수 있는 방편을 찾을 수 있고, 울타리가 있어 길을 잃지 않고 전진할 수 있는 환경이다. 프레네는 이 두 가지가 직질하게 배치된 환경을 자신의 용어로 '방편-울타리recours-barrières'라고 명명

---

[37] 이하 소개되는 '방편-울타리' 조성자로서의 교사 역할은 정훈(2009: 175-179)에 기초를 두고 일부 내용을 수정·보완한 것이다.

했다. 교사는 아이들이 그것을 필요로 할 때 의지할 수 있도록 '방편-울타리'를 너무 멀지 않은 곳에 배치해야 한다. 그러면서도 그것을 아이들이 실현하거나 꽃피울 수 있도록 충분한 범위와 높이를 유지할 수 있게 너무 가깝지 않은 곳에 배치할 수 있어야 한다. '방편-울타리'의 위치는 환경의 요구와 개인의 가능성에 따라, 그리고 개인의 반응력이나 각 개인을 둘러싼 환경 속에서 그들이 살아가고 등정하는 데 요청되는 도움 정도에 따라 다양하게 조성될 수 있다.Freinet, 1994b: 420-421 오늘날 '방편-울타리'는 학생 개인들이 자율을 연습하게 하고, 기능을 발전시키고, 다른 사람의 권리와 기대를 합리적으로 고려할 수 있도록 자신의 의무를 상기하면서 전체 자유를 생각하게 하는 실질적인 울타리의 역할을 한다. '방편-울타리'는 또한 아이들이 자신의 권리를 지각하게 하는 것과 연관된다. 즉 학교가 우리에게 기대하는 것이 무엇이고, 우리가 얼마나 잘 진보하고 있는지, 그리고 우리가 해당 학기에 이수하는 교육과정 중 어느 부분이 미진하고 미진하지 않은지를 인식하게 한다.Lee & Sivell, 2000: 36-37 이러한 다양한 여건을 고려하면서 방편과 울타리의 위치를 조정해야 한다는 데서 우리는 교사 역할의 어려움과 중요성을 찾을 수 있다.

'방편-울타리' 조성자로서의 교사 역할은 우선 다음의 예와 같이 설명할 수 있다. 예컨대 바구니를 짜려고 씨름하고 있는 한 아동이 있을 수 있다. 이때 교사가 할 수 있는 하나의 선택은 아무런 안내 없이 그 아동이 고군분투하게 내버려 두는 것이다. 이 선택은 분명 상당히 불만족스러운 결과를 가져올 수 있다. '방편-울타리'를 부적절하게 설정한 예이다. 교사가 할 수 있는 두 번째 선택은 '조작적 조건화'의 방법을 사용해 접근하는 것이다. 조건화는 학습자의 자발성을 방해해 그가 하려는 모든 시도를 차단할 수 있다. 따라서 교사는 이 양극단과 반대되는 제3의 선택을 해야 한다. 그것은 아이들이 시도(실험)하게 하면서도 그들이 무엇을 모방할 수 있고 없는지를 제시하는 것이다. 아이들이 참조할 만한 좋은 절차의 예를 제공하면서 교사는 진정으로 아이들을 도울 수 있다.Sivell, 1997 이 세 번째 선택이 바로 '방편-울타리' 조성자로서의 교사 역할이다.

'방편-울타리' 조성자로서의 교사 역할은 주간 학습활동 계획에서도 드러난다. 교사와 협의해 작성되는 주간 학습활동 계획에 따라 아이들은 학교와 공동체가 요구하는 필요를 따르고, 조나 집단이 중시하는 규칙 아래서 자신의 내적 욕구를 따르는 것이 가능해진다. 이는 프레네 실천교육학이 아이들의 변덕에 따라 움직일 가능성을 상대적으로 배제하게 만든다. 이처럼 프레네 교사는 농부들이 아침에 문간에 모여 그날의 일을 상의하는 것처럼 학생들과의 회합을 통해 그들이 해야 할 학습활동을 조율하는 중요한 역할을 수행한다. 이를 통해 교사는 학생들의 계획 달성을 확인하고 학습활동의 진척 정도를 검토하며 그들이 도전하고 싶은 탐구를 진행하도록 할 수 있다. 아이들은 주간 학습활동 계획 같은 교사의 도움과 안내 덕분에 방향성 없이 각종 도구와 시설을 이용하지 않게 되고 자신이 해야 할 학습활동의 경계를 명확히 인식하게 된다. 프레네 교사는 아이들이 변덕과 공상에 따라 우왕좌왕하게 하는 것에 분명히 반대한다. 이와 같은 방식으로 그는 학습활동의 방향을 안내하는 것을 교사의 중요한 역할로 삼았다.

'방편-울타리' 조성은 교사들이 아이들의 학습활동의 과정을 안내해야 한다는, 즉 아이들의 '타고난 호기심'을 도와주고 지도할 때 교사의 개입을 요구한다는 점을 함축한다. 아이들은 자신이 일하고 싶은 자료를 선택할 때와 그 자료와 관련하여 해결하고 싶은 문제가 있을 때 교사들의 안내와 조언을 받으면 분명 훨씬 더 잘 배울 수 있다. 교사를 안내자이자 조언자로 보는 이러한 견해는 교사를 아이들이 내린 결정을 따르게 하는 부차적인 인물로 생각하는 닐A. S. Neill의 입장과 구분된다.Beattie, 2002: 350-351

프레네 학교에서 교사는 지식과 정보의 많은 방편들 중 하나로 존재하며, 교사들은 언제나 아이들과의 관계 속에 존재하면서 그들과의 협력관계에 강조점을 둔다. 즉 아이들의 자발적 활동은 교사 개입을 최소화하면서 진행되는 데 중요성이 있는 것이 아니라, 주간 학습활동 계획의 경우처럼 교사와의 협력 관계라는 틀 속에서 진행된다는 데 중요성이 있다.

4) 사회적 활동가

프레네는 우리 교사들이 사회적 활동가(또는 투사)의 모습도 가져야 한다고 믿었다. 그는 자발성, 독립적인 사고, 인내와 용기, 그리고 자유의 강조, 민주주의, 자유, 평화, 그리고 윤리적 가치의 회복이라는 영역에서 사회 변화를 위해 싸우는 투사의 모습을 교사들이 가져야 하는 비전으로 보았다.Nowak-Fabrykowski, 1992: 63 프레네가 교사들이 사회적·정치적 활동가이기도 해야 한다고 주장하는 이유는 무엇보다 아이들을 위해서였다.

> 교육적이고 도덕적으로 말해서 우리는 우리의 감독과 책임 밖에서 아이들에게 영향을 미치는 잘못과 부정의不正義에 무관심할 권리가 없어요. 왜냐하면 그것이 우리의 교육적 행동을 결정하고 조건화하기 때문이에요.Freinet, 1994b: 23

예컨대 다음과 같은 질문들 모두는 아이들이 학교에서 얼마나 잘 배울 수 있는지와 밀접하게 연결되어 있다. "아이들이 학교에 오기 전에 아침밥은 먹고 오는지? 집에 먹을 음식이 충분한지? 아이들과 가족 구성원 모두가 최근에 의사나 치과의사의 진료를 받은 적이 있는지? 그들 모두가 의료 서비스를 이용할 수 있는지? 이민자 아이들은 인종주의의 영향을 받는지? 부모님은 맞벌이를 해야 하는지? 부모님 중 한 분이나 두 분 모두 실직한 것은 아닌지? 부모의 지도를 충분히 받을 수 있는지? 어떤 종류의 지도를 받을 수 있는지? 아파트나 집은 가족들이 생활할 만큼 충분히 넓은지? 자기 방이 있는 형제는 몇 명인지?" 이러한 질문들에 답하는 것은 분명히 가난과 편견의 문제와 연결된다. 그는 이를 해결하는 것을 학교에서 인간적이

고 민주적인 학습 환경을 창출하는 것과 마찬가지로 최우선적인 일로 받아들였다.Lee, 1994b: 25

프레네 교사들에게 가난과 부정의의 문제는 분명 아이들의 문제와 연결된 것으로, 이러한 문제를 해결하는 것은 학교에서 인간적이고 민주적인 학습 환경을 창조하는 것만큼이나 중요하다.Lee, 1994b: 24-25 이 점에서 아이들에 영향을 미치는 현 빈곤의 주요 원인으로 작용하는 자유시장체제나 사적 이익 추구에만 몰두하는 기업 태도에 대다수 '현대 학교' 구성원들은 비판적 입장을 취한다.Lee & Sivell, 2002: 113-114 교육 시장화 정책을 시행했던 영국과 웨일스에서는 교육과정과 교수 방법, 교육 목적, 학교교육과 교육체계를 둘러싼 사회정치적 맥락, 그리고 그것이 인종주의와 성차별, 사회계급의 불평등을 재생산하고 확대하는 데 어떤 영향을 미쳤는지를 교사들이 검토하도록 교육하지 못했다. 그 대신 교사들이 성취도 향상을 위한 기술들을 훈련하는 일에 집중하게 만들었던 바 있다.Hill, 2007: 214 이에 아이들의 더 나은 삶을 위해서라도 교사가 학교교육을 둘러싼 사회·정치적 조건에 관심을 가질 필요가 있다는 프레네의 생각은 여전히 유의미해 보인다.

5) 연구자

프레네는 1차 세계대전으로 인해 교사양성대학의 과정을 제대로 끝마칠 수 없었다. 이를 만회하기 위해 그는 자신의 방식을 찾는 탐색('실험적 모색')의 길을 택했다. 그는 몽테뉴와 루소, 페스탈로치, 『능동학교(활동학교)』의 저자인 페리에르의 문헌을 폭넓게 읽었다. 다음으로 그는 이탈리아와 독일, 그리고 러시아의 학교들을 방문하고, 국제신교육연맹이 개최한 여러 콘퍼런스에 참가했다. 그러나 그는 자신이 읽고 청강했던 이론들의 어느 것도 자신의 시골 학교에서 곧장 적용하기가 어려웠다. 그 이론들은 학생 수가 적고 선발된 우수 교사들이 있는 등 잘 갖춰진 환경에서나 가능했기 때문이다.Freinet, 1980: 16-17

프레네가 창조자이자 연구자로 교사의 역할을 제시한 데는[Nowak-Fabrykowski, 1992: 68], 독학으로 연구자의 길을 걸을 수밖에 없었던 이러한 개인적 경험이 큰 영향을 미쳤다. 그는 프레네 기술로 불리는 자신의 여러 기술들을 진공상태나 상아탑 안에서가 아니라 자신의 사유와 독서, 그리고 직접경험을 종합하는 것으로 생성했다.[Acker, 2000: 45]

오늘날의 프레네 교사들 역시 이러한 연구자로서의 교사 역할을 소홀히 하지 않는다. 그들은 책을 통해 다른 실천가들과의 대면을 통해 그리고 세상과 실천적 시도와의 대면을 통해 자신을 교육하는 것을 멈추지 않는다.[Francomme & Even, 성장학교 별 엮음, 2007: 153] 그래서 그들은 스스로를 '연구하는 교사'이자 '탐구하는 교사'라고 칭한다 연구하는 교사의 가장 큰 특징은 다음의 인용문에 제시된 바처럼 자신들의 실천을 이론으로 만들어 가는 데 있다.

> 우리는 '연구하는 교사', '탐구하는 교사'라는 말을 쓴다. 학문이라는 것은 지식을 생산하는 것이다. 교사는 아이들과 함께 현장에서 지식을 생산해 내고 그다음에 함께 모여 그것에 대해서 함께 이야기를 한다. 즉 실천이 선행되고 실천을 통해서 이론을 형성하는 것이다. 프레네 교육의 실천과 이론은 굉장히 긴밀한 소통을 통해서 이루어진다. 프레네 교육은 이론적인 교육학이 아니다. 그래서 프레네 교육 안에는 방법론뿐 아니라 프레네 교사들의 경험과 질문이 있다고 하는 것이다.[Francomme & Even & 이진주 인터뷰, 2007: 83]

아이들과 함께한 교실 실천에서 출발해 그것을 이론화하려는 프레네 교사들의 연구자로서의 모습은 '연구하는 교사' 개념과 연결되어 최근 그 중요성이 다시 부각되는 실행연구action research의 전통과도 일맥상통한다. 실행현구는 "실천 현장에서 행위 당사자가 스스로 주체가 되어서 개인적·사

회적 삶을 탐구해 계속해서 개선하려는 과정지향적 연구"이혁규, 2009: 199를
말한다.

슈타이너-발도르프 교육학과 달리 프레네 실천교육학에는 교사를 양성
하는 공식 기관이 없다. 이 점은 프레네 교사들을 연구자로서의 길로 이끌
고 교사들 간의 연구 공동체 형성을 불러오는 이유가 되었다.

> 프랑스에는 프레네 교사를 양성하는 공식 기관이 없다. 프레네 교
> 육에 관심 있는 사람들이 질문을 가지고 모여서 그들의 교육실천을
> 나눈다. 지역마다 프레네 교육에 관심 있는 사람들의 모임이 정기적
> 으로 열리고 있고 대부분의 모임은 개방적이어서 원하는 사람의 참여
> 가 가능하다. 연수의 형태로 이루어지는 집중적인 모임은 대개 방학을
> 이용해 개최된다. 일방적으로 누군가 전달하고 전수받는 정해진 교육
> 내용이라는 것은 존재하지 않는다. 연수를 통해 나는 내가 가진 것을
> 나누고 또 동시에 다른 사람들의 이야기를 들으며 함께 배우는 것이
> 다.Francomme & -Even & 이진주 인터뷰, 2007: 84

시장화에 기초한 오늘날의 표준화 정책은 학교 내의 전문가 학습공동체
를 강화하는 데 실패했을 뿐 아니라 오히려 그 토대를 심각하게 훼손한다
는 비판을 불러왔다.Hargreaves, 2003: 200 또한 팀이나 집단을 이뤄 동료들과
함께 학습하고 때로는 그들의 지원을 받고자 하는 교사들을 제한된 재원,
늘어나는 요구, 강제된 우선순위에 의해 개인주의 생활에 빠져들게 만들었
다.Ibid., 148 이에 우리는 동료들과 서로 간의 실천을 공유하고 함께 자발적
연구모임을 이어 가는 프레네 교사들의 모습 속에서 자칫 간과될 수 있는
연구자로서 교사 역할의 의미뿐 아니라 모색하는 삶을 사는 연구자로서의
모습을 되새겨 볼 수 있을 것이다.

결국 프레네 교사론은 교사 존재가 수업의 기술자나 관리자만이 아니

라, 끊임없이 교육의 구성원들과 협력(협동)하고, 자신의 실정에 맞는 자료들을 창조하고 공유하고, 자신의 실천을 성찰하는 연구자로서 교육의 주체라는 점을 새삼 다시 한 번 일깨운다.

3부

프레네 실천교육학의 현재성

9장

교육적 놀이로서 '놀이-일'의 의미

1. 교육적 놀이 탐색의 필요성

진보주의 교육가들은 아동이 타고난 호기심과 자신의 발견으로 학습할 수 있다고 믿는다. 이와 함께 그들은 아동이 대체로 놀이 본성을 소유하고 있다고 믿는다. 그들 중 일부는 우리가 놀이를 교육과정에 끌어들일 때 격렬하고 폭력적인 게임을 배제해야 한다고 말한다. 아니면 놀이가 학습 성과로 이어지도록 교사가 개입해 놀이를 조정하는 게 중요하다고 말한다. 반면 닐Neill은 놀이가 아동이 하는 자연스러운 활동이기 때문에 놀이에 어떤 교육적 정당화justification가 필요 없다고 말한다. 그들은 더 나아가 놀이가 학습의 증진을 위해 활용돼서도 안 된다고 주장한다.Darling & Nordenbo, 2003: 301

만약 전자의 입장이라면 우리는 어떤 종류의 놀이를 선택하고 배제해야 하는지에 답해야 한다. 또한 학습 성과를 증진하기 위해 어떤 종류의 놀이를 활용해야 하는지에도 답해야 한다. 우리 전통놀이에 주목해 거문고와 활쏘기, 투호, 등산처럼 "내 마음을 안으로 수렴토록 하는 놀이", "학습자를 깨어 있게 하는 놀이"를 좋은 놀이로, 장기나 바둑 그리고 지금의 사이버 체험같이 "마음을 외부로 향하게 하는 놀이"를 나쁜 놀이(또는 잡된 놀이)로 구분하는 시도정재걸, 2001나, "교육 방법으로서의 놀이"의 성립 가능성, 즉 교육 목적 달성을 위한 효과적인 수단으로서 놀이의 성립 가능성을 탐색한 연구김무길, 2006; 류한구, 1983 등가 이에 대한 답변에 해당한다. "놀이와 일이 바람직한 정신적, 도덕적 성장을 촉진하는 방향으로 수행될 수 있도록 환경을 만들어 주는 것이 학교의 과업"Dewey, 1916: 310 중 하나라면, 우리는 그러한 환경 조성을 고민하는 것뿐만 아니라 정신적, 도덕적 성장을 촉진하는 놀이가 무엇인지를 함께 고민할 필요가 있다.

닐과 같은 후자의 입장이라 해도 우리는 어떤 종류의 놀이가 정당화가 불필요한 자연스러운 것이고, 어떤 종류의 놀이가 그렇지 않은 것인지를 구분하는 것이 필요해 보인다. 듀이는 일찍이 "학교 외 상황에서 행해지는 놀이는 주위의 성인생활이 가지고 있는 훌륭한 점과 함께 조악한 측면을 시인是認, 재생하고 있다"Dewey, 1916: 309-310라고 지적한 바 있다. 이에 어른 세계에 대한 노출이 부쩍 심한 요즈음 우리는 아동이 하는 놀이들 중에서 조악한 측면이 있는 놀이를 가려낼 필요가 있다. 학교 밖에서 행해지는 놀이가 얼마든지 학교 안으로 들어올 수도 있다는 점을 감안한다면 우리가 조악한 놀이들까지 자연스러운 놀이로 치부하면서 그것을 하도록 내버려 두는 것은 무책임해 보인다.

이에 놀이에 대한 교사 개입의 정당성을 주장하는 편이든 닐과 같은 편이든 아동이 하는 자연스러운 놀이의 종류가 무엇인지를 살피는 작업은 필요해 보인다. 그것은 교육과정 안에서든 밖에서든 우리가 아동에게 보장하고 경험하게 해야 할 놀이('교육적 놀이')[38]와 그렇지 않은 놀이('비교육적 놀이')를 구분하는 데 일말의 도움을 줄 수 있을 것이다. 이에 이번 장에서는 프레네의 '놀이-일' 개념에 기초해 우리가 교육적 놀이와 비교육적 놀이로 구분해 범주화할 수 있는 놀이로 어떤 것이 있을 수 있고 그 특성

---

38) 교육적 놀이는 대체로 "놀이 활동을 통해 특정한 교육 목적을 성취할 수 있는 놀이", 즉 "의도적 교육 방법으로서의 놀이"로 규정된다(김무길, 2006: 181). 그렇지만 여기서는 이러한 한정적 의미보다는 "인간의 정상적인 정신적, 사회적, 도덕적 성장을 돕는 놀이"의 의미로 사용한다. 이에 여기서 놀이는 "가르쳐야 하는 대상"이나 "특정한 교과의 교육 목표 달성을 위한 수단"이기보다 아동의 정상적인 성장과 발달을 돕기 위해 우리가 "행하게 보장해야 하는 활동"이다.

이 무엇인지를 살펴보고자 한다.

2. 교육적 놀이로서 '놀이-일'의 종류

놀이는 그 수가 많고 무수히 다양하다. 이 때문에 놀이 전부를 범주화하는 명확한 분류원칙을 찾아내기는 쉽지 않다. 게다가 놀이는 여러 가지 측면을 나타내고 있어 수많은 관점에서 볼 수 있는 것도 사실이다.Caillois, 1967: 35 그렇다 하더라도 놀이를 분류하려는 시도는 있어 왔다. 예컨대 심리적 준거에 따라 감각놀이, 운동놀이, 모방놀이, 수용놀이, 구성놀이로 분류하거나 피아제Piaget의 경우처럼 아동의 발달단계에 따라 동작놀이, 상징놀이, 규칙이 있는 놀이로 놀이를 분류해 오기도 했다.[39] 또한 백운학·김경아1997는 우리의 전통적 아동 놀이를 조사해 이를 목적별(순수 놀이, 신앙놀이), 발달단계별(영아기, 유아기, 아동전기, 아동후기), 성별(남아 놀이, 여아놀이), 형태별(개인 놀이, 짝 놀이, 집단 놀이), 장소별(실내 놀이, 실외 놀이), 도구유무별(도구 놀이, 신체 놀이), 계절별(봄 놀이, 여름 놀이, 가을 놀이, 겨울 놀이, 사철 놀이), 명절별(명절 놀이, 일상 놀이), 지역별(향토 놀이, 지역 놀이, 전국 놀이)의 9가지 유형으로 분류해 제시했다. 『놀이와 인간Les Jeux et Les Hommes』을 쓴 카이와R. Caillois는 경쟁, 우연, 모의模意, 현기증이라는 네 개의 역할 중 어느 것이 우위를 차지하는가에 따라 놀이를 아곤(경쟁), 알레아(운), 미미크리(모의), 일링크스(현기증)의 넷으로 분류해 소개했다.

이러한 분류 기준은 우리가 실제 행하고 있거나 관찰할 수 있는 놀이들을 수집한 뒤 그 유형을 분류하는 데는 유의미하다 하겠다. 그렇지만 놀이들이 왜 여러 유형으로 달리 파생·진화해 왔는지에 대해서는 설명하지 못

---

39) 이 외 놀이에 대한 다양한 유형 분류의 예는 강선보(2002: 22-26)를 참조할 수 있다.

한다. 프레네는 인간의 타고난 중심 욕구를 분류기준 삼아 자신이 '놀이-일'이라고 부르는 활동이 어떻게 달리 파생되고 진화해 왔는지를 범주화해 제시했다. 이는 그동안 잘 소개되지 않았던 내용이지만 우리가 교육적 차원에서 보장하거나 활용할 수 있는 놀이의 종류와 특성이 무엇인지를 사고하는 데 도움을 준다. 프레네는 놀이가 인간의 중심 욕구를 충족하는 활동에서 파생·진화되었다고 주장한다. 그는 자신의 추억과 자신이 관찰한 바에 근거해 다음과 같이 인간의 타고난 중심 욕구를 유추한다. 그리고 바로 거기에서 우리가 '놀이-일'이라고 부를 수 있는 상이한 유형의 놀이가 파생·진화되어 왔다고 설명한다.

한편으로 우선 아동이 충족해야 하는 본질 욕구가 무엇인지를 생각해 봐야 해요. 만일 새끼 고양이가 생쥐를 잡아채도록 운명이 정해져 있다는 것을 알고 있다면, 그 새끼 고양이가 자신의 고유한 소일거리를 할 수 없을 경우 우리는 그 새끼 고양이에게 고유한 놀이가 어떤 것인지를 미리 짐작할 수 있어요. 그래서 우리는 잘못을 범하지 않을 수 있어요. 인간의 어린아이에게도 동일한 성공을 거둘 수 있을 것인지 그 여부를 생각해 봐요.

저의 관점에서 아이들은 어른의 일을 정당화하는 것과 동일한 욕구와 동일한 성향에 따라 자신의 '일-놀이'에 이르러요. 저는 강제된 일을 말하는 게 아니에요. 저는 우리 농부들이 여전히 실천하고 있는 것과 같은 인간이 행하는 일에 대해 말하는 거예요.

우리는 이러한 모든 욕구를, 점점 더 그 수가 많아지고 다양해지며 그것들의 몸통 줄기에서 벗어남에 따라 점점 더 알아채기 힘들어지는, 그리고 우리가 문명화라고 부르는 것의 결과로 우선은 개인들 사이의 관계로, 이어서 집단들 사이의 관계로 복잡해지는, 다방면으로 자연스럽게 가지를 뻗게 했던 '단일한 중심 욕구'(-필자 강조)로 되돌릴 수 있을 거예요. 그것은 삶을 보전하고, 가능한 한 삶을 강력하게 만들고, 삶을 계승하기 위해 삶을 전수하고자 하는 보편 욕구와 관련 있어요.Freinet, 1994a: 173

문명화의 결과 오늘날 인간의 욕구가 복잡해지고 다방면으로 가지를 뻗쳐 인간의 가장 기본적인 중심 욕구가 무엇인지를 파악하기가 쉽지 않게 되었다. 그러나 그것을 역으로 수렴해 들어가면 결국—'삶을 보전하고, 삶을 강력하게 만들고, 삶을 계승하기 위해 그것을 전수하고자 하는 단일한 세 가지 중심 욕구를 우리가 찾아낼 수 있다는 것이다. 프레네는 이를 1) 삶을 정복하고자 하는 욕구, 2) 삶을 보전하고 가능한 한 삶을 강력하게 만들고자 하는 욕구, 3) 삶을 계승하기 위해 삶을 전수하고자 하는 욕구 세 가지로 재명명해 제시했다. 그는 이 세 가지 욕구 충족 활동 차원에서 놀이가 자연스럽게 파생되고 진화되었다고 설명한다. 이는 "생쥐를 뒤쫓는 것이 새끼 고양이의 종 유전성인 것과 마찬가지로 아이들의 특성을 대변하는 확실한 활동이 있다"는 점을 말한다.Freinet, 1994a: 167 인간의 타고난 이 세 가지 중심 욕구는 프레네가 의미하는 놀이(즉 놀이-일)의 종류를 분류하는 준거이다.

1) 삶을 정복하고자 하는 욕구 충족 활동에서 파생·진화된 놀이[40]

먼저 삶을 정복하고자 하는 일반적이면서 타고난 욕구를 충족하는 놀이의 종류가 있다.Freinet, 1994a: 179 그것은 생활에 필요한 먹거리를 찾기 위해 언덕을 능숙하게 오르는 사람, 열매 등을 채집하는 사람, 수렵인들, 낚시꾼들, 목축인들이 하는 동작에 상응하는 놀이이다. 뛰고, 달리고, 추격하고, 가두고, 풀어 주는 형태의 놀이가 여기에 해당한다. 이 놀이들은 프랑스에

---

40) 이하 제시되는 "인간의 중심 욕구 충족에서 파생·진화된 놀이"에 대한 설명은 정훈(2006b: 47-51)을 기초로 수정·보완한 것이다.

서 행하든 중국에서 행하든, 그리고 다양한 환경과 관습에 따라 어떤 변형된 형태로 행하든 간에 탐색하는 사람들에게 강력한 인상을 줄 만큼 확실한 가족 유사성과 보편성을 띤다. 이는 그 놀이들이 삶을 정복하고자 하는 인간의 공통된 욕구 충족을 기원으로 삼는 데에 연유하기 때문이다. 여기에 해당하는 숨바꼭질이나 술래잡기, 추격하고 가두고 묶고, 풀어 주는 놀이들이 우리에게도 흔한 놀이였다는 점을 생각하면 이해가 될 듯하다.

2) 삶을 보전하고 삶을 가능한 한 강력하게 만들려는
   #### 욕구 충족 활동에서 파생·진화된 놀이

두 번째로, 삶을 보전하고 삶을 가능한 한 강력하게 만들려는 욕구를 충족하는 놀이의 종류가 있다.Freinet, 1994a: 181 뛰기와 술책 쓰기, 힘과 숙달로 인간은 자신의 먹거리를 쟁취할 수 있었다. 이제 그 쟁취한 것을 지키고, 쉬고, 밤을 지새우고, 추위를 피하는 일이 문제로 등장한다. 더 강력한 힘을 얻기 위해 약탈하는 것도 문제로 등장한다. 이는 피난처 만들기, 공격과 방어 놀이, 전투와 방어의 재현, 근대적인 놀이와 스포츠의 범주에 속하는 놀이들을 불러왔다. 이 범주에 속하는 놀이들은 혼자서 노는 것이 아니라 서로 부대끼며 함께하는 놀이라는 점이 중요한 특징이다. 여기에 속하는 피난처 만들기나 전쟁놀이, 경찰과 도둑놀이들 역시 우리가 어린 시절 했던 놀이의 종류와 별반 다르지 않은 것들이다.

3) 종의 영속성을 굳건히 하기 위해 삶을 전수하려는
   #### 강력한 욕구 충족 활동에서 파생·진화된 놀이

세 번째로, 종의 영속성을 굳건히 하기 위해 삶을 전수하려는 강력한 욕구를 충족하는 놀이의 종류가 있다.Freinet, 1994a: 187 이는 새들이 다른 성性의 새와 사랑을 나누고 새끼를 낳는 행동뿐 아니라 둥지를 틀고 알을 품고 새끼를 돌보며 훈련시키는 것을 포함한다. 예컨대 어미 새는 새끼가 날고 먹이를 찾고 자신의 생명 욕구를 충족할 수 있을 때까지, 새끼 새가 본성과 종種이 호명하는 것을 충족하도록 종 고유의 행동에 입문시키는 일을 한다. 이와 관련된 놀이에는 엄마-아빠 놀이, 소꿉놀이, 실제 동물 기르기나 장난감 동물 가지고 놀기가 포함된다. 이 놀이들 역시 우리가 어려서 즐겨 행했던 놀이들에 속한다. 프레네는 이 범주의 놀이를 설명하면서 여자아이들과 남자아이들이 하는 종 고유의 놀이를 구분했다. 여자아이들은 생명의 탄생과 양육의 본성이 있어 그에 따라 인형에 집착하는 놀이를 자연스럽게 행해 왔다는 것이다. 반면 남자아이들은 건축하고, 사냥하고, 땅파고 씨 뿌리고, 동물 기르고, 집의 난방을 책임지는 것과 같은 놀이를 해 왔다는 것이다.Freinet, 1994a: 187-191 남녀 본성 차에 따라 남녀가 행하는 놀이가 달랐다는 프레네의 서술은 오늘날의 입장에서 성역할 고정관념을 정당화한다는 비판을 불러올 소지가 있어 보이기도 한다.

이상 인간의 타고난 세 가지 중심 욕구를 충족하는 활동에서 파생·진화된 놀이의 종류를 우리는 [표 9-1]과 같이 범주화해 제시할 수 있다.Freinet, 1994a: 177-192

[표 9-1] 인간의 타고난 기본 욕구를 충족시키는 놀이

욕구 충족 놀이	유형	종류
삶을 정복하고자 하는 일반적이면서 타고난 욕구 충족 놀이	① 뛰기, 개구리뜀, 모든 형태의 씨름, 돌과 곤봉을 사용하는 각종 놀이	각종 숨바꼭질이나 술래잡기, 포로와 석방 놀이, 눈 가리고 하는 술래잡기, 풀려나기 위해 건너야 하는 장애물을 상징하는 밧줄 뛰어넘기
	② 추격하고, 가두고, 묶고, 풀어 주는 놀이	동물의 습성과 울음소리를 모방하는 놀이, 약속된 상징적 행동이나 공식을 사용하여 동물의 추격을 따돌리는 놀이 등
삶을 보전하고 삶을 가능한 한 가장 강력하게 만들고자 하는 욕구 충족 놀이	① 피난처	오두막 짓기 같은 건설, 풀 속이나 잔가지들 또는 마루 아래 숨기, 땅에 선으로 벽과 문들을 그려 집을 형상화해 노는 놀이 등
	② 공격하고 방어하는 전쟁놀이	막대기, 곤봉, 화살, 올가미, 나무권총, 사과, 토마토, 눈뭉치 등의 무기; 요새나 폐가 등에서 방어; 마스크를 쓰고, 변장을 하거나 얼굴에 색칠하고 하는 공격; 죽은 시늉하기 등

삶을 보전하고 삶을 가능한 한 가장 강력하게 만들고자 하는 욕구 충족 놀이	③ 전투와 방어 흉내 내는 놀이	진 뺏기, 전쟁놀이의 환영을 제공하는 제복 입고, 나무총 메고, 행진하는 열병식, 장난감 병정놀이, 체스나 장기, 9주희(柱戲), 공에 맞으면 죽은 것으로 고려되는 공놀이들
	④ 근대적 놀이	숨바꼭질의 변형인 경찰과 도둑 놀이
	⑤ 근대적 스포츠	전쟁놀이의 변형인 축구, 럭비 등
종의 영속성을 굳건히 하기 위해 삶을 전수하고자 하는 욕구 충족 놀이	① 가족 구성	엄마-아빠 놀이
	② 탄생과 돌봄, 양육	탄생의 신비와 유년기의 관심들(요람 안의 아기, 젖병, 산책 등) 관련 놀이, 소꿉놀이, 결혼놀이, 장례식놀이, 학교생활 모방하는 놀이; 남자아이들은 주로 건축, 땅파기와 씨 뿌리기, 사냥, 낚시, 집 안의 난방과 조명 살피기
	③ 동물 기르기와 조련	실제 동물 기르기, 장난감 동물, 상상을 이용한 동물놀이(예컨대 빗자루 말 놀이); 여자아이들의 인형놀이에 상응
	④ 일상생활 속에서 자연스럽게 행하는 놀이	젖소나 당나귀 염소를 돌보기 위해 목장에 가는 일, 생활에 필요한 물건 만들기, 동물들 모여 있는 곳에 가서 놀기 등

이렇게 분류된 놀이들은 그 안에 일의 요소를 포함하고 있다.[41] 이 점에서 프레네는 이 놀이들을 '놀이-일'이라 부를 것을 제안했다. 놀이-일은 실제 일과 마찬가지로 아이들 생명의 활력을 실행하게 하는 본능 활동이다. 그것은 또한 가정과 사회의 측면과 연관된 잠재력virtualité에 부응하는 활동이다. 이는 놀이-일이 아동을 사회적 존재로 만드는 활동이라는 점을 말한다.Freinet, 1994a: 193 "능동적인 작업에 담긴 교육적 의의를 그것이 사회적 사태의 특징을 잘 나타내어 준다는 데서 찾을 수 있는"Dewey, 1916: 315 것처럼, 일의 속성을 갖는 이 놀이들은 아이들이 사회적 존재로서 기능하는 데 필요한 태도와 기술을 자연스럽게 습득하게 하는 경험의 양식을 제공한다. 따라서 우리는 이 놀이-일을 발견하고, 이해하고, 실현할 수 있는 풍토를

---

41) 이는 듀이가 "occupation"을 놀이와 일을 동시에 일컫는 용어로 사용하는 것과 유사하다. 듀이는 아주 어릴 때부터, 순전히 놀이 활동을 하는 시간과 순전히 일 활동을 하는 시간이 명확히 구분되는 것이 아니며, 양자 사이의 구분은 강조의 차이에 불과하다고 말한다(Dewey, 1916: 320-321).

조성하는 데 관심을 가질 필요가 있다.

3. '놀이-일'의 특성과 의미

이상의 놀이-일이 갖는 특성과 의미를 우리는 다음의 다섯 가지 측면에서 살펴볼 수 있다.

첫째, 놀이가 심각한 활동과 구분된다는 기존의 놀이 해석과 달리 놀이-일은 그 속에 심각성을 포함한다. 이는 놀이 속에 들어 있는 일의 요소를 제거하면서 놀이와 일을 분리된 활동으로 이해해 온 경향[42]과 다른 입장을 취하는 것이다. 프레네가 말하는 놀이-일은 일의 속성을 지니고 있으며 따라서 목적지향적이고 심각성 또한 지니고 있다. 그렇기에 아동이 하는 일을 노력과 고생을 요구하는 활동으로, 놀이를 흥분과 즐거움으로 채워지는 활동으로 구분하는 것은 잘못이다. 바삭바삭 소리가 나는 나뭇잎을 새끼 고양이가 가지고 놀 때, 고양이는 진짜 생쥐를 대할 때 수반되는 진지함이나 주의력과 동일하게 움직인다. 이와 마찬가지로 아이들이 놀 때 그들은 실제 일에서 요구되는 것과 동일한 진지함을 본능적으로 수행한다.[Freinet, 1994a: 171] 이 점에 비춰 보면 교과학습의 동기를 유발하기 위해 놀이를 단지 '재미'의 수단으로 끌어들여야 한다는 주장은 잘못일 수 있다. "일에서와 마찬가지로 놀이의 주요 동력이 쾌락도 심지어 기쁨도 아닐 수 있기"때문이다.[Freinet, 1994a: 157]

둘째, 놀이-일은 우리가 그것을 임의로 교육할 필요가 없다는 점에서 본

---

42) 여기에는 놀이가 현실적인 목적의식을 최대한 배제한 가운데 이루어지는 활동으로, 생산과 직접적인 관련이 없다는 점에서 생산이라는 뚜렷한 목적을 가진 일과 구별된다는 설명(강선보, 2002 등)이나, '자발적인' 활동, '흥미 있게 몰두하는' 활동, '정서적 만족'이 있는 활동이 놀이의 기준이기 때문에, '심각성(seriousness)'이 있는 활동은 놀이가 아니다(Dearden, 1967: 76-77)라는 설명이 해당한다.

유적 활동이다. 또한 그것은 시공간을 가로질러 행해지는 불역성이 있는 활동이다. 예컨대 아동은 자발적으로 놀이-일을 행한다. 프레네는 놀이-일이 마법이나 의례적인 습관처럼 행해진다는 점에서 그것이 시공간 속에서 변하지 않고 국경과 세대를 가로질러 불가사의하게 전수된다고 말한다. 모든 새가 사는 지역이 어디든 둥지를 트는 것과 마찬가지로, 아이들이 자기 종의 원초적 욕구에 부합하는 본능적인 놀이-일을 도처에서 행한다는 것이다. 그러나 놀이-일의 기본 구조는 동일하더라도 지역 여건에 따라 놀이-일을 행하는 모습은 차이가 있을 수 있다.Freinet, 1994a: 196 이처럼 인간 종의 중심 욕구 충족 활동에서 놀이가 파생·진화되었다는 점에서 우리는 놀이가 지닌 가족 유사성의 기원을 찾을 수 있다. 이러한 놀이-일의 특성은 아래와 같은 질문에 하나의 답을 제시할 수 있을 것이다.

> 멀리 떨어진 한국과 인도 아이들의 놀이가 비슷한 까닭은 무엇일까. 나는 한쪽에서 영향을 끼쳤다기보다는 아이들의 놀이 본능에서 실마리를 찾는 것이 옳다고 생각한다. 굴리고, 돌리고, 꾸미고, 날리고, 넘고, 따먹고, 움직이고, 숨고, 쫓고, 찾고, 치고, 차고, 타려는 힘이 아이들 몸속에서 꿈틀거리기 때문이다. 놀이라는 것은 이런 타고난 몸속의 힘이 동무와 만나고 놀잇감을 만나면서 터져 나올 것이기 때문이다.편해문, 2007: 62

셋째, 놀이-일은 치료 효과나 정화 효과를 불러온다는 데 중요한 특성이 있다. 중심 욕구를 충족하는 활동을 하지 못할 때 아이들은 기분풀이나 보상 차원의 놀이, 이익 추구 행위로 그 욕구를 대신 분출할 수 있다. 반면 놀이-일은 기분풀이나 보상 놀이에 빠져 있는 아이들의 에너지를 자연스러운 놀이를 통해 제대로 분출하고 소진하게 만들 수 있다. 이는 아이들이 다시 정상적인 삶의 궤도로 올라서거나 균형 있게 성장하도록 되돌릴 수 있다. 프레네는 우리가 방법적으로든 경험적으로든 이러한 놀이 본능을 그동안 교육에서 잘 다루지 않아 왔다는 점을 문제 삼았다.Freinet, 1994a: 196 이에 우리는 프레네가 말하는 것과 같은 종류의 놀이-일을 교육과 관련해 중요히 다룰 필요가 있다.

넷째, 아이들은 어른의 도움이나 그들이 하는 일 속에서 좀 더 본질적인 놀이-일을 경험할 수 있다. 우리는 새가 둥지를 트는 것 같은 본능의 실현을 위해 경우에 따라 인간의 도움을 이용할 수 있다는 점을 경험을 통해 확인해 왔다. 마찬가지로 아동도 자신의 본능적인 활동을 위해 어른이 하는 일을 채택하거나 그들의 도움을 받을 수 있다. 그들은 자신의 환경과 리듬, 방법과 정신성, 그리고 자신이 하는 놀이 욕구를 충족하는 정도에 따라 그렇게 할 수 있다. 어른들의 일 환경과 이러한 본능적인 요구가 잘 결합될수록 아동은 자신의 본질적인 경험에 더 잘 도달하게 된다. 이때 본능은 동시대 삶의 틀 속에서 인격personalité을 성장시키기 위해 완전히 존재할 수 있다.Freinet, 1994a: 196 아동은 [표 9-1]에 분류된 놀이-일을 자발적으로 할 수 있는 존재이기는 하지만, 오늘날 아이들은 그것 하기를 제약받거나 점점 박탈당하고 있는 것이 현실이다. 이에 교사는 놀이-일을 경험할 수 있는 환경 조성에 힘쓸 필요가 있다. 교사(또는 어른)가 아이들의 놀이 경험을 회복시키는 일을 담당해야 한다는 점에서 이는 교사(또는 어른)가 놀이에 개입하는 것에 정당성을 부여한다.

다섯째, 놀이-일은 그 자체로 모든 에너지를 소진하는 활동이다. 이에 놀이-일은 일을 끝마친 뒤 기분풀이나 보상 차원에서 제공해야 하는 활동이 아니다. 그것은 생존의 욕구를 충족하기 위해 일정량의 에너지를 산출하는 유기체가 욕구를 충족하고서 남은 잉여 에너지를 놀이를 통해 소모시킨다는 잉여 에너지 이론이나, 일에서 소모한 에너지를 다시 저장하는, 즉 일로 인해 손실된 에너지를 놀이를 통해 재저장한다는 휴식 이론신은수 외, 2002: 15 같은 놀이 해석과 구분된다. 대신 그것은 놀이를 통해 유아가 인간 종에서 관찰되는 발달단계를 재연한다는 반복 이론이나 놀이가 미래에 필요한 본능을 강화시켜 주는 역할을 한다는, 즉 어린 종으로 하여금 이러한 필수적인 기술을 연습하게 하고 완전하게 만들 수 있는 생존 기술을 연습하게 하는 수단으로 작용한다는 연습 이론신은수 외, 2002: 16 같은 놀이 해석과 더 관련된다. 따라서 교육과정 안팎에서 활용할 수 있는 놀이와 일은 잉여 에너지 이론이나 휴식 이론에서 말하는 바처럼 잠정적인 편의나 순간적인 기분전환을 위한 조치가 아니다. 오히려 정서적, 지적, 사회적 근거에 의해 우리가 당연히 취해야 할 조치Dewey, 1916: 308라는 점에서 놀이-일이 갖는 의미를 생각할 수 있다.

그렇다면 아이들은 자연스럽게 이러한 놀이들만 하고, 그렇기 때문에 그들이 하는 놀이들 모두는 저절로 정당화될 수 있을까? 우리는 아이들이 이러한 종류의 놀이 대신 다른 종류의 놀이 즉, 그들이 자연스러운 놀이의 경험을 제공받지 못할 때 탐닉하는 비교육적 놀이의 범주가 있을 수 있다는 점을 생각해봐야 한다. 위에 제시된 놀이들을 경험할 수 없을 때, 아동은 내기를 거는 놀이나 카드게임 같은 상징을 이용한 놀이, 넋을 빼놓게 하는 중독성 놀이인 '기분풀이나 보상 차원에서 행하는 놀이', '이익을 추구하는 일travail du profit'에 탐닉할 수 있다. 그들은 정상적으로 욕구를 충족하지 못해서 오는 에너지를 그러한 활동들을 통해 분출하게 된다. 우리는 이를 비교육적 놀이로 구분해 따로 살펴볼 필요가 있다.

4. 비교육적 놀이의 종류와 특성[43]

놀이-일은 그 자체로 개인의 욕구를 충족하는 활동이다. 이 때문에 대

---

43) 이하 제시되는 "기분풀이나 보상 차원에서 하는 놀이"에 대한 설명은 정훈(2006b: 53-56)을 기초로 수정·보완한 것이다.

다수 놀이 개념처럼 일을 끝마친 뒤 보상 차원에서 놀이가 뒤따라올 필요가 없다. 그 놀이(놀이-일)는 일과 마찬가지로 '자연스럽고, 동기부여하고, 소진시키는 일'이다. 그것은 기분전환을 통해 보상(또는 보충)해야 하는 것이 아니다. 그것은 달아나고 싶은 욕구를 느끼지 않게 하는 그 자체로 충분히 만족감을 주는 활동이다.

'기분전환'은 어떤 소일거리나 자신을 줄곧 따라다니는 어떤 생각에서 벗어나게 하는 것이다. 또한 환기하고자 하는 방향으로 주의를 잡아끄는 것이다. 놀이는 기분전환 같은 잘못된 형태가 될 수 있다. 그러나 프레네에게 놀이는 정상적이고 기능적인 일(즉 놀이-일)로 분비작용 같은 어떤 자연스러운 기제가 작동하는 과정이다. 아동이 기분전환의 욕구를 가지고 있다고 볼 수도 있겠지만, 프레네는 그것을 잘못된 생각으로 받아들였다.Freinet, 1994a: 202 놀이-일은 실제 일인 일-놀이와 마찬가지로 기분전환으로 보상이 필요한 활동이 아니다. 그것은 달아나고 싶은 욕구를 느끼지 않게 하는 그 자체로 충분히 만족감을 주는 활동이다. 일-놀이와 놀이-일 두 활동 모두를 아이들이 충분히 경험하게 하면 그들이 기분전환을 위한 보상 차원의 놀이 욕구를 전혀 느끼지 않게 된다는 것이 프레네의 생각이었다.

만일 우리가 아이들에게 각종 근육을 움직이게 하고 다방면으로 뻗친 그들의 욕구를 조화롭게 충족하게 하면서 그들의 역량에 맞는 활동을 제공한다면, 아이들은 "기분을 달래고자 하는" 욕구를 전혀 느끼지 않을 거예요. 그들은 다른 소일거리에 전념하기 위해 그 일로부터 달아나고자 하는 욕구도 전혀 느끼지 않을 거예요. 그들은 정상적으로 피곤함을 느낄 것이고, 휴식의 욕구와 수면의 욕구를 자연스럽게 느낄 거예요. 이후에 아이들은 동일한 소일거리를 다시 시작할 수 있을 거예요.Freinet, 1994a: 202-203

이와 달리 아동에게 제공되는 활동이 아동의 욕구를 충분히 만족시키지 못하면, 아동은 보상(또는 보충) 차원에서 행하는 기분풀이를 위한 놀이에 쉽게 빠져들게 된다. 따라서 아이들의 정상적인 놀이 활동을 곤란하게 하고, 방해하고, 그 놀이에 인위적으로 집중하게 하면 할수록, 우리는 기분풀이로 행하는 놀이들로 손쉽게 퇴보할 수 있다.Freinet, 1994a: 205 이에 우리는 프레네가 말하는 놀이-일과 구분되는 '보상 차원에서 행하는 기분풀이détente compensatrice'라 부르는 놀이의 종류를 생각할 수 있다([표 9-2]).

보상 차원에서 행하는 놀이들은 다시 '생리적 보상 차원에서 행하는 기분풀이détente compensatrice physiologique'와 '정신적 보상 차원에서 행하는 기분풀이détente compensatrice psychique'로 구분할 수 있다.Freinet, 1994a: 205-207 '생리적 보상 차원에서 행하는 기분풀이'는 거의 모두가 정상궤도에서 비정상적으로 이탈한 놀이들이다. 그것은 특히 개인 생활에 무질서를 심고, 그들을 가혹하게 짓누르기 때문에 나타난다. 보상 차원에서 행하는 기분풀이는 또한 규범을 넘어서고, 어떤 평온과 최소한의 규율을 싹트게 하는 놀이-일([표 9-1] 참조)과 반대된 활동이다. 무질서한 다툼이나 창문에 돌 던지기, 동물 학대하기 등이 여기에 해당한다. '정신적 보상 차원에서 행하는 기분풀이'는 단지 편집증, 공포심, 증오, 해명되지 않은 정념을 발생하게 하는 복잡한 정신에 원인이 있을 수 있다. 그러한 정신은 우리를 비정상적으로 이끄는 긴장이나 압박감만큼 한층 더 심해지고, 그것이 주는 고통 역시 더 심하게 나타날 수 있다. 프레네는 그 결과 우리가 놀음이나 마약중독처럼 중독성 있는 놀이에 빠져들게 된다고 말한다. 이에 놀이-일의 기회를 마음껏 향유하지 못하고 억압이나 강박을 경험하는 아이들은 보상 차원에서 하는 기분풀이에 쉽게 빠져들 수 있다. 프레네는 억압이나 강박에서 풀려났을 때 아이들이 삶의 정상 궤도로 돌아오기보다 오히려 다른 방향으로 달아날 가능성이 더 높다고 말한다.

프레네 논의에 의거해 우리가 교육적 놀이로 고려하기 힘든 보상 차원의 기분풀이를 범주화해 제시하면 다음과 같다.Freinet, 1994a: 205-229

[표 9-2] 보상 차원에서 행하는 기분풀이

유형		종류
① 생리적 보상 차원에서 행하는 기분풀이		밀치기, 무질서한 다툼, 조롱, 짓궂은 장난, 창문이나 가로등에 돌 던지기, 동물 학대하기 등
② 정신적 보상 차원에서 행하는 기분풀이	②-1.내기를 거는 대가성 놀이	단순한 내기 놀이들(두 주먹을 쥐고, 어느 손에 내기 건 구슬, 단추 등이 있는지 맞히기, 동전을 공중에 던져 나타난 면으로 어떤 일 결정하기, 우연 놀이인 카드놀이, 각종 주사위놀이; 꾀, 숙달, 기교, 기술, 심리적 조작, 속임수로 우연을 조장하거나 유리하게 만드는 내기 놀이로 쇠고리 던지기, 코르크 쓰러뜨리기, 카드놀이; 돈 내기 놀이, 진짜 카드놀이
	②-2.상징을 이용한 가상 놀이	체스놀이, 주사위놀이, 장기놀이
	②-3.마약중독 같은 놀이	카드놀이, 망상에 빠지게 하는 책 읽기, 노래하기, 라디오 프로그램, 영화 등

프레네는 장기놀이나 체스놀이 같은 상징놀이가 개인의 중심 욕구를 충족하는 자연스러운 활동으로 취해지면 그것이 개인적이고 사회적인 측면에서 조화의 영향 아래 행해지는 것이라고 말한다. 그러나 아이들은 상징놀이가 불러오는 가상 세계에 빠져 현실 세계와의 차이를 인식하지 못할 수 있다. 아니면 상징놀이를 내기를 거는 놀이 차원에서 행할 수 있다. 그 결과 개인들 사이와 놀이하는 사람들 사이의 결속력이 약화되고, 그들이 폭력적이고 난폭한 영향력 아래 놓일 수 있다고 프레네는 말한다. 이것이 문제일 수 있는 이유는 아이들이 자연스러운(또는 교육적 차원의) 놀이(놀이-일) 대신 "이익을 추구하는 일"이라 부르는 비인간적인 놀이, 그것의 냉혹한 짝인 보상 차원에서 행하는 기분풀이나 마약중독 같은 놀이에 너무 빨리 탐닉할 수 있기 때문이다.Freinet, 1994a: 216-218

또한 똑같은 술래잡기를 하며 논다 해도 그것에 어떤 이익의 조건이나 성공의 조건이 따라붙는다면, 그것은 놀이의 본질에서 멀어진다. 아이들은 놀면서 "내가 질 것이라는 것을 알았다면, 나는 결코 놀지 않았을 거야"라고 말하지 않는다. 더구나 자신의 욕구 충족을 위한 자연스러운 놀이를 하는 경우 그들은 졌다는 사실에 어떤 수치심을 느끼지 않는다.Freinet, 1994a: 208-209 따라서 인간의 타고난 중심 욕구 충족에 부합하는 놀이와 그렇지 못한 '기분풀이를 위한 보상 차원에서 하는 놀이'를 서로 구분해 후자의 놀이에 탐닉하지 않게 하는 것이 중요하다. 이에 아이들이 자신의 타고난 중심 욕구 충족을 위해 자연스럽게 놀이를 행하도록 보장하는 것은 놀이에 관심을 둔 사람들이 주목해야 할 사항이다. 놀이-일에 해당하는 놀이들이 얼마든지 대가성 놀이 같은 기분풀이들로 퇴보할 수 있기 때문이다.

놀이-일과 보상 차원에서 행하는 기분풀이의 관계를 하나의 공식으로 정리하면 아래와 같다.

① 살아 있고 기능적인 일인 일-놀이와 그것을 할 수 없는 경우에 하는 놀이-일이 많으면 많을수록, 기분전환이나 보상 차원에서 행하는 놀이 욕구를 점점 덜 느끼게 된다. 최적의 조건에서 기분 전환이나 보상 차원에서 행하는 놀이는 전적으로 무시하고 포기돼야 한다.

② 기능적이지 않은, 그러니까 난폭한 권위에 의해서든 사회적 정황에 의해서든 심지어 언뜻 권위주의적이지 않아 보이는 과정에 의해서든 강제되는 일은 상징을 이용한 놀이나 내기를 거는 놀이로서 보상 차원에서 행하는 기분풀이를 요구한다.

③ 일이 고통스러우면 고통스러울수록, 그것은 삶에서 가장 중요한 자연스러운 노선으로부터 점점 더 벗어나고, 보상 차원에서 행하는 기분풀이의 욕구가 점점 더 많은 것을 요구한다.

④ 달리 말하면, 놀이를 향한 열광은 일이 주는 압박감과 정비례하

고, 일의 기능적인 흥미와 반비례한다.

⑤ 우리가 일에서 벗어나면 벗어날수록, 점점 더 우리는 각종 형태의 놀이로 향한다.

⑥ 우리가 기능적이고, 흥미를 끌고, 이해되고, 필요한 일로 향하는 생명의 중대 노선에 다가서면 다가설수록, 충족된 개인은 보상 차원에서 행하는 기분풀이의 활동에서 점점 더 벗어난다.

Freinet, 1994a: 218-219

대학입시로 수렴되는 경쟁 교육의 구도 속에서 아이들이 학교에서나 가정에서나 놀이의 기회를 점점 더 빼앗기고 컴퓨터 게임 같은 중독성 있는 놀이에 많이 빠져드는 것이 현실이다. 이런 상황에서 일과 놀이(놀이-일), 보상 차원에서 행하는 기분풀이의 관계를 설명하는 프레네의 이야기를 우리는 아이들의 개인적, 사회적 성장을 위해 새겨들을 필요가 있다.

5. 맺는말

이상의 탐색은 점점 놀이의 기회를 박탈당하는 최근 상황에서 우리가 회복하고 보장해야 하는 놀이의 종류와 특성이 무엇이고, 놀이의 경험을 아이들에게 제공하지 못할 때 어떤 이탈행동(또는 잘못된 놀이)에 그들이 빠질 수 있는지를 지적한다. 이는 또한 학교(특히 유·초등 수준에서) 교육과정에서뿐 아니라 학교 밖에서 아동의 성장과 관련해 제공해야 하는 놀이의 종류와, 놀이가 갖는 의미와 중요성을 사고하게 하는 기회를 우리에게 제공할 수 있을 것이다.

요컨대 인간 종의 중심 욕구 충족 활동에서 파생·진화된 놀이(놀이-일)들은 정서적, 사회적 근거에 의해 아동이 정상적으로 경험하게 해야 한다는 데에 그 교육적 의미가 있다. 단, 이 놀이들이 아이들의 자연스럽고 정상적인 삶의 궤도에 따라 성장하게 돕는다는 교육적 의미를 다하기 위해서는, 우리의 처방이나 지시에 따라 아이들이 놀이에 인위적으로 참여하게 해서는 안 된다. 대신 우리는 아이들이 놀이들을 자연스럽게 행할 수 있게 놀이의 마당을 열어 주고, 놀이 본성을 회복·실현시키는 데서 우리의 역할을 찾아야 하겠다.

또한 인간 종의 일반적이고 타고난 세 가지 중심 욕구 충족 측면에서 놀이를 설명하고, 아동의 놀이를 분류하는 또 하나의 준거틀을 제시한다는 점에서, 우리는 프레네 놀이-일 개념이 놀이 및 교육이론에 주는 기여점을 찾을 수 있을 것이다.

10장
자유 글쓰기의 교육적 의미

1. 자유 글쓰기 탐구의 필요성

진보주의 교육을 따르는 교사들은 아이들이 교실에 들어올 때 자신의 생활 경험에서 얻은 많은 지식과 이해를 가지고 들어온다고 전제한다. 따라서 그들은 아이들이 학교에 가지고 들어오는 세계와 학교가 아이들에게 열어 주고자 하는 세계가 합쳐지도록 하는 것을 중요하게 여긴다.Festermacher & Soltis, 2004: 25 이에 교육의 출발을 '교과'로부터가 아닌 '아동'으로부터 시작하려는 일부 진보주의 계열의 교사들은 '아동'을 이해하고 아동이 교실에 가지고 들어오는 경험의 세계를 교과와 연결하기 위해 글쓰기를 활용해 왔다. 그들은 또한 아이들이 자신을 자유롭게 표현할 수 있는 방편으로 글쓰기를 활용해 오기도 했다.

글쓰기에 대한 이러한 접근은 이오덕으로 대표되는 우리의 교사들에게서도 일찍이 강조되고 실천되어 왔던 부분이다. 한국글쓰기교육연구회를 통해 '삶을 가꾸는 글쓰기' 운동을 이끌었던 이오덕은 글쓰기를 아이들의 마음과 삶을 알아내는 귀중한 수단이자 아이들의 생각과 삶을 키워 가는 가장 효과 있는 교육의 방편으로 실천했다.이오덕, 2004: 97 아이들은 자유롭게 마음껏 자기표현을 하면서 지라고, 글쓰기는 자기표현의 길 가운데 가장 좋은 수단이다.이호철, 2004: 105 우리 교사들 역시 "자기가 겪은 생생한 삶이 나타나 있고, 자기만의 생각이 나타나 있어 진짜 자기 냄새가 나는 살아 있는 좋은 글"Ibid., 106을 중요한 교육적 방편으로 인식해 왔던 것이다. 이처럼 글쓰기는 국내·외적으로 아이들을 이해하는 수단이자 그들의 표현 욕구를 충족시키는 수단으로, 그리고 그들의 성장과 삶을 키워 가는 효과적인 수단으로 인식·실천되어 왔다.

'삶을 가꾸는 글쓰기'의 실천과 더불어 최근에는 20세기 초중반 프랑스의 초등학교 개혁을 이끌었던 프레네의 '자유 글쓰기texte libre, free text' 실천이 교실 개혁을 위한 한 방편으로 우리 일부 교사들의 관심을 끌고 있다.[44] 글쓰기를 통해 아이들의 성장과 삶을 키워 갈 수 있다는 인식은 프레네 교육실천에서도 두드러진 특징이다. 프레네의 자유 글쓰기는 그것의 후속 단계인 인쇄작업, 문집이나 신문 제작, 학교 간 통신교류와 함께 오늘날 그의 교육을 따르는 대다수 교사들이 실천하는 대표 기술이다. 아이들이 발언권을 가져야 한다는 생각에 기초한 프레네 학교에서 학생들은 다양한 측면에서 자신을 표현하는 자유 글쓰기의 기회를 갖는다. 프레네 학교에서 학생들은 늘 자유 글쓰기를 한다.김명신, 2002: 118 자유 글쓰기를 통해 "교사는 학생들이 생각하고 아는 것, 그들의 문제, 그리고 그가 직접 가르치는 학생들에 대해 많은 것을 배운다. 학생들은 자신을 표현하는 법을 배우고 문자로 된 말을 두려워하지 않게 된다"Castles & Wüstenberg, 1979: 234.

그렇지만 최근의 늘어나는 관심사만큼 프레네의 자유 글쓰기에 대한 체계적인 소개가 아직까지 이뤄지지 않은 점은 아쉬움이다. 현재까지 프레네의 자유 글쓰기에 대한 국내의 연구는 그의 교육을 다룬 연구물에서 단편적으로 소개되어 왔을 뿐송순재, 2011; 정훈, 2009; 황성원, 2007; 2010 단독 논문으로 체계화되지는 않았다. 프레네 실천교육학의 구축이 실천에서 이론으로 접근해 갔다는 독특함이 있기는 해도, 자유 글쓰기에 대한 구체적 안내 없

---

44) 예컨대 한겨레(2011. 7. 4), "맞춤법 틀리면 어때! 한 줄만 쓰면 또 어떻고!" 기사를 참조할 수 있다. 여기에는 주제와 형식에 얽매이지 않고 자기표현과 공동체의 소통을 가능하게 하는 자유 글쓰기에 주목한 국내 교사들의 실천 사례가 소개되어 있다.

이 실천의 문제로 곧장 접근해 가는 것에 현장 교사들이 어려움을 겪는 것도 사실이다.

이에 이번 장에서는 프레네의 1·2차 문헌 분석을 통해 자유 글쓰기의 개념과 필요조건, 그것의 교육적 활용과 교육적 의미들을 포괄적으로 논의하여 소개하고자 한다. 이는 한편으로는 우리 교사들이 행하는(또는 행하려는) 자유 글쓰기가 그들이 목적한 바대로 진행될 수 있게 명료화하는 데 도움을 줄 수 있고, 다른 한편으로는 그들이 어떤 논리적인 방식으로 자유 글쓰기를 실천하고 있다는 근거를 설명하도록 하는 데 기여할 수 있을 것이다.

2. 자유 글쓰기의 개념

프레네가 활동하던 당시 많은 학교에서 행해지던 글쓰기는 스콜라주의 방식에 따라 이뤄졌다. 글쓰기 교육은 교정되거나 점수를 매기기 위해 실시되었고 그것을 제외한 어떤 성과도 기대하기 어려웠다. 프레네는 이러한 방식이 주류를 이뤘던 글쓰기 교육에 문제를 느꼈다. 그것은 학생들이 자신의 인격을 진정으로 성찰하게 하는 '창조적' 글쓰기를 불러오지 않았다. 대신 그것은 학생들에게 '과제'의 짐만을 부과하는 글쓰기였다.Freinet, 1990b: 26 이에 프레네는 문법이나 철자만을 따지는 글쓰기 방식을 비판했다. 그러면서 그는 학생들에게 자유표현에 대한 진정한 기회를 제공하는 수단으로 자유 글쓰기를 시작했다.Lee & Sivell, 2000: 47

자유 글쓰기 개념은 두 가지 측면에서 정의해 볼 수 있다. 첫째, 자유 글쓰기는 다음 인용문에 제시된 바처럼 '아동이 글을 쓰고 싶을 때, 자신에게 감명을 준 주제에 따라 자유롭게 쓴 글texte'을 의미한다.

자유 글쓰기는 그 명칭이 함의하는 바처럼 아동이 원할 때 자신에게 감명을 준 주제에 관해 자유롭게 쓴 글texte이다. 따라서 부과된 주제로 인해 글쓰기가 단순한 연습이 되게 하지 않으며, 더욱이 설정된 활동 계획으로 인해 발생하는 문제도 없다.Freinet, 1980: 51

자유 글쓰기는 이처럼 아이들이 주제를 선택하는 '자유로운 주제에 대한 작문rédaction'Freinet, 1960c이자, 아이들이 수필이나 받아쓰기를 할 필요 없이 쓰고 싶은 것을 쓰고 싶을 때 쓰는 것Castles & Wüstenberg, 1979: 233이며, "외부로부터의 압력 없이 학생 스스로 독자적인 주도권을 가지고 만드는 글쓰기 작품"Baillet, 1995: 366이다. 프레네가 초창기 사용했던 작문rédaction 이라는 표현은 그것이 그 당시 일부 교사들이 요구하던 (강제적인) 작문을 연상시킨다는 점에서 이후 텍스트texte로 바뀌었다.박찬영, 2017: 113 프레네는 아이들이 늦은 밤 밥상머리에 앉아서나, 지나간 일상에서 놀라웠던 일들을 회상하는 할머니의 이야기를 들으면서 공책을 무릎 위에 대고 자발적으로 자유 글쓰기를 행할 수 있다고 말한다. 아니면 그들이 교실에 들어가기를 기다리면서 책가방 위에 공책을 대고서나 배정된 자유 작업 시간에 자유 글쓰기를 자연스럽게 행할 수 있다고 말한다.Freinet, 1960c; 1990b: 17

둘째, 자유 글쓰기는 아이들이 자신의 삶을 꾸밈없이 반영하고 묘사하는 글쓰기를 의미한다. 아이들은 자신이 경험한 세계를 분명히 기억하며, 비록 서투르고 문법적으로 불완전하더라도 그것을 자유 글쓰기를 통해 자신의 언어로 표현하고자 한다.Acker, 2007: 61 프레네는 아이들의 삶 도처에서 마음을 흔들었던 우연적 사건들을 자유 글쓰기를 통해 붙잡아 둘 수 있다고 말한다. 또한 그들이 자유 글쓰기를 통해 주변 세계에 대한 이야기를 계속해서 진솔하게 풀어낼 수 있다고 말한다.

아이들의 삶 속에 그들을 놀라게 하고 마음을 뒤흔드는 우발적 사건들이 있다는 건 의심의 여지가 없어요. 아니면 가슴을 뭉클하게 하거나 넋을 잃게 만드는 우연한 사건들이 있지요. 그래서 아이들은 그 광경을 친구들이나 어른들에게 몹시 이야기하고 싶어 해요.: 강아지의 탄생, 낚시, 기분 좋은 산책, 일상적인 놀이 등등 말이에요. 그러나 그 사건들은 매일 찾아오지 않아요. 그 흥미로운 사건이 찾아오지 않을 때 아이들은 그 공백을 어떻게 메워야 할까요? 그들은 오래전 일어났던 지난 일에 대해 글을 써야 할까요, 아니면 아무 말도 하지 말고 가만히 있어야 할까요?

우리의 접근이 이러한 아이들의 삶과 그들의 현실 속에 확고하게 뿌리내리지 않으면 이와 같은 문제가 발생할지 몰라요. 그래도 우리가 하는 작업의 기술에서 우리는 언제나 아이들의 실제 세계를 고려해요. 학교가 인위적으로 만들어 내는 필요성 때문이 아니에요. 그것은 아이들의 인격이 비약적으로 성장하도록 하기 위해서 그래요. 그리고 우리 학교 신문 독자들의 요구와 우리에게 글을 쓰는 다른 아이들에게서 항상 밀려오는 질문들에 충분히 답하기 위해서 그래요. 우리는 교조주의에 빠지지 않고 삶의 리듬을 따르는 살아 있는 연구, 우리 주변 세계에 대한 이야기를 진솔하게 풀어내는 데 계속 힘써요.^{Freinet, 1980: 55}

자유 글쓰기의 개념은 그것에 요구되는 세 가지 필요조건 속에 좀 더 자세히 드러난다.

3. 자유 글쓰기의 필요조건

프레네는 자유 글쓰기의 본질 특성이자 필요조건을 다음의 세 가지로

제시한다.Freinet, 1960c [45]

① 자유 글쓰기는 진정으로 자유로워야 한다.

② 자유 글쓰기는 동기를 부여하는 것이어야 한다.

③ 자유 글쓰기는 우리 학교에서 부수적인 활동이 아니어야 한다. 그것은 우리 학교 활동의 출발점이자 핵심이어야 한다.[46]

1) 자유 글쓰기는 진정으로 자유로워야 한다

우리가 아주 어린 시절에 끊임없이 말하고 싶어 했던 것처럼, 아이들은 글 쓰고 설명하고 싶은 욕구가 있다. 첫 번째 조건인 진정으로 자유롭게 이뤄지는 글쓰기는 아이들이 말하고 싶은 어떤 것이 있다는 전제에서 출발한다. 이에 아이들은 자신의 내면에서 끓어오르는 것을 문장이나 그림으로 설명하고 싶을 때 자유 글쓰기를 한다. 이 조건에 따라 이뤄지는 글쓰기는 아이들의 마음을 움직이고 그들의 가장 깊은 흥미를 불러일으키기 때문에, 가장 큰 교육적 효력을 불러온다. 즉 그것은 '자발성, 창조성, 삶, 아동을 둘러싼 환경과의 긴밀하고 영속적인 연결, 아동 내면의 심도 깊은 표현'Freinet, 1960c이라는 성공적인 성과를 불러오는 글쓰기이다.

이와 달리 글감이나 글의 형식을 부과하는 것처럼 진정으로 자유롭게 쓰는 것을 제약하는 글쓰기는 학생들에게 자유 글쓰기가 주는 성공의 극히 일부만을 맛보게 할 수 있다. 이에 자유 글쓰기는 무엇을 어떻게 쓸 것인지에 대한 규정이나 제한이 없으며, 교사들 역시 아이들이 쓴 글에 대해 평가적 언급을 하지 않는다. 아이들은 정말로 자신들이 쓰고 싶은 것을 쓴

---

45) 이하 소개되는 기본 내용은 1960년에 나온 Texte Libre(BEM No. 3)에 기초를 둔 것이며, 이 문헌 이외에 인용한 부분은 따로 문헌 표기를 하였다.

46) 1947년에 나온 Texte Libre(BENP No. 25) 초판에는 세 번째 원리가 "자유 글쓰기를 언어적 형식주의의 독단에 빠지지 않게 하면서 교육적으로 활용해야 한다"로 되어 있다. 그러나 본질적 의미는 크게 다르지 않다(정훈, 2009: 162).

다.김명신, 2002: 118 "처음부터 맞춤법이 맞는지 틀리는지에 지나치게 큰 비중을 두다 보면, 많은 이들이 '자유로운 글쓰기'의 정신을 잃어버리고, 의무가 아닌 한 더는 아무것도 쓰지 않으려고 할" 수 있기 때문이다.Riegel, 2004: 22 이러한 특성은 우리나라를 방문했던 프랑스 프레네 교사의 다음과 같은 말 속에도 그대로 드러나 있다.

> 글쓰기 놀이가 어떤 것이 되었든 간에 그 순간 '문학, 형식, 철자, 문법은 중요하지 않다는 것'과 '텍스트의 길이, 내용 등등에 대한 어떠한 판단도 있어서는 안 된다'는 원칙을 지키는 것이 중요합니다.Francomme, O & Even, J-N. & 성장학교 별 엮음, 2006: 59

그렇다고 자유 글쓰기가 교사로부터 완전히 벗어나 자기 마음대로만 행해지는 건 아니다. 교사는 학생들과 민주적이고 개방적인 대화를 나누면서 글쓰기를 격려하고, 철자와 문법의 교정, 글의 질과 타당성에 관하여 학생들과 이야기하고 토론할 수 있다. 교사의 그러한 노력은 글쓰기의 성과에 영향을 미친다. 요컨대 학생들은 강연자, 엄격한 교사, 독재자 같은 교사로부터 해방될 수는 있겠지만, 그것이 교사로부터의 완전한 자유를 의미하는 것은 아니다. 교사는 자유 글쓰기 과정에서 분명한 책임을 진다.Beattie, 2002: 24 자유 글쓰기에서 중요한 것은 일단 쓰고 싶은 것들을 쓰게 하는 것이고, 다음의 예에서처럼 교사가 이를 독려하고 도와주는 것이다.

> 한 아동이 다음과 같은 글을 써요.
> jie jsi a lea la pomnad
> jie vu un ouaso
> (이를 프랑스어 어법에 맞게 쓰면 다음과 같아요. Je suis allé à la promenade; j'ai vu un oiseau. 우리말로 바꾸면 '나는 산책을 갔다. 나

는 새 한 마리를 보았다'이다-필자.)

물론 우리는 다음과 같이 말함으로써 그 아동의 의욕을 꺾고 싶지 않아요.

"도저히 읽을 수가 없구나! 너는 글쓰기 전에 철자법부터 배워야겠구나!"

반대로 우리는 다음과 같이 말해요.

"와, 정말 멋진데! 보자. 나는 그것을 이해했단다. 이제 너는 어떻게 글을 써야 하는지를 알았단다. 인내심을 갖고 글을 써 보자. 그러면 너는 작가들처럼 위대한 작품들을 쓸 수 있을 거야."

학생들은 틀림없이 글쓰기에 실질적인 진척을 보일 거예요. 이는 그들이 항상 글쓰기를 연습하고, 우리가 아주 신중하게 그들의 글쓰기를 받아들일 것이기 때문이에요. 물론 우리가 아동이 쓴 초고의 내용을 돕기 위해 이따금씩 그의 곁에 앉아 있다면 그 아동은 훨씬 더 많이 진척될 겁니다. 그가 첫 말문을 틀 때 엄마가 그를 도왔던 것과 꼭 마찬가지로 말이에요.Freinet, 1980: 53

2) 자유 글쓰기는 동기를 부여하는 것이어야 한다

두 번째 필요조건인 '동기가 부여되는 자유 글쓰기'가 되도록 프레네는 학급 인쇄작업, 학급 문집이나 신문 제작, 그것을 다른 사람들과 나눠 읽게 하는 일련의 순환을 우선적으로 고안했다. 아이들 안에서 학습욕구를 어떻게 불러일으킬 것인지는 프레네 교육실천 전체를 아우르는 핵심 질문이었다. 프레네는 이에 대한 답을 당대의 심리학에서 찾기보다 도구tool에서 찾았다. 그는 이를 두고 교육실천의 물적 조건pedagogical materialism이라고 칭했다. 교실에 인쇄기를 설치하는 것이 여기서 핵심 장치가 되었다.Mouchiroud & Lubart, 2006: 112 프레네는 자유 글쓰기 작품을 인쇄출판할 수 있는 식자판과 목재 압착기로 구성된 작은 인쇄기를 늙은 인쇄공의 집에서 찾아내 그것을 활용했다.Freinet, 1980: 19 인쇄작업을 통해 공개적이고 멋들어진, 그리고 상대적으로 영속적인 문서를 창조할 수 있다는 흥분과 만족감은 자주 글을 쓰게 부추기는 강력한 동기부여원이 되었다. 인쇄작업은 또한 아이들이 쓴 글을 공식적인 글과 동일시하게 만드는 효과를 불러왔다. 그것은 인쇄작업이 글쓰기의 가치를 높이는 수단이 되었다는 말이다.Baillet, 1995: 30 그는 인쇄작업이 불러오는 이러한 이점을 글쓰기에 대한 중요한 동기부여원으로 활용했다. 이어서 프레네는 인쇄작업의 후속 단계로 학급 신문을 만들고, 그것을 다른 학급이나 학교, 지역사회의 구성원들과 나누게 하는 것을 글쓰기를 위한 또 다른 동기부여원으로 발전시켰다.

> 활자를 조판하는 아이들은 그 텍스트가 자신의 손 안에서 탄생한다는 느낌을 받는다. 아이들은 인쇄작업으로 텍스트에 영속적인 생명을 부여하며, 텍스트를 자신의 것으로 만든다. 이 기술로 습득된 활동인 아이디어를 표현하고, 신문이나 문집을 만들고, 마지막으로 통신 교류하는 다른 학교 친구들에게 그것을 우송하게 이끄는 전체적인 과정에 방해는 없다. 각 단계는 다음과 같다. 자유 글쓰기, 그룹에서 편집하기, 활자 조판하기, 삽화 그리기, 종이 준비하기, 활자에 잉크 칠하기, 인쇄하고, 지면 순서 맞추고, 철심으로 박기.
> 숙련된 장인처럼 행하는 이러한 전체적인 과정의 연속성은 학급 인쇄작업에 담긴 주요 교육적 가치이다.Freinet, 1990b: 29-30

활자 조판 같은 기술적 조작이 주는 즐거움도 인쇄작업에 동기를 부여한다. 뿐만 아니라 인쇄작업은 아이들이 관찰과 사유, 표현의 과정을 거쳐 완성된 텍스트를 만들게 한다는 점에서 또 다른 동기부여원이 되있다. 그것이 (지식)습득의 자연스러운 순환의 회복을 경험하도록 한다는 점에서 그렇다.

    학생들은 아직까지 불충분한 기계장치를 가지고 식자와 인쇄하
는 일에 열중했어요. 그건 단순한 일이 아니었어요. 식자판에서 활자
를 분류하는 것만이 매혹적이어서 그런 건 아니에요. 그들은 특히 정
상적이고 자연스러운 교양의 과정인 관찰, 사유, 자연스러운 표현으로
완전한 텍스트를 만든다는 점을 인쇄작업에서 찾아냈기 때문에 열중
하고 있었던 거예요.Freinet, 1980: 20

    오늘날에도 인쇄작업은 그 기계장치만 인쇄기에서 컴퓨터와 복사기로
바뀌었을 뿐 프레네 학교나 프레네 실천교육학을 실천하는 공간에서 핵심
기술로 활용되고 있다.
    자유 글쓰기, 인쇄작업, 문집이나 신문 제작, 학교 간 통신교류로 이어지
는 일련의 순환은 자신의 글을 읽어 줄 청중(독자)을 불러온다. 프레네는
이것이 자유 글쓰기를 동기부여하는 두 번째 동인이라고 보았다. 실제 청
중(독자)이 있다는 사실이 자유 글쓰기에 동기를 부여한다는 말이다.Lee &
Sivell, 2000: 49 학생들은 자신이 쓴 글이 학급 문집이나 신문으로 인쇄되고
프랑스 안팎의 다른 학생들과 학부모들, 그리고 학교에서 읽힐 것이라고 기
대하기 때문에 글을 쓴다.Acker, 2007: 62 자신의 글이 독자에게 읽히고 진지
하게 받아들여진다는 사실을 경험할 때, 우리가 자신감을 갖고 글 쓰는 즐
거움을 느낄 수 있기 때문이다.Riegel, 2004: 24 또한 학생 저자들은 자신들의
글쓰기가 선택되고, 정중하지만 비판적으로 토론되고, 출판할 준비를 갖추
게 되는 데서 진정한 만족감을 얻는다.Lee & Sivell, 2000: 53

3) 자유 글쓰기는 우리 학교 활동의 출발점이자 핵심이어야 한다
    세 번째로 '자유 글쓰기가 우리 학교 활동의 부수적인 것이 아니라 우
리 학교 활동의 출발점이자 핵심이어야 한다'는 조건은 자유 글쓰기가 그
자체로 완결된 활동이 아니라, 교육적으로 활용되어야 한다는 점을 의미한

다. 학급에서 완성된 자유 글쓰기는 단지 읽고, 깨끗이 베껴 쓸 대상을 선정하는 것으로 충분하지 않을 수 있다. 세 번째 조건은 자유 글쓰기 작품이 학급 인쇄작업으로 이어지는 것처럼 그것이 교육적으로 활용되어야만 의미가 있다는 점을 강조하는 것이다.

예컨대 자유 글쓰기 작품은 ① 선정된 작품을 특별한 공책에 직접 손으로 옮겨 적어 학교 신문이나 문집으로 만들기, ② 학교 간 통신교류, ③ 복사기의 일종인 리모그라프limographe를 사용해 신문이나 문집 만들기, ④ 인쇄작업으로 신문이나 문집 만들기, ⑤ 리놀륨 인각, ⑥ 글쓰기 한 것을 칠판에 적고 단어 찾기, ⑦ 통신교류하는 친구에게 발송할 앨범 제작하기, ⑧ 완성된 글쓰기 작품의 문법을 살피고 연습하기, ⑨ 주제에 따라 마을에서 조사연구를 하고, 역사와 지리를 연구하고, 과학적인 일을 수행하고, 자유연구발표나 생동감 있게 수학을 배우는 것 등등으로 최대한 활용되어야 한다. 이 점에서 자유 글쓰기는 그 자체로만 만족되지 않는 활동이다. 그것은 프레네 교육실천을 위한 하나의 단계에 불과하다.Freinet, 1947; 1960c

이상 프레네가 제시했던 세 가지 필요조건과 함께 다음의 다섯 가지 기준Vergnioux, 2005: 104; 황성원, 2010: 144도 자유 글쓰기를 규정하는 요건으로 참고할 수 있겠다. 첫째, 자유 글쓰기는 그림, 춤, 드라마, 연극 등을 포함하는 일군의 '자유표현'의 실천과 밀접히 연관된다. 둘째, 인쇄작업, 학급 신문 제작 등 자유 글쓰기의 진정한 도구가 후속 단계로 설정된다. 셋째, 자유 글쓰기는 무엇보다 소통의 실천이다. 넷째, 자유 글쓰기는 평가되지 않는다. 다섯째, 더욱 기능적으로 접근하는 여타의 글쓰기 실천과 비교해서 '문학적 글쓰기의 실천'이 되게 하는 특성이 있다는 다섯 가지 기준이 바로 그것이다.

그러면 다음으로 자유 글쓰기의 대표적 후속 단계인 공동의 글다듬기, 학급 신문(또는 학급 문집) 제작, 학교 간 통신교류, 후속 연구작업을 다루며 자유 글쓰기가 구체적으로 어떻게 활용될 수 있는지를 살펴보자.

4. 자유 글쓰기의 교육적 활용

1) 공동의 글다듬기

학급 인쇄작업으로 연결되기 전(또는 그와 상관없는 별개의 과정으로) 자유 글쓰기는 서로 협동하며 글을 다듬고 의미를 명확하게 만드는 과정으로 활용된다. 대체적인 방식은 다음과 같이 진행된다. 우선 아이들 각자가 자신이 쓴 글쓰기 작품을 큰 소리로 읽은 후 거수투표를 통해 글쓰기 작품을 선택한다. 오늘날에는 순번에 따라 아이들의 글쓰기 작품을 선택하는 순번제가 사용되기도 한다.Lee & Sivell, 2000: 50 다음으로 선택된 자유 글쓰기 작품은 내용과 문법, 어휘 선택, 구문과 철자의 정확성 등등과 관련해 글 쓴 당사자를 포함한 학급 구성원 모두가 참여하는 공동의 과정을 거쳐 수정된다. 예컨대 바른 철자인 'gâteaux' 대신 'cateaux'를 쓴 원문의 철자 교정, 의례적인 표현법의 순서를 따르지 않은 어순 조정, 단락 나누기, 맥락상 'journée(당일 여행)'를 사용해야 하는데 'voyage(당일 여행 그 이상을 의미)'라는 단어를 선택한 경우 선택 단어 바꾸기, 사실에 기반을 두고 원문의 세부 내용 수정하기, 쓸데없는 반복을 피하고 의미를 좀 더 명확히 하기 위해 몇 가지 요점으로 문장을 조합하고 수정하기 등의 작업이 학생들과 교사의 협력 아래 공동으로collaboratively 진행될 수 있다.Freinet, 1960c; Lee & Sivell, 2000: 50-52 이상의 과정을 거쳐 아이들은 정확하게 표현된 문장으로 글을 쓰고 맞춤법에 맞춰 글을 써야 하는 이유를 깨닫게 된다. 맞춤법은 그 자체를 위한 것이 아니라 필연적으로 의미를 전달하기 위한 도구로서 가치가 있기 때문이다.

서로 협동하며 텍스트를 개선하려고 시도하는 가운데 학생들은 규칙을 배우고 문장의 형식을 발견하게 된다.Acker, 2007: 11 재인용 오늘날 프레네의 자유 글쓰기를 실천하는 독일 헬레네-랑에 학교에서도 이와 유사한 방식을 사용한다. 그 학교는 자유 글쓰기 작품을 반 아이들 앞에서 발표하게 한 뒤 반 아이들이 그 글을 놓고 함께 수정사항을 제안하게 한다. 자유 글쓰기가 공동의 '작업'이 되도록 활용하는 것이다.Riegel, 2004: 24 자유 글쓰기는 이러한 공동의 작업을 거쳐 아이들이 자신의 생각을 정확히 표현하고, 제대로 글을 쓸 수 있게 활용된다.Baillet, 1995: 30

자유 글쓰기가 공동의 글다듬기 작업으로 활용되는 또 다른 사례는 다음의 예를 통해 살펴볼 수 있다.Freinet, 1960c; 1990b: 19-21 12살 철수[47]가 칠판에 다음과 같은 글 한 편을 적는다.

> 휴일에 나는 작은 웅덩이를 팠다. 한 어린 남자애가 놀러 왔다. 그는 눕더니 잠이 들었고, (잠결에)웅덩이로 굴러떨어졌다. 그는 물에 흠뻑 젖은 채 밖으로 나왔다.
> 그 애 엄마가 찾아와 내가 그 남자애를 웅덩이 안으로 밀쳤다고 말했다. 나는 그 일의 자초지종을 그 애 엄마에게 말했다.

철수는 칠판에 적은 자신의 글에서 틀린 철자를 재빨리 고쳐 쓴다. 그다음 자신이 쓴 글을 친구들에게 설명한다. 이어서 동료 학생들은 "그것은 정말로 진흙 덩어리로 둘러싸인 작은 웅덩이가 맞나요?"등 철수의 글과 관련해 몇 가지 궁금한 사항을 질문한다. 학생들은 '철수는 하나의 ○○○을 팠다'라는 대목에서 빈칸에 들어가기에 적합한 단어를 생각한다. 그리고 그룹별로 다음의 과제를 수행한다. 제1그룹 학생들은 짧은 문단을 구성해 첫 번째 문장을 명료하게 만든다. 제2그룹 학생들은 (웅덩이에)빠진 일에 대해 철수에게 질문하면서 비슷하게 각색한 다른 문단을 작성한다. 철수와 영희는 마지막 한 문장이 너무 밋밋하고 글쓰기가 너무 급하게 마무리되었다는 생각에 그 문장을 함께 작업하며 수정한다. 또 다른 학생들은

---

47) 원문의 프랑스 인명을 우리 인명으로 바꿨다.

철수의 글에 붙일 수 있는 적당한 제목이 무엇인지를 생각해 보라는 과제를 부여받는다. 이렇게 네 그룹의 학생들이 철수의 글을 다듬는다. 그리고 그들은 "물가에서"라고 제목을 붙인다. 결국 그들은 다음과 같이 세 문단으로 구성된 수정본을 최종적으로 만들어 낸다.

부활절 휴일 동안 나는 작은 연못 하나를 만들었다. 나는 마당을 가로지르는 파이프가 샌다는 것을 알아차렸다. 며칠 동안의 작업 후에, 나는 깊이 45센티미터, 가로 1.5미터, 세로 2미터 길이의 직사각형 구멍을 팠다.

영희 동생 민수가 마당에 놀러 왔다. 민수는 내 연못에 돌을 던지고 물 위에 깃털을 띄우며 조금 재밌게 놀았다. 날이 더워지자 민수가 연못가에 누운 채로 잠이 들어 버렸다. 민수는 잠결에 뒤척이다 연못 안으로 굴러떨어졌다. 그러다 민수는 잠에서 깼고 물에 흠뻑 젖은 채로 울면서 연못 밖으로 뛰쳐나왔다.

민수 엄마가 오셨는데 매우 화가 나 계셨다. 민수 엄마는 내가 민수를 밀쳤다고 나를 나무라셨다. 나는 그 일의 자초지종을 민수 엄마에게 설명했다. 그러나 민수 엄마는 들은 척도 하지 않으셨다. 민수 엄마는 어린 민수를 집으로 데려갔다.

수정 전 철수의 글은 날것 상태의 그저 그런 한 편의 글에 불과했을지 모른다. 그러나 공동의 수정 과정을 거치면서 철수의 글은 그것을 읽는 독자들의 흥미를 훨씬 더 많이 끌 수 있는 실질적인 작품으로 변환되었다.

2) 인쇄작업, 학급 신문 제작, 학교 간 통신교류로의 순환

그날그날 쓴 자유 글쓰기는 인쇄작업을 거쳐 학급 신문(또는 문집) 제작으로 활용된다. 학급 신문은 구독자와 통신교류하는 친구들을 위해 월말에 특별한 표지로 제본되는 일종의 자유 글쓰기 작품집이다.Freinet, 1957: 78 교사는 학급 신문 인쇄와 관련하여, 자유 글쓰기 작품의 선별이나 순서에 직접 관여하지 않는다. 대신 작품의 선정은 일종의 정당한 투표로 결정된다. 프레네는 학급 신문이 초등학교 수준에서는 최소한 아이들이 쓴 자유 글쓰기 작품의 선집이어야 한다고 했다. 그러나 12~13세 정도나 그 이상의 연령에서는 실제 신문이라 할 수 있을 정도의 형식을 갖춘 것을 도입할 수 있다고 보았다. 학교와 사회적 환경이 생기 있고 풍요로울수록 학급 신문은 더 다양하고 깊이 있고 독창적으로 만들어졌다. 또한 어른 독자들의 반응이나 비평의 편지, 그리고 통신교류하는 친구들의 요청은 학급 신문에 창조적인 노력을 격려하는 동기의 원천이 되었다.Freinet, 1990b: 31-35 자유 글쓰기가 인쇄작업을 거쳐 신문으로 제작되는 일련의 활동이 지닌 이점을 애커Acker, 2007: 68-71는 심리적 측면과 교육적 측면으로 나눠 다음과 같이 설명한다. 먼저 심리적 측면에서 이러한 일련의 활동은 첫째, 학생들이 가정과 사회에서 경험하는 삶을 학교에서의 삶으로 통합한다. 둘째, 신문 제작 자체가 생산적인 일(학습활동)이 되어 학생들이 학습활동에 즐겁게 몰두할 수 있게 한다. 그 과정에서 학생들은 규율을 스스로 형성한다. 셋째, 그 활동들은 감정을 표현할 수 있는 수단을 제공하고 완성된 신문을 제대로 제작할 수 있는 기회를 제공한다. 그러한 경험은 학생들에게 성공의 경험을 강하게 맛보게 한다는 데 이점이 있다. 다음으로 교육적 측면에서 그 일련의 활동은 첫째, 학생들의 자연적 호기심을 교실에 가져와 전통적인 교수학습 방법에 얽매이지 않게 한다. 대신 교실 환경이 능동적 활동에 기초해 구축되도록 한다. 둘째, 학생들뿐 아니라 교사와 학부모 모두가 학생들의 삶에 대한 기록물을 가질 수 있다. 셋째, 다른 사람들에게 보여 줄 걸 작품을 모든 구성원이 참여해 만들 수 있는 기회를 제공한다는 데 이점이 있다.

한편 프레네는 자신의 학급에서 제작한 학급 신문을 프랑스 북부 트레경 생 필리베르Trégunc-St-Philibert의 교사인 다니엘의 학급에 보냈다. 그것을 계기로 학교 간 통신교류가 시작되었다. 다니엘 학급과 통신교류를 시작하기에 앞서 프레네는 '돌림 공책'을 교류하는 활동을 했다. 그것은 우편을 통해 하나의 글을 보내고 거기에 또 다른 내용을 추가해 가는 형태로 진행되었다. 이 '돌림 공책'의 시도와 유사하게 우리나라의 일부 교사들은 다른 친구가 쓴 자유 글쓰기 작품을 학급 구성원들이 돌아가며 이어 쓰게 하는 '이어 쓰기'를 자유 글쓰기 활용의 한 방법으로 실천하기도 한다.한겨레, 2011. 7. 4. 프레네 학교에서 통신교류하는 학급들은 상대 학급과 자유 글쓰기 모음집, 그림, 교재와 다른 저작들, 지역 특산물들을 주고받는다.Acker, 2007: 11 자유 글쓰기, 인쇄작업, 학급 신문 제작, 학교 간 통신교류를 거치며 아이들은 자신이 한 일상생활에서의 발견들에 관해 쓰고 그 정보를 다른 사람들에게 전한다. 이는 프레네 실천교육학에서 핵심 활동이었다.Ibid., 11 학교 간 통신교류는 교류하는 친구들을 대상으로 글을 쓰게 한다는 점에서 학생들의 자유표현을 격려하는 이점이 있었다. 또한 그것은 다양한 환경에 대한 자료를 접하고 축적하게 하면서 관련 주제를 발전시키며 계속해서 진보할 수 있는 기회를 마련하게 했다. 이 점에서 학교 간 통신교류는 교육적 이점이 있다고 평가되었다.Ibid., 49-50

자유 글쓰기가 이와 같은 방식으로 학급 신문과 학교 간 통신교류로 이어지는 과정으로 활용되지 않는다면, 프레네는 자유 글쓰기가 형식적인 글쓰기에 머물 뿐 어떤 매력도 더 이상 제공하지 않을 것이라고 생각했다. 학급 신문과 학교 간 통신교류를 통해 아이들의 관심사는 더 이상 개인적인 관심에만 머무르지 않게 되었다. 그들의 관심사는 자신의 학급 친구들과 통신교류하는 친구들로 확장되었다. 그것은 그 친구들도 관심 있어 할 만한 생각과 느낌, 행동에 관하여 글을 쓰고 싶도록 북돋우는 계기가 되었다.Freinet, 1990b: 27)

3) 심화된 탐구 주제로의 확장, 후속 연구 진행

프레네는 교실이 더 넓은 세계와 많이 연결되기를 원했다. 이를 위해 그는 자신이 '흥미(관심)의 복합성'이라고 명명한 복잡하게 뒤얽혀 있는 아이들의 흥미(관심)에 초점을 맞춰 교육 활동을 조직하려고 했다. 이에 아이들 자신의 진정한 흥미(관심)와 연결된 주제를 구명하는 것이 중요했다. 그것은 자유 글쓰기에서 자발적으로 자주 언급되는 주제가 무엇인지를 확인하는 작업으로 가능했다. 그 주제들이 아이들의 핵심 관심사일 수 있기 때문이다. 이에 우리는 그렇게 찾아낸 아이들의 관심 주제에서 출발해 그들이 정말로 참여하고 싶은 프로젝트를 진행할 수 있다. 또한 그 관심 주제로부터 자신에게 필요한 기능과 지식을 발전시키는 탐구로 이동하도록 안내할 수 있다.Lee & Sivell, 2000: 48-49 예컨대 교사는 자유 글쓰기에서 빈번하게 다뤄지는 주제들을 중심으로 아이들이 관심을 갖는 탐구 주제를 포착한다. 그다음 아이들이 그 주제와 연결된 조사활동, 역사나 지리 경제생활에 관한 탐구, 과학 탐구 등의 심화된 활동을 진행하게 할 수 있다. 그럼으로써 아이들은 자신의 탐구욕을 자연스럽게 충족하고 발전시키는 기회를 제공받게 된다.

> … 아이들은 자신의 주변 환경을 관찰하고, 경제생활의 실제를 탐구하고, 고대시대의 바위를 조사하고, 옛 풍습들을 되살리고, 산과 강과 들판에 한층 더 익숙해지고, 곤충과 동물들을 연구하면서 부모와 마을 어르신들 그리고 이웃들에게 질문을 제기하고 싶어 해요. 이 모든 진행과정에서 우리는 무한한 경로를 취할 수 있어요. 그러한 경로의 무한성이 우리의 호기심과 행동에 열려 있어요. 우리를 둘러싼 도처에 글쓰기 주제들이 널려 있어요. 우리는 단지 거기에 손을 뻗어 얼른 붙잡기만 하면 돼요.Freinet, 1980: 55

이렇게 진행된 후속 연구 결과는 이후 인쇄작업을 거쳐 학급 신문에 실리기도 하고, 학습활동총서를 위한 기초 자료로 중요하게 활용된다. 이에 자유 글쓰기와 인쇄작업, 학급 신문과 통신교류는 아이들이 스스로 교육 내용을 구성하는 데 도움을 줄 수 있다. 아울러 그것은 창의성 개발의 첫 단계로 평가받기도 한다.Castles & Wüstenberg, 1979: 234 당시 교과서는 권위체로 존재하면서 아이들 스스로 접근하기 어렵게 만들었던 신화적 힘이 있었다. 아이들이 이와 같은 방식으로 교육 내용을 스스로 만들어 가는 것은 교과서의 신화적 힘을 '비신화화'하는 작업으로서 의미를 또한 가졌다.송순재, 2011: 215

5. 자유 글쓰기의 의미(1): 능동적 교실로의 변화

'자유 글쓰기가 우리 학교 활동의 출발점이자 핵심이어야 한다'는 필요조건처럼, 자유 글쓰기는 교실 혁신을 위해 프레네가 권고했던 교육적 표명에 동참하게 한다는 데 일차적 의미가 있다. 이에 자유 글쓰기가 우리에게 주는 의미는 우선 교사와 학생들의 관계를 역동적으로 변화시키고 우리의 교실 환경을 좀 더 능동적인 공간으로 변화시키는 측면에서 찾을 수 있겠다.Freinet, 1960c; Acker, 2007: 63

1) 연기자에서 작가로

전통적인 교실 공동체는 대체로 교사가 강하게 지배한다. 학생들은 대체로 권위적인 관점에서 어떤 역할과 관계를 요구받는다. 따라야 하는 규범이 있고 집단에서의 행동이 안내된다.Chamberlin, 1994: 163 이에 전통적 교실에서 학생들 다수는 요구된 대본대로 움직이는 연기자 같은 위치에 머무는 경우가 많다. 자유 글쓰기는 아이들이 권위에 의해 요구되는 규범이나 역할, 지식을 묵묵히 따르는 데서 벗어나 자신의 언어로 스스로를 표현하도록 한다. 이 점을 우리는 자유 글쓰기가 우리에게 주는 첫 번째 의미로 생각할 수 있다. 들뢰즈의 소수적 글쓰기는 통례적인 사회적 흐름 속에서 동질화되고 집중화되며 표준화된 권력의 언어를 다양한 탈주선을 통해 변이시킴으로써 긍정적이고 창조적인 가능성을 구현하고자 했다.사공일, 2008: 92 들뢰즈의 글쓰기처럼 자유 글쓰기는 동질화되고 표준화된 언어에서 벗어나 아이들 스스로가 창조적 작가(주체)가 될 수 있는 길을 열어 준다. '자발성과 창조성, 아동 내면의 심도 깊은 자기표현'을 가능하게 하는 자유 글쓰기 실천이 전통적 교실에서 연기자player로 머무는 대다수 학생들에게 작가author가 될 수 있는 기회를 만들어 주기 때문이다.황성원, 2010: 143; Go, 2011: 1 연기자는 다른 누군가가 자신을 위해 써 놓은 역할을 수행하는 사람이지만, 작가는 자신의 텍스트를 창조하고 자신이 만드는 것에 권한을 갖는다. 자유 글쓰기는 모두가 자기 작품의 기원이 되게 한다. 따라서 모두가 창조자가 되는 기회를 제공한다.Go, 2011: 1-2 이처럼 교실에서 자유 글쓰기를 활용하는 것은 독자(청중) 상태로 머물던 아이들을 어느 날 작가가 될 수 있게 한다. 이 때문에 작가(글쓴이)이면서 독자(자유 글쓰기의)이기도 한 아이들 모두의 마음을 사로잡는 이점이 자유 글쓰기에 있을 수 있다.Freinet, 1960c

이는 자유 글쓰기가 훨씬 더 능동적이고 창조적인 아이들로 북적이는 공간으로 교실을 변경하도록 하는 데 기여할 수 있다는 점을 말한다.

2) 심리치료를 통한 자발성 회복

자유 글쓰기는 작가로의 위치 변화를 통해 자신을 표현할 수 있는 기회를 제공한다. 이는 그것이 지닌 '심리치료의 기능'Go, 2011: 5-8; Vergnioux, 2005: 103; 황성원, 2010: 143; 김명신, 2002: 119과 자연스럽게 연결된다. 자유 글쓰기의 두 번째 의미는 그것이 우리의 교실 공간을 때로는 심리치료의 공간으로 변화시키면서 아이들의 자발성을 회복시킬 수 있다는 점에서 찾을 수 있다. 프레네 자신의 말처럼 '자유 글쓰기는 고백, (내적 가능성의)발현, (감정 따위의)폭발, 치료의 특성이 있는 활동'이다.Freinet, 1980: 56 첫 번째로, 자유 글쓰기는 글의 형식과 주제, 평가의 제약에서 해방된 글쓰기이다. 그것은 내면의 개인적인 사항을 표현하게 함으로써 내면의 '나'와 만날 수 있게 한다. 자유 글쓰기를 통해 학생들은 자신의 감정을 표현할 수 있는 많은 기회를 갖는다.Acker, 2007: 69 글쓰기로 자신을 자유롭게 표현하게 하는 활동은 또한 아이들 개인의 가치와 정체성을 확인하게 한다.Lee & Sivell, 2000: 53 참고로 애덤스는 치료적 글쓰기를 구성하는 요소로 지속성, 해방감, 신뢰성, 반복, 현실 받아들이기, 나 자신과의 만남, 대화-다시 시선을 밖으로, 자의식과 자존심, 투명성, 치료의 증거라는 10가지를 제시한 바 있다.Werder & Schulte-Steinicke, 1998: 119-121 이 중 '해방감'은 글을 쓰는 동안 내면에서 일어나는 감정으로 정화淨化, 기분이 편안해지는 것과 관련되며, '나 자신과의 만남'은 '뚜렷한 만남(우리 자신과의 만남을 뜻한다)'을 제공하는 모든 기회를 말한다. '자의식과 자존심'은 글을 쓰면서 자신의 내부에 초점을 맞추고 그렇게 함으로써 스스로를 더욱 중요하게 인식하고 더 높은 자존심을 발전시킨다는 점을 말한다. 이 세 측면은 자유 글쓰기의 자유표현이 불러오는 해방의 경험과 개인의 가치와 정체성을 확인하게 하는 기회가 그 자체로 치료의 증거가 될 수 있다는 점을 말한다. 우리나라를 방문했던 프레네 연구가 고Go, 2011: 7-8 역시 자유 글쓰기가 학생들에게 자신의 감정을 표현할 수 있는 길을 열어주기 때문에, 살 수 있는 힘을 방해하는 비애를 점차 제거하고, 힘의 증대를 고무하는 열정을 돌보고 '영양을 준다'는 의미에서 치료적이라고 말한 바 있다. 이 점에서 자유 글쓰기는 단지 자유롭게 글을 쓴다는 것만을 의미하는 것이 아니라 자유로운 삶을 위한 글쓰기가 된다.Angerer, 2009: 39

두 번째로, 자유 글쓰기를 하면서 학생들은 자신의 민감하고 개인적이며 내면적인 이야기들이 협동 공동체에 의해 받아들여지고 지지받고 존중받는 과정에 참여하게 된다. 거기서 학생들은 행복한 경험을 맛보게 되고, 결국 그것은 그들의 사는 힘을 증대시키고, 학생들이 점차 삶의 기쁨을 맛볼 수 있게 한다.Go, 2011: 7 자유 글쓰기 작품들은 인쇄·출판되어 지역공동체 구성원들뿐 아니라 통신교류하는 낯선 지역의 친구들과 주고받으며 관계를 맺게 된다. 이는 자유 글쓰기가 개인의 내적 표현에서 출발하기는 하지만 그것이 다른 사람들과 필히 공유되고 소통되게 활용된다는 점을 말한다. 또한 공동의 글다듬기 사례에서 살펴본 바처럼 교실 공동체에서 자유 글쓰기 작업은 협동cooperation과 상호 존중, 그리고 세부 사항에 대해 잘 훈련된 집중을 통해 가능한 성과를 거두기 위해 공동작업으로 collaboratively 진행된다.Lee & Sivell, 2000: 53 이러한 성격의 글쓰기를 통해 학생들은 자신이 알고 느끼는 것이 다른 사람에게 읽힐 만큼 가치 있다는 믿음을 갖게 되어 자기존중감을 기를 수 있다.Fenstermacher & Soltis, 2004: 27-28 재인용 아래의 인용문은 협력적인 방식으로 진행되는 자유 글쓰기가 지닌 치료적 측면을 잘 말해 준다.

> 교육적 조건 속에서, 협력적 관계 속에서, 모든 사람은 서로가 서로를 돌보기 때문에 따라서 '치료적' 관계가 된다. 보다 특별하게, 모든 사람은 글쓰기로 자신을 자유롭게 표현함으로써 스스로를 돌본다. 글쓰기라는 행위를 통해 아동이나 청소년은 실제 스스로를 도와주며 자신의 삶을 돌보고 있다고 말할 수 있다. 이것은 그들의 이기심을 만족시키는 것이라기보다, 그들의 삶에서 이기적인 문제들을 제거하기 위하여 많은 것들 중 글쓰기를 이용하는 것인데, 모든 사람들이 공통으로 가지고 있는 것, 즉 그들이 언젠가 가졌던 괴로움에서 벗어나 행복한 창조자들의 세상, 타자의 삶에 관심을 갖는 세상을 만드는 가능성을 알기 위함이다.Go, 2011: 6-7

전통적 교실에서 자주 치러지는 시험과 석차의 강조는 개인의 보상을 위해 학생들을 계속해서 경쟁하게 만드는 측면이 있다.Chamberlin, 1994: 163 상호 소통과 협동의 구조 속에서 진행되는 치료의 효과는 자유 글쓰기가 그 경쟁에서 뒤처진 상처받은 아이들을 치료하고 그들의 자발성을 회복하게 하는 하나의 방편으로 의미가 있을 수 있다는 점을 우리에게 시사한다.

3) 교과의 심리화를 통한 능동적 지식 탐구

전통적 교실에서 지식 탐구는 대체로 개인적이고 실험적인 탐구로 진행되지 않는다. 대신 교사와 교과서의 권위에 기초해 지식을 수용하게 하는 형태를 띠는 경우가 많다. 학생들에게 요구되는 바람직한 행동도 비판적이고 창조적인 사고 대신 요구되는 지식을 묵묵히 받아들이게 하는 태도인 경우가 많다.Chamberlin, 1994: 163 그리고 그것은 학생들의 학습 의욕을 꺾는 대표적인 이유가 되어 왔다. 자유 글쓰기의 세 번째 의미는 여기에서 벗어나 우리의 교양culture을 이루는 기본 요소를 학습하는 데 자유 글쓰기가 효과적이고 교육적일 수 있다는 점에서 찾을 수 있다. 즉 자유 글쓰기는 아이들의 마음을 여는 하나의 방편이 될 수 있다는 데 그 의미가 있다.Freinet, 1960c; Acker, 2007: 63 학습자의 삶에 새겨지는 인상은 어른들이 가치 있다고 생각하는 지식을 강요받는 방식으로 찾아오지 않는다. 그것은 단지 학생들이 배우기를 원하거나 배우는 것을 필요로 할 때 발생한다. 이 때문에 우리는 학생들이 이전에 했던 경험의 본질, 그들이 경험을 이해하는 방식, 그들이 머리를 짜내어 찾아내거나 탐구하기를 원하는 일련의 사태 등에 주목해야 한다. 우리가 학생들의 필요와 관심사를 고려하는 것을 통해 효과적인 학습을 촉진시키는 것 이상을 할 수 있다는 말이다.Darling & Nordenbo, 2003: 300 프레네 역시 이러한 생각에 동의했다. 그는 학생들의 필요와 감정, 그들의 가장 내적인 열망에 의거하지 않고 그것들을 고려하지 않는 모든 교육이 잘못을 불러올 수 있다고 보았다. 그런 까닭에 그는 우리가 아이들의 영혼을 유심히 살필 것을 권했다. 프레네는 자신의 학교가 거기에 도달하는 데 충분히 효과적인 자유 글쓰기, 학급 인쇄작업, 학교 간 통신교류 같은 기술을 가지고 있다고 보았다. 프레네는 그런 일련의 활동으로 찾아낸 학생들의 흥미를 교육과정에 따라 계획된 교과 내용과 논리적으로 결합할 것을 권했다. 언어, 문법, 어휘, 과학, 역사, 지리, 도덕 등의 각종 교과 내용을 습득하고 그것을 확장하고 명확히 하는 동인을 바로 거기서 얻을 수 있다고 본 것이다.[Maury, 1993: 39] 자유 글쓰기의 주제는 학생들을 둘러싼 세계 속에서 자연스럽게 도출되며, 그것은 그들의 삶과 연결된 교육을 위한 교육적 접근의 핵심 토대를 이룬다.

교실에서 자유 글쓰기를 막 시작한 학생들과 교사가 보이는 자연스러운 모습은 일상생활에서 경험한 사건을 이야기하는 거예요. 마을 사람들, 이웃들, 방학이나 일요일에 나간 나들이 등에 대해서 말이에요. 아이들이 가장 자연스럽게 생활하는 거주지에서 우리는 아이들을 발견하고 그들의 삶을 이해해요. 또한 가장 중심에 놓인 아이들의 관심 주제와 그들을 둘러싼 세계의 활력을 탐색할 수 있어요. 우리는 외부의 영향력에 의지하거나 아이들의 삶과 동떨어진 교과서를 제공할 필요가 없어요. 학생들은 학교에서 자신의 삶과 자신이 배우는 내용 사이에 직접적인 관련이 있다는 것을 찾아내요.[Freinet, 1960c]

결국 우리 교사들은 교사나 교과서의 일방적 권위에 기대 지식이 전달되는 방식에서 벗어나기 위해 자유 글쓰기를 활용할 수 있다. 지식은 그 자체로 학생들에게 의미를 줄 수 없으며, 듀이가 말하는 '교과의 심리화'[48]

---

48) "교과가 심리화된다면, 즉 교과가 학습자의 현재 활동이나 행동 경향성과 연결된다면 학습자들은 저절로 학습 동기를 갖게 될 것입니다. 교과가 심리화될 때에 학습자들은 교육 내용을 배워야 할 분명한 목적의식을 갖게 되며, 자신의 목적을 달성하기 위한 수단을 강구하기 위하여 능동적이며 자율적으로 노력하게 될 것입니다"(Dewey, 1902: 66).

과정을 거칠 때라야 비로소 의미 있는 지식으로 이어질 수 있다. 이에 우리 교사들은 자유 글쓰기에서 반복적으로 도출되는 주제나 사건을 활용해 교과학습에 동기와 활기를 불어넣을 수 있을 것이다. 아이들의 경험세계, 느낌, 체험, 생각들을 반영한 자유 글쓰기_{김명신, 2002: 119}가 아이들이 교실에 들어오기 전에 했던 경험을 이해하고 그것을 교실 안 수업으로 끌어들일 수 있게 할 것이기 때문이다.

다음으로 우리는 기존 글쓰기 교육의 개선 측면에서 자유 글쓰기의 추가적 의미를 도출해 볼 수 있을 것이다.

6. 자유 글쓰기의 의미(2): 글쓰기 교육 개선

1) 글쓰기 욕구의 되살림

글을 쓰고 싶은 욕구를 느끼지 못하거나 그것을 두려워하고 글을 써야 하는 이유를 도무지 찾지 못하는 모습은 프레네 시대 아이들만의 모습은 아닐 듯하다. 이렇게 상실된 아이들의 글쓰기 욕구를 되살린다는 측면에서 우리는 자유 글쓰기가 지닌 의미를 생각할 수 있다. 이오덕은 우리의 글쓰기가 거짓글 쓰기가 되었다며 그 까닭을 아이들의 실제 삶을 담게 하지 않고 삶이 없는 문인들의 글만을 본보기로 하여 흉내 내기를 시켰다는 점, 행정이 공문으로 지시해 반공 글짓기, 새마을, 애향단 청소, 질서 지키기, 불조심 등을 주제로 어쩔 수 없이 글을 쓰게 해 왔다는 점, 행정관료와 대다수 교사들이 아이들이 삶을 정직하게 쓴 감동이 담긴 글을 두려워하고 꺼리는 경향이 있다는 점, 문인들의 창작이론을 아이들의 글쓰기 지도에 적용하여 글쓰기를 거짓글 쓰기의 재주놀음이 되게 한 점, 흉내 내기 글짓기를 하도록 교과서를 만들었다는 점으로 들었다. 그는 이러한 까닭이 아이들이 쓰고 싶은 것을 못 쓰게 만들고, 자신의 이야기를 써서는 글이 될 수 없다는 생각을 품게 만들어 결국 아이들이 글쓰기를 싫어하고 글을 못 쓰게 만들었다고 진단한 바 있다.이오덕, 2004: 97-99

그의 이러한 지적은 거짓글 쓰기가 아닌 참된 글쓰기를 위한 첫걸음이 바로 자유 글쓰기처럼 아이들이 쓰고 싶은 것을 쓰게 하는 데 있다는 점을 말한다. 대학입시와 결부된 논술식 글쓰기나 평가적 글쓰기, 각종 경시대회를 위해 강요된 글쓰기가 여전히 횡행하는 현실은 우리 아이들을 여전히 글쓰기의 두려움과 거짓글 흉내 내기에 묶어 둘 수 있다. 이러한 상황에서 정말로 자신이 쓰고 싶은 것을 자유롭게 쓰게 하는 자유 글쓰기는 형식적이고 강요된 글쓰기로 인해 잃어버린 아이들의 글쓰기 욕구를 되살리고 그들을 거짓글 쓰기의 두려움에서 벗어나게 하는 하나의 방편으로 기여할 수 있을 것이다.

2) 효과적인 언어 기술 습득

문법, 철자, 표현력 등 언어 기술과 관련된 기존 수업은 어떤 건조함과 형식성을 우리에게 제공하는 측면이 있다. 자유 글쓰기가 이러한 언어 수업에서 벗어날 수 있는 하나의 길을 제시한다는 측면에서 우리는 자유 글쓰기의 또 다른 의미를 생각할 수 있다. 자유 글쓰기와 그와 연계된 후속 단계의 작업은 의사소통의 중요한 도구로서의 의미를 갖는다.황성원, 2007: 572 이에 우리는 의사소통이 중심이 된 언어 습득 방법을 모색해 볼 수 있을 것이다. 그것은 청중(독자)이 존재하게 하는 방법으로 가능하다. 자유 글쓰기, 인쇄작업, 학교 신문, 학교 간 통신교류로 이어지는 일련의 과정은 청중을 상정해서 진행된다. 그것은 학급 구성원들과 청중들 사이의 의사소통을 중심으로 효과적인 언어 습득이 이뤄지도록 한다.Lee & Sivell, 2000: 53

청중의 등장은 교사의 강제가 없더라도 원활한 의사소통을 위해 아이들이 바르게 써야 하는 이유를 스스로 깨닫게 만든다. 바로 거기서 언어 기술과 관련된 학습(문법, 동사변화, 철자, 어휘 등등)이 지루함에서 벗어날 여지가 생긴다. 글을 읽어 줄 청중의 등장은 바르게 글을 쓰도록 동기를 부여한다. 강제성이 동반되지 않더라도 자신이 쓴 글들 중 상당수가 청중을 대상으로 '공개적으로 제시되거나 출판'되기 때문에, 아이들은 '바르게' 쓰기 위해 노력을 다한다.Riegel, 2004: 22 또한 교사와 다른 아이들은 인쇄되기 전에 교재를 바로잡는 기회를 갖는다.Castles & Wüstenberg, 1979: 234 이처럼 예상되는 독자를 대상으로 공개 출판하는 것은 문법 그 자체를 위해 문법을 강조할 때와 달리 교정하고 편집하고 다시 고쳐 쓰게 만드는 주요 동기원이 된다. 이는 창조적인 개인 글쓰기와 언어 구사에 필요한 기술적 요구가 별개의 사안이 아니라는 점을 말한다. 청중을 생각하며 진행되는 교정 작업은 창조적 글쓰기와 언어 사용 기술 사이의 간극을 연결하는 핵심 수단이 된다.Lee & Sivell, 2000: 50

결국 프레네 교실에서 순환적으로 진행되는 일련의 과정은 완전한 글이 되고 그것을 청중 앞에 내놓을 만한 글이 되도록 하기 위해 텍스트의 초고가 수정될 수 있다는(또는 수정되어야 한다는) 점을 효과적으로 이해하게 만든다.Freinet, 1980: 53 이는 아이들이 자연스럽고 동기부여된 상태에서 언어 기술을 습득하는 것을 가능하게 한다.

살펴본 바처럼 자유 글쓰기는 교실 공간에서 아이들이 삶의 주체가 되게 하고, 억눌린 표현의 욕구를 해소하게 하고, 그들이 소통하고 협동하며 진보하게 하는 교육의 방편이 될 수 있다는 점에서 주목할 만하다. 그것은 또한 우리 교사들이 실천해 온 '삶을 가꾸는 글쓰기'의 이론적 근거에 덧붙여 아이들의 성장과 삶을 키우는 교육 방편으로서 글쓰기가 갖는 정당화 근거와 글쓰기 실천을 안내하는 근거로 여전히 기여할 수 있을 것이다.

11장
비판적 문해교육 방법론: 프레이리와 관련하여

1. 비판적[49] 문해교육의 필요성

오늘날 기능적 문해율은 상당히 높지만 우리를 둘러싼 세계를 이해하고 판단하는 능력이 부족하다는 문제가 제기되는 것도 사실이다.[50] 이는 우리가 글은 읽지만 세계를 읽지 못하고, 전문 텍스트는 읽을 순 있지만 지식 세계를 구성하는 다른 모든 지식들에 무지한 일종의 반¾문해 상태에 놓여 있음을 말한다.Macedo & Freire, 1998: 29 아니면 "현실거부 방식으로 추상적 세계관에 몰두함으로써 구체적인 현실을 회피"Freire, 1985: 186하거나 "소외적이고 전능한 현실의 비합리성에 앞서 무력감을 경험하면서 잘못된 주관주의적 방어 속으로 피신해 버리는"Ibid., 187 정치적 문맹 상태에서 완전히 벗어나지 못했다는 점을 말한다. 이에 비판 교육이론critical pedagogy의 한 요소인 세계를 비판적으로 성찰하고 해석하는 능력, 즉 비판적 의식화의 힘을 어떻게 기를 것인지의 문제는 여전히 탐구할 만한 가치가 있어 보인다.

---

49) 흔히 비판은 칸트적 전통에서 "인식의 조건과 전제, 범위와 한계를 확정짓는 것"과 마르크스나 비판이론의 전통에서 "이론의 배후에 체계적으로 은폐되어 있는 이해관계를 발견하고 허위의식으로서의 이데올로기를 비판하는 것" 또는 "인간의 인식조건에 대한 성찰과 인간에 의해 형성된 억압체계에 대한 성찰을 포괄하는 개념"으로 이해된다(고려대학교 교육문제연구소, 2007: 43-44). 여기에서 사용되는 비판, 비판적이라는 용어는 후자의 의미와 관련된다.

50) 예컨대 다음과 같은 문제제기를 참조할 수 있다. "우리 사회의 실질문맹률이 매우 높다는 얘기가 있다. 대학 진학률 최고 수준의 학력을 자랑하지만 실질적으로 우리 사회를 이해하고 판단할 수 있는 능력은 현저히 떨어진다는 얘기다. …"(김동춘, 한겨레, 2015. 4. 17. 23면).

그것은 '사회, 경제, 정치적 현안들과 관련해 성찰하고, 분석하고, 비판적으로 판단을 내리는 실천'McLaren and Farahmandpur, 2001: 144으로서의 비판적 문해critical literacy가 여전히 중요한 교육의 과제일 수 있다는 점을 말한다.

이에 이번 장에서는 프레네와 프레이리Paulo Freire, 1921~1997의 교육론에 기초해 기존의 성인 문해를 넘어 학교교육에 적용할 수 있는 비판적 문해 교육의 방법론을 탐색하고자 한다. 이를 통해 비판적 문해가 무엇인지를 개념화하고 그 능력을 어떻게 기를 수 있는지를 제시함으로써 방법론적 기초를 구축하는 데 기여하고자 한다. 비판 교육이론의 맥락에서 프레이리는 사회, 정치, 경제적 모순을 인식하는 법을 배우고, 현실의 억압적 요소들에 맞서 행동할 수 있게 '비판적 의식화의 힘'을 발달시키는 것을 중요한 과제로 삼았던 대표 인물이다.Burbules & Berk, 1999: 50-52 지루Giroux, 1987: 175는 프레이리를 그람시Antonio Gramsci, 1891~1937와 바흐친Mikhail Bakhtin, 1895~1975 등의 비판적 문해의 전통을 계승한 유일한 이론가이자 사회운동가로 평가한다.

비판적 의식화의 힘을 길러 주기 위해 프레이리가 강조한 교육 방법은 협동과 소통의 방법을 중시했던 프레네와 많은 부분 일치한다. 프레네는 아이들을 어떤 교의나 지침의 명령을 기다리지 않고 스스로 방향을 설정하는 날카로운 비판의식을 소유한 자유 존재로 기르고자 했다.Freinet, 1969a; 정훈, 2009: 220 프레이리는 프레네를 "자유를 지향하는 교육에 있어 동시대 인물들 중 가장 위대한 인물"Freire, 1985: 189로 평가했다. 프레이리는 1975~1976년에 걸친 아프리카 신생독립국 기니-비사우Guinea-Bissau 방문 시 프레네 교수법에 입각한 최초의 훈련 세미나에 참여한 많은 초등학교 교사들을 만나기도 했다.Freire, 1978: 51 가도치Gadotti, 1994: 228는 프레네가 프레이리와 마찬가지로 글을 읽는 것을 세상을 읽는 것과 관련시키는 보편적 방법을 사용했다며 두 인물 사이의 유사점을 거론한다. 세계를 읽는 일과 글자를 읽는 일을 구분하지 않고, 세계를 읽는 것이 단어를 읽는 것보다 앞선 행위라는 것이 두 사람의 공통점이다. 프레이리는 글을 읽거나 쓰는 법을 배우기 전에 세계를 쓰는 법, 다시 말해 세계를 변화시키고 세계에 접촉하는 경험을 먼저 해야 한다는 점Freire & Macedo, 1987: 23과 단어를 읽고 쓰는 것은 세계를 읽음으로써 획득되는 것이며, 세계를 읽는 것은 단어를 읽는 것보다 앞서는 행위Freire, 1994: 123라는 점을 강조한다. 이러한 생각은 프레네의 다음과 같은 생각에서도 엿볼 수 있다. 프레네에게 습득은 규칙들과 법칙들을 공부하는 것으로 형성되는 것이 아니라 경험하는 것을 통해 형성되는 것이며, 규칙들과 법칙들을 먼저 공부하는 것은 소 앞에 쟁기를 놓는 꼴이다.Freinet, 1994b: 400 규칙들과 법칙들을 공부하는 것은 개인이 자신의 경험을 지워지지 않는 삶의 기술로 변형한 이후에나 가능한 것이었다.Freinet, 1969b: 18-20 이에 비판적 문해교육의 방법론을 두 인물에 기초해 도출한다는 이번 장의 목적은 나름의 정당성을 가질 수 있을 듯하다.

2. 비판적 문해

비판적 문해critical literacy는 프레이리가 읽기(문해)에 대한 기존의 접근으로 설명·비판하는 고전적 접근, 공리주의적 접근, 인지발달론적 접근, 낭만주의적 접근과 구분된다.Freire & Macedo, 1987: 145-150 우선 읽기에 대한 고전적 접근은 학생들의 일상 경험과 역사 그리고 언어 활동을 무시하고, 고전의 숙달과 이해의 중요성을 과장한다. 여기서 문해의 사회정치적 차원은 사라지고, 문해는 지배 가치와 의미를 재생산하는 기능을 한다. 둘째, 읽기에 대한 공리주의적 접근은 현대사회가 요구하는 기초적 읽기 능력을 학습자들이 갖추도록 한다. 읽기 기술에 대한 기계적 학습을 강조하지만, 읽기를 요청하는 사회정치적 질서를 비판적으로 분석하지는 못하게 한다. 셋째, 읽기에 대한 인지발달론적 접근은 읽기를 지적인 과정, 즉 "고정적이고 가치중립적이며 보편적인 발달단계를 거쳐 이루어지는 일련의 과정"으로 본다. 여기서는 텍스트에 대한 이해 자체보다는 단순한 텍스트에서 복잡한 텍스트 읽기로 발전할 수 있는 학생들의 새로운 인지 구조 발달을 더 중시한다. 그러나 이 접근은 학생들의 문화자본, 예를 들어 생애 경험, 역사, 언어 등을 고려하지 않는다. 이 때문에 학습자들은 삶을 고양시키는 실천 경험과 삶의 목적을 비판적 성찰을 통해 살필 수 있는 기회를 거의 갖지 못한다. 넷째, 읽기에 대한 낭만주의 접근은 독자와 저자 사이의 상호작용이 아닌 독자 스스로 의미를 생성하는 게 특징이며, 감성을 매우 강조하고 읽기를 자기만족과 즐거운 경험으로 본다. 그러나 낭만주의 모델은 문화자본이나 다양한 구조적 불평등의 문제, 예컨대 계급 갈등, 성 또는 인종 불평등 등의 문제를 소홀히 다룬다는 점에서 한계가 있다. 요컨대 이러한 접근들 모두는 개인과 집단의 자기결정권을 보장하고 역사적 주체들의 힘을 북돋울 수 있는 이론적 문해 모델을 제공하는 데 실패했다.

이와 달리 읽고 쓰기 학습은 사회적 실천의 바른 분석에 의해, 현실을 '읽는read' 학습을 포함해야 한다.Freire, 1978: 109 즉 읽는 행위는 세계를 '읽는' 능력에 관한 것이어야 한다.Apple, Gandin & Hypolito, 2001: 130 또한 "읽고 쓰는 학습 행위는 현실의 비판적 이해를 포함하고 있는 하나의 창조 행위"이며, 하나의 문장을 읽는 것은 그것을 가리키는 사회적 맥락 속에서 '읽을' 것을 요구한다.Freire, 1978: 43 요컨대 읽기는 "항상 비판적 인식이자 비판적 이해, 그리고 읽은 것을 다시 읽는 과정"Freire & Macedo, 1987: 8이다. 비판적 읽기를 통한 이해하기는 글과 세계(텍스트와 콘텍스트) 사이의 관계를 인식하는 일이다.Freire & Macedo, 1987: 1; Freire, 1998: 79 비판적 문해는 정의상 진행 중에 있는 역사적 작업이기 때문에 정확하고 보편적인 모델이 없다고 거론된다. 그렇지만 대체로 세계를 이름 짓고 다시 이름 짓는 과정, 세계의 패턴들과 설계(계획), 복잡성을 이해하는 과정, 세계를 재설계하고 재형성하는 능력을 발달시키는 과정을 수반한다.Luke, 2012: 9 이 점에서 비판적 문해는 비판적 혁명적 페다고지critical revolutionary pedagogy로 나아가는 핵심으로 여겨진다. 여기서 문해는 '사회, 경제, 정치적 현안들을 성찰하고, 분석하고, 비판적으로 판단을 내리는 실천'으로 정의된다.McLaren and Farahmandpur, 2001: 144 "비판적 문해는 지배 이데올로기, 문화와 경제, 그리고 제도와 정치체제에 대한 비판과 변형이라는 분명한 목적을 가진다."Luke, 2012: 5

프레이리의 비판적 문해 개념은 고정되고 처방되어 제시되는 삶의 개념에서 벗어나 지식, 역사, 그리고 공동체를 관계와 맥락 차원에서 이해해야한다는 생각과 관련된다. 그에게 그것은 "무엇보다 사회 정치에 관여하는 것commitment"이었다.Darder, 2015: 103 글 읽기와 세계 읽기 능력은 헤게모니에 맞서 근본적으로 더 넓은 정치적 저항으로 연결되고, 학생들이 더욱 공정한 삶을 향해 준비하게 하는 비판적 문해를 수반한다.Darder, 2015: 103 이는 프레이리가 말하는 해방적 문해이기도 하다. 해방적 문해에서 학습자는 대상이 아니라 주체가 되며, 글에 대한 이해와 함께 사회·역사적 맥락에 대한 비판적 이해의 계발이 중시된다. 여기에서 읽고 쓰기를 학습하는 활동은 현실에 대한 비판적 이해를 포함한 창조적인 활동이 된다. 이런 활동 속에서 학습자들은 지식에 대한 지식을 통해 새로운 지식을 획득할 수있다. 이는 이면에 있는 존재 근거들을 밝혀 주고 현실에 대한 잘못된 해석을 탈신비화시킨다.Freire & Macedo, 1987: 159[51]

프레네 역시 "아동을 진보, 자유와 평화의 세계를 자각하는 능동적 작업자이자 미래의 인간으로 형성"Freinet, 1980: 144하고자 한 점에서 위의 비판적 문해 개념과 연결된다. 비판적 문해는 "일상생활의 사회적 영역을 지배하는 규범들, 규칙 체계들, 그리고 실천들을 분석하고 비판하고, 변형하기위해 인쇄공학과 다른 의사소통 매체를 활용하는 것"Luke, 2012: 5으로 정의할 수 있다. 프레네 실천교육학이 자유 글쓰기, 인쇄출판작업, 학급 문집(또는 신문) 만들기, 학교 간 통신교류라는 소통의 기술을 통해 학생들 스스로 세계 읽기와 쓰기를 시도하도록 했던 점 또한 자연스럽게 비판적 문해의 전통과 연결될 수 있을 것이다.

3. 비판적 문해교육의 출발점

1) 방법의 토대: 일과 프락시스

비판적 문해 활동이 프레네 입장에서는 일travail로, 프레이리의 입장에서는 프락시스praxis로 이해된다는 점에서, 비판적 문해교육 방법의 실천 토대는 일(노동)이자 프락시스이어야 한다.

프레네는 인간을 '일 애호love of work'의 존재로 파악하며Freinet, 1994a, 프레이리는 인간을 '프락시스'의 존재, 즉 행동action의 존재요 성찰reflexion의 존재로 파악한다.Freire, 1973: 160 프레네에게 일은 동기와 목적이 있고 만족 감을 주는 활동이자정훈, 2009: 64, 감각과 지성뿐만 아니라 각종 근육을 정 상적이고 조화롭게 사용하는 활동이다.Freinet, 1994a: 252 프레네는 육체(신체) 를 부도덕한 것으로, 영혼(정신)으로부터의 실제적인 기능은 지적이고, 섬 세하고, 청결한 것으로 분리하는 철학과 학문의 오류를 지적했다. 우리가

---

51) 프레이리의 문해교육 이론은 기초적인 문자 습득을 중시하는 문맹퇴치 교육(literacy education)과 그와 관계없이 생성적 주제들을 자유롭게 토론하는 문맹퇴치 후 교육(post-literacy education)으로 나뉜다(문혜림, 2012: 9, 58). 문맹퇴치 교육이 생성적 언어를 읽고 쓰는 기초적인 언어 학습과 의식화교육이 반드시 병행되는 문맹퇴치 교육이라면, 문맹퇴치 후 교육은 문자가 아닌 생성적 주제를 통해 주어진 현실을 비판적으로 분석하여 첨예한 정치적 각성을 고무하는 정치교육이다(문혜림, 2012: 58). 필자의 관심사는 프레이리 문해교육 중 주로 문맹퇴치 후 교육과 그것이 주는 함의에 있으나 문맹퇴치 교육이 주는 함의 역시 참조하였다. 이는 첫째, 기초적 문자 습득과 관련된 문맹퇴치 교육을 그대로 적용하기에는 언어족의 차이 때문에 그대로 적용하기 어려운 측면이 있고, 기능적 문맹률이 높지 않은 한국 상황에서 비판적 문해교육의 대상을 주로 기초적 문자 습득 이후로 생각했기 때문이다. 둘째, 프레이리가 "문맹퇴치 교육에서와 동일한 소통 교육학의 정신으로 다만 교과과정만을 바꾸어 문맹퇴치 이후(post-literacy) 단계의 교육을 계획했고"(Freire, 1973: 104-105), "문맹퇴치 교육과 문맹퇴치 후의 과정은 하나가 앞서고 다른 것이 뒤에 오는 두 개의 분리된 과정이 아니라 사회적 구조의 같은 과정의 두 개의 계기들"(Freire, 1978: 120)이라고 말한 점 때문이다. 이에 이 장에서 말하는 문해교육은 프레이리 문해교육의 두 측면 모두를 포괄하는 개념이다.

형식화된 지성, 삶의 과정으로부터의 추상화라는 이름으로 일과 사고(생각) 간의 파괴적인 분리를 수행해 왔다는 것이다. 그러면서 그는 사고를 집약시키는 것이 일이고 그에 대한 반응으로서의 사고(생각)가 일의 조건에 영향을 미친다고 말한다.Freinet, 1994a: 267 이러한 일은 학교와 사회에서 자발적으로 삶을 재조직하는 과정과 인간 존재가 발달하는 토대로 기능한다. 프레네에게 생산적인 일은 가르치고 배우는 과정을 계속해서 진행하게 하는 원리였다.정훈, 2009: 98 프레이리 또한 인간의 독특한 성질을 일work을 통해 세계를 변화시키고, 세계를 '선언하고', 세계를 표현하고, 자기 자신을 표현하는 일들로 파악한다. 그러면서 어떤 수준에서든 교육이 근본적이고 인간적인 표현의 욕구를 개발시키도록 자극할 때 더 많은 가치를 얻게 될 것이라고 말한다.Freire, 1985: 75

프레이리에게 프락시스는 인간 행위이며, 인간 행위는 이론과 실천이자, 성찰과 행동이다. 이는 행동이 부재한 탁상공론이나 성찰이 부재한 행동주의와 구분된다.Freire, 2000: 111-112, 161-162 또한 프레이리는 '노동'과 인간의 '말', 즉 '대화'를 동일선상에 두면서 언어를 읽고 쓰는 것, 타인과 세계와 소통하는 것을 인간의 프락시스로 규정한다. 이 점에서 문해교육은 노동의 한 부분으로 간주되어야 하며, 생산노동의 한 형식으로서 그 중요성이 똑같다.Freire, 2000: 111-112; Freire, 1978: 155-156 읽고 쓰기를 배운다는 것은 사람들에게 '말한다는 것'이 곧 성찰과 행동을 내포하는 인간적 행동임을 알게 되는 기회가 되어야 하며, 지식습득(앎의) 행위는 행동으로부터 성찰로, 행동에 대한 성찰로부터 새로운 행동으로 이어져 가는 변증법적인 운동이 되어야 한다.Freire, 1970: 25-26 프레네 역시 읽기를 일종의 일로 보는데, 이는 프락시스 개념과 유사하다. 그의 용어를 빌리면 삶을 위한 기술로서의 읽기는 무엇보다 '일을 통한 읽기lecture travail'이다. 이는 읽는 사람을 현실에서 분리하고 그를 공상의 세계에 몰두하도록 하는 '도착적인' 읽기와 정반대 개념이다.Legrand, 1997: 408 도착적인 읽기는 술 마시고, 담배 피우고, 카드

게임을 하는 것과 동일한 방식으로 책을 읽는 것을 말한다. 도착적인 읽기에서 성찰과 숙고는 정지된다.Freinet, 1994a: 221-229

2) 문해교육의 출발점: 삶

비판적 문해교육이 주어진 사회, 경제, 정치적 현안들을 비판적으로 성찰하고, 분석하고, 판단을 내리는 능력 함양을 목적으로 한다면 그것은 우리의 삶을 출발점으로 삼아야 한다.

프레네와 프레이리는 모두 학교 밖의 삶과 학교 안의 삶을 분리하는 이분법, 프레이리의 표현을 빌리면 '세상을 읽는 것'과 '글을 읽는 것' 사이의 이분법Freire & Shor, 1987: 183을 거부한다.

> 읽기를 가르친다는 것은 참여하는 것만이 아니라, 이해하고 서로 의사소통하는 이른바 이해를 둘러싼 창조적인 경험입니다. 우리가 일상 세계에서 나온 여러 개념들과 학교생활 경험에서 나온 개념들을 이분화하기보다는 종합해 갈 수 있다면, 이해의 경험은 더욱 심화될 것입니다. 읽기와 쓰기에 꼭 필요한 연습은 일상생활에서 나타나는 감각적 경험에서 시작해, 학교 언어에서 얻어지는 일반화로, 그리고 다시 만져 볼 수 있을 만큼의 구체적인 것으로 쉽게 옮겨 가는 연습입니다.Freire, 1998: 73

프레이리에 따르면 이분법에 따라 글을 읽는 세계는 단지 학교 과정의 세계일 뿐이며 우리가 경험하는 세상과 단절된, 그 경험을 읽지 못하는 폐쇄된 세상이다. 이는 학생들에게 일종의 침묵의 문화만을 강요한다. 학교의 읽기는 경험의 세계에 관해 침묵하고, 경험의 세계는 자체적인 비판의 교과서가 없기 때문에 또한 침묵하게 된다.Freire & Shor, 1987: 183-184 이에 "문해교육은 학습자의 언어 환경과 주제 환경을 조사하는 데서 출발해야 한다."Freire, 1996: 190. 즉 읽기와 쓰기 학습은 문해학습자의 평범한 경험 세계와 연결된 단어와 주제들에서 시작해야 한다.Freire & Macedo, 1987: 14 그리고 배우고자 하는 사람들의 세계 읽기 속에 내재되어 있는 것으로부터 시작해야 한다.Freire, 1994: 205 이는 구체성, 상식으로부터 출발하여 현실에 대한 엄격한 이해에 다다른다는 가능성에 근거하는 것이다.Freire & Shor, 1987: 147 52)

프레네의 '삶을 위한 교육'이라는 명제도 학교와 자연·인간·사회적 환경과 단절된 스콜라주의 방식을 거부한다. 대신 그 명제는 사회·경제·문화·정치·역사적 질서 속에서 살아 있는 문제를 연구하는 것을 목표로 삼는다. 이는 가까운 자연과 사회 환경에 개방하고자 하는 의지와 학교에서의 교양을 능동적으로 자신의 것으로 만들게 하려는 의지를 표명한 것이다.Peyronie, 1999: 96 프레네 실천교육학은 교육과정의 기초로 아동 자신의 경험을 사용하며 그것으로부터 읽기와 글쓰기 수업을 위한 소재를 만든다. 프레네Freinet, 1994a: 158의 말처럼 우리는 삶으로 깊이 파고들고, 교육과 삶을 연결하고, 단어에 삶의 본원적인 광채를 입히고, 지식을 일의 즐거움과 관심사와 통합할 필요가 있다.

4. 비판적 문해교육의 주제 선정 및 교재 편찬

삶을 출발점으로 삼는 비판적 문해교육의 주제는 프레이리의 말처럼 외

---

52) 삶에서 출발한다는 프레이리의 교육원리는 문해교육뿐만 아니라 과학 같은 교과 교육에도 똑같이 적용된다. 예컨대 프레이리는 자신의 저서에서 마르시오 캄포스(Marcio Campos) 대학의 물리학 교수를 소개한다. 그는 학생들과 함께, 현실에 관한 대중적인 사고를 조사 연구하는 것으로 과학 연구를 시작한다. 학생들은 그다음 주 교실로 돌아와 사람들이 밤과 낮, 달, 계절, 썰물과 밀물을 어떻게 생각하는지를 보고하고 이 모든 것을 자신의 입장과 비교한다. 그러고 나서 그는 이 소재를 학생들과 함께 과학적으로 생각하기 시작한다(Freire & Shor, 1987: 148). 프레네 실천교육학 역시 주변 세계에 대한 비판적 논의 속에서 자연스러운 지식 욕구를 적극적으로 만족시키는 기회를 아이에게 제공하는(Baillet, 1995: 29) 주변 환경 분석 기술로 이와 유사한 지식 탐구 방법을 실천한다.

부에서 주어지는 것이 아니어야 한다. 그것은 생성적 주제generative theme로 구성되어야 한다. 생성적 주제는 인간과 인간, 인간과 세계가 맺고 있는 관계를 비판적으로 성찰하게 하는 유의미한 주제로, 여러 가지로 나뉘는 주제들 속에서 새로운 과제들을 발생시킨다. 이는 인간을 매개하는 현실, 그리고 그 현실에 대해 교육자와 민중(즉 문해학습자)이 가진 인식을 바탕으로 교육 내용을 결정하는 것이다.Freire, 2000: 123 비판적 문해교육을 위한 교재는 생성적 주제들을 중심으로 학습자 스스로가 편찬하고 만드는 것이어야 한다.

1) 모색의 다수성과 생성적 주제

비판적 문해교육의 주제는 우선 프레네가 말하는 모색하는tâtonnement 삶의 과정 속에서 선정될 수 있다. 일상적 용법으로 모색은 누군가 앞을 못 보거나 눈가리개를 하고 있을 때 앞으로 나아가기 위해 필요한 손으로 더듬어 찾는 행위인 암중모색을 뜻한다. 우리 인간이 행하는 모색의 다수성은 우리를 언제나 지식습득(앎)과 헤아리기조차 힘든 무수한 문제들에 대한 새로운 해결책을 탐구하게 만든다.정훈, 2009: 53-55 또한 우리 인간은 끊임없이 능가하고, 사태의 이유를 알고, 문제를 부여하고, 거기서 해결을 찾으려는 본성이 있다.정훈, 2009: 190-191

다음으로 인간과 인간, 인간과 세계가 맺고 있는 관계를 비판적으로 성찰하게 하는 유의미한 주제로 생성적 주제를 선정하는 것이다. 여기서 '생성적'의 의미는 문해교육의 주제가 민중의 직접 체험에서 나올 뿐만 아니라, 인간과 인간, 인간과 세계가 맺고 있는 관계를 비판적으로 성찰하게 해주는 유의미한 주제라는 뜻이다. 이는 다시 여러 주제로 나뉘며, 그 속에서 새로운 과제들이 생긴다. 생성적 주제는 현실과 유리된 채 민중 속에서 발견되지 않고, 또 민중과 유리된 채 현실 속에서 발견되지도 않는다. '인간이 없는 곳'에서는 더더욱 찾을 수 없다. 그것은 오직 인간-세계 관계 속에서만 파악될 수 있다.Freire, 2000: 136 그것은 사상, 가치, 발상, 희망 등의 구체적인 발현은 물론이고, 민중의 완전한 인간성을 저해하는 장애물들로 이 시대의 주제를 구성할 수도 있고, 자신을 제한하는 한계상황을 포함하는 동시에 한계상황 속에 포함될 수도 있다.Freire, 2000: 130-131

또한 우리는 생성적 주제를 일반적인 것에서 특수한 것으로 향하는 동심원적 구조에서 찾을 수 있다. 가장 넓은 시대 단위는 다양한 범위의 단위들을 포함하며, 하위 단위들-대륙, 지역, 국가 등-은 그 안에 보편적 성격의 주제들을 담고 있다.Freire, 2000: 132 프레이리가 문해교육의 내용으로 삼는 이러한 생성적 주제들은 모색하는 삶을 사는 민중의 삶에서 나와 다시 민중에게로 돌아가며 '문제'의 형태를 취하게 된다. 생성적 주제들이 담긴 학생들의 세계관에 의해 교육 내용이 구성되고 조직되며, 교육 내용은 끊임없이 확장되고 쇄신될 수 있다. 여기서 대화적 교사의 역할이 중요한데, 교사는 학생들의 연구를 통해 드러난 주제 영역을 '제시'받아 그것을 강의가 아닌 문제의 형식으로 '다시-제시'할 수 있어야 한다.Freire, 1973: 241-242; Freire, 2000: 141; 문혜림, 2012: 52-53 사람들이 생성적 주제 연구에 적극적인 자세를 지닐수록 현실에 대한 비판적 의식을 더욱 심화할 수 있고, 그 주제를 명확히 이해하는 가운데 현실을 장악할 수 있게 되는 데 생성적 주제의 중요한 의미가 있다.Freire, 2000: 136-137

2) 교재 편찬

세계 1차 대전과 2차 대전 사이의 기간에 프랑스에서 읽기 텍스트는 억지스럽고 유치하며, 실제 삶의 경험들과 전혀 맞지 않았다.Legrand, 1997: 407 따라서 당시 교사들이 구해야 하는 자료는 교실을 넘어선 삶에 대한 아이들의 관심이었다. 프레네는 이러한 살아 있는 자료를 "우리 학교의 필수적인 자양분"이라고 불렀다. 그것은 기존 교과서들 속에서 찾을 수 없고 학생들 자신에게서 찾을 수 있는 것이었다. 무엇보다 그 자료들은 학생들이 생성해 내는 것이기 때문에 더 많은 관심을 끌어내고 개인들과의 연결점을 끌어낼 수 있었다.Rodero & Temple, 1995: 165

프레이리의 다음과 같은 문제의식도 프레네와 별반 다르지 않았다. 그가 보기에 기존 읽기 교재의 저자들은 가난한 사람들의 지식습득 능력을 고려하지 않았다. 또한 그 저자들은 가난한 사람들이 그들 자신의 현실 인식 수준에서 자신들의 '사고-언어'를 표현하는 교재를 만들 수 있다는 사실을 인정하지 않았다. 그들은 학습자들의 의식을 텅 빈 공간으로 간주하고 낱말들과 문장들을 그 공간에다 채워 넣는 교재를 되풀이해 제시할 뿐이었다.Freire, 1970: 22 그러나 비판적 문해교육은 지식 행위이자 창조 행위, 그리고 정치 행위로 이해되어야 한다. 또한 세계를 읽고 글을 읽기 위한 노력이기 때문에 현실과 동떨어진 교과서는 더 이상 불가능하다.Freire & Macedo, 1987: 15 교육 내용을 이수할 상황 속의 인간을 전혀 고려하지 않고 자신의 개인적인 현실관에 따라 프로그램을 작성하게 되면, 대부분의 정책과 교육 계획은 실패로 돌아가고 만다.Freire, 2000: 120 이에 우리는 두 사람의 교재 편찬 방식에 기초해 학습자 자신의 삶과 밀착된 문해교육 교재 편찬 방법을 다음과 같이 실천해 볼 수 있겠다.

첫째, 프레네가 창안한 '학급용 학습카드', '학습활동총서'로 이어지는 기술을 활용하는 것이다. 프레네는 주요 흥미에 따라 아이들이 어떤 조사 활동을 자연스럽게 전개하게 한 후, 조사한 자료의 양이 풍부해지면 그들이 그것을 언제나 손쉽게 접할 수 있도록 꺼내 보기 쉬운 참고자료집으로 묶어 보관하는 '학급용 학습카드'를 창안했다. 그것은 기존 학습카드들 위에 계속해서 새로운 주제 내용을 덧붙이고, 선별된 자료를 오리고 붙여 계속 갱신하는 것이다. 이 과정에서 '학급용 학습카드'의 내용이 풍부해지면 그 성과는 책으로 엮여 과학적이고 교양의 특성이 있는 백과사전인 '학습활동총서'로 만들어진다. 프레네 교실에서 그것은 기존의 교과서를 몰아내고 교과서와 동일한 자격으로 사용되었다.

둘째, 자유 글쓰기, 인쇄출판작업, 학급 문집(또는 신문) 제작으로 이어지는 프레네 기술을 활용하는 것이다. 예컨대 아이들은 학교 밖 지역사회로 나갔던 나들이(현장학습) 후, 그와 관련된 소감을 자유롭게 글로 표현한다. 그리고 그것은 인쇄출판작업을 거쳐 학급 신문(또는 문집)으로 만들어진다. 나들이를 통해 교실은 실제 사회와 같은 곳으로 고립된 기관이 아니라, 상호 연결되고, 상호의존적이며, 상호작용하는 세계가 되고Acker, 2000: 15-16, 학급 신문은 그 세계에 관한 기록물이 된다. 프레네에게 '자유 글쓰기'에 기초한 학급 신문은 일종의 '삶의 책livre de vie'이다. 프레네가 실천한 자유 글쓰기 같은 활동이 문해교육 교재 구성의 첫 출발점이 될 수 있다는 생각은 다음과 같은 프레이리의 말에서도 일정 부분 확인할 수 있다. "오늘날 자기 글쓰기는 문해교육의 시작이다. 따라서 문해 이후(즉, 문해 상태에 이르렀을 때)에는 학습자가 스스로 쓴 글들로 이루어진 작은 민중 도서관을 시작할 수 있다."Freire & Macedo, 1987: 16

셋째, 프레이리 문해교육에서 실천되는 전통적인 교재 편찬 방식code or codification을 응용하는 것이다. 우선 연구자들이 대상 지역에 대한 기초적인 지식과 그 지역 생활에 관한 자료들을 지역 사람들의 도움으로 수집한다. 다음으로 학습자들이 사용하는 단어, 어휘, 구문법, 그들이 처한 문제들을 수집하고 지역민의 주제 세계를 대표할 수 있는 중심 단어나 중심 문제를 추출한다. 그리고 학습자와의 공동 연구에 기초해 그들의 삶의 경험에서 출발한 생성어나 생성적 주제들을 추출해 구성하는 방법을 응용한다.Freire, 2000; Freire, 1973: 94-98

넷째, 문자 텍스트로 구성된 전통 방식의 교재 형식뿐만 아니라 다양한 형식의 교재 편찬 방식을 활용하는 것이다. 예컨대 프레이리는 생성적 주제들을 하나의 전체로 구성한 뒤 이를 다시 부분 영역들로 분할하여 사진, 슬라이드, 그림, 포스터, 필름, 연극 등의 형태로 문제화시킨 교재를 제안한 바 있다.Freire, 1973: 105 실제로 그는 교재 원본을 참조하여 간추린 교재들과

분류된 것들로 영화 필름을 만들 준비도 했다.Freire, 1973: 242 또한 프레이리
처럼 주제들을 문서화한 다음 교육용 자료들(사진, 슬라이드, 포스터, 서적,
인터뷰 기록 자료, 짧은 연극, 잡지와 신문 기사 등)을 준비할 수도 있을 것이
다.Freire, 2000: 155-156

이렇게 우리는 문해 교재를 학습자들의 실존적 상황들로 재구성해 편찬
할 수 있을 것이다. 이는 문해교육에 참여하는 학생들이 교사와 함께 주체
가 되어 진행한다는 점에서 기존의 교재 편찬 방법들과 차별점이 있다. 그
렇지만 교재 편찬 과정에서 교사 개입의 정도나 교사의 역할은 프레이리
가 훨씬 더 큰 비중을 차지한다. 프레이리는 생성적 주제들을 학생들에게
서 제시받아 그것을 문제의 형식으로 '다시-제시'하는 교사의 역할을 무
엇보다 강조한다. 문해교육 진행 방법과 관련해서도 프레네가 주로 학생들
사이의 대화와 소통, 협동의 방법을 많이 강조한다면, 프레이리의 강조점은
주로 교사와 학생 사이의 대화와 소통, 협력의 관계에 좀 더 초점이 맞춰
져 있다.

5. 비판적 문해교육 진행 방법

비판적 문해교육의 진행 방법[53]은 프레네가 비판하는 '스콜라주의 방법'
이나, 프레이리가 비판하는 '은행 저금식 교육'[54]이 아니어야 한다. 두 사
람은 학생 스스로 자신의 학습을 조직할 수 있다고 믿었다.Gadotti, 1994: 228

---

53) 비판적 문해교육의 진행 방법은 앞 단계에서 편찬한 교재에 대한 일종의 '해독화' 작업과 관련
   된다. "편찬물이 지식습득(앎의) 주체들 사이를 매개하는 지식습득 대상이라면 편찬물을 각 구
   성 요소로 분해하는 작업인 해독은 지식습득 주체들이 편찬물의 각 요소와 실재적 틀에 의해
   제시된 여타 사실들 간의 제 관계를 인식하는 활동이다"(Freire, 1970: 29). 자신들의 실존 상황
   들로 재구성된 편찬물들을 해독하고 이전 인식에 대해 인식하는 과정에서 학습자들은 서서히,
   주저하며 그리고 겁먹은 채로 현실에 대한 자신들의 견해를 의심하고 점차 더욱 비판적인 지식
   으로 대치해 나간다(Ibid., 30).

지성의 문제를 지식 축적의 문제로 환원하지 않았다는 점도 유사하다. 교사의 세계 읽기가 허위적이든 아니든, 교사는 학생들에게 자신의 '세계 읽기'를 강요하거나 자신의 틀 안에서 내용을 가르치려고 하지 말아야 한다.Freire, 1994: 123 프레이리 말처럼 "만약 단지 현실을 서술할 뿐인 지식의 단순한 전수로서의 교육관을 초월하지 못한다면, 비판적 의식이 나타나는 것을 방해하여 정치적 문맹을 강화시키게 될 것"Freire, 1985: 188이기 때문이다. 지식습득(앎의) 행위는 탐구를 필요로 하며, 그것이 탐구인 한, 타인에 의해 전달되는 내용을 단순히 받아들이기만 하는 창고로서 행동하는 정적인 태도와는 화합하기 어렵다.Freire, 1973: 184 이에 비판적 문해교육은 우선 대화와 소통, 협력(협동)에 기초한 문제제기식 교육으로 진행되어야 한다.

프레이리의 말을 빌리면, 학교는 일종의 '문화서클'이, 강의는 대화가, 교사는 '대화 또는 토론 조정자coordinator'가, 학생은 '그룹 참여자group participants'가 되어야 한다.Freire & Horton, 1990: 112; Freire, 1973: 81

1) 대화, 소통, 협력(협동)에 기초한 문제제기식 교육

첫째, 비판적 문해교육은 프레이리가 말하는 문제제기식 교육 방법에 기초해야 한다. 문제제기식 교육은 현실을 드러내고, 의식의 출현과 비판적 현실 개입을 위해 노력하는 것이 목적이다. 문해학습자들은 점점 세계와 더불어 그리고 세계 속에서 자신들과 관련된 여러 문제를 대하기 시작한다. 이 때문에 점점 자극을 받고 그 자극에 반응해야 할 의무를 느끼게 된다. 자극에 대한 그들 학습자의 반응은 새로운 자극을 낳고 뒤이어 새로운 이해를 낳는다. 이런 식으로 문해학습자들은 점차 자신도 몰두하고 헌

---

54) '은행 저금식' 교육 개념에서 학생은 보관소이고 교사는 예탁자이다. 양측은 서로 대화하지 않는다. 교사는 성명을 발표하고 예탁금을 만들며 학생은 참을성 있게 그것을 받아 저장하고, 암기하고, 반복한다(Freire, 2000: 90). 은행 저금식 의식 개념으로부터 논리적으로 도출되는 결론은 세계가 학생의 '안으로 들어가는' 방식을 규제하는 것이 곧 교육자의 역할이라는 것이다(Ibid., 95). 즉 은행 저금식 교육은 현실을 신화화함으로써 인간이 세계 속에서 존재하는 방식을 설명하는 요인들을 은폐한다(Ibid., 106).

신할 수 있다고 간주하게 된다.Freire, 2000: 103 이처럼 인식의 변화는 갈등하는 현실을 '문제화'하고, 삶의 문제를 진정한 맥락에 포함시켜 고찰할 때 생겨난다.Freire, 1985: 101 편찬된 교재에 제시된 학습자들의 실존 상황에 계속 문제제기를 하다 보면 주체들은 그만큼 더 문제화된 대상의 '본질' 속으로 깊이 천착해 들어간다. 그들은 그만큼 더 그 '본질'의 모습을 밝혀낼 수 있다. 그리고 그 모습을 좀 더 밝혀낼수록 자각의식은 더욱 심화된다. 그리하여 가난한 사람들은 상황을 '의식하는 데'에 이르게 된다.Freire, 1970: 37 결국 문해학습자들은 문제제기식 교육을 통해 자신들이 세계 속에서 존재하는 방식을 비판적으로 인식하게 된다. 그 속에서 그들은 세계와 더불어 세계 속에서 살아가는 자신의 참모습을 발견하게 된다.Freire, 2000: 106

둘째, 문제제기식 문해교육은 대화를 지식으로 가는 길로 삼아야 한다.Freire, 1996: 191 프레이리가 제시하는 '문제제기식 교육'은 교사와 학습자가 서로 배우며 가르치는 동반자적, 대화적 관계를 기반으로 한다.Freire, 2000; 홍은광, 2010: 45 문해교육 과정이 지식습득(앎의) 행위가 되려면 교사와 학생 사이에 참된 대화 관계가 이루어져야 한다.Freire, 1970: 25 문제제기식 교육 방법에서 학생들은 더 이상 유순한 강의 청취자가 아니라 교사와의 대화 속에서 비판적인 공동의 탐구자가 된다.Freire, 2000: 102 요컨대 은행 저금식 교육은 대화를 거부하지만, 문제제기식 교육은 대화가 현실을 드러내는 필수 불가결한 인식 행위라고 본다.Freire, 2000: 106 대화는 '세상을 읽는 것'과 '글을 읽는 것' 사이의 간극을 메워 주고 연결해 준다. 대화를 통해 그 둘은 서로 이야기할 수 있고, 교실의 추상적인, 지적인 관용어를 변화시킴으로써 교실에서 학생들의 현실을 알릴 수 있게 한다.Freire & Shor, 1987: 184

프레이리는 모든 인간은 '무지'하든, '침묵의 문화'에 젖어 있든 간에 상관없이 대화를 통해 타인들과 접촉하는 과정에서 비판적으로 세계를 바라볼 수 있게 된다는 신념을 가지고 있다. 그러한 접촉을 위한 적절한 수단이 갖춰지면 각 개인은 점차 개인적·사회적 현실과 그 안의 모순을 인식하게 되며, 그러한 현실 인식의 자각과 함께 비판적 대처 능력이 생기게 된다.Shaull, 2000: 39-40

이 점에서 "대화는 인식론적 관계를 특징으로 한다. 이런 의미에서의 대화는 앎의 방법"이자, "배움과 앎의 과정에서 필수 불가결한 요소"Macedo, 2000: 20 재인용; Freire & Shor, 1987: 139이다. 대화는 알고 알려고 하는 인식의 주체들 사이의 관계를 보증한다.Freire & Shor, 1987: 137 대화식 교육의 근본 목적은 배움과 앎의 과정을 창조하는 데 있으며, 여기에는 대화를 통해 공유한 경험을 이론화하는 작업을 반드시 포함한다.Macedo, 2000: 21 대화의 진정한 본질은 대화의 과정이 배움과 앎의 과정이라는 점이며, 대화를 배움과 앎의 과정으로 이해하면, 대화의 참된 요소들에 관한 인식론적 호기심[55]을 반드시 포함해야 하는 것이 하나의 요건이 된다.Macedo, 2000: 22 재인용 "대화는 반드시 앎의 대상에 관한 호기심을 필요로 하므로 대화는 결코 그 자체로 목적인 것이 아니라 앎의 대상을 더 잘 알기 위한 수단이다. 그렇지 않을 경우 대화는 각자의 체험을 우선시하는 좌담처럼 변질될 수 있다."Macedo, 2000: 22 이처럼 대화를 통한 교육 방법들은 사회에 대한 보다 통렬한 이해와 모든 교육 목적에 대한 이성적 접근으로 인도한다.Freire & Shor, 1987: 27 이와 달리 대화를 거부하는 것은 사람들과의 관계를 수직 관계로 만든다. 프레이리Freire, 1973: 88의 말처럼, 수직 관계에서 비판적 태도는 생성될 수 없다.

셋째, 대화에 기초한 문제제기식 교육은 필연적으로 소통의 도모로 이어져야 한다. 프레이리에 따르면 교육은 대화와 소통이며, 교육은 앎과 사고의 대상의 의미를 탐구하며 대화 가운데서 마주치는 주체들의 만남이

---

55) 여기서 인식론적 호기심은 "대상과 적절한 거리를 둠으로써 그 대상의 베일을 벗기려는 의도와 즐거운 마음으로 대상에 '접근하는' 것"을 말한다(Freire, 1998: 94).

다.Freire, 1973: 215 여기서 소통은 "사고의 대상을 향해 상호적 접근을 하는 주체들이 그 대상의 내용을 서로 이야기하는 것"을 뜻한다. 소통이 대화라는 사실, 즉 소통은 대화 속에서 이뤄진다는 사실이 소통의 특징이다.Freire, 1973: 213 문제제기식 교육의 핵심인 문제화는 소통의 영역에서 이뤄지며 현실적, 구체적, 실존적 상황들, 또는 구체적 상황과 연결된 지적 내용들과 관련돼 있다.Freire, 1973: 232-233 대화는 의사소통 존재로서의 인간 존재의 본질에 속한다.Freire & Shor, 1987: 13 대화는 인간이 더욱더 비판적으로 의사소통할 수 있는 존재가 되기 위한 필수적인 자세이다.Ibid., 137 대화는 "A와 B가 더불어 있는 것으로 소통과 상호 소통"을, "공동 탐구를 하는 두 '축' 간의 '공감'의 관계"를 뜻한다.Freire, 1973: 87; Freire, 2000: 114-118 대화에 임하는 두 '축'이 사랑, 희망 및 상호 신뢰에 의해 연결될 때 그들은 어떤 것에 대한 비판적 탐구에 공동으로 나설 수 있게 된다. 결국 비판적 문해교육은 지식을 독단적으로 전파하거나 전달하는 방식으로는 진행될 수 없다. 그것은 대화를 통해 "비판적 방식으로 수행되는 소통"Freire, 1973: 216을 통해 진행되어야 한다.

넷째, 문제제기식 문해교육에서 대화와 소통은 집단 속에서의 협동하는 방법으로 진행되어야 한다. 예컨대 "프레이리가 말하는 문해교육은 역사적으로 구성된 자기 경험을 비판하는 과정이다. 자기 경험을 돌아봄으로써 우리는 세계를 '읽게' 되고 우리 사회에 내포된 정치적 속성을 이해하게 된다"Giroux, 1987: 182. 자신의 경험에 대한 성찰은 문화서클(프레이리)이나 협동그룹(프레네) 같은 협동 집단 속에서 이뤄져야 한다. 공동체와의 비공식적이고 개인적인 접촉에서 도출된 생성적 주제들은 대화의 과정을 사용하여 '문화서클'에서 논의된다.Apple, Gandin & Hypolito, 2001: 131 문화서클에서 구성원들은 그룹 토론을 통해 여러 상황을 밝히거나 그 밝힘으로부터 생성되는 행동을 추구하고자 한다.Freire, 1973: 82 이러한 논의들로부터 어떤 주제와 관련된 경험 세계가 생성되며, 교사들은 거기로부터 그러한 공동체들과 사회적·문화적으로 관련된 여러 단어들로 구성된 경험 세계의 어휘를 추출한다.Apple, Gandin & Hypolito, 2001: 131

다양한 독자들이 텍스트를 논의하는 일은 읽은 내용을 분명하게 하고 읽은 것에 대한 집단적 이해를 새롭게 창조한다. 예컨대 집단적 읽기는 서로 다른 관점을 제시하며, 그 가운데 각 관점들이 서로에게 노출되기 때문에 더욱 풍부하게 텍스트를 이해할 수 있게 한다.Freire, 1998: 95-96 문화서클 안에서 진행되는 프레이리의 대화적 방법은 '집단에서의 의사소통이나 다른 사람들과의 교류와 언제나 짝을 이뤄 진행되는 프네레 교육의 협동 원리'Peyronie, 2000: 224를 자연스럽게 계승한 것으로 이해할 수 있다. 집단을 단위로 한 협동작업은 프레네 실천교육학의 중요한 특징이다. 프레네는 교실이 집합적 상상력과 참여를 위한 공간이 되기를 기대했고, 거기서 이뤄지는 수업은 집단으로 모이는 것이 통상적인 모습이었다. 프레네 교실에서 학생 주도적인 작업은 동료들과 하는 협동작업을 통해 완성되고, 협동작업 속에서 모든 아이들의 능력은 서로 보완된다.정훈, 2013: 306 이처럼 사고하는 주체는 혼자서 사고할 수 없다. 객체에 대해서 사고함에 있어 그는 다른 주체의 공동 참여 없이 사고할 수 없는 것이다. 사고 행위에서의 주체들의 이러한 공동 참여가 바로 소통이다.Freire, 1973: 212 결국 협동의 방법은 문해교육 과정에서 대화적 주체가 그들을 매개하고 그들에게 문제로 제시되는 현실에 관심을 기울일 수 있게 한다.Freire, 2000: 217

2) 학제적 접근

비판적 문해교육은 '주제'나 '문제'를 중심으로 구성된다. 이 때문에 그것은 교과 전문가들이 교육과정을 구성하는 기존 관행에서 벗어나, 여러 교과를 통합해 교육과정을 구성하는 학제적(또는 통합교과적) 접근으로 진행될 필요가 있다.

주제별 수업을 선호하는 프레네 실천교육학의 특징 역시 실제로 과목의 경계를 넘나들며 진행된다.Baillet, 1995: 134 프레이리 입장에서 문맹퇴치 후에 진행되는 현실 해독은 더욱 심화된 형식 속에서 지속된다. 그것은 역사, 지리, 수학의 이해뿐만 아니라, 언어의 더 완전한 정복, 경제·사회적 조직의 더 날카로운 인식 등을 포함하는 더욱 기술적이고 전문화된 지식을 강조한다.Freire, 1978: 109 이는 필히 학제적 접근 능력을 요구한다. 예컨대, 발전이라는 주제는 주로 경제학에 적합하지만 반드시 거기에만 속하는 것은 아니다. 그 주제는 사회학, 인류학, 사회심리학 등 문화 활동이나 태도와 가치관의 변화를 다루는 분야에서도 중요하게 취급될 것이다. 발전의 철학에서도 다룰 수 있다. 또한 발전의 주제는 정치학에서도 발전을 포함하는 의사결정과 관련된 주제로서 다뤄질 것이며, 교육학에서도 중시될 것이다. 이런 식으로, 총체성을 규정짓는 주제들은 엄격하게 별도로 취급되지 않는다.Freire, 2000: 153 참조

프레이리는 상파울루시 교육감이 된 뒤 이러한 '학제적 프로젝트project interdisciplinarity'를 계획해 대대적으로 시행했다.Gadotti, 1994 이 프로젝트는 학문 영역에 따라 엄격하게 교과를 구분하고 각 교과의 전문가들이 교육과정을 구성하는 기존 관행에서 벗어나, '주제'나 '문제'를 중심으로 여러 교과를 통합해 교육과정을 구성했다. 이때 다루는 주제나 문제는 학생과 교사의 일상생활에서 도출한 '생성적 주제'에 철저히 기반을 두었다. 이는 프레이리가 그간 성인 문해교육을 행하면서 고안, 발전시킨 '문제제기식 교육'을 학교교육에 그대로 적용한 것이다. 설명하자면, 교육의 다양한 주체-교장, 교사, 부모, 지역 대표, 학생 등-가 적극적으로 참여해 학생이 무엇을 학교에서 배워야 하고 배우기를 원하는지, 또 어떤 방식을 통해 배워야 하는지를 오랜 시간 토론하고, 이를 토대로 교육과정을 구성한 것이다.문혜림, 2012: 79-80 재인용 이러한 학제적 접근에 대한 생각은 프레이리 저서 곳곳에서 또한 확인된다. 예컨대 프레이리는 교육감 취임 전에도 '기니-비사우에서 보내는 편지들'에서 문화의 비판적 이해 차원에서 쌀의 생산과 관

련해 지리학, 정치학, 역사, 보건이 상호 관련된 학제적 접근 사례를 소개한 바 있다.Freire, 1978: 138-139 특히나 프레이리가 학제적 접근을 중시했던 궁극적인 이유는 학생과 교사가 일상에서 겪고 지역사회 내에서 벌어지는 현실적인 문제를 의식해 이를 직접 교육현장에서 경험하게 하는 데 있었다.문혜림, 2012: 80 재인용 교실이 더 넓은 세계와 많이 연결되기를 원했던 프레네의 문제의식도 이와 크게 다르지 않았다. 교실 밖 나들이 경험들이 자유 글쓰기로 연결되고 그 글쓰기 주제들은 통합교과적 주제들로 자연스럽게 학제적(통합교과적) 탐구를 요구하기도 했다. 이에 문제나 주제를 중심으로 이뤄지는 비판적 문해(또는 세계 읽기)는 그 특성상 학제적 방법을 필요로 한다.

3) 전체적 조망의 방법

대화와 소통, 협력(협동)의 방식으로 진행되는 비판적 문해교육은 또한 전체적 조망의 방법(또는 총체적 방법)으로 접근해야 자연스럽고 효과적일 수 있다.

프레네 방법의 특징 중 하나는 '글로벌리즘globalisme' 또는 '글로벌 메소드global method'라고 불리는 전체적 조망의 방법이다. 그것은 아이들이 전체에서 부분으로 진행할 때 가장 자연스럽게 배운다는 점을 말한다. 예컨대 쓰기와 인쇄출판작업에서 아이들은 전체적인 생각으로 시작해서 점진적으로 이야기, 문장, 단어, 그리고 문자의 구체성을 향해 일한다. 그는 이러한 전체적 조망 방법을 교실에서 실천한 대표 인물이었다.Temple et al., 1994: 87 그러나 그의 전체적 조망의 원리는 '분석'과 '전체를 구성하는 요소'에 주의하는 것을 완전히 배제하지 않는다. 분석은 전체적 조망 없이 충족할 수 없으며, 그 반대도 마찬가지이기 때문이다. 어떤 좋은 방법은 생기 있는 모든 자연스러운 습득 속에서 생기는 것으로, 분석과 전체를 구성하는 두 과정에 지속적으로 기초하기를 요구한다.Freinet, 1994b: 334 아이들의 사고 속에 내재된 전체적 조망의 방법은 모든 측면의 주제와 자연스러운 상호작용 속에서 교육으로 옮겨진다.^{정훈, 2009: 116-117}

프레네의 이러한 방법은 '현실을 바르게 알기 위해서 민중은 우선 정황에 대한 총체적인 전망을 지니고 그 구성 요소들을 분리시킨 다음, 상세한 분석을 통해 전체에 대한 명확한 인식을 얻어야 한다는 프레이리의 생각'^{Freire, 2000: 134}과 긴밀히 연결된다. 프레이리는 우리가 문제를 총체성의 차원에서 보지 않고 국부적인 것만 강조하게 되면 결국 억압적 문화 활동을 형성하게 된다고 보았다.^{Freire, 2000: 182}

'공동체 발전' 계획에서는 대개 한 지역을 작은 '현지 공동체들'로 분할하고 그 공동체들을 나름의 전체로서, 혹은 다른 전체(지방, 지역 등등)의 일부로서 고찰하지 않는다. (…) 따라서 소외는 더욱 심화된다. 이렇게 민중이 소외될수록 민중을 분할하고 그 분할 상태를 유지하는 것이 한층 쉬워진다. 이러한 국부적인 행동 양식은 피억압자의 국부적인 생활양식을 더욱 심화시킴으로써 (특히 농촌 지역의 경우) 피억압자가 현실을 비판적으로 인식하는 것을 저해하고 다른 지역의 피억압자와 접촉하지 못하도록 고립시킨다.^{Freire, 2000: 182-183}

주제해석 단계에서 우선 피교육자들은 문제 상황을 대하는 순간 의식 속에서 그 상황에 대한 전체적인 인상을 먼저 갖게 되고, 문제 상황의 전체성 속으로 들어감으로써 그 전체성을 여러 부분들(요소들)로 분할한다. 그리고 피교육자들은 다른 주체들과 더불어 분할된 각 요소들을 하나의 전체로 다시 통합시킨다. 이렇게 함으로써 주체들은 문제 상황을 여러 요소들이 밀접하게 연관돼 있는 하나의 전체로서 파악할 준비를 갖추게 된다. 이러한 비판적 과정이 심화되어 감에 따라 현실에 대한 어느 한 점에만 초점을 맞추는 해석은 불가능해진다. 여기서 주체들은 문제 상황이 제시하고 있는 것에 대한 비판적 분석을 달성하며, 그 내용이 주체들 자신의 현실을 표현하는 것이기 때문에 이 비판은 자신의 현실에 대한 비판이 된다.Freire, 1973: 246-247 또한 편찬된 교재의 상황을 '해독'하기 위해서는 추상에서 구체로 이동하는 것이 필요하다. 이를 위해서는 부분에서 전체로 갔다가 다시 부분으로 돌아와야 한다. 그 교재에 담긴 상황을 분석할 때 추상에서 구체로 왔다 갔다 하는 운동이 일어남으로써 구체의 비판적 인식에 의해 추상은 사라진다. 이로써 현실은 복잡하고 난해한 것에서 벗어날수 있게 된다.Freire, 2000: 135

결국 우리는 우리 자신들의 문제를 놓고 협동그룹 속에서 서로 대화하고 소통하는 방법과 학제적 접근 방법, 그리고 전체와 부분을 오고가는 전체적 조망의 방법을 비판적 문해교육 방법으로 제안해 볼 수 있겠다.

6. 결론

프레이리의 문해교육은 경우에 따라 낡은 것으로 치부되거나, 성인을 대상으로 한 교육으로만 종종 평가되어 왔다. 그러나 프레이리 자신은 말년에 일반 공교육체제 안에서 문해교육의 적용을 모색하고 실천했다. 오늘날 프레네 실천교육학은 주로 초중등교육에서 적용·실천되고 있다. 이에 두 사람의 연관성 속에서 문해교육 방법의 이론적 기초를 탐색한 본 연구는 우리의 학교들에서도 충분히 구현 가능한 방법으로 고려될 만하겠다. 학습자 자신의 삶에서 출발해 자신을 둘러싼 세계 읽기로 이어지는 비판적 문해교육 방법은 자신이 발 딛고 있는 세계의 현실을 자신의 힘으로 읽어내는 읽기 방법의 한 모델로 유의미하게 참조될 수 있을 것이다. 그리고 이론적 차원에서 탐구된 방법론적 기초 연구라는 한계가 있을 수 있겠지만 이에 터해 문해교육 모델 개발과 실천에 대한 검증이 후속 작업으로 진행된다면 두 인물에 기초한 비판적 문해교육의 현실적 적합성은 좀 더 설득력 있게 제시될 수 있을 듯하다.

12장
배움 욕구의 되살림

1. 배움 욕구 회복의 중요성

우리 인간 이해의 한 측면은 우리가 '배움 의지를 지닌 존재'^{손승남, 2008}라는 데 있다. 그러나 배움의 근본 이유와 흥미를 상실하며 나타나는 "배움으로부터 도주하는 아이들"^{사토 마나부, 2003}의 문제는 비단 다른 나라만의 문제는 아닐 듯하다. 최근의 아이들이 자신의 배움 의지 아래 스스로 학습하거나 학습을 조직하는 능력을 점점 상실한다는 문제 역시 우리가 관심 가져야 할 주제이다.

대학입시로 수렴되는 경쟁 교육체제에서 아이들은 교사나 부모, 사교육 시장에 포획되어 그들의 관리 아래 놓여 있는 경우가 많다. 설정된 틀 안에서 학업을 관리 받는 아이들이 배움 의지뿐 아니라 배움을 스스로 계획하고 조직하며 탐구하는 능력을 상실하는 것은 어찌 보면 당연한 결과일 듯하다. 아이들을 학업의 관리 아래 두면서 강제로라도 학습하게 하는 데는 교수 행위나 강제적 수단 등이 없다면 배움이 발생하지 않을 것이라는 교육하는 과정의 오랜 전제가 큰 몫을 차지한다. 전통 교육은 대체로 교사는 지식을 소유하고 있는 자이고, 아동은 무지하고 지식을 넘겨받아야 하는 생각 없는 존재로 바라본다.^{Lloyd, 1976: 91} 아니면 아직 교과 시식에 대한 가치 인식을 못하는 아이들이 그것을 배우려 들지 않는 것은 당연하기 때문에, 이미 그 가치를 인식한 교사들에 의해 강제의 수단을 사용해서라도 배우게 해야 한다고 전제한다. 이는 전통 교육이 아이들을 수동적인 대상으로 대해 온 주요 이유였다. 듀이는 자신 이전의 모든 교육개혁가들이 이 점을 비판의 대상으로 삼아 왔다고 지적한 바 있다. 그 교육개혁가들은 바깥에서 부어 넣고 스펀지처럼 빨아들이도록 하는 교육에 반대했으며, 딱딱한 바위에 송곳으로 뚫어 넣듯이 자료를 집어넣는 교육을 공격했다.Dewey, 1916: 254 오늘날 배움 의지나 배움 욕구가 상실되는 문제의 원인 역시 이러한 전통 교육의 수동적 방식과 무관해 보이지 않는다.[56]

이러한 상황에서 어떻게 아이들의 배움 의지를 되살리고 그들 스스로 배움을 계획하고 조직하게 할 수 있을까? 아이들이 자발적으로 배우게(학습하게) 하는 능력을 어떻게 되살릴 수 있을까? 이는 오늘날 우리가 탐색해야 하는 중요한 질문이라 할 수 있다. 최근의 아이들은 학교교육에서 핵심 기능을 차지해 온 지식 전수 기능에 근본적인 회의를 보내기도 한다. 그 아이들에게 주입이나 반복학습에 기초한 시험 준비 교육은 배움의 의미를 오히려 상실하게 할 가능성이 높다. 이에 아이들 스스로가 자신의 목적을 찾게 하고 새롭게 지식을 구성하고 생산하는 방법을 탐구할 수 있게 하는 새로운 학교교육의 틀을 짜는 일이 요구된다. 최근 학력 향상을 목적으로 실시되는 국가수준 학업성취도 평가 같은 일제고사의 틀에 아이들을 다시 묶어 두는 것은 문제풀이식 반복학습에 계속 길들임으로써 우리 아이들의 배움 의지와 자발적 배움 능력을 오히려 약화시킬 수 있을 것이다. "배움-의지는 강요나 강제성이 아니라 자기활동성과 자발성에 달려" 있기 때문이다.손승남, 2008: 159

교육의 역사에서 자기활동성과 자발성에 기초를 두고 배움 의지의 자연스러운 발현과 자기 학습능력에 관심이 집중된 시기는 '아동으로부터의 교

---

56) 학교교육을 통한 사회 이동이 점점 더 어려워지는 최근의 현실이 배움의 의미나 욕구를 상실하게 만드는 또 다른 원인으로 거론되기도 한다. 그러나 이에 대한 대안 모색의 작업은 사회구조의 변화와 교육의 연관성을 다루는 또 하나의 주제가 될 수 있으므로, 여기서는 교육적 접근에서 오는 원인 진단과 해결 방안 모색에 한정해 논의한다.

육'을 표방한 19세기 말~20세기 초 진보주의 교육(또는 신교육) 시기이다. 루소, 페스탈로치 그리고 진보주의 교육 이래 교육의 역사에서 아동의 자발성을 강조해 온 이유는 아동의 내면에서 우러나오는 자발성을 통하여 교육에서 궁극적으로 지향하는 배우는 주체의 사고, 행동, 판단에서의 자주성에 이를 수 있기 때문이었다.손승남, 2008: 146 이 입장에 선 인물들은 대체로 "스스로 공부하기, 근본적인 교육 목적으로서 개인의 책임감, 행함으로써 배운다, 배아적胚芽的 공동체, 프로젝트 방법, 통합 수업, 삶의 통합, 공동 및 창조적 활동"Röhrs, 1995: 25을 공통으로 강조했다. 행함으로써 배운다, 프로젝트 방법, 공동 및 창조적 활동 등의 활동적인 배움이라는 화두는 일본의 사토 마나부와 그에게 영향 받은 우리 교사들의 '배움 공동체로서의 학교' 사례에서 최근 재차 강조되고 있다. 사토 마나부2006: 31는 "앞으로의 수업이 전달형의 일제식 수업에서 벗어나 아이들의 개성적인 배움을 축으로 하는 활동적이고 협동적이며 반성적인 배움의 방식으로 개혁되어야 할 것"을 강조한다. 또한 최근 주목받는 핀란드 교육에서는 지식을 주체가 탐구하는 것으로 보는 '활동 시스템이나 확장해 가는 학습expanding learning'으로 활동적 배움의 중요성을 재조명한다.후쿠타 세이지, 2008: 133 이러한 흐름에 따라 사토 마나부2003: 99가 의미 있게 지적한 바처럼 학력 향상을 위해 주입식 교육을 부활시키거나, 기초학력의 철저를 위해 학교교육을 반복학습 일색이 되게 하거나, 수십 년 전의 입시경쟁을 부활시키는 것과 분명 다른 방향에서 아이들의 배움 욕구를 되살리는 방안을 모색할 필요가 있다. 우리는 자발성과 활동적 배움이라는 진보주의 교육의 핵심 주제를 배움 욕구의 되살림 차원에서 다시 주목해 볼 수 있을 것이다.

　이에 이번 장에서는 '참여 교수법participatory pedagogy'으로 불리는Acker, 2000: 10 프레네 실천교육학이 아이들의 배움 의지와 자발성을 되살리는 데 어떤 시사점을 줄 수 있는지를 살펴보고자 한다. 아이들의 타고난 배움 욕구를 어떻게 되살릴 것인지, 즉 목마르지 않은 말에게 어떻게 물을 마시도록 할 것인지는 프레네가 평생에 걸쳐 몰두했던 하나의 주제였다.^{Meirieu,} 그러나 이를 생략하고 ^{2001: 3} 프레네 실천교육학은 최근 일부 지역에서 추진되는 혁신학교가 터할 이론적·실천적 근거로 비고츠키 이론과 배움 공동체 이론과 함께 주요 이론적·실천적 근거로 탐색되고 있기도 하다. 이에 그가 어떤 방향에서 아이들의 자발적 배움 욕구를 되살리려고 했는지를 살피는 작업은 나름의 의미가 있을 듯하다.

2. 프레네 시대 배움 욕구 상실의 주요 원인

5장에서 살펴본 바처럼 프레네는 기존 전통 학교의 문제를 '스콜라주의' 라는 한 단어로 집약해 문제 삼았다.^{Freinet, 1994b: 177} 스콜라주의는 교사의 능숙한 언변과 권위주의적인 주형틀에 아동을 의존하게 만들고, 목적도 생산성도 없는 학습활동을 아동에게 강제하고, 삶과 동떨어진 추상 지식을 제공하고 경험을 언어적 설명으로 대체하고, 아동을 온실 작물처럼 조작 가능한 대상으로 취급했던 당시의 교육 행태를 비판하는 일종의 포괄어였다. 스콜라주의라는 특수 환경에 아이들을 고립시켜 그들이 학습과 삶에 제대로 적응하지 못하도록 했던 것이 그 시대 학교의 가장 큰 문제였다는 것이다. 우리는 이를 배움 욕구 상실의 원인을 성찰하는 하나의 재료로 삼을 수 있다.

첫째, 교사들이 부리는 고집과 가부장적 권위가 아이들이 지적인 음식을 심리적으로 거부하게 하는 원인일 수 있다.^{Freinet, 1994b: 113-115} 그는 그 시대 대다수 학교교육이 목마르지 않은 대상에게 자꾸만 달콤한 말이나 체벌로 물 마시기를 강요해 왔음을 문제 삼았다. 그것이 오히려 아이들을 계속해서 목마르지 않게 해 왔다면서 말이다.

둘째, 호기심 많고 에너지 넘치는 아이들을 교사가 설정한 틀에 맞춰 주형하려는 태도가 원인일 수 있다.Freinet, 1994b: 127 아이들이 지닌 자연스러운 배움 욕구가 펼쳐지게 하기보다 어른들이 짠 인위적인 틀 속에 자꾸만 아이들을 가두려는 태도는 그들의 자발적 배움 의지를 꺾을 수 있다. 뿐만 아니라 그들의 자발적이고 튼튼한 배움 능력 향상을 어렵게 하는 주요 원인으로 작용할 수 있다.

셋째, 이른 나이부터 삶의 경험과 동떨어진 채 암기 위주의 반복학습을 되풀이하게 하는 일도 배움 욕구 상실의 원인일 수 있다. 그것은 목적도 생산성도 없는 학습활동에 아이들이 그저 몰두하도록 할 뿐이다. 이는 아이들의 지성 능력을 허약하게 할 뿐만 아니라 배움이 주는 의미를 상실하게 하는 데 영향을 미칠 수 있다.

넷째, 학습의 과정에서 실패를 많이 지적하는 것이나 질서와 규율 유지에 대한 강박, 성과에 대한 성급한 기대가 배움 욕구 상실의 또 다른 이유일 수 있다. 그것은 아이들의 목소리, 생각, 정서적 힘을 억누르는 데 영향을 미친다.

다섯째, 기존 전통 학교에서 아이들이 개인의 느낌과 욕구, 관심 등을 충분히 고려받지 못하는 점이다. 대신 그들은 규격에 맞추고 특정 규범을 내면화하도록 강요받아 온 측면이 있다. 프레네는 이를 문제 삼으면서 아이들의 차이를 배려하고, 그들을 학교의 주체로 세워 스스로 책임지는 인격으로 성장시키려 했다. 그것은 아이들의 욕구를 반영하는 것으로 가능했다.Baillet, 1995: 28

여섯째, 삶의 목적과 의미를 구성하는 다른 많은 것들을 학교가 제공하지 못하는 것이 문제일 수 있다.Freinet, 1994b: 187 그것은 자신에게 귀를 기울이는 누군가와 함께 이야기하고, 자신의 학습활동을 지켜보는 누군가를 위해 글을 쓰고, 자신 안에 있는 고상하고 비상한 모든 것을 표현하는 무언가를 만들어 낼 때 발생한다. 당시 전통 학교는 아이들에게 이러한 기회를 제공하지 못하는 경우가 다반사였다.

프레네 시대 전통 학교가 지닌 이상의 문제는 다음과 같은 아이들의 불꽃을 꺼뜨린다는 점에서 배움 욕구를 상실하게 하는 주요 원인으로 작용했다.

> 학교에 들어서기 전에 아이들이 배우는 모든 것은 어떤 섬광처럼 발생해요. 아이들 내부에서 내뿜어지는 섬광은 압도적이고 용맹스러운 불꽃이에요. 그것은 아이들 앞에서 대기하고 있는 세계를 삼켜 버릴 것만 같아요. 아이들은 사고와 언어, 그리고 독창적이고 개인적인 경험을 범상치 않게 많이 해요. 그들은 계속해서 진보하려는 추동욕구도 강해요.Freinet, 1994b: 153

이러한 문제의식에서 프레네는 어떤 이용 가능한 수단으로 아이들의 목마름을 자극하고 그 불꽃을 되살리는 문제, 즉 아이들의 내적인 동기를 자연스럽게 이끌어 내는 '먹이를 향해 질주하는 말의 교육'으로의 전환을 시급한 과제로 설정했다.Freinet, 1994b: 174 그는 우리가 필요한 음식을 향해 달려가는 아이들의 내적인 동기를 끌어낸다면, 그들의 시야가 밝아지고, 입이 열리고, 근육들에 생기가 돌게 될 것이라고 생각했다. 또한 쇠약이나 반감보다 오히려 열망이 생기게 돼 배움이 학교의 표준이 되는 기대들에 상응하면서 교사들의 특별한 중재 없이도 발생할 수 있다고 보았다.Freinet, 1994b: 115 그러면 아이들이 배움을 향해 질주하게 만드는 학교교육은 어떤 방식으로 가능할 수 있을까? 그것은 앎의 욕구를 지닌 아동 이해로부터 출발한다.

3. 앎의 욕구를 지닌 아동

배움 욕구 회복을 위한 교육은 아이들이 무언가에 정통하고 알고자 하는 욕구를 가지고 있다는 인간 이해에서 출발할 수 있다. 아이들은 끊임없이 자연의 질서와 불가사의에 대해서 또한 기계와 과학의 놀라운 경이로움에 대해 질문을 제기하는 존재이다.Freinet, 1994a: 237 이에 우리는 이 알고자 하는 욕구 충족을 본질적인 과제로 삼을 수 있다. 이는 우리에게 방법론에 대한 본질적인 질문을 불러온다. 프레네에 따르면 기존 전통 학교의 방법론은 아이들이 학교를 싫어하게 만들고 알고자 하는 그들의 욕구를 질식시키고 그들의 건강한 호기심을 파괴하는 게 문제였다. 이에 그는 신체적, 지적, 정서적 건강, 그리고 그들 존재의 강력한 생명의 욕구, 풍부해지고 상승하려는 그들 욕구의 영원성을 활용하고자 했다.Freinet, 1994a: 273 그 욕구는 힘과 습득에 대한 아이들의 영원한 갈증과 관련 있었다. 아이들은 꿀벌이 꽃꿀에서 꿀을 따서 자신의 벌꿀을 만드는 바처럼 지식(앎)을 탐색하고자 한다. 이에 우리는 그 재료들(취한 정보나 지식)을 벌꿀로(자신의 지식으로) 변형하게 하는 내적인 구성으로 자연스럽게 이어질 수 있어야 한다. 그런데 그 재료들은 노화, 쇠퇴, 죽음과 같은 정지상태 속에서나, 안뜰에 무질서하게 축적된 벽돌 더미 속에서 벌꿀로 변형되지 않는다. 그것은 삶의 역동적 순환 속에서 능동적 일(학습활동)을 경험하는 가운데 변형된다.Freinet, 1994a: 237 요컨대 아이들의 앎에 대한 영원한 욕구가 삶과 능동적 일하기 속에서 보장받을 수 있다는 말이다.

이는 우리 인간의 본성이 일 애호적이라는 인간 이해와 자연스럽게 연결된다. 프레네는 '일 애호'를 모든 인간 활동을 생성하는 근본적인 심리 특성이자 생명원리로 이해한다.정훈, 2009: 62 따라서 배움의 방식은 이러한 일 애호적 성향을 반영해야 한다. 즉 배움의 욕구가 자연스럽게 흘러나오게 하기 위해서는 교사가 설정한 주형이나 교사의 울타리 뒤에서 아이들이 움직이게 해서는 안 된다. 대신 아이들의 일하고자 하는 동기를 그들 내면에서 끌어내는 것으로 현실화해야 한다.Freinet, 1994b: 127 그것은 권위적이거나 위압적으로 전해지는 설교식 방식을 택하는 것이 아니다. 그것은 아이들의 일 애호 본성을 충족하는 일(학습활동)에 기초해 배움 욕구를 끌어내고 단련하는 방법을 택하는 것이다. 이에 앎의 욕구로 충만한 아이들의 배움 욕구를 되살리는 것은 능동적 일이라는 점화 스위치를 누르는 것으로부터 출발할 수 있다.

어린 시절은 가득 채워야 하는 포대자루가 아니에요.; 그 시절은 넉넉히 충전된 전지예요. 생명력과 조화를 제공하기 위해 아동에게는 전선이 복잡하지만 세심하게 연결돼 있어요. (…) 그래서 이상적인 조건이 채워질 때 우리는 점화를 위해 스위치를 누르기만 하면 돼요.Freinet, 1994b: 153

4. 동기부여하는 일(학습활동) 제공

앎의 욕구를 지닌 일 애호적 인간이라는 이해는 필연적으로 능동적 활동인 일을 배움의 욕구를 동기화하는 출발점으로 삼게 한다. 이에 프레네는 아이들의 흥미와 에너지를 불러일으킬 수 있는 능동적 일을 동기부여의 핵심적인 매개체로 제안했다.Meirieu, 2001: 14

불변법칙 9[57)]
우리는 동기부여하는 일(학습활동)을 제공해야 한다.
즉, 동기와 목적이 없는 군대에서의 일(거기서 군인들은 적당히 처벌을 피하기에 충분한 최소한의 자기활동만을 한다)이 아니라, 강력히 동

기부여되고 통합적인 우리가 약혼자를 위해서 하는 일과 같은 종류
의 일을 제공해야 한다.

아이들은 자기 삶의 방향을 따르는, 즉 자신에게 기능적인 성격의 일(학
습활동)에 전념할 때 피곤함을 느끼지 않는다. 그들은 자신의 욕구에 부응
하는 살아 있는 일을 하느라 분주할 때, 절대로 피곤함을 느끼지 않으며,
두세 시간 동안 그 일에 전념할 수 있다(불변법칙 17). 다음으로 프레네가
말하는 아이들에게 동기부여하는 일(학습활동)의 성격을 좀 더 분명히 해
보자.

그가 말하는 아이들의 동기를 이끌어 내는 일은 그 활동에 강력한 동기
와 목적이 있는지, 지적이고 정신적으로 고양하는 활동인지, 정신의 풍요
를 가져오는 활동인지의 여부에 달려 있다. 따라서 똑같은 일(학습활동)이
라 하더라도 그것은 동기부여하는 학습활동이 될 수도 있고, 하기 싫어 억
지로 하는 고역과 같은 학습활동이 될 수도 있다.정훈, 2009: 64-65 다음의 '야
채 껍질 벗기기' 사례가 이에 대한 좋은 예이다.

이런 식으로 고역이거나 해방일 수 있는 동일한 종류의 일이 있어
요. 이는 새로운 것에 관한 문제가 아니에요. (지적·정신적)고양과 (정
신의)풍요에 관한 문제예요.
당신은 군대에서 하는 '야채 껍질 벗기기'의 역사를 알고 있나요?
가급적 최대한 천천히 완수하면서도 일하는 것을 멈추지 않는-학교
가 관례를 형성했던- 기술이 있어요. 그것은 스타하노프운동(노동자

<hr>

57) 프레네는 죽기 2년 전 자신의 교육이론과 실천의 핵심만을 뽑아 일종의 교사용 매뉴얼인 『교육
학의 불변법칙』(*Les Invariants Pdagogiques*, 1964)이라는 얇은 책자를 펴낸 바 있다(Freinet,
1994b에 수록). 이 책자의 서두에서 그는 인간의 심리적 현상을 상세히 분석한 이후 보편적이고,
개인들 사이에서 끊임없이 변하지 않는 관계를 찾아내는 것이 가능하다는 점과, 그 불변법칙들
이 어떤 지방에서든 어떤 사람들에서든 변하지 않고, 변할 수 없는 것을 뜻하며, 교사들이 오류
를 피하게 하는 가장 확실한 토대를 구성한다고 밝히고 있다.

의 발의에 의한 생산성 향상 운동-필자)의 방향과 반대예요. 그리고 그 것은 야채 껍질을 치우기 위해 빗자루 질을 해야 할 때 훨씬 더 심해 져요. 모든 사람이 서툴게 행동해요. 때때로 병사 자신이 그 고역을 해 야만 해요.

　그 병사는 자신의 젊은 부인을 만나러 휴가를 떠나요. 국을 끓이 고 감자 껍질을 벗기고 심지어 청소도 해요. 이 모든 것은 그가 당연 히 그 특권을 요구하는 즐거움이에요. 아침의 고역이 보답으로 변해 요.Freinet, 1994b: 125

따라서 프레네가 제공하고자 하는 동기와 목적이 있는 일은 아주 새로 운 것을 찾아내는 것이 과제가 아니다. 기존에 우리가 해 오던 일들에 어 떤 생명력을 불어넣는 것이 중요한 과제가 된다.

　그러면 우리가 일(학습활동)을 어떤 편성 원리에 따라 조직할 때 그것이 아이들의 배움 욕구를 되살리는 생명력을 지닐 수 있을까? 그것은 아이들 의 욕구 충족을 중심으로 일(학습활동)을 편성하는 것이다.

5. 동기부여하는 일(학습활동)의 편성 원리와 종류

1) 전달과 소통욕구를 충족하는 일 편성

첫 번째는 아이들이 지닌 전달욕구와 소통욕구를 충족하는 일(학습활 동)을 편성하는 것이다. 프레네는 아이들의 기본 욕구를 전달과 의사소통 의 욕구로 보면서 자유로운 표현의 기회, 교류와 소통의 기회를 보장해 주 는 것Baillet, 1995: 29이 아이들의 동기부여이자 자연스러운 배움의 길을 열 어 준다고 보았다. 이는 그의 교육에서 '가장 중요한 요소가 바로 아동이 라는 사실'Acker, 2000: 14과 연결된다. 아동이 출발점이라는 사실은 내면 깊

은 곳에서 우러나오는 동기부여 때문에 중요하다.[Baillet, 1995: 36] 자유표현
은 각 개인이 자신의 느낌, 감정, 인상, 성찰, 의심들을 표현하는 것을 가능
하게 한다. 그는 그것을 위해 자유 글쓰기, 인쇄출판작업, 학급 신문, 학교
간 통신교류, 자유로운 형상화라는 자신의 실천을 대표하는 수업 기술들
을 고안하고 실천하였다. 이와 같은 유의미한 일(학습활동)에 참여하는 것
으로 아이들은 개인의 역량과 독립성을 지각함으로써 동기를 부여받을 수
있다. 이는 자신에 대한 긍지를 느끼게 하는 가치 있는 무언가를 개별 아
이들이 성취할 기회를 갖기 때문이다. 어떤 일을 완수할 수 있다고 자신의
능력을 믿는 자기효능감이나 자기충족예언, 자기존중감을 가질 때, 아이들
이 동기부여가 된다는 사실은 대다수 동기 이론에서 다뤄지는 내용들이
다.[Sternberg & Williams, 2002: 273-274] 이는 결과물을 만들어 내는 생산적인 일
(학습활동)을 강조하는 프레네의 신념을 설명한다.

2) 지식욕을 충족하는 일 편성

두 번째는 아이들의 자연스러운 지식욕과 호기심이 아동 자신의 일상생
활에서 나온다는 점을 고려해 일(학습활동)을 편성하는 것이다. 그것은 프
레네 실천교육학이 '삶에서 출발한다'는 점과 연결된다. 아이들 행위의 출
발, 흥미의 유발은 교사가 제시하는 모형이 아니라 그들의 삶의 체험과 질
문에서 비롯된다.[Baillet, 1995: 24-25] 이에 그는 '삶을 마주하기 위해 밖으로 나
가'[Freinet, 1994b: 132] 주변 환경을 탐색의 출발점으로 삼을 것을 권한다. 주변
환경 속에서 아동은 자신이 관심을 갖는 많은 정보들, 사실들, 대상들을
발견하며, 그런 것들은 실제적인 작업과정과 대상에 대한 실험이나 탐구,
탐색의 출발점이 된다.[Baillet, 1995: 33]

아동은 우리가 지식으로 채워 줘야만 하는 비어 있는 바구니가 아
니다. 그는 하나의 과거와 일상적인 경험을 가지고 있다. 그는 근심, 기

뿜, 고통, 걱정, 독특함을 가지고 학교에 온다. 학교는 그의 삶 속에서 단지 하나의 삽입구(하루에 여섯 시간짜리)일 뿐이다. 학교 밖에서 보내는 열여덟 시간에 대해서 모르거나 부정하는 것은, 교육이 저지르는 하나의 실수이다. 아동의 하루가 빠짐없이 이 학교 밖의 삶과 관계를 가지도록 하는 것, 이것은 단지 그의 '나' 안에 있는 가장 내면적인 그를 존중하는 것뿐만 아니라, 그가 자기 자신이 될 수 있도록 쉽게 관계를 맺게 하는 것이다.서울특별시교육청, 2008: 24

이는 지역의 작업장, 공장, 농장, 자연과 교류하게 하는 나들이(소풍), 앙케트 조사, 과학연구, 경제현상연구와 같은 기술의 고안과 실천을 불러왔다. 또한 실험하고 탐색하는 등의 경험에 근거를 두고 학습활동을 전개하는 실험적 모색의 강조로 이어졌다. 그의 교육이론과 실천에서 동기부여는 이러한 삶의 경험과 교육을 연결시키는 데서 나온다. 프레네의 이러한 생각은 배움이 책과 교습을 통해 지식을 관념적으로 습득하는 데서 발생하지 않는다는 점을 말한다. 일찍이 몽테뉴이환, 2004: 275가 '세계와 교제하기'를 주장했던 바처럼 배움은 삶과 현실 속에서 실제로 보고 느끼고 생각함으로써 성취하는 경험 학습을 통해 발생한다.

3) 선택과 책임욕구를 충족하는 일 편성

세 번째는, 아이들이 자신의 일(학습활동)을 스스로 선택하고 책임지기 원한다는 점을 고려해 일을 편성하는 것이다. 이는 자기 리듬에 따라 할 수 있는 일(학습활동)에 기초를 두고 아이들이 능동적이고 구성적인 활동을 거쳐 자신의 가능성을 실현하게 돕는 것이다.정훈, 2009: 201-202 프레네의 비유에 따르면 학교에는 급하고 소란스러운 아이, 대담하게 자전거를 타는 아이, 기운찬 말들, 온순한 당나귀들, 그리고 걱정 없는 방랑자들이 모여 있다. 그는 그들을 자신의 자연스러운 리듬에 따라 걷게 하는 것이 필요하다고 생각했다.Freinet, 1994b: 163-164 따라서 아이들이 자신의 리듬에 따라 학습활동을 선택하게 하고 학습활동을 조직해 주는 작업이 필요했다.

이런 관점에서 다방면으로 뻗은 길들을 통해 나아가는 아이들에게 동일한 개념을 가르치고, 동일한 습성을 제공하는 것은 어리석은 시대착오로 여겨질 수 있다. 그들은 생명 없는 기계 부품들이 아니다. 우리는 아이들 개인을 우리가 그들에게 모든 것을 대여할 수 없는 자양분을 탐색하고, 그것을 만들어 내고, 반죽하고, 맛있게 소화할 수 있을 때까지 그것을 수정하는 존재로 이해해야 한다.Freinet, 1994a: 276 무엇보다 모든 아이들이 동시에 똑같은 학습활동에 몰두해야 한다고 고려하는 습관을 그만두어야 한다. 프레네는 그 방식을 부득이한 수단일 뿐이자 우리가 모든 잘못을 느끼기 시작하는 권위주의적 개념이자 본성에 역행하는 것으로 평가했다.Freinet, 1994a: 313 이에 스스로 선택한 기준에 따라 자신의 학습을 기획하고 비판적으로 평가하는 기회를 제공하는 것이 아이들의 동기를 유발할 수 있다. 이는 자기결정의 욕구를 발달시키기 위해 자율성을 허용하고 그럼으로써 동기화될 수 있을 거라는 동기이론의 자기결정이론Sternberg & Williams, 2002: 269-270에서도 확인할 수 있는 사항이다. "개인적으로 필요로 하는 지원과 개인적인 중점 학습을 통해서 자신의 강점을 발전시키고 약점을 보강할 수 있는 학습 상황"Meyer, 2004: 150에서 학생들은 개별적으로 진보할 수 있다. 프레네는 교사와의 협의하에 자기 리듬에 따라 학습하는 것을 가능하게 하는 주간 학습활동 계획, 자가수정카드, 학습활동총서 같은 수업 도구와 기술로 이를 가능하게 했다. 특히 주간 학습활동 계획은 아이들이 하고 싶은 것뿐 아니라 아이들에게 필요한 것들이 교사와의 협의 아래 계획될 수 있다는 점에 그 의미가 있다.

4) 민주적인 방식의 일 편성

네 번째는 아이들의 선택과 책임 욕구를 충족하는 일이 결코 위압적인 방식의 설교식 수업에 의해 충족될 수 없다는 점을 고려해 일을 편성하는 것이다. 아이들이 지닌 배움 욕구는 위압적이거나 권위적인 명령 대신 자유로운 선택을 존중받을 때 자연스럽게 흘러나온다. 이 점은 다음과 같은 불변법칙의 요소를 교육활동에서 중요하게 고려하는 것이다.

불변법칙 4 어느 누구도-어른과 마찬가지로 아동도- 권위적인 명령을 좋아하지 않는다.

불변법칙 6 설령 특별히 꺼려지는 일이 아니더라도, 어느 누구도 그 일을 강요받는 것을 좋아하지 않는다. 그런 강요는 우리를 무기력하게 만든다.

불변법칙 7 설령 그 선택이 이로운 것이 아니더라도, 누구나 자신의 일을 선택하고 싶어 한다.

불변법칙 8 어느 누구도 헛되이 쳇바퀴 돌고 로봇처럼 행동하는 것, 즉 자신이 관여하지 않는 기계적으로 새겨진 생각에 순종하도록 만드는 것을 좋아하지 않는다.

불변법칙 10-1 모든 개인은 성공하기를 원한다. 실패는 생기와 열정을 억제하고 파괴한다.

불변법칙 16 아동은 교단에서 위압적으로 전하는 (설교식) 수업을 귀 담아듣고 싶어 하지 않는다.

이처럼 "교실에서의 금지사항"을 줄임으로써 아이들은 자유의 광대함과 절실함을 발견하게 된다. 따라서 우리는 개인별 혹은 그룹별로 학습할 방법을 아이들이 직접 선택하도록 하고, 그들이 자기표현을 할 수 있게 참된 자유를 지향해야 한다. 또한 아이들이 교육활동에 능동적으로 참여하면서 자신이 다양한 차원에서 성공할 수 있다는 사실을 맛보게 해야 한다. 이를 통해 아이들은 스스로에 대한 자신감과 확신을 체험할 수 있게 되며, 그러한 참여는 곧 자기 확신으로 이어져 다양한 차원에서 스스로 진보하고 있음을 느끼게 한다.Acker, 2000: 9 아이들은 단지 자신이 원하고 관심을 갖는다면, 그리고 조건이 적절하다면 잘 배울 수 있는 존재이다. 때문에 우리는 그들의 배움을 가급적 강요하지 말아야 한다. 참된 학습은 앵무새처럼 사실들을 되풀이하거나 충분히 이해되지 않은 정보들을 재현하는 능력이 아니다. 그들에게 가장 좋은 방법은 아동 자신에게 물어보는 것이고 그들이 학교 조직과 설계에 참여(또는 관여)할 수 있게 하는 것이다. 이는 아이들이 배우는 것과 그들이 언제 어떻게 배우는지에 대해 그리고 그들의 학교가 어떻게 운영되는지에 대한 권한을 갖게 하는 것이다.Carnie, 2003: 89 따라서 아이들이 지닌 배움 욕구를 되살리는 학교는 필연적으로 아동이 참여하는 교육과 민주적 학교 조직으로 귀결된다.

6. 배움 욕구 회복에 주는 시사

이상 프레네 실천교육학이 아동의 앎 욕구와 일 애호 본성에 주목하면서 그것을 충족하는 능동적 활동을 통해 아동 안에 내재된 배움의 욕구와 배우는 능력을 키우고, 영원한 지식욕을 현실화하려 한다는 점을 살펴보았다. 논의 결과에 따라 우리는 아이들이 지닌 배움 욕구를 되살리고 스스로 배움을 조직하는 능력을 길러 주기 위한 방안의 실마리를 다음 두 측면에서 찾아볼 수 있을 것이다.

첫째, 앎의 욕구를 지닌 활동하는 존재이자 일 애호적이라는 아동 이해에 우리가 다시 주목하는 일이다. 우리는 배움의 욕구를 상실하는 아이들을 계속해서 수동적 지위에 머물게 하는 설교식 전통적 수업보다 그들의 활동성과 일 애호의 본성을 고려한 자기활동적 방법을 교육하는 과정에서 중요하게 고려할 필요가 있겠다. 이는 아이들이 하는 경험을 교육의 핵심 요소로 다시 끌어들이는 것이다. 그러나 이는 능동적 일을 앞세우면서 교과 속의 지식과 논리적 추론을 교육에서 불필요하거나 쓸모없는 것으로 보게 한다는 문제제기를 불러올 수 있을 것이다. 이와 관련하여 그는 책과 논리적 추론들이 진보를 위해 분명 요구되지만, 우리 경험이 토대를 세우고 개인적이고 공동체적인 우리 삶 안으로 그 뿌리를 내릴 때까지 그것들이 등장하지 말아야 한다고 답한 바 있다.Freinet, 1994b: 174 프레네는 지식을 경시해야 한다고 주장하지 않았다. 대신 그는 지식이 필요하고 개인들이 그것을 자발적으로 추구해야 한다고 말한다. 핵심은 "지적인 성장과 발달은 추상개념들을 뒤따라오게 하는 일련의 구체적인 경험들을 통해 발생한다는 점"Beattie, 2002: 352에 주목하는 것이다. 즉 경험이 먼저고 이론적 설명이 거기에 덧붙여진다. 뒤따라오는 이론적 설명이 경험만으로 만족할 수 없었던 욕구를 만족시키면 만족시킬수록 아이들은 더 빨리 이 설명을 수용하고 습득하게 된다.Baillet, 1995: 37 프레네의 이러한 입장은 오늘날 사토 마나부가 총합학습과 교과학습을 구분하며, 총합학습을 배움 공동체를 위한 핵심 개념으로 제시하는 것과 연결될 수 있다. 그는 기존의 교과학습이 교과 내용을 핵으로 하여 지식과 경험을 단원으로 조직하는 배움이었다면 총합학습은 현실적인 주제(문제)를 핵으로 하여 지식과 경험을 단원으로 조직하는 배움의 방식이라고 말한다. 이렇게 되면 교육과정은 사전 계획에 의해서 주어지는 것이 아니라 아이들의 관심사에 따라 경험의 흔적으로서 사후적으로 만들어지는 것이 가능해진다.사토 마나부, 2006: 141, 148 이는 지식교육을 경시하는 것이라기보다 전통 교육과 접근 방식을 달리하는 것이다. 우리는 전통 교육이 행하는 지식교육과 달리 아이들의 경험과 그들 삶에서 나오는 주제를 중심으로 지식 탐구의 방향을 전환하는 것으로 배움 욕구 회복의 가능성을 모색해 볼 수 있다.

둘째, 욕구 충족 관점에서 아동에 내재된 표현욕구와 소통욕구 충족의 활동, 아동 자신의 일상생활에서 나오는 지식욕, 아동이 스스로의 선택과 책임에 기초한 일(학습활동)을 선호한다는 점을 우리가 배움의 욕구를 되살리는 하나의 교육원리로 고려할 수 있다는 점이다. 이는 우리가 학습활동을 편성할 때 이러한 아이들의 내재된 욕구를 고려할 필요가 있다는 점을 시사한다. 그러나 이렇게 아이들의 욕구에 주목하는 것은 "교육과정을 아동의 필요에 토대를 두어야 한다는 주장은 정당화될 수 있는가"라는 문제제기를 재차 불러올지도 모른다.[Hamm, 1989: 140]

이와 관련하여 햄Hamm은 아동의 필요를 반영하면 교육에서 동기부여 문제가 해결될 것이라는 주장을 비판적으로 검토한 바 있다.[Hamm, 1989: 138] 즉, 아동이 '필요하다고 느낀 것'과 '실제로 그에게 필요한 것'이 동일하다면 동기부여의 문제는 생기지 않겠지만, 만일 아동에게 필요한 것이 아동 자신이 욕구하거나 '필요하다고 느낀 것'과 갈등을 일으킨다면, 교사가 아동이 필요하다고 느낀 것에 호소한다 해서 아동이 그에게 실제로 필요한 것에 흥미를 갖고 주의를 기울이게 하지 못할 것이란 주장이다. 요컨대 동기부여의 문제해결을 위해 필요에 호소하는 것은 어떤 경우에도 도움이 되지 않는다는 주장이다. 그러나 '아동에게 필요한 것'에 맹목적 우선권을 두거나 교육과정의 토대로 삼고자 하는 입장은 필연적으로 외적 동기부여의 강조로 이어질 수밖에 없을 것이다. 그것은 우리를 다시 외적 동인에 의해 움직이게 하는 외적 동기부여의 기술에만 집중하게 하는 한계를 되풀이하게 할 수 있다. 그렇게 되면 아이들을 가르치는 것은 학습에 대한 그들의 자발적 동기를 찾아내는 문제가 아니라, 아이들이 그들 자신이 바라는 바를 억제하면서 학습하게 하는 데 필요한 외적 동기를 제공하는 문제가 돼 버린다.

그리고 교사의 의무는 아이들로 하여금 자신이 정말로 관심을 두고 있는 것에 전념하는 것을 그만두게 하고, 대신 어른들이 아이들이 관심을 두어야 한다고 믿는 것에 전념하게 만드는 것이 된다. 그리고 그러한 프로젝트에 내재된 긴장은 강한 강압의 요소를 포함하게 된다.[Darling & Nordenbo,

²⁰⁰³ 이러한 강압의 요소는 다시 아이들의 내적 동기를 상실하게 하는 요인으로 작용할 수 있을 것이다. 이에 우리는 어른들이 필요하다고 생각하는 것과 아동이 필요로 하는 것을 대립의 문제로 보는 것이 아니라, 듀이가 '교과의 심리화'ᴰᵉʷᵉʸ, ¹⁹⁰²로 언급한 바처럼 아이들의 관심사와 교과의 연결을 결부시키는 것으로 잠정적 해답을 구해 볼 수 있을 것이다. 아이들의 삶에 새겨지는 인상은 단지 그들이 배우기를 원하거나 배우는 것이 필요할 때 발생할 것이기 때문이다. 이에 우리는 아이들이 이전에 했던 경험의 본질, 그들이 경험을 이해하는 방식, 그들이 머리를 짜내어 찾아내거나 탐구하기를 원하는 일련의 사태 등에 주목하고, 그들의 필요와 관심을 고려하는 것을 통해 더욱 효과적인 학습을 촉진시키는 것 이상을 할 수 있다는 점ᴰᵃʳˡⁱⁿᵍ & ᴺᵒʳᵈᵉⁿᵇᵒ, ²⁰⁰³을 동기부여와 관련하여 다시 주목할 수 있겠다.

결국 "아이들은 자신들만의 고유한 동기에서 공부할 때, 그리고 지성이 있고 책임 있는 존재로 존중받을 때, 바깥 세계와 격리되지 않고 활기 넘치며 사랑으로 충만한 환경 속에서 마음대로 활동하고 질문할 수 있을 때 가장 훌륭하게 배운다"ᴹᵉʳᶜᵒᵍˡⁱᵃⁿᵒ, ¹⁹⁹⁸: ⁵⁰. 프레네 실천교육학은 이러한 명제가 틀리지 않았다는 점을 동기부여하는 일과 그것에 기초한 일 편성, 그것을 가능하게 하는 도구와 기술의 실천으로 몸소 입증해 보였다. 이는 배움 욕구 회복을 위한 교육실천의 한 모델로 우리가 여전히 그의 교육실천에 주목하게 하는 이유일 수 있을 것이다.

13장
자율적 주체성 형성

1. 자율적 주체성 형성에 주목하는 이유

근대 공교육제도는 본질적으로 대중교육과 국가의 제도적 지원이라는 두 요소의 결합으로 발전했다. 국민의 인간적 자각에서 비롯한 학습권 주장과 절대주의 국가의 '신민臣民'을 양성한다는 국가의 요구가 서로 모순된 채 결합했다.김정환·강선보, 2006: 121 시민혁명을 근대 공교육제도의 주요 발생 원인으로 설명한 경우가 전자의 주장과 관련되며, 국민국가의 탄생과 산업혁명 이후 국가가 필요로 하는 유형화된 국민과 산업노동자를 양성하려는 목적을 주요 발생 원인으로 설명한 경우가 후자의 요구와 관련된다. 특히 국가가 필요로 하는 유형화된 국민과 산업노동자를 양성한다는 목적은 자연스럽게 학교를 '규율훈련장치'로 운영하게 했다. 근대 공교육제도 아래서 학교는 통제 구조와 활동을 통해 국민이나 노동자에게 요구되는 규율을 학생들에게 가르쳤다. 학급을 단위로 한 일괄 수업, 교실과 복도, 운동장 같은 기능별 공간 배치, 시간표에 따라 틀에 짜인 규칙적 활동, 시험과 경쟁을 통한 평가와 서열화 등을 도입하여 학교의 내부를 규율훈련장치로 조직하고 구조화했다. 그 장치를 매개로 학교는 학생들의 행동과 태도, 성향과 기능을 훈련하고 감시하며 평가하고 서열을 매겼다. 그럼으로써 학교는 질서를 유지하면서 학생들에게 일정한 신체기법과 가치 지향을 심어 주고 국가사회의 유능한 일원으로 키우는 장치로 기능했다.후지다 히데노리, 1999: 85-86

이처럼 제도화된 학교는 규율훈련장치를 통해 주체적이고 창조적이며 자율적인 개인보다는 신민화된 특성의 개인을 양성해 온 측면이 있다. 현재의 자본주의 역시 연령이나 성별에 관계없이 최대한의 인원을 동원하려고 한다. 아이들은 될 수 있는 한 빨리 권력의 다양한 코드를 해독하게, 산업사회에서 작동되는 기호 체계 총체를 상당히 어린 시절부터 어느 정도 독해할 수 있기를 요청받는다.Guattari, 1977: 204 한편으로 학교는 아이들을 지배적인 권력관계에 적응시키고 모델화함으로써, 노동력의 '집단적 설비équipement의 기능'을 부과하는 데 일조한다.Ibid., 197 또한 교육의 시장화 정책은 국가수준 학업성취도 평가 같은 표준화 시험과 성취 결과를 중심으로 한 책무와 감사監査의 문화를 조성하고 있다. 이 조건 아래서 시장에서의 승리(또는 동료 친구와의 성적 경쟁에서의 승리)를 자아의 이상으로 간주하며, 시장과 경쟁의 주체성으로 학생들이 신민화될 가능성 또한 높아 간다.

이에 우리는 시장과 경쟁의 주체성으로 아이들을 조건화하는 상황에 맞서 제도 공간으로서 학교가 아이들의 자율적 주체성을 형성할 수 있는지 여부를 질문해 볼 수 있겠다. "교육(학)은 주체를 개념화하는 것이 아니라 교육 공동체 안에서 주체가 생성될 수 있게 해야 한다"Goodley, 2007: 322 재인용라는 말처럼, 이는 자율적 주체성 형성(생성)의 장으로 교실 공간이 가능한지를 질문하고 탐색해 보려는 것이다.

이를 위해 이번 장에서는 가타리Félix Guattari, 1930~1992의 주체성 형성론과 그 이론의 구현체로서 프레네 교실이 지닌 가능성을 탐색하고자 한다. 가타리의 주체성 형성론은 주체성 결정론에만 의존하지 않고 그것을 '생산'의 관점에서 고찰하고, 구조주의적 주체성 결정론과 주체성 생산 사이에서 균형을 요구한다는 점에서 주목받았다. 프레네는 교육에 대한 가타리의 생각에 가장 큰 영향을 끼친 인물이었다. 프레네의 작업은 교실에 기반한 행위들이 어떻게 실천으로 옮겨질 수 있는지를 분명하게 제시했다고 평가받는다.Evans, Cook, & Griffiths, 2008: 338 이에 우리는 두 인물의 연결점을 탐색하면서 교실 공간에서 자율적이고 창조적인 주체성 형성이 어떻게 가능한지를 살펴볼 수 있을 것이다.

2. 가타리의 주체성[58] 형성론

가타리는 현대자본주의를 '통합된 세계자본주의'로 정의하면서 그것이 이미 모든 지구 표면을 식민지로 만들었고 지구상의 어떤 인간 활동도 그것을 피해 갈 수 없게 만들었다고 진단했다.Guattari, 1980: 266 그는 통합된 세계자본주의를 상품의 생산 차원 대신 주체성 생산의 차원에서 이해했다.Le Grange, 2005: 38 그는 통합된 세계자본주의가 특이성singularité에 대한 모든 인식을 고갈시키는 주체성을 생산한다고 진단했다. 그것은 죽음, 고통, 고독, 침묵 또는 코스모스와의 관계, 시간과의 관계 같은 실존의 본질적인 차원들을 알지 못하는 주체성이었다.Guattari & Rolnik, 2007: 71

이런 상황에서 가타리는 물질적이고 정치적인 요구를 넘어서 개인적이고 집단적으로 주체성생산을 재전유하려는 열망이 생겨나고 있음에 주목했다. 다양한 자율운동과 소수자운동을 통해 특이한 주체성들이 등장하고 있다는 것이다.윤수종, 2009: 222 가타리는 기존의 변혁이론이 지배권력 및 지

---

58) 가타리는 주체 문제가 주체성 문제로 이동하기를 제안했다. 전통적으로 주체는 개인화의 궁극적 본질로 세계의 텅 빈 반성 이전의(pré-réflexive) 순수한 파악[이해]으로, 감각과 표현의 중심핵으로, 의식상태의 통합자로 인식되어 왔다. 흔히 근대적인 이성적 주체로 설정되는 이러한 주체 개념에 대해 가타리는 주체성 개념을 가지고 지향성이라는 창안적 층위를 강조했다(Guattari, 1992: 38). 그는 주체성을 다음과 같이 잠정적으로 정의했다. "현 단계에서 가장 포괄적인 것으로서 제기하고 싶은 주체성에 대한 잠정적인 정의(규정)는, '개인적 그리고/혹은 집단적인 층위들이 그 자체 주체적인 타자성과 인접한 혹은 한정하는 관계에 있는 자기 준거적인 실존적 영토(Territoire)로서 등장할 수 있도록 하는 조건들 전체'이다"(Guattari, 1992: 19). 여기서 실존적 영토는 "어떤 중심점을 가진 기존의 질서체계로부터 단절을 통한 자기성장적인=자기준거적인 자기산출(autopo ïétique)"에 의해서 확립된다(윤수종, 2009: 64).

배장치의 파괴과정과 대체장치들의 건설에 초점을 맞추고 있다면, 새로운 변혁이론은 주체성생산 문제에 집중해야 한다고 말한다.Ibid., 221 이에 우리가 '어떻게 주체성을 생산하고 포획하고 풍부하게 할 것인지, 어떻게 주체성을 돌연변이적인 가치체계와 양립할 수 있는 방식으로 끊임없이 재발명할 것인지, 주체성의 재특이화를 위해 어떻게 해야 할 것인지'라는 질문이 그의 중요한 화두였다.Guattari, 1992: 174-175

가타리의 주체성 형성론은 그가 주체성 결정론에만 의존하지 않고 주체성을 '생산'의 관점에서 고찰한다는 점에서 현재 주목받는다. 가타리Guattari, 1992: 9의 말처럼 주체성을 생산이라는 각도에서 고찰하는 것은 물질적 하부구조-이데올로기적 상부구조라는 전통적인 이항적 결정체계로 돌아가자는 말이 아니다. 그에 따르면 주체성을 만들어 내는 다양한 기호적 작용영역은 완전히 고정된 명령-복종의 위계관계가 아니다. 가타리는 주식시세의 예를 들면서 그것이 여론의 변화에 민감하다는 사실에서 경제적 기호화가 집단적인 심리적 요인에 의존하게 되는 일도 일어날 수 있음을 확인할 수 있다고 말한다. 아울러 그는 "정신에 연관된 모든 것을 언어학적인 기표의 통제 아래 두려는 것은 구조주의 흐름 쪽에서 범한 중대한 오류였다!"Guattari, 1992: 14라고 보면서 구조주의적 주체성 결정론과 주체성생산 간의 균형을 요구했다.

가타리가 실천하고자 했던 자율적 주체성생산은 더 이상 예속화가 아니라 주체화이며, 특이화와 집합적 언표행위배치의 새로운 구성을 향한다. 그것은 변형, 되기devenir(생성)의 문제이다.윤수종, 2009: 261 "자본주의적 주체화를 거부하는 다르게 되기"Guattari & Rolnik, 2007: 78를 뜻한다. 이에 가타리Guattari, 1992: 17는 우리가 즉자적인 것으로서 주어진 정체성과 마주하지 않고 자율성의 실현 과정들이나 자기 생산 과정들과 마주한다고 말한다. 그가 말하는 주체성생산은 집합적(집단적) 주체성과 예술적 방식으로 생산되는 주체성이라는 두 측면에서 구체적으로 드러난다. 첫째, 가타리는 집합적 주체성이 "모든 개인적 주체성이 출현하기 위한 절대적 조건을 형성한다"Bogue, 1989: 141 재인용라고 말한다. 가타리에게 혁명 행동은 이미 수립되어 있는 사회적 코드들과 지배구조를 깨뜨리는 '집합적 주체성'을 형성해 나가는 일로 규정된다.윤수종, 2009: 42; Bogue, 1989: 143 초창기 가타리는 제도적 정신요법psychoteraphie institutionnelle의 흐름 속에서 정신병원에서 실천(진료)하는 가운데 새로운 주체성을 탐색했다.윤수종, 2009: 83 제도적 정신요법은 개인의 정신질환을 개인 측면이 아니라 인간의 제도 전체-제도의 공표된 목적, 그리고 다양한 유형의 개인, 사회적 기능, 규범 등에 관한 제도의 규정-와의 관련 속에서 파악하고, 그 관련 부분에 끼여 있는 다양한 제도들을 개조해 나가면서 치유하려는 정신요법을 말한다.Guattari, 1972: 162; 윤수종, 2009: 340 그는 주체집단의 특성을 지닌 주체성 생산에 관심이 있었다. 그는 집합적 주체성이 제도와의 관련성 속에서 고유한 (집단)환상을 통해 형성된다고 이해했다.Ibid., 89 이에 집단 안의 작동 방식이 주체집단을 지향하는지 아니면 예속집단을 지향하는지가 중요한 문제였다.Ibid., 87 "오직 주체집단만이 기호적 흐름에 작용하고, 의미작용을 파괴하며, 언어를 다른 욕망에로 열고, 색다른 현실을 창조"Guattari, 1977: 68할 수 있다고 보았기 때문이다.

그에게 주체집단은 자기 자신의 행동을 통제하려고 노력하고 자신의 대상을 분명히 하며 자신의 해명 수단을 만드는 집단이다. 주체집단은 또한 자신이 어떤 진술을 한다고 말할 수 있으며, 다른 집단들을 향해 열린 존재이기 때문에 그 속에서 사람들은 끝없는 문제, 긴장감, 내부투쟁, 분열의 위험 등에 놀아나 티격태격한다. 다른 집단들과의 대화나 상호 간섭은 주체집단이 수용하는 목적에 적합하다.Guattari, 1972: 103-104; 윤수종, 2009: 86-87 주체집단은 대신 말한다고 주장할 수 있는 위임받은 개인에 체현되어 있지 않으며, 주체집단은 우선 잠정적인 전체화totalization에 기반을 두고 자신의 행동의 전개에서 진실한 어떤 것을 생산하는 활동하려는 의도이다. 또한 주체집단은 개념들을 생산하는 이론가가 아니다. 주체집단은 의미작용이 아니라 기표를 생산하며, 당 또는 노선이 아니라 제도 및 제도화를 생산한다.Guattari, 1972: 280 반면 예속집단은 외부에서 자신들의 법칙을 받아들이는 집단을 말한다. 그것은 내부의 법을 수용함으로써 스스로를 구축하려는 다른 집단(주체집단)들과 구분된다.Guattari, 1972: 86 주체집단의 작동 방식과 관련하여 가타리는 횡단성transversalité을 중요 개념으로 제시했다. 횡단성은 수직성 및 수평선에 대립되며, 다른 말로 사물과 사람이 자신들을 발견하는 상황에서 할 수 있는 한 최선으로 어울리는 상태라고 말할 수 있다.윤수종, 2009: 96-97 횡단성은 상이한 수준들 사이에서 무엇보다도 상이한 의미 속에서 최대한의 소통이 있을 때 이루어진다.Guattari, 1972: 146 주체집단은 이러한 횡단성을 향해 작동하며 주체성을 형성한다.

주체성은 횡단적인 축을 통해 환경 세계와 커다란 사회적·제도적 배치 속에 동시에 설립되며, 그것과 대칭적으로 개인의 가장 친밀한 (은밀한) 부문에 주재하고 있는 환상과 풍경 속에도 설립된다. 어떤 특수한 영역 속에서 일정 정도의 창조적인 자율성을 획득(재정복)하는 것은 다른 영역들에서 다른 것들을 획득할 수 있게 해 준다.Guattari, 1989: 57-58

이러한 탐색 속에서 궁극적으로 '분석집단', 즉 주체집단의 성격을 지니면서 서로 연결될 수 있는 (주체)집단에 의해 생산되는 새로운 주체성(집합적 주체성)을 가타리는 탐구했다.윤수종, 2009: 101 1950년대 말 프레네 운동에서 분기한 '제도적 실천교육학Pédagogie Institutionnelle'은 제도적 정신요법의 흐름 속에서 제도 및 제도화를 생산하는 주체집단에 주목했던 가타리의 생각에 많은 부분 빚지고 있다.

둘째, 말년의 가타리는 생태철학에 근거했다. 그는 객관적 현실에 붙박인 구조와 관계와 주체가 아니라 예술적인 생성으로서 새로운 주체성을 생산하는 문제로 넘어갔다. 가타리의 주체성은 과학적 방식이 아닌 예술적 방식으로 생산되는 것이 특징이다. 가타리는 자기준거auto-référence에 기초한 이질발생과 재특이화의 지속적인 과정을 '윤리–미학적 패러다임'이라고 하면서, 개인들이 타자와 연대함과 동시에 타자와 점점 다른 존재로 되어가야 한다고 이야기했다.윤수종, 2009: 63 어떤 예술가가 자신이 다루는 팔레트에서 새로운 형식들을 창조하는 것과 같은 방식으로 우리가 새로운 주체화의 양태들을 창조할 수 있다는 것이다.Guattari, 1992: 17

> 주체성이 그런 이질적인 것의 카오스모제적[59) 경련 속에서 형성되는 것이고 변형과정 속에 있다고 생각하는 것이다. 달리 말하면 주체형성은 여러 가지 풍경 속에서 아주 중층적으로 횡단적으로 엮어져서 만들어지는 것이다. 바로 예술적 방식으로. 예술적 방식이란, 철학처럼 개념을 생산하는 것이 아니라, 과학처럼 현실의 자료들을 개념과 대조해 나가는 것이 아니라, 새로운 것을 만들어 내는, 즉 생성으로 나아가는 것을 말한다.윤수종, 2009: 250

가타리는 이처럼 자신의 새로운 생태철학적 논리가 예술가의 논리와 유사하다고 생각했다. 예술가는 자신이 삼았던 애초의 기획을 갑자기 바꾸는 우연한 작은 일, 부수적인 사건이 끼어드는 것을 기점으로 하여 자신의 작품에 손질을 가하면서 가장 훌륭했던 이전의 전망에서 점점 일탈해 갈 수 있다. 예외는 규칙을 변경시키고 다시 만들어 내기도 한다.Guattari, 1989: 37 이에 우리는 규범을 벗어난 징후들과 사건들을 잠재적인 주체화 작업의 지표로 삼을 수 있다.Guattari, 1989: 35

---

59) 카오스모제(chaosmose)는 chaos(혼돈)와 cosmose(질서)의 osmose(상호침투)라는 의미에서 가타리가 만든 합성어로, 카오스가 일관성을 부여하고 사건들의 경과에 영향을 끼치는 과정을 뜻한다(윤수종, 2009: 342).

3. 가타리와 프레네, 그리고 제도적 실천교육학

가타리와 프레네의 인연은 그의 동료였던 우리Oury 형제와의 만남에서 비롯되었다. 가타리는 1947년 페르낭 우리Fernand Oury, 1920~1998와의 만남을 통해 유스호스텔운동에 참여했다. 그리고 열다섯 살인 1946년 페르낭 우리를 통해 동생인 장 우리Jean Oury, 1924~ 를 만났고 스무 살이 될 때까지 장 우리의 솜리Saumery 정신병원에 자주 드나들었다. 이후 그는 사회집단과 그것을 포함한 전체 사회의 유기적 관련을 강조하는 제도적 정신요법에 관심을 두었다. 또한 페르낭 우리는 부적응 청소년을 대상으로 한 파리 교외의 학교에서 교사로 지내면서 프레네의 몇 가지 교육실천을 적용했다.윤수종, 2009: 266-267 페르낭 우리는 육체적이면서 지적이고, 개별적이면서 집합적인 일(학습활동)을 위해 프레네가 실천했던 자유 글쓰기, 인쇄출판 작업, 공동으로 창조하는 학급 신문, 학교 간 통신교류, 협동적인 전체회의의 기술을 사용했다. 페르낭 우리의 이론과 실천 모두는 가타리에게 결정적인 영향력을 행사했다.Genosko, 2003: 130-131

한편 페르낭 우리는 현대학교협회 파리지부의 리더로 활동하면서 프레네의 교육실천을 적용했다. 그러나 페르낭 우리와 파리 지부 동료들은 프레네의 실천 도구들을 변형하려 했고 자신들의 교수 실천과 관련해 더욱 풍부한 분석과 이론화를 발달시켰다. 추상적 이론화 작업은 한편으로는 프레네 운동의 분열을 가져왔고 다른 한편으로는 제도적 정신요법과 교육(학) 간의 새로운 연결을 불러왔다. 페르낭 우리는 장 우리나 토스켈Tosquelles이 시도한 분석 작업이 자신의 교실에 유용할 것이라고 생각했다. 장 우리도 보르드 병원La Clinique de La Borde에 있는 자신의 환자들과 함께 프레네 기술을 사용하는 것에 관심이 있었다. 결국 1958년 장 우리는 페르낭 우리의 실천들에 대해 '제도적 실천교육학Pédagogie Institutionnelle'이라는 새로운 이름을 제안했다.Pesce, 2011: 1146 그것은 "제도 정신요법의 문제의식을 페다고지 차원에서 적용한 것"^{박찬영, 2017: 97}이었다.

여기서 우리는 그들이 사용하는 제도institution라는 단어에 유의할 필요가 있다. 1950년대와 1960년대 프랑스에서 형용사 '제도적institutional'은 매우 논쟁적인 단어였다. 당시 '제도'라는 단어는 구축된, 고정된, 시민들이 어찌할 수 없는 어떤 것을 뜻했다. 그러나 우리, 토스켈 그리고 가타리는 제도라는 단어를 그와 완전히 다른 의미로 사용했다. 그들에게 제도는 과정이자 창조적 현상이었고 의미생성의 활동이나 지원이었다. 하나의 제도는 대상이 아니라 '제도화된instituted'과 정반대 개념이었다. 제도주의자들 institutionalists은 제도 개념을 개인 외부에 있는 사회적 불변요소invariant로 기술하지 않았다. 제도 개념의 내용은 한편으로는 개인들, 집단들, 조직들과 다른 한편으로는 현존하는 사회적 규범들 사이의 관련성에 관한 것으로 이해되었다.^{Pesce, 2011: 1146} 토스켈이 말하는 "제도는 새로운 구조, 변증법적으로 발달된 구조로서, 변용되어 가는 생활공동체를 의미"^{박찬영, 2017: 97}했다.

그렇지만 프레네는 정신분석에 근거한 제도적 실천교육학의 무거운 이론담론, 서서히 진행되는 전문가주의를 썩 마음에 들어 하지 않았다.^{Genosko, 2008: 62} 이에 프랑스에서 프레네 실천교육학을 실천하는 교사들은 서로의 교육관에 따라 두 개의 경향으로 나뉘었다. 하나는 프레네 실천교육학의 원칙을 지키면서 교사 자신이 처한 상황에 따라 프레네의 수업 도구를 조금씩 상황에 맞게 변화시키는 데 보다 집중하는 교사집단이다. 다른 하나는 프레네 실천교육학과 프레네 기술에서 출발하였으나 교사와 학생, 학생과 학생, 학생집단과 제도의 관계에 갈등이 내재해 있다고 보면서 이 갈등에 대한 정신분석적 접근을 시도하는 '제도적 실천교육학' 집단이다.^{황성원, 2007: 569} 제도적 실천교육학은 두 가지 요인에 관심을 두었다. 하나는 학습자의 복잡성과 그들이 교실로 가져오는 "무의식"이며, 다른 하나는 그러한 심리사회적 요인들과 학생들이 알고 있는 모든 것에 개입하는 과정에서 제도가 하는 역할이었다. 페르낭 우리의 제도적 실천교육학은 제도적 맥락 그 자체에 끊임없이 질문을 제기했다. 교실은 미리 가정된 곳이자 정적인 환경이 결코 아니었다.[60]

프레네 교육운동에 이러한 분기점이 생겼지만 에반스와 쿡, 그리고 그리피스Evans, Cook, & Griffiths, 2008: 338는 가타리가 이야기하는 정치 행위와 이해를 관련시키는 과정이 프레네의 실천적인 유산에 근거한다고 평가했다. 가타리와 마찬가지로 프레네도 좌파적 입장의 정치적 행동주의를 교육실천에 결합했으며, 권능이 부여된 주체집단을 생성하는 게 필요하다고 생각했다는 것이다. 프레네의 작업은 교실에 기반한 행위들이 어떻게 실천으로 옮겨질 수 있는지를 더욱 분명하게 제시했으며 교육에 관한 가타리의 생각에 가장 강력한 영향을 미쳤다.Evans, Cook, & Griffiths, 2008: 338 실제 가타리는 자신의 저서 곳곳에서 '특이성'을 활성화하는 학급의 가능성, 분자혁명이 발견되는 장소, 그리고 '대안'이 상상될 수 있는 가능성의 사례로 프레네 실천교육학을 언급했다.Guattari, 1989: 35; Guattari & Rolnik, 2007: 432, 171

당신 또한 특정 시기 저널리즘에서 이러한 종류의 분자혁명을 발견한다. 의심할 여지 없이 당신이 알고 있는 위대한 교육학 혁신가인 셀레스탱 프레네는 아이들과 함께 신문을 창간함으로써 이러한 종류의 혁명을 하였다. 그는 프린트된 글쓰기 표현 또는 데생과 페인팅의 표현 또한 또 다른 것일 수 있다는 것을 보여 주었다. 또 다른 표현양식의 이러한 개시, 즉 또 다른 잠재력들의 이러한 개시는 분명히 집합적

---

60) http://en.wikipedia.org/wiki/Institutional_pedagogy; 박찬영(2017: 103)은 프랑스 마리 퀴리 초등학교에서 하는 행동의 띠 실천을 제도 페다고지 적용의 한 예로 설명한다. 그것은 학교 내에서 아이들의 규율 지키기와 자율성의 능력에 따라 그것을 행동의 띠로 나타내는 것이다. "제도 페다고지는 공적인 공간에서 아이들이 일상생활과 일/학습을 할 때 자신의 마음과 몸을 성찰하고, 관리하고, 제어할 수 있는 공부 또한 요청하기에 이를 자율성의 척도로서 행동의 띠에 반영하였다. 여기서 학생들의 행동의 띠는 정기적으로 열리는 자율적인 학급회의에서 결정된다"(박찬영, 2017: 103).

주체화 양식들을 변화시키는 어떤 것이다. 학교학급, 조합집단, 또는 근린 지역이나 마을의 소통 생활을 주체화하는 방식은 이러한 성격을 가진 기계적 과정의 단순한 침입에 의해 급격하게 변형될 수 있다. 심지어 어떤 종류의 발전이 있기도 전에, 역사와 세력관계가 바뀌기 전에조차, 가능성들은 발생할 수 있다.Guattari & Rolnik, 2007: 432

가타리는 학급을 예술작품처럼 살아 있게 하고, 학급의 특이화를 가능하게 하고, 학급을 구성하는 아이들 실존의 원천을 모색하는 것이 프레네 실천교육학에서 분기된 '제도적 실천교육학'을 참조하는 것으로 가능하다고 거론했다.Guattari, 1992: 172 이에 우리는 주체성 형성과 관련된 가타리의 구상이 교실 공간에서 어떻게 구현될 수 있는지를 프레네의 교육실천 사례에 기초해 구체적으로 살펴볼 수 있을 것이다.

4. 주체집단으로서의 프레네 교실[61]

프레네는 '세상 속에서 이뤄지는 집단 행위'로 정치화되는 능동적인 공간으로 교실을 바라보게 했다.Evans, Cook, & Griffiths, 2008: 342 그는 교실이 집합적 상상력과 참여를 위한 공간이 되기를 기대했다.Bradley, 2012: 898 집단을

---

61) 여기서 지칭하는 '프레네 교실'은 프레네 자신이 실험했던 교실뿐 아니라 그의 실천원리가 적용된 교실들 전체를 포괄한다. 가타리는 이러한 교실 실험과 관련해 제도권 밖이 아닌 제도권 안에서 이뤄지는 것에 더 관심이 있었다. 그는 저 멀리 있는 권력의 철폐가 아니라 바로 내 옆에 인접해 있는 것들의 (권력화해 가는) 작동 방식이 욕망 해방의 방향으로 나가도록 하는 방식을 찾아내려 했다(윤수종, 2009: 195). 윤수종은 이를 대안교육 실험의 예를 들어 설명한다. "기존의 공교육 배치에 혐오를 느끼는 교사들과 그것에 적응하기 싫어하는 학생들로 짜인 새로운 배치를 생각할 수 있다. 그러나 가타리는 기존의 공교육 배치 속에서 특이한 교사가 정신지체아들을 교육하면서 기존의 방식과는 달리 좀 더 개방적이고 자율적인 분위기를 만들면서 색다르게 해 보려는 방식 같은 것을 더 염두에 둘 것이다"(윤수종, 2009: 195). 이는 제도를 개인 외부에 있는 사회적 불변요소로 보지 않고, 과정이자 창조적 현상이고 의미생성의 활동이나 지원으로 보았던 가타리를 비롯한 당시의 제도주의자들의 입장과도 연결된다.

단위로 한 협동작업은 프레네 교실의 중요한 특징이다. 프레네 교실에서 수업은 통상 집단을 단위로 진행되었다. 아이들의 여러 활동을 조정하고 제기되는 문제들을 논의하기 위해서였다.Carnie, 2003: 104 자유 글쓰기를 비롯해 프레네가 새로운 작업을 위해 고안했던 기술과 도구들 모두는 거의 언제나 협동의 조직을 불러온다. 자신의 책과 과제와 수업에만 개별적으로 몰두하는 전통적인 접근과 달리 집합적이고 공동체적인 접근을 취한다. 프레네 교실에서 학생 주도의 작업은 동료들과 하는 협동작업을 통해 완성되고, 협동작업 속에서 모든 아이들의 능력은 서로 보완된다.정훈, 2009: 124-125 프레네는 집단, 그리고 함께 작업하는 교육제도로 개혁하기 위해 애쓰며, 그것을 확대·발전시켰다. 집단을 강조하는 활동으로 전통적인 학교 관리자의 권위주의적 기능을 대체하고자 했다.Evans, Cook, & Griffiths, 2008: 339

프레네 교실은 가타리가 말하는 주체집단의 특성을 공유한다. 가타리의 분열분석적 실천[62]은 집단을 통해 목적과 수단 모두에서 개인을 해방하도록 고안된 사회적 프로젝트였다. 그것은 예컨대 학생과 교사 간의 권력관계를 무너뜨리고, 상황에 따라 구성되는 지식을 발생시키는 것과 동일한 종류의 변형을 교실에서 시도하게 한다. 우리가 학습하는 과정에서 집단의 역할을 통해 사고하면 사고할수록, 그것이 한층 더 우리에게 중요한 것이 된다고 이해되었다.Evans, Cook, & Griffiths, 2008: 341 이처럼 프레네는 집단 활동의 과정으로 교육을 이해했다. 교육을 이렇게 이해할 때 우리는 가타리가 의미하는 새로운 주체집단이 실재하도록 만들 수 있다. 주체집단은 '세계

---

62) 들뢰즈와 가타리는 모든 욕구가 가족적이기보다는 사회적이라는 것을 논증하면서, 사회적 욕구에 접근하기 위한 가장 훌륭한 안내자로서 신경증적인 자아보다 분열증적인 이드를 제시한 바 있다. 그러면서 그들은 정신분석학을 분열분석(schizo-analysis)으로 대체하기를 제안했다 (Bogue, 1989: 137). 분열분석은 '모든 사람은 미쳤다' 혹은 '모든 사람은 분열자이다'라는 규정에서 시작되는 분석의 방법론이며, 집단적 분열의 역동적 움직임을 포착하려는 시도로 이루어져 있다(신승철, 2011b: 83). 여기서 분열의 순간은 색다른 무엇이 생산되고 창출되는 순간을 의미하며, 사회변혁의 원동력이 되는 특이성 생산을 함의하는 개념이다. 즉 분열은 욕망에 의한 창조와 생성의 또 다른 이름이며, 사회체계의 무시무시한 압력이 만들어 낸 병리적 분열 속에서 생산되는 창조적 분열을 뜻한다(Ibid., 88).

와 직면해 '내가 무엇을 할 수 있는가'라는 질문에서 '우리가 무엇을 할 수 있는가'로 우리를 이동하게 한다. 이는 우리가 개미들처럼 집단 안에서 훨씬 잘 성취할 수 있다는 점을 말한다.Evans, Cook, & Griffiths, 2008: 342 요컨대 프레네는 집합적 참여를 위한 공간으로 교실을 설정하고자 했다. 프레네 교실은 학생들 각자가 집합적 활동에 참여하면서 진보하고 제도 창출하는 것을 가능하게 한다.Meirieu, 2001: 16 프레네 기술과 도구는 교실이 주체집단으로서 어떻게 실천행위를 결집시키는지, 그리고 그것들이 어떻게 주체집단을 실재하게 하는 힘이 될 수 있는지를 보여 주었다.

5. 주체성 형성을 위한 프레네 기술과 도구

페르낭 우리가 병영 학교로 지적했던 문제를 극복하는 새로운 형태의 주체성, 돌연변이적인 주체성의 구성Bradley, 2012: 898, 900을 가능하게 하는 실천의 기술과 도구를 프레네 교실은 갖추고 있다. 몇몇 연구자들Bradley, 2012; Evans, Cook, & Griffiths, 2008; Genosko, 2003; Genosko, 2008은 주로 다음의 네 가지 기술과 도구에 초점을 맞춰 그 가능성을 소개했다. 첫 번째는 학교 밖 세계와 교제하는 나들이, 두 번째는 자유롭게 쓴 글을 인쇄하는 인쇄출판작업, 세 번째는 프랑스와 그 외 지역 학교들의 집단 성원들과 접속하게 하는 학교 간 통신교류, 네 번째는 학교의 전 구성원이 참여하는 전체회의이다. 이 모두는 아이들과 직접 관련된 문제들에 기초해 학습을 동기화하기 위해 고안되었다. 그것들 모두는 기존 제도 학교에 도전하는 집합적 활동에 기초해 진행된다.Evans, Cook, & Griffiths, 2008: 339 여기에 (재)특이화와 관련해 자유표현 기술을 하나 더 추가해 그 가능성을 살펴보기로 한다.

1) 나들이

나들이는 학교 주변의 경관, 계절 변화, 식물과 동물, 주변 사람들, 직업 생활 등을 이해하고 경험하는 기회를 제공하는 활동이다. 그것은 지역의 삶과 교류하고, 연대하고, 동료애를 쌓게 하는 좋은 기회가 될 뿐 아니라 교실을 학교 밖으로 확장한다는 데 의미가 있다.정훈, 2009: 165-167 나들이를 통해 프레네 교실은 자연과 인간, 사회 환경과 단절되지 않고 지역공동체로 확장되고 삶을 향해 개방된다. 아이들은 지역공동체로 나가고 지역공동체 구성원들은 학교 안으로 들어온다. 나들이를 통해 교실은 고립된 기관이 아니라 실제 사회와 동일한 곳이 될 뿐 아니라 상호 연결되고 상호의존적이며 상호작용하는 세계로 변형된다. 교실이 세상 속으로 확장되면서 아이들은 삶의 공동체에 참여하고, 타인과 타 문화를 더 잘 이해한다. 이 점에서 교실은 '세상의 일부'로 기능한다.Acker, 2000: 15-16, 9

나들이를 마치면 학생들은 그와 관련된 연구를 수행하고 자유 글쓰기를 한다. 글쓰기 작품들은 지역 활동을 위한 선행 자료로 활용되기도 한다. 이러한 종류의 실행은 학생들이 더 넓은 무대 위에 위치하도록 공간을 창출한다. 결국 나들이는 아이들이 교실을 뛰어넘어 사회, 경제, 주변 환경 영역을 횡단하며 지역 단체들과 협력적으로 일하게 한다. 그것은 아이들이 자신의 주체집단을 창출하고 자신을 넘어서 변화를 창출하는 데 영향을 미친다.Evans, Cook, & Griffiths, 2008: 342; 정훈, 2009: 165-167

2) 자유 글쓰기, 인쇄출판작업, 학급 신문, 학교 간 통신교류

프레네는 자유 글쓰기에서 인쇄출판작업, 학급 신문, 학교 간 통신교류로 이어지는 일련의 순환을 통해 아이들의 자유표현을 격려하는 강력한 동기부여원을 찾았다.

'자유 글쓰기'는 아이들이 선택한 '자유 주제에 대한 글쓰기'이자, 쓰고 싶은 것을 쓰고 싶을 때 쓰는 것이며, 외부로부터의 압력 없이 그들 스스로 독자적 주도권을 가지고 행하는 글쓰기 작품이다. 자유 글쓰기는 그 자체로 끝나는 활동이 아니며 여러 후속 작업으로 활용된다. 우선 각자의 자유 글쓰기 작품은 교실에서 발표된다. 전체 아이들은 그 글을 놓고 내용과 문법, 어휘 선택, 구문과 철자의 정확성 등등과 관련하여 글 쓴 당사자와 공동의 작업을 거쳐 수정한다. 다음으로 아이들의 자유 투표로 선별된 자유 글쓰기 작품은 공동의 인쇄출판작업을 거쳐, 학급 신문으로 만들어진다. 인쇄출판작업은 자유 글쓰기 결과물을 인쇄기를 가지고 직접 인쇄하고 학급 신문으로 출판하는 공동의 협동작업이다. 학급 신문은 월말에 인쇄작업을 거쳐 특별한 표지와 함께 제본되는 일종의 자유 글쓰기 작품집이다. 고학년의 경우에는 실제 신문의 형식을 갖추어 독창적인 형태로 만들어진다. 학급 구성원들이 집합적 작업으로 제작하는 학급 신문은 반 아이들뿐 아니라 교사들, 학부모들, 지역공동체 구성원들에게, 그리고 학교 간 통신교류를 통해 다른 지역의 학급 구성원들에게 배포된다. 학교 간 통신교류는 각기 다른 학교에 있으면서 서로 짝을 이루는 학급들이 학급 신문뿐 아니라 편지, 지역의 특산물 등을 우편으로 주고받는 활동이다.

자유 글쓰기, 인쇄출판작업, 학급 신문 제작, 학교 간 통신교류를 거치며 아이들의 관심사는 더 이상 개인적인 관심에만 머무르지 않는다. 아이들의 관심사는 자신이 교류하는 친구들로 확장된다. 지역적으로 뿌리내린 학습과 '멀리 떨어진 낯선 청중들'과의 결합이 교실에서 일어난다.Evans, Cook, & Griffiths, 2008: 340 가타리의 멘토인 페르낭 우리는 이를 받아들였다. 그는 개인들이 의미 있는 관심을 표현하고 성공적인 의사소통의 느낌을 실현하는 개인적이고 집합적인 프로젝트로 학교 간 통신교류로 이어지는 일련의 활동을 강조했다. 일종의 교육적인 주체화의 장면을 설정한다고 보았기 때문이다. 가타리 역시 프레네에 매료되었다. 그도 이질발생과 특이성, 그리고 집합적으로 구축된 집합물assemblage을 공통적으로 강조했다.Bradley, 2012: 899 가타리에 따르면 공동체의 관계망은 특이한 주체성을 생성한다. 공동체는 특이한 주체성을 만들어 냄으로써 풍부해질 수 있고, 생성되는 욕망과 접속해서 자신의 모습을 변화시켜 간다.신승철, 2011a: 41-42 따라서 주체성 생산이 가능할 만큼 공동체의 관계망이 창의적이고 생산적인지, 그만큼 욕망이 강렬한지가 중요한 문제이다.신승철, 2011a: 26 자유 글쓰기에서 학교 간 통신교류로 이어지는 일련의 순환은 "자신의 작업을 창조하고, 소유하고, 소통하고자 하는 아동이 지닌 욕구를 효과적으로 자극하는"Genosko, 2008: 69 재인용 수단이었다. 또한 교실을 넘어 이질 대상과 접속하게 하는 것으로 공동체의 관계망을 창의적으로 확장한다. 이는 그들이 특이한 주체성 생산의 가능성이 있는 공간으로 교실을 바라보게 했다.

3) 전체회의

전체회의는 학교의 모든 구성원이 동등한 자격으로 참여해 학교생활의 문제를 논의하고 해결하는 장치이다. 의장과 서기가 진행하는 어떤 공식 절차를 따르며, 학교에서의 규칙을 정한다. 전체회의는 벽신문과 함께 민주주의를 체험하게 하는 프레네의 중요한 기술이다.정훈, 2009: 255

프레네 실천교육학에서 영감을 얻은 페르낭 우리의 가장 지속적인 창조물은 매주 열리는 협동적인 전체회의였다.Genosko, 2003: 131 학생들이 주도하는 전체회의에서 교사는 여러 참여자 중 한 명일 뿐이다. 교사는 어떤 발의에 거부권을 행사할 수 있다. 그렇더라도 학급은 스스로 방향을 정하는 자발적 집단으로 계속해서 활기를 띤다. 또한 전체회의에서 아이들 각자는 앞으로 불려 나와 격렬하게 자신을 변론하거나 궁지에 몰리기도 한다. 전체회의에서 교사 역시 자신의 권위 행사에 주의하면서 아이들과 똑같이 자신을 변론해야 한다.정훈, 2009: 168-169; Genosko, 2003: 131 이는 '자기 자신의 행동을 통제하려고 노력하고 자신의 대상을 분명히 하며 자신의 해명 수단을 만들 수 있는 집단'이자, '자신이 어떤 진술을 한다고 말할 수 있으며 그 안에서 끝없는 문제, 긴장감, 내부투쟁, 분열의 위험 등에 놀아나 티

격태격하게 되는' 가타리가 말하는 주체집단의 의미와 동일하다. 페르낭 우리에게 전체회의는 집단의 눈이자(각 개인의 위반과 성공 등을 목격하는) 두뇌, 그리고 심장이며 어떤 정제된 기계였다. 요컨대 우리의 말을 빌리면 전체회의는 "새로운 제도를 창조하고 공동생활의 환경을 제도화하는 핵심 기제"로 기능한다.Genosko, 2003: 131에서 재인용 제도적 실천교육학에서 전체회의는 교실과 학교에서 그룹 생활을 조정하는 장치로서 프레네 실천교육학에서와 동일한 위상을 차지한다.Peyronie, 2000: 224 프레네 실천교육학에서든 제도적 실천교육학에서든 프레네식 교실의 구성원들(학생, 교사, 학부모) 모두는 전체회의를 통해 스스로 협동 공동체를 건설해 가는 주체성을 형성한다. 교실 구성원들로 하여금 교실의 세계를 창조하고 규정하게 하는 것은 프레네식 교실의 중요한 특징이다.정훈, 2009: 231 프레네의 실천은 구성원들이 함께 어우러져 학교의 고유한 문화와 의사소통의 수단을 만들고, 건설적으로 사회를 구성해 가듯 그들 자신의 공동체(또는 제도)를 건설해 간다는 데서 여전히 '현대성'을 갖는다.Boumard, 1996: 68

4) 자유표현

프레네는 각 개인이 자신의 느낌과 감정, 인상과 의심을 자유롭게 표현하는 '자유표현'을 중시했다. 자유 글쓰기는 문자로 표현하고자 하는 욕구를 표출하게 하는 대표 기술이다. 그러나 유치원에서의 글쓰기를 비롯한 그동안의 교육은 아이들을 지배적 기초체계로 포획하고 자본이 자명한 것으로 사용하는 관계틀 및 관념을 따르도록 하여 그들의 욕망 자체를 억압해 온 측면이 크다.윤수종, 2009: 49 이에 반해 자유표현 기술인 자유 글쓰기는 아이들을 권위에 의해 요구되는 규범이나 역할, 지식을 묵묵히 따르는 것에서 벗어나 자신의 언어로 스스로를 표현할 수 있는 기회를 제공한다. 프레네 교실에서 아이들은 자유 글쓰기 말고도 구두로 표현하고자 하는 욕구는 말하기로, 이미지와 소리에 대한 욕구는 미술과 음악으로, 몸동작과 예술적 창조의 욕구는 연극과 점토작업을 비롯한 수작업으로 다양한 자유표현의 기회를 보장받는다. 자유표현은 유치원 단계에서 기호적 표현의 다성성(다의성)뿐 아니라 그 이후 단계에서도 개인들이 상대적으로 자율적인 표현수단을 획득하는 조건을 형성한다.

어린이의 기호적 표현의 다성성(다의성)을 위한 투쟁은 유치원 수준에서 이러한 미시정치에 본질적인 목표인 것 같다. 어린이를 너무 일찍 전형화된 개인으로, 상투화된 인칭론적 모델로 '결정화'하는 것을 거부하기. 이것은 주변인, 일탈자, 반역자 혹은 혁명가를 체계적으로 만들자고 하는 것이 아니다! 따라서 이 경우 문제는 또 하나의 교육을 다른 교육에, 하나의 코드화를 다른 코드화와 대립시키는 것이 아니라, 개인들이 상대적으로 자율적인-그러므로 여러 가지(국가적, 관료적, 문화적, 조합적, 매스미디어적 등등) 권력구성체의 기술 체계에 상대적으로 회수되기 힘든- 표현수단을 획득할 수 있는 조건을 만들어 내는 것이다.Guattai, 1977: 208

가타리Guattari & Rolnik, 2007: 58는 주체성을 경험하는 개인들의 방식이 소외와 억압의 관계나 표현과 창조의 관계라는 두 극단 사이에서 흔들린다고 말한다. 소외와 억압의 관계 속에서 개인은 자신이 받아들이는 만큼만 주체성을 따른다. 표현과 창조의 관계 속에서 개인은 그가 특이화라고 부르는 과정을 생산하면서 주체성의 구성 요소들을 재전유한다. 결국 자유 글쓰기를 비롯한 자유표현과 인쇄출판작업, 학급 신문, 학교 간 통신교류, 전체회의 같은 집합적이고 창조적인 활동들 모두는 주체성의 구성 요소를 재전유하게 하는 데 기여할 수 있을 것이다. 소외와 억압이 아닌 표현과 창조의 관계 속에서 가타리가 특이화라고 부르는 과정을 생산하면서 말이다.

6. 맺는말

지금까지 가타리가 중심 문제로 사유했던 주체성이 집합적 주체성이자 예술적 방식으로 생산되는 특이화된 주체성이며, 그러한 주체성이 '세상 속에서의 집단 행위'와 '자유표현' 같은 실천을 통해 실현될 수 있다는 점을 살펴보았다. 프레네는 자유 글쓰기, 인쇄출판작업, 학급 신문, 학교 간 통신교류, 전체회의, 여러 자유표현의 기술들로 교실이 지배체제의 모델화 공간에서 벗어나 집합적 상상력과 참여를 위한 공간이 될 수 있음을 보여 주었다. 교실이 그 자체의 내적 법칙을 가지고 관리되는 주체집단의 성격을 가질 수 있다는 것이다. 동시에 주체집단으로서 교실은 집단을 단위로 협동 활동과 자유표현을 실천하게 하면서 자율적 주체성이 출현하기 위한 조건을 형성한다. 그것은 기존 제도화된 교실에서 형성되는 주체성과 다른 자율적이고 특이화된 주체성 생성(되기)을 가능하게 한다.

프레네의 실험은 프랑스의 일반적인 사회 현실과 단절된 작은 시골마을에서 비롯했다. 그렇지만 그것이 그의 실천을 가치 없는 실험으로 치부하게 만들지는 않는다.Guattari & Rolnik, 2007: 171 "새로운 모델을 제기하는 것은 이미 사상이나 투쟁적 행동주의의 전문가가 아닌, 새로운 삶의 방식을 실험하는 직접적인 당사자들뿐"Guattari, 1977: 200일 수 있다. 당사자인 아이들 각자가 자신의 목소리를 갖고 능동적으로 활동하는 프레네 교실은 아이들이 만드는 하나의 작품이자 그들의 집합적 소유물이며 그들 자신의 것일 수 있다.Freinet, 1969a 이에 그의 실천은 새로운 모델의 출현을 가능하게 하는 하나의 길을 보여 준다. "장 우리는 1953년에 프레네에게 보낸 편지에서 학급 인쇄기의 도입이 단순한 테크닉이 아니라 인쇄기, 자유 텍스트와 학급신문을 판매할 때의 일 자체가 새로운 구조를 만들어 내는 것이라고 적시했다."박찬영, 2017: 98

프레네 교실에서 목격되는 규범을 벗어난 징후들과 사건들도 잠재적인 주체화 작업의 지표일 수 있다.Guattari, 1989: 35 기존의 변혁이론은 지배권력 및 지배장치의 파괴과정과 대체장치들의 건설에 초점을 맞췄다. 반면, 가타리는 그러한 장치들의 작동 방식들과 다른 작동 방식을 추구했다. 색다른 배치, 즉 자신들의 자유의 공간을 만들어 나가는 과정에서 구조화되지 않은 주체성을 생산하려고 했다.윤수종, 2009: 197 이에 우리는 프레네 교실에서의 실천을 교육이라는 특수한 영역에서 가능할 수 있는 색다른 배치(또는 당사자들 자신이 만들어 가는 자유의 공간)의 예로 해석할 수 있겠다. 그것은 프레네의 실천이 가족·여성·의료 등의 많은 다른 특수한 영역에서의 소수자운동과 접속하며 지배권력의 모델화에서 벗어나 대안적 삶의 형태를 형성하는 하나의 미시장치로서의 의미를 가질 수 있다는 말이다.

가타리의 주체성 형성론은 그가 교류했던 인물들이 형성했던 제도적 실천교육학의 전통과 맞닿아 있다. 그러나 제도적 실천교육학의 출발은 프레네 교육운동과 관련이 있으며, 제도적 실천교육학은 교실에서 프레네 현대 학교의 여러 테크닉인 전체회의와 자유표현 등을 여전히 공유한다.박찬영, 2017: 99 제도적 실천교육학이 제도적 정신요법과 무의식에 기초한 이론적 접근을 지향하며 프레네 교육운동에서 갈라져 나온 것은 사실이다. 그렇다 해도 제도적 실천교육학 일환에서든 프레네 실천교육학 일환에서든 프레네 기술(테크닉)은 양쪽 교실 모두에서 주된 실천이다. 이 점에서 우리는 프레네식 교실을 자율적 주체성 형성을 위한 조건의 장이자 제도 창출의 장으로 바라볼 수 있을 것이다.

14장
학교 협동체

1. 프레네 학교 협동체에 주목하는 이유

현재 교육정책의 방향을 둘러싼 하나의 논쟁은 시장의 가치와 공적인 가치(또는 민주적 가치) 사이의 선택 문제이다. 시장 옹호자들은 주로 선택의 자유, 개별성, 자립, 그리고 기업가 정신을 칭송하면서 경쟁의 조건을 개인의 발달을 이끄는 힘으로 바라본다(이는 주로 신자유주의 덕목이라 불린다). 이에 비판적인 상대자들은 공동체, 동료애, 그리고 평등의 덕목을 칭송하면서 공적인 서비스에서 협력collaboration의 조건을 개인의 발달을 이끄는 힘으로 바라본다(이는 주로 사회 민주주의적 덕목이라 불린다). 이러한 대립은 사회적 가치를 둘러싼 어떤 갈등으로 이해된다. 이론의 여지가 있을 수 있겠지만 시장의 가치는 공동체와 결합되었다고 널리 이해되는 가치들과 양립하지 않는다고 종종 이해된다.Bridges & Jonathan, 2003: 134 이에 민주적 학교인지 시장 모델에 근거한 학교인지는 서로 다른 방향으로 우리를 이끄는 가치선택의 문제이자 경쟁하는 이데올로기의 문제이다. 이는 궁극적으로 우리가 우리의 아이들에 관해 생각하는 것, 우리가 그들의 역량과 잠재력이라 믿는 것, 그리고 우리가 그들이 되기를 바라는 것에 관한 질문으로 귀착된다.Engel, 2000: 65 국내에서 이러한 논쟁은 형평성과 수월성, 경쟁과 선택, 다양성의 용어로 고교평준화나 자율형 사립고, 교원평가제, 일제고사 같은 구체적 정책을 둘러싸고 첨예하게 맞서 왔다. 시장주의자들은 공교육을 '유사시장quasi-market'처럼 운영함으로써 관료화된 교육행정의 효율성을 높일 수 있고, 교육에서의 다양성과 수월성을 높일 수 있다고 주장한다. 기존 관료주의를 반대하는 담론이나 자율성과 다양성을 신장한다는 교육 논의는 공공성이나 민주적 가치에 근거한 해결보다는 다양성과 자율성이라는 용어를 선점한 시장주의자들이 주로 주도했다.

그러나 교육에 시장논리를 적용하는 것은 집단적이고 민주적인 방식으로 학교를 통제하는 것을 거부한다. 이 때문에 사회 제도로서 공교육의 존재를 위협할 수 있다. 예컨대 처브와 모John Chubb & Terry Moe는 민주주의가 학교를 조직하는 수단이라는 생각을 거부한다. 그들은 공적 권한의 성격을 갖는 민주적 통제가 '본질적으로 억압적'이고 불가피하게 관료주의를 낳는다고 말하면서 "선택이 만병통치약이다"라고 주장한다.Engel, 2000: 6 결국 "시장 이데올로기는 학교의 사회·민주적 통제를 폐지하고 학교가 민주사회를 강화하기 위한 수단으로 이용될 가능성을 제거한다"Engel, 2000: 12는데 문제가 있을 수 있다.

이에 우리는 시장주의자들이 선점한 자율성과 다양성, 선택의 긍정적 의미를 되살리면서도, 그것이 개인의 사적 이익이나 계층 간 불평등으로 이어지는 것을 막고 공공성과 민주주의의 가치를 보존하고 강화하는 다른 방향이 있는지를 모색해야 한다. 예컨대 민주적 공동체로서의 학교를 재구축하는 것으로 교육의 방향을 설정하면서도 그 안에서 자율성과 다양성, 선택의 문제를 해결하는 것을 하나의 과제로 설정할 수 있겠다. 프레네의 학교 협동체Coopérative scolaire [63)]는 농촌 협동조합에서 힌트를 얻어 당시의 초등학교를 협동과 민주주의에 기초를 둔 협동 조직처럼 운영한 사례였다.

---

63) 'Coopérative'와 'Coopérative à l'Ecole'는 그것이 공동의 필요를 해결하기 위해 설립한 경제 공동체(또는 사업체)라는 협동조합의 일반적 의미로 사용될 때는 '협동조합', '학교협동조합'으로 번역한다. 반면 프레네에게 'Coopérative'는 협동조합의 일반적인 의미로 사용되는 경우도 있지만 주로 그것의 정신과 원리가 학습을 비롯한 학교생활과 운영 전반을 특징하는 용어로 사용된다는 점에서 전자와 구분하기 위해 협동체로 번역한다. 그의 'Coopérative à l'Ecole'는 학교협동조합보다는 '협동에 기초한 학교 생활공동체'라는 의미에 더 가깝다.

그는 그 안에서 개인의 선택과 학습리듬에 따른 개별화된 교육이 가능하다는 것을 보여 주었다. 우리는 그의 협동체를 이러한 과제 해결을 위한 하나의 참조점으로 탐색할 수 있을 것이다. 이에 이번 장에서는 공적인 가치와 개인의 가치를 동시에 충족할 수 있는 민주적 공동체로서의 학교가 어떤 원리에 기초를 두고 실천될 수 있는지를 프레네의 학교 협동체 사례를 토대로 살피고, 그것이 현재의 시장 이데올로기에 대응하는 데 제공할 수 있는 시사점이 무엇인지를 소개하고자 한다.

2. 학교협동조합 운동 전개와 프레네 학교 협동체

프로피Barthélemy Profit, 1867~1947는 1924년에 책 『초등학교 협동조합La Coopérative à l'école primaire』을 펴냈다. 덕분에 우리는 프랑스 초등학교에서 '학교협동조합'이 언제 시작되었는지를 정확히 추정할 수 있다.히라노 이치로·마쓰시마 히토시 편, 1985: 161 프로피는 농촌 협동조합에서 힌트를 얻어 교구와 교재 구입을 위한 자금 마련 일환으로 학교 안에 협동조합을 설립했다. 그것은 교사의 지도 아래 협동조합 조직을 아이들이 실제로 운영하는 것으로 발전했다. 그 조직은 단지 이익을 추구하는 실천에만 머물지 않고 아이들의 책임감과 주도성을 기르고 넓게는 그들의 도덕성과 사회성을 형성하는 데 신경을 썼다.Ibid. 19세기 말 전개된 협동조합 운동과의 연결 속에서 이와 유사한 독자적 실험들이 많이 행해졌던 것도 사실이다. 학교협동조합은 1차 세계대전 말 무렵, 그리고 전국 조직인 '학교협동조합중앙회Office Central de la Coopérative à l'Ecole'가 창립되었던 1929년에 창설되고 발달했다. 동시에 그와 짝을 이루는 운동이 프레네의 작업에 기초를 두고 발달했다. 프레네는 '공립학교교사협동조합Coopérative de l'Enseignement Laïc'의 창립을 이끌었다.Mialaret, 1985b: 4414 협동조합처럼 운영되는 프레네 학교에서 학급은 하나의 공동체이자 공동생활의 장이다. 학습계획을 함께 짜고 그것을 함께 실현함으로써 공동체에서 구조와 법을 갖춘 하나의 사회가 생겨난다. 그리고 그 안에서 책임의식이 형성되고, 서로가 역할을 나눠 맡는다.Baillet, 1995: 291 여기에는 프로피처럼 농업 협동조합을 설립했던 프레네 자신의 경험이 큰 영향을 미쳤다.Schlemminger, 1997 그는 마을 협동조합뿐만 아니라 아동중심교육을 위해 교사들이 손수 제작한 자료들을 판매하기 위한 협동조합, 아이들의 권리를 보호하기 위한 협동조합을 직접 구성하고 실천했다. 뿐만 아니라 협동조합의 원리를 고스란히 자신의 학교 운영에 접목했다. '학교협동조합중앙회'가 발표한 학교협동조합의 공식 정의는 다음과 같다.

공교육에서 학교협동조합은 교사의 도움과 학생들의 공유된 활동이라는 견해에 기초해 그들 스스로가 운영하는 학생 생활조직societies이다. 협동조합은 인간의 진보라는 이상에서 그곳의 영감을 이끈다. 협동조합의 목적은 그곳 구성원의 생활조직society과 일labour을 운영함으로써 관여하는 사람들의 도덕교육과 시민교육, 지식교육을 하는 데 있다. 공유된 일의 결과에서 나오는 이익은 학교를 꾸미고 일의 조건을 개선하는 데 충당된다. 그것은 구성원의 문화 교육과 여가를 조직하고, 학교와 학교 졸업 후 단계에서 상호 도움과 연대성을 발달시키는 데 도움이 된다.Vuillet, 1968: 1; Mialaret, 1985b: 4414 재인용

'학교협동조합중앙회'는 협동조합의 본질 특성 세 가지를 다음과 같이 제시하면서 그것이 없다면 어떤 교육 조직도 그 자체로 협동조합일 수 없다고 말한다.Mialaret, 1985b: 4414

첫 번째는 그곳 구성원들이 생활조직society을 효율적으로 운영하는 것, 두 번째는 견고한 실제 과업을 공동으로 추구하고, 세 번째는 그러한 과업의 결과로 새로운 가치를 습득하는 일이다. 학교협동조합은 교사들이 제안

하지만 결코 하향식으로 부과되지 않는다. 협동조합이라는 생각은 학생이 느끼는 열정에서 발생한다. 협동조합은 그들 자신의 의장과 서기, 회계를 선출하는 하나의 학생 생활조직society으로 실제 조직된다. 어른들은 단지 도움과 조언을 제공하기 위해 존재한다. 학교협동조합 활동은 그것을 구성하는 학생 수준(예컨대 초등, 중등)이나 상황(도시인가 시골인가)에 따라 다양했다. 또한 협동조합은 가르치는 일의 실질적인 혁신을 위한 어떤 디딤판으로 작동해야 한다. 협동조합의 토대로 작용하는 민주적 생활은 민주주의 교육을 위한 수단과 시민의식의 발달을 개척한다. 협동조합을 설치하는 것은 교사와 학생 사이의 관계를 깊이 수정하고, 교실과 그곳 활동에 새로운 조망을 제공한다. 보이드와 로슨Boyd & Rawson, 1965: 42은 이러한 협동조합이 지닌 가장 좋은 점을 다음과 같이 들었다.

그것은 첫째 어떤 특별한 목적뿐 아니라 그룹 방법group methods 같은 학교 작업을 위해, 둘째 학교 운영과 통치에서 학생들에게 어떤 책임감을 제공하는 학교생활과 규율을 형성하기 위해, 셋째 학교 생활조직을 통해 일반적인 복지welfare를 증진하기 위해 학교의 실천을 협동으로 만드는 것이었다.

'학교협동조합중앙회'와 프레네 '공립학교교사협동조합' 사이의 차이는 프레네의 입장이 학교협동조합중앙회보다 훨씬 더 급진적인 데 있었다. 프레네 협동체는 과학 교구나 인쇄기 같은 필수 교수 자료를 손수 구입할 수 있게 했다.[64] 뿐만 아니라 자료를 설치하고 분배하면서 프레네 교육운동을 따르는 모든 교사를 하나의 광대한 운동으로 결합했다. 기본적으로 집단의 독립 운용에 기초한 협동조합 정신은 모든 학교 활동으로 확대되었다. 교실 그 자체, 교실의 조직, 그곳의 시간표와 그곳에서의 작업(학습활동) 리

---

64) 현재 프레네 학교에서는 학생들이 직접 학교재정을 관리하고 운영하기도 한다. 어른들의 우려와 달리 아이들을 전적으로 신뢰하고 이것을 맡긴다면 아이들이 성인에 뒤지지 않을 정도로 예산 책정을 잘하고 절약도 잘한다고 평가받는다(Francomme & Even & 성장학교 별 엮음, 2006: 31).

듬, 가르치는 내용 모두는 교사와 학생 그리고 학생 사이의 상호 신뢰, 책임감, 인간 진보와 시민교육이라는 세 가지 근본원리를 항시 명심하면서 협동조합 방식으로 조직되었다.Mialaret, 1985b: 4415 그러나 프레네 학교 협동체는 운영기금을 마련하고 기금을 관리하는 등의 경제적이고 기술적인 측면을 최우선시하지 않았다. 학급의 모든 삶에서 특히 사회와 도덕의 측면에서 펼쳐야 하는 협동에 비해 부차적이었기 때문이다.Freinet, 1994b: 409

결국 『학부모에게 보내는 호소』Appel aux parents, 1969에서 "왜 학교 협동체인가?"라는 질문에 프레네가 답한 바처럼, 프레네 학교 협동체는 아이들이 살아가는 데 필요한 보편 능력을 배우고, 인간다움과 시민다움을 배우는 가장 실제적인 수업leçon의 기능을 한다는 데 의미가 있다.

우리는 아이들이 읽고, 쓰고, 셈하기는 물론이고, 그들이 능률적으로 삶과 대면하며 살아갈 수 있게 평가하고, 측정하고, (물건을)사고 팔고, 자금이나 기업을 운용하고, 편지를 쓰고 주문을 하고, 유용한 물건을 만들고, 유익한 여행을 감행하는 방법을 알기를 몹시 원할 수 있다.

그런데 이 모든 것은 책 속에서 배울 수 없다. 학교 협동체는 이러한 교육을 위해 가장 좋고 가장 실제적인 수업leçon이다.

우리는 또한 오늘날의 복잡한 세계 속에서 우리 아이들이 더 이상 수동적으로 순종하는 데 만족할 수 없다는 점을 이해한다. 우리 아이들은 한층 더 스스로를 제어하고 인간과 시민citoyen으로 존재하는 법을 배워야 한다.Freinet, 1969a

이 점에서 학교 협동체는 집회나 전체회의 이상의 의미를 가지며 프레네와 결합된 운동에서 중심을 이룬다. 현재 프로피의 '학교협동조합중앙회'와 '공립학교교사협동조합'(지금의 '현대학교협회')는 구성원이나 활동이 상당히 중첩된다.Starkey, 1997 프레네 학교 협동체와 유사한 운동으로는 20세기 초 대다수 신교육가들이 실천했던 학교공동체Schulgemeinde나 '자기통제의 원칙' 속에서 아이들 스스로가 함께 살아가는 법을 배우게 한다는 어린이 공화국송순재, 2001: 108이 있다. 20세기 초 신교육가들은 전통 교육에서 언제나 있어 왔던 가부장적 의사결정과 자기결정권이 있는 아동의 권리 사이의 갈등을 피하기 위해 학교의 모든 부분을 민주적 공동체로 변경했다. 학교에서 교육과 민주주의의 관계는 당시 영국, 독일, 미국 등지에서 공통으로 발달한 사항이었다. 예컨대 시골에 자리 잡은 기숙학교인 전원기숙학교에서 생활하는 것은 개인들 사이의 조화를 얻으려 노력하는 공동체의 구성원이 되는 것이었다. 공동체에서 생활하는 능력을 발달하게 하는 것이 그곳의 주요 목표 중 하나였다. 남녀공학, 가정 같은 환경에서 가족 같은 관계(학교는 '학교'가 아니라 사실 '집'으로 불린다), 학생과 교사 사이의 어떤 우호적이고 비형식적인 교육적 관계 그 모든 것은 학교공동체를 학생과 교사가 공동의 문제를 토론하고 의사결정하기 위해 정기적으로 만나는 하나의 터전으로 만들었다. 이러한 자치self-government의 형식에서 학생들은 독립적인 전체회의Volksversammlung에서 공동의 이해관계를 둘러싼 문제들의 규칙을 정했다.Darling & Nordenbo, 2003: 302 대표자를 뽑고 자치의 실험을 했던 앵글로–색슨의 사례나 독일과 스위스에서 실험했던 자유지상주의libertaire, 그리고 매우 역동적이고 건설적인 사회 환경과 조화를 이루는 민중학교를 조직했던 소비에트연방의 사례를 프레네가 언급하면서, "프랑스에는 학교 협동체가 있다"라고 언급한 대목은 그가 당시 진행된 이러한 다양한 학교공동체 실험들과 연관되어 있었다는 사실을 뒷받침한다.Freinet, 1946

그러면 프레네 학교 협동체에 담긴 협동과 민주주의 원리가 학교행정뿐 아니라 교육의 목적과 수업원리, 교사와 학생 관계 등에 어떻게 뿌리내리고 있는지를 살펴보자.

3. 프레네 학교 협동체의 교육원리

학교협동조합은 "학교 구성원인 학생, 교사, 학부모, 지역공동체들의 공동의 필요를 사업으로 만든 교육경제공동체"^{박주희·주수원, 2015: 54}로 정의된다. 그러나 프레네 학교 협동체는 'Cooperative'의 의미를 '교육경제공동체(사업체)'로 한정하지 않는다. 거기에는 "공동으로 소유되고 민주적으로 운영"되고 "협동으로 영위"된다는 협동조합의 원리가 가르치고 배우는 과정을 포함한 학교생활 전체에 스며 있다.[65]

학교 협동체는 "아동의 삶에 근거한 새로운 형태의 학교 조직이면서 동시에 프로그램이나 교과서에 근거한 교육이며, 협력을 필요로 하는 새로운 학습 형태"^{황성원, 2016: 220}이다. 이를 구체적으로 살펴보자.

1) 능동적·협동적 인간

프레네 협동체에서 아동은 학급집단에 속하는 아동이자, 사회 문화적으로 공동체에 속하는 아동으로 이해된다. 교사 역시 집단 속에 늘 존재하며 협동체는 공동 관리되는 교육을 이야기한다.^{Peyronie, 2000: 223} 이는 인간 발달이 단지 사회적 맥락에서만 발생한다고 확언하면서 개인주의를 거부하는 듀이의 입장과 유사하다. 우리가 다른 사람과 서로 관계를 맺고 상호작용한다는 측면에서 인간^{Engel, 2000: 52}이라는 점을 프레네 역시 공유한다.

이러한 인간 이해에 근거해 협동체는 개인이 공동체에 기여하면서도, 자신의 인격을 최대한으로 키우게 하기 위해 명령에 따르는 것 대신 협동하며 일하는 것을 중시한다. 학교교육의 목적은 "아동이 자신이 봉사하고,

---

65) 협동조합에 대한 정의는 다음과 같은 두 가지 정의를 참조할 수 있다(박주희·주수원, 2018: 15 재인용). "공동으로 소유되고 민주적으로 운영되는 사업체를 통하여 공통의 경제적·사회적·문화적 필요와 욕구를 충족시키고자 하는 사람들이 자발적으로 결성한 자율적인 조직"(국제협동조합연맹); "재화, 또는 용역의 구매·생산·판매·제공 등을 협동으로 영위함으로써 조합원의 권익을 향상하고 지역사회에 공헌하고자 하는 사업 조직"(협동조합 기본법).

자신을 섬기는 합리적인 공동체 품속에서 자신의 인격을 최대한 발전하게 하는 데 있다."Freinet, 1994b: 17.

프레네에 따르면 우리는 개인적이고 사회적인 측면에서 효과적으로 일하고, 행동하고, 생활해야 발달하는 존재이다. 아동은 개인을 순종하게 만드는 떼로 존재하는 일을 좋아하지 않고 협동적인 공동체 한복판에서 개별적으로 하는 일이나 조별로 하는 일을 좋아한다. 그 까닭에 협동체에서 생활하는 법을 배우고 조 안에서나 집단에서 생활하고 일하면서 우리는 인격을 최대한 발달시킬 수 있다.Freinet, 1994b: 406, 409 개인의 필요를 사회적 필요와의 연관성 속에서 충족하게 아이들을 기를 수 있다면, 프레네는 그들이 어른이 될 때 "조화롭고 평등한 사회의 실현을 위해 효과적으로 일하는 능력을 갖춘 인간의 존엄과 힘으로 고양되어 자신의 운명을 다한다"Freinet, 1994b: 17-18라고 보았다.

시장 환경 속에서 개인의 독립적이고 합리적인 선택이 궁극적으로 최선의 사회적 총합을 가져올 수 있다는 생각은 그것이 사회 전체의 총합 대신 개인의 입장에 선 총이익만을 가져오게 한다는 비판을 불러왔다. 개별 선택자들이 사회적 이익 대신 자신의 이익을 보전한다는 관점에서 최선의 행동 경로를 택하기 때문이다. 예컨대 자기 아이들 이익의 관리자로 행동하는 학부모들은 다른 사람의 아이들을 희생해서라도 교육이 증여할 수 있는 보다 높은 사회적 지위에 자기 아이들이 접근하게 애쓸 수 있다. 그런 점에서 그들은 사회공동체의 총이익이나 민주적 협상에 토대를 둔 미래 형성에 관심 갖는 것을 포기하면서 점점 더 이해타산만을 따지며 행동하는 개인으로 행동하려는 경향을 띤다.Bridges & Jonathan, 2003: 131-132 참조 이러한 상황에서 인간을 협동하는 존재로 이해하면서 공동체의 틀 속에서 개인의 인격을 최대한 발전하게 한다는 협동체의 근본 목적은 여전히 유효하다.

2) 가르치고 배우는 과정에서의 협동

협동체에서 수업은 '협동생활의 원리'와 '개별학습의 원리'에 따라 이루어진다. 전자는 일(학습활동)의 조직과 일(학습활동)의 수행, 성취도 평가, 그리고 학급과 학교에서 하는 공동생활의 조정과 관련된다. 후자는 아동이 자신의 리듬에 따라 적합한 탐구를 조직하고 이끌어 나갈 때 형성적인 일(학습활동)이 발생한다는 점과 관련된다. 프레네는 개별적인 학습과 관련하여 '주간 일(학습활동) 계획'이나 '자가수정카드' 같은 기술과 도구를 개발했다. 그러한 기술과 도구의 사용은 협동생활의 원리에 따라 집단에서의 의사소통, 다른 사람과의 교류와 언제나 짝을 이룬다.Peyronie, 2000: 224 필요로 하는 새로운 일(학습활동)의 기술과 도구는 협동을 가정하면서 거의 언제나 협동의 조직을 불러오는 집합적이고 공동체적인 형태를 띤다. 그것은 자신의 책과 과제와 수업에만 몰두하게 하는 개별적인 일(학습활동)을 강조하는 데 그치는 전통적인 방식과 접근을 달리한다.Freinet, 1946 협동을 강조하지만 그 안에서 개인의 개별적인 학습을 보장하고, 개별적인 학습을 보장하지만 그것을 언제나 협동과 공동체의 틀 속에서 조망하게 한다는 협동체의 수업원리는 공동체의 가치와 개인의 가치를 동시에 존중하는 게 중요한 특징이다.

따라서 전체 수업의 기획구조, 자유 글쓰기, 학급 신문, 학습활동 계획 같은 기술은 진정으로 협동적인 수업 조직의 테두리 안에서 사용해야만, 본래적 의미를 달성할 수 있다. 협동적 수업 조직은 아이들의 관심에서 출발하는 교육을 위해 불가피한 장치였다.Baillet, 1995: 365 또한 수업은 교사와 아이들과의 협의 아래 이뤄지는데 그들이 함께 구성하는 주간 일(학습활동) 계획으로 인해 아이들은 학교와 공동체의 필연을 따르고, 조별이나 집단의 최우선적인 법칙 아래서 자신의 내적인 욕구를 따르게 된다. 프레네 학교 협동체에서 실천하는 교육은 그런 점에서 결코 아이들의 변덕에 좌우되지 않는다. 교사의 도움을 받아 아이들이 자신의 내적인 욕구에 따라 배우는 모습을 프레네는 동이 튼 이후 문간에 모여 그날의 일을 논의한 뒤 각자 들판으로 흩어져 자신의 일을 하는 농부들의 모습에 비유했다. 교실에서 학생들 각자는 자신의 리듬에 따라 일하고, 어느 정도 까다로우면서도 자신의 가능성possibilities에 적합한 일을 한다.Freinet, 1994a: 313-314

프레네 협동체는 협동적인 일을 훨씬 더 강조한다. 그렇지만 그룹에서나 협동체에서 일한다는(공부한다는) 것은 각 구성원이 항상 동일한 일을 한다는 것을 반드시 의미하진 않는다. 이 때문에 그는 조별로 이루어지는 일과 협동적인 일 개념이 구성원들 모두가 동시에 동일한 일을 한다는 것으로 오해되지 말아야 한다는 점을 분명히 했다. 앞에서 언급한 바처럼 개인은 공동체에 기여하는 일을 하면서도 자신의 인격을 최대한으로 보존할 수 있어야 하기 때문이다. 이와 같은 일(학습활동)의 새로운 형태를 프레네는 교육적이고 인간적으로 말해 그 중요성이 가장 크다고 평가했다.Freinet, 1994b: 406 협동교육이나 공동체를 강조하는 교육이 집단주의나 획일주의로 변질될 위험성이 있다는 점을 프레네는 분명히 인식했다.

또한 협동체에서 행하는 학생 주도 학습은 동료들과 하는 협동적인 일을 통해 완성된다. 협동작업 안에서 모든 아이들의 능력은 서로 보완된다. 어려움에 처한 아동은 자신이 그것을 할 수 없다는 의사를 표시하고, 교사의 도움 없이, 다른 학생에게 도움을 청할 수 있다. 이러한 상호도움의 과정 모두가 학습에 포함된다.Francomme & Even & 성장학교 별 엮음, 2006: 103 그리고 학생들끼리 상호도움을 줄 수 있는 조건을 마련하기 위해 프레네 학교는 혼합연령mixed-age으로 된 학급 구성을 선호한다.Francomme & Even & 성장학교 별 엮음, 2006: 33 아이들은 타고난 호기심이 있고 교사의 중재에서 벗어나 독립적으로 자신의 리듬에 따라 탐구행위를 할 수도 있지만, 그들은 독립적인 존재만이 아니라 자신이 속한 협동체에 기여하고 협동체로부터 배울 필요가 있다. 교육의 경쟁력을 키운다는 명목에서 수준별 분리 교육의 도입을 주장하는 것에 맞서, 혼합연령이나 혼합능력 집단으로 구성된 학급이 갖는 교육적 의의는 다음과 같은 비고츠키의 주장을 통해서도 확인할 수 있다.

비고츠키는 또래 간의 협동이 가능해지는 시기를 따로 정하지 않고 모든 연령에서 가능한 것으로 보았다. 비고츠키가 상정하였던 공동 활동의 대상이 성인이나 보다 유능한 또래였다는 점을 다시 한 번 염두에 둔다면, 공동 활동이 효과적으로 잘 일어날 수 있는 곳은 아마도 혼합능력집단, 혼합연령집단이 될 것이다. 이 혼합능력집단 혹은 혼합연령집단에서 보다 유능한 아동들은 발달이 다소 더딘 아동들을 도울 수 있을 것이다. … 혼합연령학급이 보다 능력 있는 아동들의 자기조절 기능을 발달시켜 주는데, 이들이 학급의 규칙을 세우고 나이 어린 아동을 도울 때 자기 자신의 행동에 대해 좀 더 생각하고 스스로의 행동을 조절할 수 있다는 것이다.^{한순미, 1999: 137-138}

경쟁력 향상과 교육 소비자의 합리적 선택을 위한 정보 제공 명목으로 표준화 시험(일제고사)을 실시해 왔다. 이러한 풍토 속에서 경쟁이나 획일적인 것이 아니라, 협동에 기초를 두고 평가 방식을 다양화하는 협동체의 평가 방식도 유심히 살펴볼 필요가 있다. 프레네는 "모든 개인은 성공하기를 원한다. 실패는 생기와 열정을 억제하고 파괴한다"^{Freinet, 1994b: 397}라고 하면서, 처벌과 경쟁심이 아닌 아이들의 성공 경험에 토대를 둔 새로운 평가 기술을 찾아내고 실천하였다. 그러나 경쟁과 성취도를 중시하는 상황에서 교사와 학부모들은 점수와 석차 매기기를 여전히 처벌과 경쟁심 유발의 가장 효과적인 방법으로 생각하면서 그에 집착할 수 있다. 아이들이 학교에서 공부하지 않을 것 같다는 현실적인 조건을 핑계로 들면서 말이다. 이와 달리 프레네는 아이들에게 일(학업)의 기호와 욕구를 제공하고, 협동적이고 사회적인 경쟁에 토대를 둔 건전한 경쟁심을 창조했다. 그럼으로써 그는 점수와 석차 매기기의 남용을 대체할 그래프와 자격증 체제에 초점을 두고 당시의 평가 방법을 바로잡으려 했다.Freinet, 1994b: 405

3) 교사와 학생 간의 협력 관계

협동체에서 교사와 학생의 관계는 도구적 관계나 서로 독립된 개별적 관계가 아니다. 공동의 목표를 지향하면서 작업하는 동반자 관계이다. 학생의 학습은 적극적이고 참여적이다. 지식을 전달하는 게 교사의 일차적인 기능이 아니다. 학급에서 교사의 역할은 도우면서 조언하고 협동하는 것이다.Baillet, 1995: 49 학생들 사이의 관계도 경쟁이 아니라 협동과 상호도움의 관계이다. 이는 시장 이데올로기의 강세 속에서 교사와 학생의 관계를 생산성, 즉 학업성취도에 토대를 둔 이익의 관계로 왜곡하는 것과 분명 다르다. 시장 이데올로기는 잠재적으로 교사와 학생 간의 관계를 철저히 도구적 관계로 정립할 수 있다.

또한 협동체에서 교사는 학급의 규율을 형성하기 위해 교실 조직을 지배하는 유일한 존재자이자 정보를 독점하는 원천이 교사라고 생각하지 않는다. 교사는 아이들이 자신의 학습에 능동적으로 참여하게 하는 것을 중시한다. 교사의 첫 번째 역할은 개별적이고 협력적으로, 또한 학생들과의 협력으로, 설비의 조직과 학교의 공동체적 생활을 끊임없이 완성하는 것이지Freinet, 1994a: 315, 독재자처럼 군림하는 게 아니다. 협동체에서 교사들은 민주주의의 생활양식을 아이들에게 몸소 보여 줄 뿐 아니라 아이들 역시 그것을 몸소 실천할 수 있기를 기대한다. 민주적으로 학교를 운영한다는 것은 결코 어른으로서 교사의 역할을 포기하는 것이 아니다. 그것은 아이들로 하여금 증대하는 책임의 몫을 나눠 갖게 하고 그렇게 해서 그들이 사회적·개인적 삶을 준비할 수 있게 돕는 일이다.Collectif I.C.E.M, Pédagogie Freinet, 1979: 107

같은 맥락에서 프레네 협동체에서는 아동의 '타고난 호기심'을 도와주고

지도할 때 어른(즉 교사)의 개입을 중요히 요구한다. 아이들은 자신이 일하고 싶은 자료를 선택할 때와 그러한 자료와 관련해서 해결하고 싶은 문제를 선택할 때 조언이 많으면, 분명 한층 더 잘 배울 수 있는 존재이기 때문이다. 교사를 안내자이자 조언자로 보는 이러한 견해는 교사를 아이들이 결정하는 것을 따르는 부차적인 인물로 생각하는 닐A. S. Neill의 견해와 구분된다.Beattie, 2002: 350-351 프레네 학교 협동체에서 교사는 지식과 정보의 많은 원천들 중 하나로 존재한다.

현재의 진보주의 교육에서 강조하는 학습자 중심이라는 용어는 권한부여(임파워먼트)라는 소비자 개념으로 쉽게 이용되거나, 고립된 선택자로 학습자의 위치를 부여한다. 이에 최근의 경영주의에서 요구하는 간소화되고 유연화된 체제에 잘 복무하는 인간상과 연결된다. 이는 프레네가 제시했던 개인과 사회의 협력관계를 와해시킬 여지가 있다.Darling & Nordenbo, 2003: 305 참조 이에 학생과 학생의 관계에서뿐 아니라 교사와 학생 간의 수평적 협력관계 속에서 이뤄지는 협동은 아동중심교육의 개인주의 성향에 대한 비판이나 또 다른 형태의 기업형 인간을 길러 낸다는 최근의 비판에서 벗어날 수 있게 하는 주요 원리일 수 있겠다.

4) 학교생활의 민주적·협동적 운영

프레네는 "교사를 포함한, 학교 구성원 모두가 학교생활과 일을 운영한다는 점을 중요하게 가정한다"Freinet, 1994b: 408. 벽신문과 협동체에서 매주 한 번씩 여는 전체회의가 이에 대한 좋은 예이다.정훈, 2006a: 41 아이들 자신이 직접 통치하는 협동체의 구성을 위해 의장과 서기, 회계가 선출되며, 협동체는 자체의 법규를 제정한다.Freinet, 1969a

교실이 소란스럽지 않은지, 누군가 다른 사람의 학업을 방해하지 않는지, 교실에서 맡은 책임을 수행했는지 등과 같은 교실 생활의 일상적인 문제와 벽신문에 적힌 내용들을 협동체의 전체회의 시간 동안 논의한다. 전체회의에서 벌이는 토론 중에 학교생활의 거의 모든 비밀은 노출되고, 비밀은 그렇게 최소한 종종 겉으로 드러날 수 있어 아이들은 자신의 비밀을 빼앗기기도 한다. 어른들 역시 여기에 연루되는데, 그들은 무엇보다 자신의 권위를 행사하려는 태도에 주의하고, 아이들과 똑같이 취급받으면서 성실하게 자신을 변론해야 한다. 이 점은 협동체에서의 전체회의가 정상적으로 기능하기 위해 반드시 필요한 조건이다.Freinet, 1960a

벽신문과 전체회의를 활용한 생활 문제 해결이나 조정과 별개로 규율 discipline 문제는 우리가 학교에서 고려해야 하는 또 하나의 중요한 과제이다. 협동체에서 규율은 외적인 규제가 아니라 협동적인 일(학습활동)을 통해 내적으로 형성된다는 것이 중요하다. 프레네 당시 전통 학교의 교사들은 무력감과 침묵 같은 정적인 질서에 익숙했다. 그들은 행위와 동작 속에서 이루어지는 조화나 일하면서 겪는 일체감 같은 역동적인 규율의 덕목을 제대로 이해하지 못했다.Freinet, 1994a: 314 이러한 상황에서 아이들은 자신의 외부에 존재하는 규칙에 순종하고, 자신의 성향을 억제하면서 엄격한 공통 법규를 따라야 했다. 그러나 외부 규칙에 순종하는 데 반대한다 해서, 그것이 교실을 무질서하게 내버려 둔다는 것을 의미하지는 않는다. 프레네는 "질서와 규율이 교실에 필요하다"는 점을 분명히 했다. 그리고 그 해결을 "협동적으로 일(학습활동)하는 가운데 형성되는 규율"에서 찾았다.Freinet, 1994b: 192

민주주의는 너그럽게 주도권을 행사하는 능동적인 일꾼과 자신의 자유를 소중히 여기면서도 정의를 위해 협동에 기초해 공헌하게 스스로를 제어하는 시민을 요구한다.Freinet, 1994b: 186 협동체의 벽신문과 전체회의, 협동적인 일을 매개로 형성되는 규율은 아이들이 그러한 일꾼이자 시민이 되게 돕는 하나의 방책이었다. 아이들은 학교에서의 민주주의를 거쳐 미래의 민주주의를 준비할 수 있으며, 학교에서의 권위주의적인 통치는 결코 민주적인 시민citoyens을 양성할 수 없다. 권위적인 습관이 깊이 뿌리박히게 되면,

아이들은 나중에 그러한 권위에서 벗어난다 해도 스스로를 제어하고 성찰하면서 행동할 수 없거나 자신의 활동을 유기적으로 체계화하는 데 어려움을 겪을 수밖에 없다.Freinet, 1994b: 412 이 점에서 프레네 실천교육학의 민주주의 원리는 엥겔Engel, 2000: 52이 말하는 민주주의 개념과 관련된다.

"사회적이고 개인적으로 성장하고 발달하는 과정은 정해진 한도 없이 서로 연결되어 있다. 그런데 그 과정이 평등한 토대 위에서 보편적으로 참여하게 하고, 모든 관점을 고려하고, 그 과정의 행로가 모든 사람들 사이에서 자유롭고 개방적인 숙의를 거쳐 결정된다면 우리는 그것을 민주주의라 부른다."

이러한 의미에서 프레네 협동체의 민주주의는 단순히 정치 형태만이 아니라 근본적으로 공동생활의 형식이자 경험을 전달하고 공유하는 방식으로 이해될 수 있다.Dewey, 1916: 137

5) 지역공동체와의 연결

프레네는 '나들이' 기술을 통해 지역공동체와 자발적이고 협력적으로 교제하려고 했다. 아이들이 지역공동체로 나가는 것만큼 공동체 구성원들을 학교 안으로 끌어들이는 것을 중시했다. 그것을 계기로 학생들은 자신에게 자연스럽고, 교사와 학생들 모두에게 분명한 이익을 가져다주는 문화적 요소를 서로에게 이야기하고 소통할 수 있었다. 학생들은 나들이 수업에서 되돌아오면 나들이에서 경험한 일들을 칠판에 적는다. 그리고 그것은 서로 간의 협동 속에서 이뤄지는 인쇄작업과 학교 신문 제작으로, 그리고 학교 간 통신교류의 순환으로 이어졌다. 나들이의 경험을 학급의 인쇄기를 통해 살아 있는 텍스트로 서로 옮기는 과정에서 아이들은 깊은 흥미를 느낀다.Freinet, 1980: 18-19 참조 이는 교실이 실제 사회와 같은 곳으로 고립된 기관이 아니라, 프레네가 주목한 것처럼 상호 연결되고, 상호의존적이며, 상호 작용하는 세계라는 점을 인식하게 한다.^{Acker, 2000: 15-16} 교실은 세상 속으로 확장되어 아이들이 삶의 공동체에 참여하고, 타인과 타 문화를 더욱 잘 이해할 수 있게 하는 길을 연다는 점에서 "세상의 일부이다"^{Acker, 2000: 9}. 시장 이데올로기는 지역공동체가 학교 운영에 참여할 기회뿐 아니라 지역 공동체와의 관계를 약화시킬 수 있다. 이러한 상황에서 학교의 협력 관계를 지역공동체와의 협력 관계로 확장하고, 지역공동체와의 협력 관계를 다시 학교 안의 협력 관계로 이어지게 하는 프레네 협동체 사례는 학교와 지역공동체 사이의 협력의 중요성뿐 아니라 그것이 어떻게 실천될 수 있는지를 제시한다.

이상 능동적·사회적 존재로서의 아동 이해, 개인의 목적을 공동체의 테두리 속에서 조망하게 하는 것, 협동생활의 원리 속에서 자신의 리듬에 따라 개별학습을 가능하게 하는 것, 경쟁의 집착에서 벗어난 평가체제를 수립하는 것, 함께 작업하는 동반자로 교사와 학생의 관계를 바라보는 것, 모든 학교 구성원이 참여해 학교생활을 공동으로 조정하고 운영하는 것, 협동적인 일을 매개로 규율을 형성하는 것, 타 문화와의 자발적인 교제를 촉진하는 것 모두를 우리는 민주적으로 학교 협동체를 구성하는 원리로 참조할 수 있을 것이다.

4. 시사점과 결론

끝으로 현재의 시장주의자들의 주장과 관련해 프레네 학교 협동체의 핵심 원리가 주는 시사점 몇 가지를 생각해 보자.

첫째, 시장이데올로기 아래서 교사와 학생, 학부모와 교사, 학교의 관계는 성적 향상 유무를 따지는 도구적 관계로 왜곡될 위험성이 잠재해 있다. 프레네 학교 협동체는 이러한 위험과 다른 방향에서 그 관계들이 어떻게 재설정되어야 하는지를 제시한다. 학생과 학생, 학생과 교사, 교사와 학부모, 학부모와 학교 간의 협력관계 회복 속에서 그들 스스로가 협동적인 공동체를 건설해 간다는 점은 학교 구성원들을 효율성이나 경쟁력의 도구가 아닌 협동과 민주주의 사회를 건설하는 주체로 스스로를 인식할 수 있게 한다. 학교 구성원들이 학교의 세계를 창조하고 규정하는 것이 프레네 학교 협동체의 중요성이며, 프레네가 보여 주었던 것은 이러한 협동체, 협동에 기초한 생활공동체로서의 학교였다. 그의 교육실천이 여전히 '현대성'을 갖는 것은 바로 이러한 협동체를 통해 구성원들이 함께 어우러져 고유한 문화와 의사소통의 수단을 만들고, 건설적으로 사회를 구성하듯 그들 스스로의 공동체를 건설해 간다는 데 있다.Boumard, 1996: 68 특히 아이들 각자가 자신의 목소리를 갖고 능동적으로 활동하는 협동체로서의 학교는 아이들이 만드는 하나의 작품이자 그들의 집합적 소유물이며, 바로 그들 자신의 것이 된다. 아이들은 학교 안에서 자신의 존재를 인식하는 정도에 따라 전념을 다해 열정적으로 공부한다.Freinet, 1969a

둘째, 프레네 학교 협동체의 사례는 아동의 자율성과 다양성 신장을 위한 교육이 협동과 민주주의의 원리 속에서도 충분히 가능하다는 사실을 실제 보여 주었다. 제퍼슨이나 만이 구상했던 공적인 교육의 중요성을 계승한 20세기 초 진보주의자들 다수는 민주적 학교를 표방하면서 교육의 다양성을 실험했다. 그들의 사례와 마찬가지로 프레네는 민주적 협동체 안에서 이뤄지는 개별화된 교육을 중요하게 실천했다. 프레네 학교 협동체처럼 민주적 공동체를 구성하고 민주적 가치를 지향하는 것이 필연적으로 시장주의자들의 주장처럼 대립을 가져오거나 획일적이고 비효율적인 교육을 가져오는 것은 아닐 수 있다.

셋째, 학교 협동체는 공적이고 민주적인 가치 속에서 '배움'의 욕망을 되살리고, '다양한 능력이나 관심을 가진 아이들이 서로의 차이를 통해 배우는 협동학습을 실현'하고, 다양한 능력과 개성을 가진 학생들에 의해 학습을 협동화하는 일사토 마나부, 2001: 83, 126의 가능성을 제시한다.

프레네의 학교 협동체는 '협동'과 '자신의 리듬에 따라 개별화된 학습을 진행하는 것' 모두를 중요하게 여긴다. 프레네는 살아 있는 공동체 품속에서 아이들이 자신의 리듬에 따라 협동적인 일을 하면서(학습활동을 하면서), 공동체에 기여하게 하는 가능성을 탐구하고 찾아냈다. 가르치고 배우는 과정에서 프레네가 고안한 기술과 도구 대부분은 협동의 조직을 불러오는 것이었다. "공동체와 협동을 통한 개인의 자유 강조는 프레네 운동이 시민성의 발달과 민주주의의 혁신에 의미 있는 기여를 한다는 중요한 주장을 제기하게 하는 근본적인 통찰"Starkey, 1997이다. 협동과 창조, 그리고 구성적인 일은 현재까지 이어져 오는 프레네 실천교육학의 핵심 가치이다. 협동 공동체에서 영위하는 생활은 강력한 사회적 가치의 발달을 이끈다. 실제적 활동을 직접 경험하는 것은 개인적인 경험을 통해 자연스럽게 배운다는 이상적인 맥락이 된다. 이러한 수단 모두는 그 과정의 궁극적인 목적인 책임감 있고, 양심적이며, 비판적인 시민으로 준비하도록 한다.Lee & Sivell, 2000: 70 아동의 자유와 자신의 리듬에 따른 교육 못지않게 자신을 둘러싼 사회에 대한 책임과 협력을 강조하는 입장은 아이들을 사회공동체 생활에 참여하게 하면서 약자에 대한 배려, 소외계층에 대한 배려, 협력의식, 협동심, 사회적 연대의식의 함양을 동시에 강조하는 것이다. 이를 계기로 아이들은 개인의 자유와 더 넓은 공동체의 가치와 규칙 사이에서 균형을 잡고 살아갈 기회를 얻을 수 있을 것이다.

"하나의 교실이나 집단 안에서 각 학생이 진도나 능력에 따라 다양한 활동을 전개하는 것과 학습이해도나 능력에 따라 집단이나 반을 나누어 아이들을 조직하는 것은 결정적으로 다르다."사토 마나부, 2003: 124 전자가 프레네의 방식이라면 후자는 주로 시장주의자들이 수월성의 이름으로 주창하는 방식이다. 앞서 살펴본 프레네 협동체의 수업원리는 수월성의 이름으로 추진하고 있거나 추진 중인 수준별 학급이나 우수아를 대상으로 한 특수목적고를 요구하는 입장, 기초학력 증진을 목적으로 일제고사의 부활을 요구하는 입장과 분명 구분된다. 협동과 민주적 가치를 중심에 놓고도 다양성과 개별화된 교육은 가능할 수 있다. 프레네 학교 협동체의 원리가 민주적 삶의 방식을 체험하는 학교 운영의 중요성뿐 아니라, 민주적 가치와 공공성의 보존 속에서 개인의 욕구와 재능 그리고 자신의 리듬에 따른 교육이 어떻게 가능한지에 대한 하나의 모델을 제시한다는 점은 우리에게 귀한 시사점 하나를 제공한다.

끝으로 그의 협동체 실험은 현재 일부 학교들에서 실천되는 학교협동조합이 단순히 매점 협동조합 같은 경제적(또는 사업체) 관점에서만 제한적으로 이해, 실천되지 말고 학교생활 전체를 아우르는 핵심 원리로 스며들어야 한다는 점을 시사한다.

15장
시민교육

1. 시민교육의 필요성

개인의 가능성을 실현시키는 일과 함께 개인을 정치적인 공동체에서 살아가도록 시민으로서의 자질을 길러 주는 것은 공적인 학교교육의 중요한 목적이다. 학교는 현 정체인 민주공화국의 시민을 양성하는 기관이기도 하다. 이에 학교는 "공공선에 대한 헌신, 공적 결정에 대한 적극적인 참여와 모든 시민이 공동체로부터 배제되지 않고 권리와 혜택을 누리는 시민권의 원리, 시민적 덕에 대한 강조가 핵심 내용"인 공화주의 원리최장집, 2002: 227에 기초하고 그 점을 교육해야 한다. 그것은 '시민윤리' 같은 교과목들을 통해 가능할 수도 있을 것이다. 아이들을 시민권을 지닌 존재로 보고 학교를 일종의 시민공동체처럼 운영하면서, 그들이 학교생활 속에서 자연스럽게 시민적 자질을 함양하도록 할 수도 있을 것이다.

그런데 교과 지식의 습득을 토대로 한 시민교육은 명제적 지식을 가르치는 데 치중하여 시민적 자질이나 의식이 학습자에게 이해되거나 내면화되지 않은 채 교육 평가의 도구로 전락되거나, 시민교육을 민주주의 체제 안에서 사용하는 행위의 규범만을 가르치는 교육으로 협소화한다는 비판을 받아 왔다.임희숙, 2005: 22 또한 심익섭2004: 34은 민주주의에 필수적인 시민정신은 학교 자체가 민주적이지 못하면 교육될 수 없고, 민주시민적 가치는 관념이 아니라 주로 실천 과정에서 학습된다는 점을 지난 세기 동안의 민주시민교육이 공통적으로 보여 주었다는 점을 지적한다.

이에 이번 장에서는 학교를 시민공동체처럼 운영하면서 미래의 시민을 양성하려 했던 프레네 시민교육의 특징과 시사점을 살펴보고자 한다. 스타키Starkey, 1997는 프레네 실천교육학을 근본적으로 시민교육에 관한 것으로 평가했다. 그는 프레네 실천교육학에서 중요시하는 개인과 공동의 책임에 기초한 학교생활 조직, 개별적이고 협동적인 탐구, 학교를 주변의 공동체들과 연관시키는 내용들이 학교의 주된 교육 목적인 능동적이고, 협동과 상호 간의 도움에 근거하는 시민교육과 논리적으로 연결된다고 보았다.

2. 시민교육의 방법

프레네는 시민적 덕을 순종과 수동성에 의한 방법으로는 거의 함양할 수 없다고 보았다. 그에게 시민적 덕은 행동에 의해 함양되어야 했다. "우리는 미래의 시민을 어떻게 준비시킬 것인가"라는 질문에, 그는 제도에 대한 지식이나 시민적 덕에 대한 이론 습득 대신, 학생들의 자율과 책임, 협동, 동료애와 연대성을 경험하게 하는 다양한 일의 도구와 기술들에서 그 답을 구했다.

미래의 시민은 첫째, 아이들이 스스로 책임지도록 하는 생동감 있는 학교 협동체의 조직과 기능에 의해서, 둘째 아이들에게 신문 출판의 과정을 가르쳐 그들이 정치인들의 입장을 반영하는 인쇄물을 숭배하는 것에서 벗어나게 하는 학교 신문을 출판하는 것에 의해서, 셋째 아이들의 지평을 넓히고 그들이 연대성과 동료애가 필요하다는 것을 이해하도록 만드는 국내외적으로 이루어지는 학교 간 통신교류에 의해, 넷째 읍·면, 도, 국가나 국제 단위 차원에서 아이들의 집회를 조직하는 것에 의해, 다섯째 학교 협동체의 일반 집회(전체회의)와 벽신문 실천에 의해서, 여섯째 자기 자신에 적합한 교양을 위해 고안된 자기 책임을 지도록 하는 일(학습활동) 계획, 자가수정카드, 그리고 자유연구발표에 의해서 길러질 수 있다는 것이다. 이처럼 프레네는 자유와 협동에 바탕을 둔 여러 기술들로 민주주의를 효과적으로 실천하는 것보다 시민의 역할을 준비하는 데 더 좋은 것이 없음을 분명히 했다.^{Freinet, 1960a}

프레네의 시민교육 실천은 특정한 교과목을 통해서가 아니라, 위에서 언급한 다양한 일의 도구와 기술들로 아이들을 자율과 책임, 협동과 협력, 동료애와 연대성, 능동적 참여의 덕을 지닌 시민으로 기르고자 한다. 즉 시민이 갖추어야 할 자질 함양을 위해 아이들은 시민적 덕이나 제도, 법률 등을 이론적으로 습득하지 않는다. 대신 그들은 자가수정카드, 일(학습활동) 계획으로 자신의 책임하에 자율적으로 공부하는 법을 배우고, 자유 글쓰기와 인쇄작업, 신문 만들기, 학교 간 통신교류로 이어지는 협동적인 공동의 일을 통해 시민적 자질을 함양한다. 학교 간 통신교류와 함께 학급 나들이는 아이들이 학교 밖 세계와 만나고 사귀며, 동료애와 연대의 정신을 배울 수 있는 좋은 기회를 제공한다. 아울러 벽신문과 매주 말 열리는 전체회의는 규칙의 제정과 준수, 생활문제의 해결 방법을 경험하게 하면서 아이들의 자치능력을 함양시키는 좋은 방법이 된다. 프레네는 "공동체와 협동을 통한 자유를 강조하면서 프레네 운동이 시민성의 발달과 민주주의의 혁신에 의미 있는 기여를 한다는 중요한 주장을 제기하게 하는 근본적인 통찰"^{Starkey, 1997}을 보여 주었다.

또한 프레네 학급에서 구성원들 각자는 일반 시민들처럼 평등한 권리와 책임을 가질 뿐 아니라, 학급은 구성원들 각자가 삶을 위한 공동체에 기여하는 일종의 시민공동체처럼 운영된다. 학급에서 아이들은 개별적인 학습자이자 집단과 학급의 일원으로 존재하기 때문에, 행동하고 표현하고자 하는 그들의 자유는 언제나 다른 친구들의 자유를 보호하기 위해 필요한 제약들 속에서 행사된다. 이처럼 프레네의 시민교육은 단지 제도에 대한 지식의 습득과 별도로, 생활의 방식으로서의 민주주의에 대한 실질적인 이해에 바탕을 두고 전개된다는 데 중요한 특징이 있다.Starkey, 1997

프레네에게 이러한 시민교육은 도덕교육과 하나의 쌍을 이룬다. 학교를 끝마쳤을 때 아이들이 갖추기를 원했던 도덕적 시민적 덕성을 프레네는 다음과 같이 들었다. 하나는 도덕법칙과 관련하여 종파주의와 계급적 편견을 갖지 않는 것, 공정성, 공동체의식과 도우려는 의지, 충성심, 협동적인 삶과 상호도움, 자제력, 자비, 책임감을 갖추는 것이었다. 다른 하나는 시민권과 관련하여 시민법과 인권선언문에 관한 지식, 인간의 생활과 자유 존중, 평화를 위한 투쟁, 사회적 이상의 소유, 선출된 권위에 순종하는 태도를 갖추는 것이었다. 프레네에게 이러한 덕성의 함양은 자유와 평등, 동료애와 평화가 있는 학교의 자유로운 교육에 의해서만 가능했다. 그가 창안한 일의 도구와 기술은 그것을 가능하게 하는 좋은 수단이었다.Freinet, 1990b: 124 참고로 2015 개정교육과정에 명시된 하나의 인간상은 더불어 사는 사람으로 "공동체 의식을 가지고 세계와 소통하는 민주시민으로서 배려와 나눔을 실천하는 사람"이다. 또한 공동체 발전에 적극적으로 참여하는 공동체 역량을 하나의 핵심 역량으로 설정했다. 이는 프레네가 중시했던 공동체의식과 도우려는 의지, 충성심, 협동적인 삶과 상호도움 같은 덕목과 관련된 사항이다. 이에 프레네의 일의 도구와 기술은 2015 개정교육과정에 명시된 민주시민의 자질과 공동체 역량을 어떻게 함양할 것인지와 관련해 하나의 참고가 될 수 있을 것이다.

3. 프레네 시민교육이 주는 시사점

프레네 시민교육론이 우리 시민교육에 줄 수 있는 시사점 몇 가지를 우리는 다음과 같이 생각해 볼 수 있겠다.

첫째, 법규에 대한 존중과 준수를 중요한 시민적 덕 중의 하나라고 본다면, "개인들에게 굴복하는 습관을 훈련시키지 않고 어떻게 복종의 습관을 길러 줄 것인지"나 "권력보다는 자유를, 제약보다는 자율성을, 예속 상태보다는 책임감을 지니기 위한 권위는 어떻게 이루어지는가 하는 문제들"Canivez, 1995: 38은 우리에게 여전히 중요한 질문이다. 프레네는 개인의 자율과 책임, 협동과 협력, 평등한 의사소통 구조 등에 바탕을 둔 다양한 도구와 기술을 활용했다. 이러한 프레네 시민교육의 생생한 실제는 우리에게 이에 대한 하나의 답을 제시할 수 있을 것이다.

둘째, 이론적인 덕목의 습득보다는 삶의 방식으로서의 행동을 경험하는 것이 시민을 길러 내기 위한 최선의 방식일 수 있음을 프레네가 보여 준다는 점이다. 듀이가 '삶의 방식으로서의 민주주의'를 언급한 바처럼, 그는 권위적인 학교생활 속에서는 결코 자율과 책임, 협동의 능력을 갖춘 능동적인 시민을 길러 내기 힘들다는 평범한 진리를 다시 한 번 일깨워 준다. 우리는 학교에서의 민주주의를 통해 미래의 민주주의를 준비하며, 학교에서의 권위주의적인 통치는 민주적인 시민들을 형성할 수 없을 것이기 때문이다.Freinet, 1994b: 410 이와 관련하여 프레네 학교(또는 학급)의 전체회의는 학교의 모든 구성원들이 평등한 권리로 참여해 공동의 삶을 민주적으로 운영하는 법을 배우고, 어린 나이부터 시민권의 가치를 체험하게 하는 것이 어떻게 가능할 수 있는지를 보여 준다.

셋째, 프레네가 보여 준 시민교육의 내용과 방법은 우리의 학교들에서도 그리 낯설지 않은 것들이다. 그렇지만 그의 자유 글쓰기, 인쇄작업, 신문 만들기, 학교 간 통신교류로 이어지는 순환은, 그것이 실제로 똑같은 내용과 방법들을 우리가 실천하고 있다 해도, 그것이 어떻게 개인의 동기를 이끌어 내고, 시민의 덕목인 협동과 동료애, 연대의 정신을 일깨우는 과정으로 발전할 수 있는지를 참고할 수 있게 한다.

넷째, 위의 순환 중 학교 간 통신교류는 다양한 지역적, 문화적 배경을 지닌 친구들이 서로의 차이를 이해하고, 그것을 존중하고, 서로 간의 동료애와 연대의 정신을 배울 수 있는 수단이 될 수 있다는 점이다. 프레네 당시의 우편교류가 지금은 주로 인터넷을 이용한 통신교류로 변경된 바처럼, 우리의 학교에서도 동료애와 연대성을 기르는 교육적 수단으로 국내외적으로 이루어지는 통신교류를 적용해 볼 수 있을 것이다.

결국 그의 시민교육은 여러 일의 도구나 기술들로, 한편으로는 아이들의 복잡하게 뒤얽힌 흥미들을 충족시키며 자신의 가능성을 찾아가도록 하고, 다른 한편으로는 현 정체政體가 요구하는 시민의 덕들인 자율과 책임, 협동, 동료애와 연대의 정신을 경험하고 함양하게 하는 것으로, 우리 시민교육 실천을 위한 하나의 참고 모델로 기여할 수 있을 것이다.

16장

맺음말

교육에 종사하고 있거나 하려는 사람들은 인간은 왜 교육받아야 하는지, 교육과 학교의 목적은 무엇인지, 누가 학교에 다녀야 하는지, 어떤 내용을 중요하게 가르치고 배워야 하는지, 학교에서 학생들은 어떻게 배워야 하는지, 가르치는 방법은 어떠해야 하는지, 학생을 어떻게 평가해야 하는지, 훈육을 어떻게 해야 하는지, 교사 역할은 무엇인지 등의 질문에 부딪칠 수밖에 없다. 이에 그들은 이러한 질문들과 씨름하면서 이를 안내하는 실천이론이나 철학적 견해를 갖추도록 노력해야 한다. 최소한 교육 문제를 바라보는 자신의 견해를 발달시키는 것이 필요하다.Murphy, 2006: ix-x 물론 그것이 엄밀한 '학문으로서의 철학'이기보다 그와 유사한 내용이 담겨 있는 '사상이나 견해로서의 철학' 즉 이상적 교육의 형태와 원리에 관한 신념이나 주장일지라도 말이다. 이 작업은 또한 역사적 작업을 동시에 요구한다. 선학자의 사상과 대화하며 그것을 분석하고 종합하는 가운데 우리가 교육자로서 우리 작업을 안내할 우리 자신의 실천이론이나 철학의 실마리를 구할 수 있기 때문이다.

선학자들과 대화하며 우리는 오늘날의 교육 문제들이 역사 전체에 걸쳐 있어 왔던 문제들과 거의 다르지 않다는 것도 확인할 수 있다. 이에 위에서 제기한 질문들을 깊이 이해하고 교육실천의 근거를 얻기 위해서라도 우리는 역사적 뿌리를 함께 공부할 필요가 있다. 위의 질문들이 실험적 검증을 통해 진위가 가려지는 실증과학적 성격의 질문이 아니라는 점 또한 여러 교육사상가나 철학자의 논리 근거에 주목해 우리가 그 질문들을 끊임없이 사유하게 만든다. 결국 우리가 한 명의 사상가에 주목하면서 교육실천의 근거를 살피는 이유가 바로 여기에 있다. 이러한 사유 작업이 충족될 때 우리는 주어진 이론의 단순 집행자에서 벗어나 우리의 실천을 스스로 이끌고 통제할 수 있을 것이다. 그러면 이상 살펴본 프레네의 실천교육학을 토대로 위 질문들과 관련해 주목할 만한 중요 사항을 정리해 보자. 이는 필자가 프레네에게 배운 것이기도 하다.

1) 학습자인 아동은 생명원리인 일의 욕구로 가득 찬 능동적 존재이자 타고난 학습자이다. 그러나 능동적 존재로서의 아동은 언제나 학급 집단에 속하는 아동이자, 사회문화적 공동체에 속하는 사회적 주체로서의 아동이다. 아동은 왕처럼 군림하는 존재가 아니다. 아동의 욕구는 사회의 필요(요구)와 연결되어야 하고 아동은 교사의 도움으로 자신의 인격을 스스로 구축한다. 아동은 '채워야 하는 포대자루'가 아니다. 아동은 생명력과 실험하고 싶은 욕구, 알고 싶은 욕구, 소통하고 싶은 욕구, 표현하고 싶은 욕구, 더 높이 올라서고 싶은 욕구들로 가득 차 있는 존재이다.

2) 아이들이 지닌 생명의 잠재력을 보존하고 향상시키는 동시에 그들이 지닌 생명적 힘의 가능성을 강화하는 데 교육의 목적이 있다. 아동이 자신의 인격을 최대한 발달하게 돕는 데 교육 행위의 이유가 있다. 이는 아이들을 지성, 탐구자, 창조자, 작가, 수학자, 예술가의 능력을 갖춘 전인적 인간이자 스스로 방향을 설정하는 자유 존재로 성장하게 하는 일이다. 페스탈로치를 평생 연구해 온 김정환[1995] 선생은 교육에 대한 페스탈로치의 소신을 "우선 온전한 사람으로 일깨워 키우자. 지식이나 기술, 그리고 쓸모는 그 다음다음이다"라는 두 문장으로 간명히 요약한 바 있다. 4차 산업혁명 시대에 필요하다는 지식이나 기술, 쓸모가 교육현장을 압도하는 현실에서

아이들이 자신의 인격을 최대한 꽃피우게 도우면서 전인적 인간으로 성장하게 돕는 것을 교육의 1차적인 목적으로 삼는 것은 여전히 타당하다.

3) 사회문화적 공동체에 속하는 사회적 주체로서의 아이들은 합리적 공동체 안에서 자신의 인격을 최대한 발달시킬 수 있다. 협동과 민주주의는 개별적인 요구와 대립하지 않는다. 그것은 하나가 다른 하나를 포기하게 하지 않으면서, 즉 협동과 민주주의의 가치를 중심에 놓고도 개별화된 다양한 형태의 교육이 가능할 수 있음을 말한다.

4) 거기서 행하는 학습활동은 구성적이고 목적지향적인 활동이다. 즉 동기와 목적이 있고 만족감을 주는 일travail의 성격을 갖는다. 지성을 비롯한 각종 근육을 정상적이고 조화롭게 사용하는 일과 예술 활동을 통해 아이들은 자신의 인격을 최대한 꽃피운다.

5) "일과 놀이와 학습이 하나로 어우러진 것이 가장 좋은 교육"이다. 다양한 욕구를 충족하는 일과 놀이의 요소를 동시에 포함한 '일-놀이'나 '놀이-일은 그 자체가 학습의 과정이자 도덕적 성품을 기르는 과정이다. 우리가 교육에서 일의 요소를 배제하는 것은 삶의 균형을 깨뜨리는 보상 차원에서 하는 다양한 기분풀이만을 아동에게 제공한다. 반대로 놀이의 요소를 포함하지 않는 일은 아동에게 고역만을 제공한다.

6) 이에 괴로움이나 고통, 불편은 교육적으로 이득이 되는 요소이다. 그것이 제거된 교육은 전혀 교육적이지 않을 수 있다. 아이들에게 제공해야 하는 교육적 놀이는 "세찬 감정 동요, 고통, 충격, 승리에 기여하기 위한 극단의 긴장" 같은 일의 요소들을 자주 수반한다. 전통 교육의 반대 축으로 활동(능동) 학교를 고려하면서 일의 요소를 배제하고 놀이가 주는 재

미의 요소만을 강조하는 것은 '불편의 교육pedagogy of discomfort'을 조장할 수 있다. 불편의 교육은 우리가 편하게 생각하거나 익숙해져 있는 믿음을 방해하는 새로운 정보나 증거에 저항하거나 거부하게 만드는 것을 말한다.Norris, 2016: 80

7) 개인이 자신의 삶과 관련된 일을 하고, 자신의 힘으로 지식을 발견하고, 그것을 자신의 것으로 만드는 과정 속에서 지성은 형성된다. 삶과 행위(일)를 통한 지성 형성, 실험적인 모색, 자연스러운 방법, 자유표현, 협동의 방법으로 우리는 지성을 형성하고 학습에 대한 자발적 흥미를 불러일으킬 수 있다. 교과 지식은 그 자체로 가치가 없다. 그것은 우리의 삶과 관심과 만날 때(또는 관련성이 있을 때) 비로소 가치를 갖는다. 이와 상관없이 진행되는 지식 축적이나 암기는 지성 형성의 올바른 방법이 아니다. 프레네 학교에서 학생들은 '자가수정카드'나 '편집된 학습총서' 등을 활용해 자신의 리듬에 따라 배우고, 서로 협동하며 자신의 힘으로 지성을 형성한다.

8) 개인 발달을 이끄는 힘은 경쟁이 아니라 협동이다. 협동하는 삶의 원리에 따라 학습활동은 집단에서의 의사소통, 다른 사람과의 교류와 짝을 이룬다.

9) 평가의 목적은 경쟁 체제를 구축하고 분류하는 것이 아니라 구두시험이나, 논술, 포트폴리오 기록 같은 다양한 평가 방식을 활용해 아이들의 성장을 돕고 학습하고자 하는 의욕을 불러일으키는 것이다.

10) 규율과 질서는 상과 벌 같은 보상 체제나 강제적 힘에 기대지 않고 협동과 협력하는 일을 통해 형성된다. 아이들은 일하고자 하는 자신의 욕구를 충족할 때 균형 잡힌 개인으로 성장한다. 일이 지닌 사회적 관계 형

성 측면은 다음과 같은 세넷Sennett, 2012의 말로도 증명된다. 그는 "체화된 사회적 지식"이라는 사회학적 용어로, 악기 공방 안에서 이뤄지는 격식 없는 동작이 사람들을 감정적으로 연결하고 묶어 주고, 작업장 자체가 대화적 소통과 비공식적 연합의 장소임을 이야기한다. 또한 우리가 목표를 공유하고 힘든 일을 함께해 나가면서 여러 가지 차이들 역시 해소되는 모습을 볼 수 있다고 말한다. 이는 장인들의 작업장처럼 운영되는 학교에서 하는 일을 통해 아이들이 유사한 경험을 할 수 있음을 유추하게 한다. 반면일 욕구를 제대로 충족할 수 없을 때, 아이들은 기분풀이를 위한 여러 놀이나 '사이비 생명(삶) 기술'에 빠져 삶의 균형을 상실한다.

11) 학교 구성원들 모두가 협동적이고 민주적인 공동체를 건설해 가는 주체이다. 이는 학교 구성원들이 함께 어우러져 학교의 고유한 문화와 의사소통의 수단을 만들고, 건설적으로 사회를 구성해 가듯 그들 자신의 공동체를 건설해 간다는 말이다. 그런 점에서 학교는 새로운 주체성 형성을 가능하게 하는 제도 창출과 변형의 공간일 수 있다.

12) 교사와 학생은 '지배-종속' 관계가 아니라 협력과 동료애의 관계이다. 교사는 학생들과의 관계에서 결코 방관자여서는 안 된다. 학생들은 교사의 도움을 받아 자신의 인격을 스스로 구축하는 존재이며, 교사는 학생들 성장을 위해 중요한 지식의 원천이다.

13) 학교에서의 민주주의를 통해 우리는 미래의 민주시민을 양성할 수 있다. 이는 학교 자체가 민주주의를 체험하는 공간이어야 하는 이유이자 민주주의와 교육이 상호의존적일 수밖에 없다는 점을 말한다.

14) 교실은 고립된 공간이 아니라 세상을 향해 열린 소통의 공간이다.

교실은 세상과 상호 연결되고, 상호의존적이며, 상호작용하는 세계로 교실 공간 안에만 아이들을 가둬서는 안 된다.

15) 학교 공간은 아이들의 원활한 성장을 돕는 일종의 '준비된 환경'이다. 원활한 학습활동에 필요한 물적 조건인 시설과 공간, 각종 도구들을 충분히 갖추는 일은 교육의 성공을 위해 중요하다.

16) 개인의 욕구 충족만을 요구하는 것이 학생 중심의 본래적 의미가 아니다. 학생 당사자의 주관적인 욕구는 주간 학습활동 계획 같은 기술을 활용해서라도 학교 및 공동체의 필요와 협의(교섭)되는 것이 필요하다. 학생 중심교육은 학생들이 변덕과 공상에 따라 우왕좌왕하는 것이 결코 아니다. 그것은 학습활동의 방향을 안내하는 협의의 당사자로서 교사의 역할을 중요하게 고려한다. 학생과 교사 사이에 이루어지는 인격적 교섭이 학생들의 필요를 확인하는 가장 직접적이고 가장 의존할 만한 가치를 지닌 자료를 제공해 주는 방법일 수 있다.^{이돈희, 1996: 8}

17) 공교육의 대상은 모든 계층의 아이들이다. 공립학교는 선별에 기초해 특정 계층의 아이들을 주된 교육 대상으로 삼기보다 모든 아이들을 위한 교육에 힘써야 한다. 여러 능력의 아이들이 함께 협동하며 배우는 것은 사회 통합과 안정을 위해서도 중요하다. 일부 계층을 위한 분리 교육은 이를 저해한다.

18) 선학자들의 교육 유산은 하나의 정형이나 따라야 할 매뉴얼이 아니다. 각 교사는 자신이 처한 상황에 따라 그것을 달리 응용하고 발전시켜야 한다. 그것은 교사 자신의 실천과 실천이론을 정립하는 재료일 뿐 교사는 스스로 자신의 실천이론을 정립해야 한다. 이는 개별 교사의 전문성을 신

뢰하는 것이며 그들을 교사운동으로 결합하게 하는 주요 동인이다.

여전히 연구자들에게 정답을 처방받기를 원하는 교사들이 있을 수 있다. 교육학이 단일한 보편이론이나 실증과학이 되기에 어려운 점은 그 탐구 대상이 철학적 질문의 성격을 갖고 있기도 하지만 똑같은 교수 방법이라 하더라도 누구를 대상으로 하고, 어떤 환경에서 교육하느냐에 따라 그 결과가 달리 나타날 수 있기 때문이다. 인간을 교육하는 일은 변수를 통제하는 데 분명 어려움이 따른다. 생명의 잠재력으로 가득 찬 인간을 교육하는 일은 기계를 다루는 것처럼 공학적 계산에 따라 진행되지 않는 면이 있다. 이에 자신의 처한 문제를 해결하는 것은 당대의 신학교를 탐방한 후 프레네가 그랬던 것처럼 결국 각자가 처한 상황에서 스스로 찾아낼 수밖에 없을 것이다. 이는 프레네를 비롯한 교육사상가들의 실천이론이나 그들의 실천교육학을 재료 삼아 교사 스스로가 교육을 실천하며 자신의 실천이론을 정립하는 일일 것이다. 프레네가 고정된 정형을 뜻하는 방법이라는 단어 대신 기술(테크닉)이라는 유동성 있는 단어를 택했던 것은 바로 이러한 이유에서일 듯하다.

필자가 프레네 실천교육학으로부터 배운 이러한 명제들이 신념이나 주장의 수준을 넘어서기 위해서는 법칙과 이론의 정당화 문제에 우리가 계속 관심을 가질 필요가 있다. 그는 자신의 실천교육학을 정당화하는 논증으로 과학적(또는 학술적) 논증보다 자신의 실천이나 경험에 근거를 둔 경험적 논증을 많이 사용했다. 이는 그의 실천교육학이 비非과학성을 띤다는 비판을 불러오기도 했다. 이에 그의 실천교육학이 좀 더 보편성을 얻기 위해서는 최근의 실천이론들로 앞선 명제들을 논증해 내는 일도 필요하다. 이와 관련해 그의 실천교육학이 지향하는 '실천성'에 주목해 실천의 측면에서 정당화의 문제를 생각해 볼 수 있겠다. 그의 실천교육학을 둘러싼 이론적 정당화에 대한 논란은 그가 교육혁신에서 "강요보다는 설득을, 즉 말에 의한 설득이 아니라 조직 안에서의 본질적인 진보로 현실적인 진보를 입증해야 한다"Freinet, 1994b: 21라고 언급한 바처럼, 과학적 논증보다는 실천에서의 전이transfer의 문제로 해결하는 것도 한 방법일 수 있다는 말이다. "과학적 연구가 아닌 개인의 경험이 교육의 신뢰성을 위한 기조가 되는 한 전이의 문제는 회피할 수 없을 것"Oelkers, 1997: 721이기 때문이다. 그의 실천교육학과 관련해 또 하나 생각할 수 있는 아쉬움은 아이들 스스로 만들어가는 지식(교과 내용)을 이야기하면서 여러 도구와 기술은 개발했지만 피터스나 허스트처럼 아이들이 배워야 하는 가치 있는 지식(교과 내용)이 구체적으로 무엇인지에 대해서는 많이 언급하고 있지 않다는 점이다. 이는 자칫 그의 실천교육학을 방법론 측면에서만 계속 소비하게 할 것이라는 우려를 낳을지도 모르겠다.

그렇다 하더라도 그의 실천교육학을 다룬 이 책이 아동을 어떻게 보고 대할 것인지, 아이들의 배움은 어떤 방식으로 접근해야 할 것인지, 학교에서 주로 권위와 자유 간의 문제로 대두되는 규율과 질서 그리고 학교 운영의 문제를 어떻게 풀 것인지, 평가 방식은 어떠해야 하는지 등 우리가 학교교육 전반에 걸쳐 한 번쯤 고민해야 하는 주제들에 대해 논의하고 검토하면서 자신의 교육실천이론이나 교육에 대한 관점을 정리하는 기회가 되었기를 기대한다. 위 질문과 관련해 우리가 갖고 있던 사고방식을 근본부터 재검토하는 하나의 계기였으면 한다는 말이다. 그래야만 주로 다양한 교수학습의 기술들에 초점이 맞춰 소개되는 프레네 실천교육학이 여타의 교육사상가들이 간혹 우리 사회에서 소비되는 것처럼 "낡은 목적을 위한 새로운 교육 방법(기술)"으로 빠지게 되는 오류를 최소한 범하지 않을 수 있을 것이다.

| 참고 문헌 |

강선보(2002). 놀이의 평화교육적 의의. 안암교육학연구, 8(1), 15-35.

고려대학교 교육문제연구소 편(2007). 알기 쉬운 교육학용어사전. 서울: 원미사.

권성호(2002). 교육공학의 탐구. 서울: 양서원.

김동춘(2015. 4. 17). 지금 집필 중 ⑤ 김동춘 성공회대 교수. 한겨레, 23면.

김명신(2002). 프레네 교육학. 대안교육: 어제-오늘-내일. 서울: 문음사.

김무길(2006). 놀이의 교육적 성격: 듀이와 디어든을 중심으로. 교육철학, 35, 167-188.

김세희(2013). 현대 프랑스 교육운동의 관점에서 본 '페다고지 프레네'. 고려대학교 박사학위논문.

김정환(1995). 인간화교육이란 무엇인가. 인천: 내일을여는책.

김정환·강선보(2006). 교육학개론. 서울: 박영사.

류한구(1983). 교육 방법으로서의 놀이, 그 인식론적 고찰. 서울교육대학 논문집, 16, 319-330.

문혜림(2012). 교육혁명가 파울로 프레이리. 파주: 학이시습.

박주희·주수원(2015). 만들자 학교협동조합. 서울: 맘에드림.

박찬영(2017). 페다고지를 위하여. 서울: 살림터.

백운학·김경아(1997). 전통적 아동 놀이의 범주화를 위한 시도: 유형별 분류와 특징을 중심으로. 아동교육, 6(1), 168-198.

사공일(2008). 들뢰즈와 창조성의 정치학. 서울: 동문선.

서울특별시교육청(2008). 프랑스, 스웨덴, 핀란드의 교육. 서울: 서울특별시교육청(비매품).

손승남(2008). 배움의 근본 문제에 관한 해석학적 고찰. 교육철학, 41, 141-163.

송순재(2000). 공교육개혁을 위한 셀레스탱 프레네의 교육실천. 유럽의 아름다운 학교와 교육개혁운동. 인천: 내일을여는책.

송순재(2001). 야누쉬 코르착의 어린이 공화국: '돔 시에로트'와 '나쉬 돔'. 처음처럼, 25, 106-123.

송순재(2003). 20세기 교육사상가를 찾아: ③ 셀레스탱 프레네-공교육을 살리는 대안교육. 교육희망, 2003년 7월 2일 제5면.

송순재(2011). 셀레스탱 프레네와 프레네 교육학. 우리교육, 2011(6), 210-220.

송순재(2017). 혁신학교의 출현과 성장. 송순재 외. 혁신학교, 한국 교육의 미래를 열다.

　서울: 살림터, 17-44.

신승철(2011a). 펠릭스 가타리의 생태철학. 홍성: 그물코.

신승철(2011b). 사랑과 욕망의 영토. 서울: 중원문화.

신은수·김명순·신동주·이종희·최석란(2002). 놀이와 유아. 서울: 이화여자대학교출판부.

심익섭(2004). 한국 민주시민교육의 기본 논리. 김민정 외 12인(2004). 한국민주시민교육론. 서울: 엠-에드.

양은주(2006). 미국의 진보주의 교육운동. 오인탁 외 4인. 새로운 학교교육문화운동. 서울: 학지사, 106-176.

윤수종(2009). 욕망과 혁명. 서울: 서강대학교출판부.

이돈희(1996). 수요자 중심 교육과정의 정당성. 교육과정연구, 14(1), 1-12.

이오덕(2004). 아이들에게 배워야 한다. 서울: 길.

이혁규(2009). 교육현장 개선을 위한 실행연구 방법. 교육비평, 25, 196-213.

이호철(2004). 살아 있는 교실. 서울: 보리.

이환(2004). 몽테뉴의『에세』. 서울: 서울대학교출판부.

日本私立敎育會館(2000). 제4장 프랑스. 김득영·윤완·김현정 옮김(2000). 선진국의 학교교육. 서울: 한결, 147-182.

임희숙(2005). 학교공동체의 참여의 시민교육 모색: 참여민주주의 시민교육을 중심으로. 교육발전연구, 21(2), 21-41.

장상호(1999). PIAGET: 발생적 인식론과 교육. 서울: 교육과학사.

정재걸(2001). 전통 사회의 놀이와 교육. 동양사회사상, 4, 233-253.

정훈(2006a). 셀레스탱 프레네의 시민교육론. 교육문제연구, 24, 25-48.

정훈(2006b). 프레네의 일 개념과 일에 토대를 둔 학교. 교육과학연구, 37(1), 1-28.

정훈(2006c). 셀레스탱 프레네의 일을 통한 학교교육론. 고려대학교 박사학위논문.

정훈(2007a). 셀레스탱 프레네 학교 협동체의 교육원리: 협력과 민주주의. 교육철학, 38, 207-227.

정훈(2007b).『교육학의 불변법칙』(Les Invariants Pédagogiques, 1964)에 담긴 "프레네 교육"의 핵심사상과 과제. 한국교육학연구, 13(2), 99-125.

정훈(2008). 교육적 놀이의 범주화를 위한 시도: 프레네 '놀이-일' 개념으로. 교육과학연구, 39(1), 1-17.

정훈(2009). 자발성과 협력의 프레네 교육학. 서울: 내일을여는책.

정훈(2011a). 배움 욕구 회복을 위한 학교교육론으로 프레네 교육론의 의미. 한국교육학연구, 17(1), 32-56.

정훈(2011b). 교육 시장화 시대의 교사 전문성. 교육철학연구, 33(3), 21-41.

정훈(2012). 프레네 자유 글쓰기의 교육적 의미. 교육과학연구, 43(3), 1-25.

정훈(2013). 자율적 주체성 형성의 장으로서 교실 공간의 가능성: 가타리 이론과 프레네 실천의 만남. 교육철학, 49, 293-320.

정훈(2015). 프레네와 프레이리에 기초한 비판적 문해교육 방법론. 한국교육학연구, 21(2), 279-301.

정훈(2018). 대학에서 '소비자-학생' 접근에 대한 비판적 검토. 교육문화연구, 24(2), 117-138.

정훈·권성호(2013). 소통의 교육론으로서 프레네 교육의 의미. 학습과학연구, 7(3), 119-133.

정희모(2006). 글쓰기 교육과 협력학습. 서울: 삼인.

최장집(2002). 민주화 이후의 민주주의: 한국 민주주의의 보수적 기원과 위기. 서울: 후마니타스.

편해문(2007). 아이들은 놀기 위해 세상에 온다. 서울: 소나무.

한순미(1999). 비고츠키와 교육: 문화-역사적 접근. 서울: 교육과학사.

한형식(2010). 맑스주의 역사 강의. 서울: 그린비.

홍은광(2010). 파울로 프레이리 한국 교육을 만나다. 파주: 학이시습.

황성원(1997a). 프레네(C. Freinet) 교육에 대한 사회학적 고찰. 교육사회학연구, 7(3), 159-176.

황성원(1997b). 프랑스의 열린교육: R. 쿠지네와 C. 프레네의 교육을 중심으로. 열린교육연구, 5(2), 27-45.

황성원(2003a). 프랑스 교실개혁운동으로서 프레네 교육의 실천 가능성 탐색. 교육사랑방 발표 원고(미간행).

황성원(2003b). 19세기 말/20세기 초 프랑스의 신교육운동: 에콜 데 로슈에서 프레네 교육까지. 연세교육연구, 16(1), 49-78.

황성원(2003c). 셀레스탱 프레네의 삶, 교육관, 수업 사례. 교육비평, 12, 329-354.

황성원(2005). 프랑스의 신교육운동: 프레네 교육학을 중심으로. 2005 한독교육학회 춘계학술대회자료집, 117-151.

황성원(2006). 프랑스의 에듀카시옹 누벨-프레네 교육학. 오인탁 외 5인 저. 새로운 학교교육문화운동. 서울: 학지사, 177-241.

황성원(2007). 프레네 교육학의 전개 과정과 현재적 의미. 프랑스학연구, 42, 555-576.

황성원(2009). 개방형 공립학교 모델: 프랑스 프레네 학교. 비교교육연구, 19(2), 147-173.

황성원(2010). 표현과 소통의 교육: 셀레스탱 프레네. 서울: 창지사.

황성원(2016). 표현·소통·협력의 교육 프레네 교육학. 서울: 창지사.

황수영(2003). 멘 드 비랑: 의지적 노력의 철학. 류종렬 외 6인 공저(2003). 프랑스 사상의 이해. 서울: 한국방송통신대학교출판부, 57-85.

나가오 토미지(長尾十三二) 外(1985). 新教育運動史. 송일지 옮김. 서울: 한마당.

다케다 세이지(竹田靑嗣)(2001). 니체 다시 읽기. 윤성진 옮김. 서울: 서광사.

우메네 사토루(梅根悟)(1990). 세계교육사. 김정환·심성보 옮김. 서울: 풀빛.

코니시 히게나오(小西重直)(2001a). 노작교육의 의미와 본질. 처음처럼, 26, 67-80.

코니시 히게나오(小西重直)(2001b). 노작체험의 여러 모습과 가치. 처음처럼, 27, 76-100.

후지다 히데노리(藤田英典)(1999). 기로에 선 학교: 학교상(像)의 재검토. 처음처럼, 16, 75-98.

후쿠타 세이지(福田誠治)(2008). 핀란드 교육의 성공. 나성은·공영태 옮김. 서울: 북스힐.

히라노 이치로(平野一郎), 마쓰시마 히토시(松島鈞) 編(1985). 서구민중교육사. 이원호 옮김. 서울: 탐구당.

토박이 사전 편찬실 엮음(2018). 보리국어사전. 파주: 보리.

한겨레(2011. 7. 4). "맞춤법 틀리면 어때! 한 줄만 쓰면 또 어떻고!"(http://www.hani.co.kr/arti/society/schooling/485701.html 에서 인출)

Acker, V.(2000). *Célestin Freinet*. Westport & Connecticut: Greenwood Press.

Acker, V.(2007). *The French educator Célestin Freinet(1896-1966): an inquiry into how his ideas shaped education*. Lanham: Lexington Books.

Angerer, H.(2009). Virtual surroundings and individual language learning. In S. Müller-Using, & I. Kunze (Eds.). *Virtual connected language workshops at European schools: selected papers of the accompanying research*(pp. 38-43). Gyór.(http://www.viseus.eu/downloads/accompanyingresearch.pdf#page=38 에서 인출)

Apple, M. W., Gandin, L. A., & Hypolito, Á. M.(2001). Paulo Freire 1921~97. In Joy A. Palmer (Ed.). *Fifty modern thinkers on education: from Piaget to the present day*. London & New York: Routledge, 128-132.

Baillet, D.(1995). *Freinet-praktisch: Beispiele und Berichte aus Grundschule und Sekundarstufe*. 송순재·권순주 옮김(2003). 프레네 교육학에 기초한 학교 만들기. 인천: 내일을여는책.

Beattie, N.(2002). *The Freinet movements of France, Italy, and Germany, 1920-2000: versions of educational progressivism*. N.Y. & Queenston: The Edwin Mellen Press.

Becker, G., Kunze, A., Riegel, E., Weber, H.(1997). *Die Helene-Lange-Schule Wiesbaden*. 이승은 옮김(2011). 만들고 행동하고 표현하라. 파주: 알마.

Bens-Freinet, M.(1994). Three critical moments in the life of the Freinet. In J. Sivell (Ed.). *Freinet Pedagogy: Theory & Practice. Lewiston*, N.Y.: Edwin Mellen Press, 105-127.

Bizieau, N.(1996). Célestin Freinet, l'ICEM, un choix pédagogique, un engagement social et politique. *Le Nouvel Éducateur, 81,* 3-4(http://Freinet. org/ne/som-ne81.htm.에서 인출).

Bogue, R.(1989). *Deleuze and Guattari.* 이정우 옮김(2010). 들뢰즈 & 가타리. 서울: 중원문화.

Boumard, P.(1996). *Célestin Freinet.* Paris: PUF.

Boyd, W., & Rawson, W.(1965). *The story of the New Education.* London: Heinemann Education.

Bradley, J.(2012). Materialism and the Mediating Third. *Educational Philosophy and Theory, 44*(8), 892-903.

Bridges D., & Jonathan R.(2003). Education and the market. In N. Blake et al. (Eds.). *The Blackwell Guide to Philosophy of Education.* London: Blackwell, 126-145.

Bruliard, L., & Schlemminger, G.(2000). *Le mouvement Freinet: Des origines aux années quatre-vingt.* Paris: L'Harmattan.

Burbules, N. C. & Berk, R.(1999). Critical Thinking & Critical Pedagogy: Relations, Differences, & Limits. In T. S. Pppkewitz and L. Fendler (Eds.). *Critical theory in education,* N.Y. & London: Routlege.

Caillois, R.(1967). *Les jeux et les hommes.* 이상률 옮김(2003). 놀이와 인간. 서울: 문예출판사.

Canivez, P.(1995). *Éduquer le citoyen?.* 박주원 옮김(2002). 시민교육. 서울: 동문사.

Carnie, F.(2003). *Alternative approaches to education: a guide for parents and teacher.* London and New York: RoutledgeFalmer.

Castles, S., & Wüstenberg, W.(1979). *The education of the future: An introduction to the theory & practice of socialist education.* 이진석 옮김(1990). 사회주의 교육의 이론과 실천. 서울: 푸른나무.

Chamberlin, C.(1994). Alternative schools as critique of traditional schooling. In C. Chamberlin (Ed.)(1994). *Don't tell us it can't be done!: alternative classroom in Canada and abroad.* Toronto: Our Schools/Our Selves educational foundation, 161-180.

Chomsky, N.(2000). *Noam Chomsky on MisEducation.* 강주헌 옮김(2001). 실패한 교육과 거짓말. 서울: 아침이슬.

Clandfield, D., & Sivell, J.(1990). Who was Célestin Freinet? In C. Freinet(1990b). *Cooperative learning & social change* (D. Clandfield, & J. Sivell Eds., & Trans.). Toronto: Our School/OurSelves OISE.

Claparède, E.(1976). Preface. In A. Hamaïde. *The Decroly class: a contribution to elementary education.*(J. L. Hunt Trans.). N.Y.: Folcroft Library.

Collectif de.(1999). *l'ABCdaire de l'École de la France*. 김경랑 옮김(2000). 프랑스 학교. 서울: 창해.

Collectif I.C.E.M. Pédagogie Freinet(1979). *Perspectives d'éducation populaire*. Paris: PCM.

Darder, A.(2015). *Freire and education*. London & New York: Routledge.

Darling, J., & Nordenbo, S. E.(2003). Progressivism. In N. Blake et al. (Eds.). *The Blackwell Guide to Philosophy of Education*. London: Blackwell, 288-308.

Dearden, R. F.(1967). The concept of play. In R. S. Peters (Ed.). *The concept of education*. London: Routledge & KEgan Paul, 73-91.

Deux, V.(2008). 그림으로 이해하는 현대사상. 남도현 옮김. 서울: 개마고원.

Dewey, J.(1902). *The child and the curriculum*. 박철홍 옮김(2002). 아동과 교육과정/경험과 교육. 서울: 문음사.

Dewey, J.(1916). *Democracy & education*. 이홍우 옮김(1990). 민주주의와 교육. 서울: 교육과학사.

Dewey, J.(1938). *Experience and education*. 박철홍 옮김(2002). 아동과 교육과정/경험과 교육. 서울: 문음사.

Dewey, J.(1990). *The school and society and the child and the curriculum*. Chicago & London: The University of Chicago Press.

Dubreucq, F.(1994). Jean-Ovide Decroly(1871-1932). In Z. Morsy (Ed.). *Thinkers on education 1*. Paris: Unesco.

Durkheim, É.(2005). *Éducation et sociologie*(9th.). Paris: Quadrige/PUF.

Engel. M.(2000). *The struggle for control of public education*. PH.: Temple University Press.

Evans. J., Cook, I., & Griffiths, H.(2008). Creativity, group pedagogy and social action: a departure from Gough. *Educational Philosophy and Theory, 40*(2), 330-345.

Fatke, R.(1991). Jean Piaget. H. Scheuerl (Ed.). *Klassiker der Pädagogik. 2 Bände*. 정영근 외 옮김(2004). 교육학의 거장들 2. 서울: 한길사.

Fenstermacher, G. D., & Soltis, J. F.(2004). *Approaches to teaching*(4th.). N.Y.: Teachers College Press.

Ferrière, Ad.(1928). *The activity school*. F. Dean Moor & F. C. Wooton (Trans.). The John day company.

Francomme, O. & Even, J-N. & 성장학교 별 엮음(2006). 프레네 학교 이야기. 서울: 도서출판 별.

Francomme, O. & Even, J-N. & 이진주 인터뷰(2007). 평범한 교사와 평범한 아이들

이 만나 탁월한 학교를 만든다. 우리교육, 2007. 06, 81-85.

Francomme, O. &Even, J-N. & 성장학교 별 엮음(2007). 두 번째 프레네 학교 이야기. 서울: 도서출판 별.

Frankiewicz, W.(1994). Following-applying-seeking inspiration as possible varieties of dialogue with the Pedagogy of Célestin Freinet. In H. Hult (Ed.). *Teacher training and the educational system in Poland: some notes,* ED381536.

Freinet, C.(1920). Capitalisme de culture. *L'École Émancipée, 32.* In P. Boumard (1996). Célestin Freinet. Paris: PUF.

Freinet, C.(1935). Le manifeste éducatif de Freinet. *L'Éducateur prolétarien, 18.* In P. Boumard(1996). *Célestin Freinet.* Paris: PUF.

Freinet, C.(1937). Techniques et méthode. *L'Éducateur prolétarien, 15.* In A. Vergnioux(2005). *Cinq études sur Célestin Freinet.* Caen: Pu De Caen.

Freinet, C.(1946). La coopération à l'École Moderne. *BENP No. 22*(https://www.icem-pedagogie-freinet.org/node/11107에서 인출).

Freinet. C.(1947). Le texte libre. *BENP No. 25*(http://www.icem-pedagogie-freinet.org/node/11154에서 인출).

Freinet, C.(1956). *Les méthodes naturelles dans la pédagogie moderne.* Paris: Éditions Bourrelier.

Freinet. C.(1957). Le journal scolaire(extraits). In P. Boumard (1996). *Célestin Freinet.* Paris: PUF, 76-80.

Freinet, C.(1960a). Éducation morale et civique. *BEM No. 5*(https://www.icem-pedagogie-freinet.org/bibliotheque-de-l-ecole-moderne-n-5-l-education-morale-et-civique에서 인출).

Freinet, C.(1960b). La formation de l'enfance et de la jeunesse. *BEM No. 1* (https://www.icem-pedagogie-freinet.org/node/18122에서 인출).

Freinet. C.(1960c). Le texte libre. *BEM No. 3*(http://www.icem-pedagogie-freinet.org/node/18123에서 인출).

Freinet, C.(1962). Les Plans de travail. *BEM No. 15*(https://www.icem-pedagogie-freinet.org/bibliotheque-de-l-ecole-moderne-n-15-les-plans-de-travail에서 인출).

Freinet, C.(1969a). Appel aux parents. *BEM No. 56-57-58*(http://www.icem-pedagogie-freinet.org/node/18364에서 인출).

Freinet, C.(1969b). *La méthode naturelle II: l'apprentissage du dessin.* Neuchâtel: Delachaux et Niestlé.

Freinet, C.(1977). *Pour l'école du peuple.* Paris: Maspéro.

Freinet. C.(1980). *Les techniques Freinet de l'École Moderne.* Paris: Armand Colin.

Freinet, C.(1990a). *The wisdom of Matthew: an essay in contemporary French educational theory.* J. Sivell (Trans.). Lewiston, Queenston, Lampeter: The Edwin Mellen Press.

Freinet. C.(1990b). *Cooperative learning and social change: selected writings of Célestin Freinet.* D. Clandfield & J. Sivell (Eds. & Trans.). Toronto: Our School/OurSelves OISE.

Freinet, C.(1993). Education through work: a model for child-centered learning. J. Sivell (Trans.). Lewiston, Queenston, Lampeter: The Edwin Mellen Press.

Freinet, C.(1994a). *œuvres pédagogiques.* tomeⅠ. Paris: Seuil.

Freinet, C.(1994b). *œuvres pédagogiques.* tomeⅡ. Paris: Seuil.

Freinet, E.(1969). Naissance d'une pédagogie populaire. Paris: Maspero.

Freire, P.(1970). The adult literacy process as cultural action for freedom. *Harvard Educational Review, 40*(2), 205-225. 김쾌상 외 옮김(1991). 문화적 행동으로서의 교육. 민중교육론: 제3세계의 시각. 서울: 한길사, 17-42.

Freire, P.(1973). *Education for critical consciousness.* 채광석 옮김(2012). 교육과 의식화. 서울: 중원문화.

Freire, P.(1978). *Pedagogy in process: the letters to Guinea-Bissau.* 편집부 옮김(1984). 제3세계 교육론. 부산: 파도.

Freire, P.(1985). *The politics of education: culture, power, and liberation.* 한준상 옮김(2003). 교육과 정치의식: 문화, 권력, 그리고 해방. 파주: 한국학술정보.

Freire, P.(1994). *Pedagogy of hope: reliving pedagogy of the oppressed.* 교육문화연구회 옮김(2006). 희망의 교육학. 서울: 아침이슬.

Freire, P.(1996). *Letters to Cristina: reflection on my life and work.* 남경태 옮김(2011). 크리스티나에게 보내는 편지: 나의 삶과 일에 관한 성찰. 서울: 양철북.

Freire. P.(1998). *Teachers as cultural workers: letters to those who dare teach.* Boulder, Colo: Westview Press. 교육문화연구회 옮김(2000). 프레이리의 교사론. 서울: 아침이슬.

Freire, P.(2000). *Pedagogy of the oppressed(30th Anniversary Edition).* 남경태 옮김(2003). 페다고지. 서울: 그린비.

Freire, P., & Horton, M.(1990). *We make the road by walking: conversations on education and social change.* 프락시스 옮김(2006). 우리가 걸어가면 길이 됩니다. 서울: 아침이슬.

Freire, P., & Macedo, D.(1987). *Literacy: reading the word and the world.* 허준 옮김(2006). 문해교육: 파울로 프레이리의 글 읽기와 세계 읽기. 파주: 학이시습.

Freire, P., & Shor, I.(1987). *A pedagogy for liberation*. 김시원 옮김(1988). 해방을 꿈꾸는 교육. 서울: 이웃.

Gadotti, M.(1994). *Reading Paulo Freire: his life and work*. 백경숙·박내현 옮김 (2012). 파울로 프레이리 읽기: 그의 삶과 사상. 서울: 우리교육.

Genis, O. F. I.(2000). Anton Semyonovitch Makarenko(1888-1939). In J. Houssaye (de.). *Quinze pédagogues: leur influence aujourd'hui*. Paris: Bordas.

Genosko, G.(2003). Félix Guattari: towards a transdisciplinary metamethodology. *ANGELAKI: journal of the theoretical humanities. 8*(1), 129-140.

Genosko, G.(2008). Félix Guattari and popular pedagogy. In I. Semetsky (Ed.). *Nomadic Education: variations on a theme by Deleuze and Guattari*. Rotterdam: Sense Publishers, 61-76.

Giroux, H. A.(1987). Literacy and the pedagogy of political empowerment. In P. Freire & D. Macedo(1987). *Literacy: reading the word and the world*. 허준 옮김(2006). 문해교육과 정치적 임파워먼트. 문해교육: 파울로 프레이리의 글 읽기와 세계 읽기. 파주: 학이시습, 173-205.

Giroux, H. A.(1999). The mouse that roared: Disney & the end of Innocence. 성기완 옮김(2001). 디즈니 순수함과 거짓말. 서울: 아침이슬.

Go, N.(2011). 혁신교육철학과 성공적인 실천. 경기도교육청 국제혁신교육 심포지엄. 6월 3일. 경기: 고양 킨텍스(http://goe.go.kr//?menugrp=350400&master=bbs&act=view&master_sid=114&sid=285&Page=2&SearchColumn=&SearchValue=&SearchSchool=&SearchRecruit= 에서 인출).

Goodley, D.(2007). Towards socially just pedagogies: Deleuzoguattarian critical disability studies. *International Journal of Inclusive Education. 11*(3), 317-334.

Guattari, F.(1972). *Psychanalyse et transversalité*. 윤수종 옮김(2004). 정신분석과 횡단성. 서울: 울력.

Guattari, F.(1977). *La revolution moleculaire*. 윤수종 옮김(1998). 분자혁명. 서울: 푸른숲.

Guattari, F.(1980). Le capitalisme mondial intégré et la révolution moléculaire. 윤수종 옮김(2005). 통합된 세계자본주의와 분자혁명. 진보평론, 26, 266-282.

Guattari, F.(1989). *Les trois écologies*. 윤수종 옮김(2003). 세 가지 생태학. 서울: 동문선.

Guattari, F.(1992). *Chaosmose*. 윤수종 옮김(2003). 카오스모제. 서울: 동문선.

Guattari, F., & Rolnik, S.(2007). *Micropolitiques*. 미시정치. 윤수종 옮김(2010). 서울: 도서출판b.

Hamaïde, A.(1976). *The Decroly Class: A Contribution to Elementary Education*. J.

L. Hunt (Trans.). N.Y.: Folcroft Library.

Hameline, D.(1994a). Adolphe Ferrière(1879-1960). In Z. Morsy (Ed.). *Thinkers on Education, 1.* Paris: Unesco.

Hameline, D.(1994b). Édouard Claparède(1873-1940). In Z. Morsy (Ed.). *Thinkers on Education, 1.* Paris: Unesco.

Hameline, D.(2000). Adolphe Ferrière(1879-1960). In J. Houssaye (de.). *Quinze pédagogues: leur influence aujourd'hui.* Paris: Bordas.

Hamm, C. M.(1989). *Philosophical issues in education: an introduction.* 조무남·김기수 공역(2003). 교육철학탐구. 서울: 교육과학사.

Hargreaves, A.(2003). *Teaching in the Knowledge Society.* 곽덕주·양성관·이지현, 이현숙·장경윤·조덕주·황종배 공역(2011). 지식사회와 학교교육: 불안정한 시대의 교육. 서울: 학지사.

Hargreaves, A., & Shirley, D.(2009). *The fourth way.* 이찬승·김은영 옮김(2015). 학교교육 제4의 길. 서울: 21세기교육연구소.

Hayes, W.(2007). *The progressive education movement: Is it still a factor in today's school?.* Lanham: Rowman & Littlefield Education.

Haynes, J., Gale, K., & Parker, M.(2015). *Philosophy and education.* London & New York: Routledge.

Hebenstreit, S.(1999). Maria Montessori. 이명아 옮김(2005). 참교육자, 마리아 몬테소리. 서울: 문예출판사.

Hill, D.(2007). Critical teacher education, New Labour, and the global project of neoliberal capital. *Policy Futures in Education, 15*(2), 204-225.

Hughes, H. S.(1968). *The obstructed path: French social thought in the years of desperation, 1930-1960.* 김병익 옮김(2007). 막다른 길: 프랑스 사회사상, 그 절망의 시대 1930-1960. 서울: 개마고원.

Jörg, H.(1995). Freinet's educational methodology & its international sphere of influence. In H. Röhrs, & V. Lenhart (Eds.). *Progressive education across the continents: a handbook.* Frankfurt am Main & New York: P. Lang.

Kohn, A.(1992). *No contest: the case against competition.* 성재상 옮김(1995). 경쟁을 넘어서. 서울: 비봉.

Kohn, A.(2001). *Beyond discipline: from compliance to community.* 김달효·성병창·허승희 옮김(2005). 훈육의 새로운 접근. 서울: 시그마프레스.

Kozol, J.(1981). *On being a teacher.* 김명신 옮김(2011). 교사로 산다는 것. 서울: 양철북.

La Borderie, R.(1998). *Lexique de l'education.* Paris: Nathan.

Lamihi, A.(1997). *Célestin Freinet et l'ecole moderne.* Vauchrétien: Ivan Davy.

Le Grange, L.(2005). Guattari's Philosophy of Environment and its Implications for Environmental Education in (Post)Colonial Africa. *Southern African Journal of Environmental Education, 22,* 35-45.

Lee, W. B.(1994a). Freinet Pedagogy, an alternative approach. In C. Chamberlin (Ed.). *Don't tell us it can't be done!: alternative classrooms in Canada in abroad.* Toronto: Our Schools/Our Selves Education Foundation, 81-100.

Lee, W. B.(1994b). John Dewey and Célestin Freinet: a closer look. In J. Sivell (Ed.). *Freinet Pedagogy: theory and practice.* N.Y.: The Edwin Mellen Press, 13-26.

Lee, W. B., & Kazlauskas, E. J.(1995). The Ecole Moderne: another perspective on educational technology. *Educational Technology, March-April,* 14-20.

Lee, W. B., & Sivell, J.(2000). *French elementary education and the Ecole Moderne.* Bloomington: Phi Delta Kappa Educational Foundation.

Legrand, L.(1997). Célestin Freinet(1896-1966). In Z. Morsy (Ed.). *Thinkers on Education, 1.* Paris: Unesco, 403-418.

Lloyd, D. I.(1976). Traditional and progressive education. In D. I. Lloyd (Ed.). *Philosophy and the teacher.* London: Routledge & Kegan Paul, 89-100.

Luke, A.(2012). Critical Literacy: Foundational Notes. *Theory Into Practice, 51,* 4-11.

Macedo, D., & Freire, A. M. A.(1998). Foreword. In P. Freire (1998). *Teachers as cultural workers: letters to those who dare teach.* 교육문화연구회 옮김(2000). 프레이리의 교사론. 서울: 아침이슬, 13-33.

Macedo, D.(2000). Introduction to the Anniversary Edition. In P. Freire. *Pedagogy of the Oppressed(30th Anniversary Edition).* 남경태 옮김(2003). 페다고지. 서울: 그린비, 11-34.

Maury, L.(1993). *Freinet et la pédagogie.* Paris: PUF.

Marx, K.(1981). *Marx-Engels-Werke: Ergänzungsband, Schriften. Manuskripte. Briefe bis 1844.* 강유원 옮김(2006). 1844년의 경제학-철학 수고. 서울: 이론과 실천.

McLaren, P., & Farahmandpur, R.(2001). Teaching against globalization and new imperialism: toward a revolutionary pedagogy. *Journal of Teacher Education, 52,* 136-150.

Meirieu, P.(2001). *Célestin Freinet: comment susciter le désir d'apprendre?.* Paris: PEMF.

Mercogliano, C.(1998). *Making it up as we go along: The story of the Albany Free School.* 공양희 옮김(2003). 프리스쿨. 서울: 민들레.

Mercogliano, C.(2004). *How to grow a school: starting and sustaining that works*. 조웅주 옮김(2005). 살아 있는 학교 어떻게 만들까. 서울: 민들레.

Meyer, H.(2004). *Was ist guter Unterricht?*. 손승남·정창호 옮김(2011). 좋은 수업이란 무엇인가. 서울: 삼우반.

Meyer, A. E.(1949). *The development of education in twentieth century*. N.Y.: Prentice-Hall.

Meyer, A.(1995). An International Perspective on Group Education. In H. Röhrs, & V. Lenhart (Eds.) *Progressive education across the continents: a handbook*. Frankfurt am Main & New York: P. Lang.

Mialaret, G.(1985a). Freinet Method. In T. Husen, & T. Postelethwaite (Eds.). *The International encyclopedia of education, Vol. 4*. Oxford: Pergamon Press.

Mialaret, G.(1985b). School Cooperatives. In T. Husén, & T. Neville Postlethwaite (Eds.). *The International encyclopedia of education Vol. 8*. Oxford: Pergamon Press.

Mialaret, G.(1995). Education nouvelle in twentieth-Century France. In H. Röhrs, & V. Lenhart (Eds.). *Progressive education across the continents: a handbook*. Frankfurt am Main & New York: P. Lang.

Montaigne, M. E.(1583). *Les Essais*. 손우성 옮김(2005). 몽테뉴 나는 무엇을 아는가. 서울: 동서문화사.

Mouchiroud, C., & Lubart, T.(2006). Past, present, and future perspectives on creativity in France and French-Speaking Switzerland. In J. C. Kaufman & R. J. Sternberg (Eds.), *International handbook of creativity*. Cambridge University Press, 96-123.

Murphy, M. M.(2006). *The history and philosophy of education: voice of educational pioneers*. Ohio: Pearson Merrill Prentice Hall.

Neill, A. S.(1960). *Summerhill: a radical approach to child education*. 김은산 옮김(1989). 시험도 숙제도 없는 행복한 학교. 서울: 양서원.

Norris, N. D.(2004). *The promise and failure of progressive Education*. Lanham: Scarecrow Education.

Norris, T.(2016). A students becoming consumerist learners? In D. Gereluk, C. Martin, B, Maxwell, & T. Norris. *Questioning the classroom: perspectives on Canadian education*. Don Mills: Oxford University Press, 62-83.

Nowak-Fabrykowski, K.(1992). Freinet's concept of teachers and theory of teaching. *McGill Journal of Education, 27*(1), 61-68.

Oelkers, J.(1995). Origin & development in Central Europe. In H. Röhrs, & V. Lenhart (Eds.). *Progressive education across the continents: a handbook*. Frankfurt am Main & New York: P. Lang.

Oelkers, J.(1997). Empirical research in progressive education. *International journal of educational research, 27*(8), 715-722.

Panitz, T.(1999). Collaborative versus cooperative learning: a comparison of the two concepts which will help us understanding the underlying nature of interactive learning. ED 448 443(https://eric.ed.gov/?id=ED448443에서 인출).

Pesce, S.(2011). Institutional pedagogy and semiosis: investigating the missing link between Peirce's semiotics and effective semiotics. *Educational Philosophy and Theory, 43*(10), 1145-1160.

Pestalozzi, J. H.(1801). *Wie Gertrud ihre Kinder lehart.* 김정환·이재준 옮김(1991). 페스탈로치의 실천: 게르트루트는 어떻게 그의 자녀들을 가르치는가. 서울: 젊은날.

Peyronie, H.(1999). *Célestin Freinet: pédagogie et émancipation.* Paris: Hachette.

Peyronie, H.(2000). Célestin Freinet. In J. Houssaye de. *Quinze pédagogues: leur influence aujourd'hui.* Paris: Bordas, 212-226.

Piaton, G.(1974). *La pensée pédagogique de Célestin Freinet.* Toulouse: Edouard Privat.

Reble, A.(1975). *Geschichte der Pädagogik.* 정영근 외 옮김(2002). 서양교육사. 서울: 문음사.

Reuter, Y.(2007). *Comprendre les principes de fonctionnement de l'École 《Freinet》.* In Y. Reuter (de.). Une École Freinet. Paris: L'Harmattan, 15-30.

Riegel, E.(2004). *Schule kann gelingen!: Wie unsere Kinder wirklich fürs Leben Lernen.* 송순재 옮김(2012). 꿈의 학교 헬레네 랑에. 서울: 착한책가게.

Rittelmeyer, C.(1994). *Schulbauten positive gestalten: wie Schüler Farben und Formen erleben.* 송순재·권순주 옮김(2005). 느낌이 있는 학교건축. 인천: 내일을 여는 책.

Rittelmeyer, C.(2006). *Kindheit in Bedrängnis.* 송순재·권순주 옮김(2010). 아이들이 위험하다. 서울: 이매진.

Rodero. M. L., & Temple, C.(1995). Active learning in a democratic classroom: The "pedagogical invariants" of Célestin Freinet. *The Reading Teacher, 49*(2), 164-167.

Röhrs, H.(1995). Internationalism in progressive education and initial steps towards a word education movement. In H. Röhrs, & V. Lenhart (Eds.). *Progressive education across the continents: a handbook.* Frankfurt am Main & New York: P. Lang, 11-27.

Röhrs, H., & Lenhart, V. (Eds.).(1995). *Progressive education across the continents: a handbook.* Frankfurt am Main & New York: P. Lang.

Sayers, D.(1994). Interscholastic correspondence exchange in Célestin

Freinet's modern school movement: practical and theoretical implications for computer-mediated student writing networks. In J. Sivell (Ed.). *Freinet pedagogy: theory and practice*. Lewiston: The Edwin Mellen Press, 65-102.

Schifres, J.(1994). *Lexique de philosophie*. 이재형 옮김(1996). 철학용어집. 서울: 예하.

Schlemminger, G.(1997). History of Freinet pedagogy(http://Freinet.org/icem/history.htm에서 인출).

Sennett, R.(2008). *The Craftsman*. 김홍식 옮김(2010). 장인. 서울: 21세기북스.

Sennett, R.(2012). *Together: the rituals, pleasures, and politics of cooperation*. 김병화 옮김(2013). 투게더. 서울: 현암사.

Shaull, R.(2000). Foreword. In P. Freire. *Pedagogy of the Oppressed(30th Anniversary Edition)*. 남경태 옮김(2003). 페다고지. 서울: 그린비, 35-42.

Sivell, J. (Ed.).(1994). *Freinet pedagogy: theory & practice*. Lewiston, N.Y.: Edwin Mellen Press.

Sivell, J.(1990). Translator's Introduction. In C. Freinet. *The wisdom of Matthew: an essay in contemporary French educational theory*. J. Sivell (Trans.). Lewiston, Queenston, Lampeter: The Edwin Mellen Press.

Sivell, J.(1993). Translator's Introduction. In C. Freinet. Education through work: a model for child-centered learning. J. Sivell (Trans.). Lewiston, Queenston, Lampeter: The Edwin Mellen Press.

Sivell, J.(1997). Freinet on practical classroom organization(http://ecolesdifferentes.free.fr/SIVELL.htm 2011.12.08. 열람).

Spranger, E. 송순재 옮김(1997). 자유를 지향하는 교사. 처음처럼, 2, 112-131.

Standing, E. M.(1962). *Maria Montessori: her life and work*. N.Y.: The New American Library.

Starkey, H.(1997). Freinet and citizenship education(http://ecolesdifferentes.free.fr/STARKEY.htm에서 인출).

Sternberg, R. J., & Williams, W. M.(2002). *Educational psychology*. 전윤식·허승희·정명화·황희숙·강영심·유순화·신경숙·강승희·김정섭 편역(2003). 교육심리학. 서울: 시그마프레스.

Teilhard de Chardin, P.(1955). *Le Phénomène Humain*. 양명수 옮김(1997). 인간현상. 서울: 한길사.

Temple, C. et al.(1994). The "Global Method" of Célestin Freinet: Whole language in a European setting?. *The Reading Teacher, 48*(1), 86-89.

Vergnioux, A.(2005). *Cinq études sur Célestin Freinet*. Caen: Presses universitaires de Caen.

Werder, Lutz von, & Schulte-Steinicke, B.(1998). *Schreiben von Tag zu Tag*. 김동희 옮김(2004). 교양인이 되기 위한 즐거운 글쓰기. 서울: 들녘.

콜린스 코빌드 어법사전(2004). Collins Cobuild English usage. 김방이 편역(2008). 서울: 넥서스.

"Institutional pedagogy"(http://en.wikipedia.org/wiki/Institutional_pedagogy에서 인출).

- 1896 니스(Nice)와 이탈리아의 국경과 가까운 가르(Gars, Maritime Alps)라는 작은 마을에서 10월 15일에 태어남.

- 1912 초등학교 교사가 되기 위해 니스(Nice, Maritime Alps)의 교육대학에 시험을 치르고 입학함.

- 1914 징집되기에 앞서, 생 세제르(St-Cézaire) 초등학교(Maritime Alps)에서 세 달 간 그 임무를 대신함.

- 1915 장교 후보생으로 징집됨.

- 1917 4월에 스와송(Soissons, Aisne)과 가까운 슈맹 데 담(Chemin des Dames) 전투에서 폐에 심한 부상을 당함.

- 1919 그라스(Grasse, Maritime-Alps)에 인접한 작은 도시인 바쉬르루(Bar-Sur-Loup, Maritime-Alps)의 초등학교 교사로 임명됨. 아나코-생디칼리스트 교사 연합에 가입함.

- 1922 자유주의 학교로 알려진 독일 함부르크 근방의 알토나 스쿨(Altona School)을 방문하였으나, 그 학교에서의 교수 방법을 좋아하지는 않았음.

- 1923 몽트뢰(Montreux, Switzerland)에서 열린 제2회 국제신교육연맹회의에 참가하여, 클라파레드, 보베, 페리에르 등 장-자크 루소 연구소의 스위스 교육자들과 교류함.

- 1924 작은 인쇄기를 구입해 학급인쇄출판작업 시작함.

- 1925 소비에트연방의 학교들을 방문함. 블론스키, 크룹스카야 등의 사상을 접함.

- 1926 트레겅 생 필리베르(Trégunc-St-Philibert, Brittany)의 교사 르네 다니엘의 학급과 정기적인 편지 교환을 시작함. 학교 간 통신교류가 시작됨.

- 1928 생폴 드 방스(Saint-Paul-de-Vence, Maritime-Alps)의 초등학교에 임명됨. 공립학교교사협동조합(La Coopérative de L'Enseignement Laïc, C.E.L.)을 창립함.

- 1932-1934 혁신적인 교수 방법과 정치적 성향에 반대하는 사람들로 인해 "생폴에서의 사건"을 겪음.

- 1935 공교육체제를 떠나 방스(Vence, Maritime Alps)에 프레네 학교(L'École Freinet)라 불리는 새로운 학교를 설립함.

- 1938-1946 프레네 학교는 제2차 세계대전 동안 문을 닫았다가 1946년 말 다시 문을 엶. 페탱(Maréchal Pétain)의 비시 정부에 의해 1940년 3월 쉬브롱 수용소에 수감되었고, 1941년 10월 건강이 나빠진 상태로 풀려나 가택 연금에 처함. 1944년 레지스탕스 운동에 결합함.

- 1949 프레네의 혁신적인 교육실천을 담은 영화 〈L'École Buissonnière〉가 부인 엘리즈(Élise Freinet)의 대본으로 제작됨. 공립학교교사협동조합(C.E.L.)이 현대학교협회(I.C.E.M.)로 발전함.

- 1952-1954 '너무나 부르주아적이다'라는 이유로 프랑스 공산당 코뉘오(Georges Cogniot)와 스니데르스(Georges Snyders)에게 심한 공격을 당함.

- 1957 국제현대학교연맹(F.I.M.E.M) 결성됨.

- 1964 방스의 프레네 학교가 정부의 실험학교로 지정됨.

- 1966 10월에 방스에서 생을 마감하고, 가르(Gars)에 묻힘.

삶의 행복을 꿈꾸는 교육은 어디에서 오는가?

● 교육혁명을 앞당기는 배움책 이야기 혁신교육의 철학과 잉걸진 미래를 만나다!

한국교육연구네트워크 총서

01 핀란드 교육혁명
한국교육연구네트워크 엮음 | 320쪽 | 값 15,000원

02 일제고사를 넘어서
한국교육연구네트워크 엮음 | 284쪽 | 값 13,000원

03 새로운 사회를 여는 교육혁명
한국교육연구네트워크 엮음 | 380쪽 | 값 17,000원

04 교장제도 혁명
한국교육연구네트워크 엮음 | 268쪽 | 값 14,000원

05 새로운 사회를 여는 교육자치 혁명
한국교육연구네트워크 엮음 | 312쪽 | 값 15,000원

06 혁신학교에 대한 교육학적 성찰
한국교육연구네트워크 엮음 | 308쪽 | 값 15,000원

07 진보주의 교육의 세계적 동향
한국교육연구네트워크 엮음 | 324쪽 | 값 17,000원
2018 세종도서 학술부문

08 더 나은 세상을 위한 학교혁명
한국교육연구네트워크 엮음 | 404쪽 | 값 21,000원
2018 세종도서 교양부문

09 비판적 실천을 위한 교육학
이윤미 외 지음 | 448쪽 | 값 23,000원
2019 세종도서 학술부문

10 마을교육공동체운동: 세계적 동향과 전망
심성보 외 지음 | 376쪽 | 값 18,000원

한국교육연구네트워크 번역 총서

01 프레이리와 교육
존 엘리아스 지음 | 한국교육연구네트워크 옮김
276쪽 | 값 14,000원

02 교육은 사회를 바꿀 수 있을까?
마이클 애플 지음 | 강희룡·김선우·박원순·이형빈 옮김
356쪽 | 값 16,000원

03 비판적 페다고지는 세상을 변화시킬 수 있는가?
Seewha Cho 지음 | 심성보·조시화 옮김
280쪽 | 값 14,000원

04 마이클 애플의 민주학교
마이클 애플·제임스 빈 엮음 | 강희룡 옮김
276쪽 | 값 14,000원

05 21세기 교육과 민주주의
넬 나딩스 지음 | 심성보 옮김 | 392쪽 | 값 18,000원

06 세계교육개혁: 민영화 우선인가 공적 투자 강화인가?
린다 달링-해먼드 외 지음 | 심성보 외 옮김 | 408쪽 | 값 21,000원

07 콩도르세, 공교육에 관한 다섯 논문
니콜라 드 콩도르세 지음 | 이주환 옮김
300쪽 | 값 16,000원

08 학교를 변론하다
얀 마스켈라인·마틴 시몬스 지음 | 윤선인 옮김
252쪽 | 값 15,000원

혁신학교
성열관·이순철 지음 | 224쪽 | 값 12,000원

행복한 혁신학교 만들기
초등교육과정연구모임 지음 | 264쪽 | 값 13,000원

서울형 혁신학교 이야기
이부영 지음 | 320쪽 | 값 15,000원

혁신교육, 철학을 만나다
브렌트 데이비스·데니스 수마라 지음
현인철·서용선 옮김 | 304쪽 | 값 15,000원

대한민국 교사, 어떻게 가르칠 것인가?
윤성관 지음 | 320쪽 | 값 15,000원

아이들을 어떻게 가르칠 것인가
사토 마나부 지음 | 박찬영 옮김 | 232쪽 | 값 13,000원

모두를 위한 국제이해교육
한국국제이해교육학회 지음 | 364쪽 | 값 16,000원

경쟁을 넘어 발달 교육으로
현광일 지음 | 288쪽 | 값 14,000원

● 비고츠키 선집 시리즈 발달과 협력의 교육학 어떻게 읽을 것인가?

생각과 말
레프 세묘노비치 비고츠키 지음
배희철·김용호·D. 켈로그 옮김 | 690쪽 | 값 33,000원

도구와 기호
비고츠키·루리야 지음 | 비고츠키 연구회 옮김
336쪽 | 값 16,000원

어린이 자기행동숙달의 역사와 발달 Ⅰ
L.S. 비고츠키 지음 | 비고츠키 연구회 옮김
564쪽 | 값 28,000원

어린이 자기행동숙달의 역사와 발달 Ⅱ
L.S. 비고츠키 지음 | 비고츠키 연구회 옮김
552쪽 | 값 28,000원

어린이의 상상과 창조
L.S. 비고츠키 지음 | 비고츠키 연구회 옮김
280쪽 | 값 15,000원

비고츠키와 인지 발달의 비밀
A.R. 루리야 지음 | 배희철 옮김 | 280쪽 | 값 15,000원

수업과 수업 사이
비고츠키 연구회 지음 | 196쪽 | 값 12,000원

비고츠키의 발달교육이란 무엇인가?
비고츠키교육학실천연구모임 지음 | 412쪽 | 값 21,000원

비고츠키 철학으로 본 핀란드 교육과정
배희철 지음 | 456쪽 | 값 23,000원

성장과 분화
L.S. 비고츠키 지음 | 비고츠키 연구회 옮김
308쪽 | 값 15,000원

연령과 위기
L.S. 비고츠키 지음 | 비고츠키 연구회 옮김
336쪽 | 값 17,000원

의식과 숙달
L.S 비고츠키 지음 | 비고츠키 연구회 옮김
348쪽 | 값 17,000원

분열과 사랑
L.S. 비고츠키 지음 | 비고츠키 연구회 옮김
260쪽 | 값 16,000원

성애와 갈등
L.S. 비고츠키 지음 | 비고츠키 연구회 옮김
268쪽 | 값 17,000원

흥미와 개념
L.S. 비고츠키 지음 | 비고츠키 연구회 옮김
408쪽 | 값 21,000원

관계의 교육학, 비고츠키
진보교육연구소 비고츠키교육학실천연구모임 지음
300쪽 | 값 15,000원

비고츠키 생각과 말 쉽게 읽기
진보교육연구소 비고츠키교육학실천연구모임 지음
316쪽 | 값 15,000원

교사와 부모를 위한 비고츠키 교육학
카르포프 지음 | 실천교사번역팀 옮김
308쪽 | 값 15,000원

혁신교육 존 듀이에게 묻다
서용선 지음 | 292쪽 | 값 14,000원

다시 읽는 조선 교육사
이만규 지음 | 750쪽 | 값 33,000원

대한민국 교육혁명
교육혁명공동행동 연구위원회 지음
224쪽 | 값 12,000원

독일 교육, 왜 강한가?
박성희 지음 | 324쪽 | 값 15,000원

핀란드 교육의 기적
한넬레 니에미 외 엮음 | 장수명 외 옮김
456쪽 | 값 23,000원

한국 교육의 현실과 전망
심성보 지음 | 724쪽 | 값 35,000원

4·16, 질문이 있는 교실 마주이야기 통합수업으로 혁신교육과정을 재구성하다!

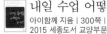
통하는 공부
김태호·김형우·이경석·심우근·허진만 지음
324쪽 | 값 15,000원

미래교육의 열쇠, 창의적 문화교육
심광현·노명우·강정석 지음 | 368쪽 | 값 16,000원

내일 수업 어떻게 하지?
아이함께 지음 | 300쪽 | 값 15,000원
2015 세종도서 교양부문

주제통합수업,
아이들을 수업의 주인공으로!
이윤미 외 지음 | 392쪽 | 값 17,000원

인간 회복의 교육
성래운 지음 | 260쪽 | 값 13,000원

수업과 교육의 지평을 확장하는 수업 비평
윤양수 지음 | 316쪽 | 값 15,000원
2014 문화체육관광부 우수교양도서

교과서 너머 교육과정 마주하기
이윤미 외 지음 | 368쪽 | 값 17,000원

교사, 선생이 되다
김태은 외 지음 | 260쪽 | 값 13,000원

수업 고수들
수업·교육과정·평가를 말하다
박현숙 외 지음 | 368쪽 | 값 17,000원

교사의 전문성, 어떻게 만들어지나
국제교원노조연맹 보고서 | 김석규 옮김
392쪽 | 값 17,000원

도덕 수업, 책으로 묻고 윤리로 답하다
울산도덕교사모임 지음 | 320쪽 | 값 15,000원

수업의 정치
윤양수·원종희·장군 지음 | 280쪽 | 값 14,000원

체육 교사, 수업을 말하다
전용진 지음 | 304쪽 | 값 15,000원

학교협동조합,
현장체험학습과 마을교육공동체를 잇다
주수원 외 지음 | 296쪽 | 값 15,000원

교실을 위한 프레이리
아이러 쇼어 엮음 | 사람대사람 옮김
412쪽 | 값 18,000원

거꾸로 교실,
잠자는 아이들을 깨우는 수업의 비밀
이민경 지음 | 280쪽 | 값 14,000원

마을교육공동체란 무엇인가?
서용선 외 지음 | 360쪽 | 값 17,000원

교사는 무엇으로 사는가
정은균 지음 | 292쪽 | 값 15,000원

교사, 학교를 바꾸다
정진화 지음 | 372쪽 | 값 17,000원

마음의 힘을 기르는 감성수업
조선미 외 지음 | 300쪽 | 값 15,000원

함께 배움
학생 주도 배움 중심 수업 이렇게 한다
니시카와 준 지음 | 백경석 옮김 | 280쪽 | 값 15,000원

작은 학교 아이들
지경준 엮음 | 376쪽 | 값 17,000원

공교육은 왜?
홍섭근 지음 | 352쪽 | 값 16,000원

아이들의 배움은 어떻게 깊어지는가
이시이 준지 지음 | 방지현·이창희 옮김
200쪽 | 값 11,000원

자기혁신과 공동의 성장을 위한
교사들의 필리버스터
윤양수·원종희·장군·조경삼 지음 | 280쪽 | 값 14,000원

대한민국 입시혁명
참교육연구소 입시연구팀 지음 | 220쪽 | 값 12,000원

함께 배움 이렇게 시작한다
니시카와 준 지음 | 백경석 옮김 | 196쪽 | 값 12,000원

교사를 세우는 교육과정
박승열 지음 | 312쪽 | 값 15,000원

함께 배움 교사의 말하기
니시카와 준 지음 | 백경석 옮김 | 188쪽 | 값 12,000원

전국 17명 교육감들과 나눈 교육 대담
최창의 대담·기록 | 272쪽 | 값 15,000원

교육과정 통합, 어떻게 할 것인가?
성열관 외 지음 | 192쪽 | 값 13,000원

들뢰즈와 가타리를 통해 유아교육 읽기
리세롯 마리엣 올슨 지음 | 이연선 외 옮김
328쪽 | 값 17,000원

학교 혁신의 길, 아이들에게 묻다
남궁상운 외 지음 | 272쪽 | 값 15,000원

 프레이리의 사상과 실천
사람대사람 지음 | 352쪽 | 값 18,000원
2018 세종도서 학술부문

 혁신학교, 한국 교육의 미래를 열다
송순재 외 지음 | 608쪽 | 값 30,000원

 페다고지를 위하여
프레네의 『페다고지 불변요소』 읽기
박찬영 지음 | 296쪽 | 값 15,000원

 노자와 탈현대 문명
홍승표 지음 | 284쪽 | 값 15,000원

 선생님, 민주시민교육이 뭐예요?
염경미 지음 | 244쪽 | 값 15,000원

 어쩌다 혁신학교
유우석 외 지음 | 380쪽 | 값 17,000원

 미래, 교육을 묻다
정광필 지음 | 232쪽 | 값 15,000원

 대학, 협동조합으로 교육하라
박주희 외 지음 | 252쪽 | 값 15,000원

 입시, 어떻게 바꿀 것인가?
노기원 지음 | 306쪽 | 값 15,000원

 촛불시대, 혁신교육을 말하다
이용관 지음 | 240쪽 | 값 15,000원

 라운드 스터디
이시이 데루마사 외 엮음 | 224쪽 | 값 15,000원

 미래교육을 디자인하는 학교교육과정
박승열 외 지음 | 348쪽 | 값 18,000원

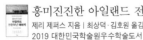 흥미진진한 아일랜드 전환학년 이야기
제리 제퍼스 지음 | 최상덕·김호원 옮김 | 508쪽 | 값 27,000원
2019 대한민국학술원우수학술도서

 폭력 교실에 맞서는 용기
따돌림사회연구모임 학급운영팀 지음
272쪽 | 값 15,000원

 그래도 혁신학교
박은혜 외 지음 | 248쪽 | 값 15,000원

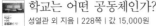 학교는 어떤 공동체인가?
성열관 외 지음 | 228쪽 | 값 15,000원

 학교 민주주의의 불한당들
정은균 지음 | 276쪽 | 값 14,000원

 교육과정, 수업, 평가의 일체화
리사 카터 지음 | 박승열 외 옮김 | 196쪽 | 값 13,000원

 학교를 개선하는 교장
지속가능한 학교 혁신을 위한 실천 전략
마이클 풀란 지음 | 서동연·정효준 옮김 | 216쪽 | 값 13,000원

 공자뎐, 논어는 이것이다
유문상 지음 | 392쪽 | 값 18,000원

 교사와 부모를 위한
발달교육이란 무엇인가?
현광일 지음 | 380쪽 | 값 18,000원

 교사, 이오덕에게 길을 묻다
이무완 지음 | 328쪽 | 값 15,000원

 낙오자 없는 스웨덴 교육
레이프 스트란드베리 지음 | 변광수 옮김
208쪽 | 값 13,000원

 끝나지 않은 마지막 수업
장석웅 지음 | 328쪽 | 값 20,000원

 경기꿈의학교
진흥섭 외 지음 | 360쪽 | 값 17,000원

 학교를 말한다
이성우 지음 | 292쪽 | 값 15,000원

 행복도시 세종,
혁신교육으로 디자인하다
곽순일 외 지음 | 392쪽 | 값 18,000원

 나는 거꾸로 교실 거꾸로 교사
류광모·임정훈 지음 | 212쪽 | 값 13,000원

 교실 속으로 간 이해중심 교육과정
온정덕 외 지음 | 224쪽 | 값 13,000원

 교실, 평화를 말하다
따돌림사회연구모임 초등우정팀 지음
268쪽 | 값 15,000원

 학교자율운영 2.0
김용 지음 | 240쪽 | 값 15,000원

 학교자치를 부탁해
유우석 외 지음 | 252쪽 | 값 15,000원

 국제이해교육 페다고지
강순원 외 지음 | 256쪽 | 값 15,000원

교사 전쟁
다나 골드스타인 지음 | 유성상 외 옮김
468쪽 | 값 23,000원

 시민, 학교에 가다
최형규 지음 | 260쪽 | 값 15,000원

 학교를 살리는 회복적 생활교육
김민자·이순영·정선영 지음 | 256쪽 | 값 15,000원

 교사를 위한 교육학 강의
이형빈 지음 | 336쪽 | 값 17,000원

 새로운학교 학생을 날게 하다
새로운학교네트워크 총서 02 | 408쪽 | 값 20,000원

 세월호가 묻고 교육이 답하다
경기도교육연구원 지음 | 214쪽 | 값 13,000원

 미래교육, 어떻게 만들어갈 것인가?
송기상·김성천 지음 | 300쪽 | 값 16,000원
2019 세종도서 교양부문

 교육에 대한 오해
우문영 지음 | 224쪽 | 값 15,000원

 혁신교육지구 현장을 가다
이용운 외 4인 지음 | 344쪽 | 값 18,000원

 배움의 독립선언, 평생학습
정민승 지음 | 240쪽 | 값 15,000원

 선생님, 페미니즘이 뭐예요?
염경미 지음 | 280쪽 | 값 15,000원

 평화의 교육과정 섬김의 리더십
이준원·이형빈 지음 | 292쪽 | 값 16,000원

 수포자의 시대
김성수·이형빈 지음 | 252쪽 | 값 15,000원

 혁신학교와 실천적 교육과정
신은희 지음 | 236쪽 | 값 15,000원

 삶의 시간을 잇는 문화예술교육
고영직 지음 | 292쪽 | 값 16,000원

 혐오, 교실에 들어오다
이혜정 외 지음 | 232쪽 | 값 15,000원

 혁신교육지구와 마을교육공동체는 어떻게 만들어지는가?
김태정 지음 | 376쪽 | 값 18,000원

 선생님, 특성화고 자기소개서 어떻게 써요?
이지영 지음 | 322쪽 | 값 17,000원

 학생과 교사, 수업을 묻다
전용진 지음 | 344쪽 | 값 18,000원

 혁신학교의 꽃, 교육과정 다시 그리기
안재일 지음 | 344쪽 | 값 18,000원

● **살림터 참교육 문예 시리즈** 영혼이 있는 삶을 가르치는 온 선생님을 만나다!

 꽃보다 귀한 우리 아이는
조재도 지음 | 244쪽 | 값 12,000원

 성깔 있는 나무들
최은숙 지음 | 244쪽 | 값 12,000원

 아이들에게 세상을 배웠네
명혜정 지음 | 240쪽 | 값 12,000원

 밥상에서 세상으로
김흥숙 지음 | 280쪽 | 값 13,000원

 우물쭈물하다 끝난 교사 이야기
유기창 지음 | 380쪽 | 값 17,000원

 선생님이 먼저 때렸는데요
강병철 지음 | 248쪽 | 값 12,000원

 서울 여자, 시골 선생님 되다
조경선 지음 | 252쪽 | 값 12,000원

 행복한 창의 교육
최창의 지음 | 328쪽 | 값 15,000원

 북유럽 교육 기행
정애경 외 14인 지음 | 288쪽 | 값 14,000원

 시험 시간에 웃은 건 처음이에요
조규선 지음 | 252쪽 | 값 15,000원

교과서 밖에서 만나는 역사 교실 상식이 통하는 살아 있는 역사를 만나다

전봉준과 동학농민혁명
조광환 지음 | 336쪽 | 값 15,000원

남도의 기억을 걷다
노성태 지음 | 344쪽 | 값 14,000원

응답하라 한국사 1·2
김은석 지음 | 356쪽·368쪽 | 각권 값 15,000원

즐거운 국사수업 32강
김남선 지음 | 280쪽 | 값 11,000원

즐거운 세계사 수업
김은석 지음 | 328쪽 | 값 13,000원

강화도의 기억을 걷다
최보길 지음 | 276쪽 | 값 14,000원

광주의 기억을 걷다
노성태 지음 | 348쪽 | 값 15,000원

선생님도 궁금해하는
한국사의 비밀 20가지
김은석 지음 | 312쪽 | 값 15,000원

걸림돌
키르스텐 세룹-빌펠트 지음 | 문봉애 옮김
248쪽 | 값 13,000원

역사수업을 부탁해
열 사람의 한 걸음 지음 | 388쪽 | 값 18,000원

진실과 거짓, 인물 한국사
하성환 지음 | 400쪽 | 값 18,000원

우리 역사에서 사라진
근현대 인물 한국사
하성환 지음 | 296쪽 | 값 18,000원

꼬물꼬물 거꾸로 역사수업
역모자들 지음 | 436쪽 | 값 23,000원

즐거운 동아시아사 수업
김은석 지음 | 240쪽 | 값 15,000원

노성태, 역사의 길을 걷다
노성태 지음 | 324쪽 | 값 17,000원

교과서 밖에서 배우는 역사 공부
정은교 지음 | 292쪽 | 값 14,000원

팔만대장경도 모르면 빨래판이다
전병철 지음 | 360쪽 | 값 16,000원

빨래판도 잘 보면 팔만대장경이다
전병철 지음 | 360쪽 | 값 16,000원

영화는 역사다
강성률 지음 | 288쪽 | 값 13,000원

친일 영화의 해부학
강성률 지음 | 264쪽 | 값 15,000원

한국 고대사의 비밀
김은석 지음 | 304쪽 | 값 13,000원

조선족 근현대 교육사
정미량 지음 | 320쪽 | 값 15,000원

다시 읽는 조선근대 교육의 사상과 운동
윤건차 지음 | 이명실·심성보 옮김 | 516쪽 | 값 25,000원

음악과 함께 떠나는 세계의 혁명 이야기
조광환 지음 | 292쪽 | 값 15,000원

논쟁으로 보는 일본 근대 교육의 역사
이명실 지음 | 324쪽 | 값 17,000원

다시, 독립의 기억을 걷다
노성태 지음 | 320쪽 | 값 16,000원

한국사 리뷰
김은석 지음 | 244쪽 | 값 15,000원

경남의 기억을 걷다
류형진 외 지음 | 564쪽 | 값 28,000원

어제와 오늘이 만나는 교실
학생과 교사의 역사수업 에세이
정진경 외 지음 | 328쪽 | 값 17,000원

더불어 사는 정의로운 세상을 여는 인문사회과학 사람의 존엄과 평등의 가치를 배운다

밥상혁명
강양구·강이현 지음 | 298쪽 | 값 13,800원

도덕 교과서 무엇이 문제인가?
김대용 지음 | 272쪽 | 값 14,000원

자율주의와 진보교육
조엘 스프링 지음 | 심성보 옮김 | 320쪽 | 값 15,000원

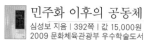
민주화 이후의 공동체 교육
심성보 지음 | 392쪽 | 값 15,000원
2009 문화체육관광부 우수학술도서

갈등을 넘어 협력 사회로
이창언·오수길·유문종·신윤관 지음
280쪽 | 값 15,000원

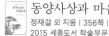
동양사상과 마음교육
정재걸 외 지음 | 356쪽 | 값 16,000원
2015 세종도서 학술부문

교과서 밖에서 배우는 철학 공부
정은교 지음 | 280쪽 | 값 14,000원

교과서 밖에서 배우는 사회 공부
정은교 지음 | 304쪽 | 값 15,000원

교과서 밖에서 배우는 윤리 공부
정은교 지음 | 292쪽 | 값 15,000원

한글 혁명
김슬옹 지음 | 388쪽 | 값 18,000원

우리 안의 미래교육
정재걸 지음 | 484쪽 | 값 25,000원

왜 그는 한국으로 돌아왔는가?
황선준 지음 | 364쪽 | 값 17,000원
2019 세종도서 교양부문

공간, 문화, 정치의 생태학
현광일 지음 | 232쪽 | 값 15,000원

인공지능 시대의 사회학적 상상력
홍승표 지음 | 260쪽 | 값 15,000원

동양사상과 인간 그리고 사회
이현지 지음 | 418쪽 | 값 21,000원

좌우지간 인권이다
안경환 지음 | 288쪽 | 값 13,000원

민주시민교육
심성보 지음 | 544쪽 | 값 25,000원

민주시민을 위한 도덕교육
심성보 지음 | 500쪽 | 값 25,000원
2015 세종도서 학술부문

교과서 밖에서 배우는 인문학 공부
정은교 지음 | 280쪽 | 값 13,000원

오래된 미래교육
정재걸 지음 | 392쪽 | 값 18,000원

대한민국 의료혁명
전국보건의료산업노동조합 엮음 | 548쪽 | 값 25,000원

교과서 밖에서 배우는 고전 공부
정은교 지음 | 288쪽 | 값 14,000원

전체 안의 전체 사고 속의 사고
김우창의 인문학을 읽다
현광일 지음 | 320쪽 | 값 15,000원

카스트로, 종교를 말하다
피델 카스트로·프레이 베토 대담 | 조세종 옮김
420쪽 | 값 21,000원

일제강점기 한국철학
이태우 지음 | 448쪽 | 값 25,000원

한국 교육 제4의 길을 찾다
이길상 지음 | 400쪽 | 값 21,000원
2019 세종도서 학술부문

마을교육공동체 생태적 의미와 실천
김용련 지음 | 256쪽 | 값 15,000원

교육과정에서 왜 지식이 중요한가
심성보 지음 | 440쪽 | 값 23,000원

식물에게서 교육을 배우다
이차영 지음 | 260쪽 | 값 15,000원

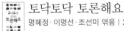

참된 삶과 교육에 관한
생각 줍기